新
思
THINKR

有思想和智识的生活

梦幻之地

从梦想到狂想 美国精神五百年

FANTASYLAND

A 500-Year History How America Went Haywire

[美] 库尔特·安德森 —— 著
Kurt Andersen
崔元帅 张博 —— 译

中信出版集团 | 北京

图书在版编目（CIP）数据

梦幻之地：从梦想到狂想，美国精神五百年 /（美）库尔特·安德森著；崔元帅，张博译 . -- 北京：中信出版社，2019.5 （2019. 6重印）

书名原文：Fantasyland: How America Went Haywire: A 500-Year History

ISBN 978-7-5086-9502-0

Ⅰ . ①梦… Ⅱ . ①库… ②崔… ③张… Ⅲ . ①民族精神－研究－美国 Ⅳ . ① C955.712.1

中国版本图书馆 CIP 数据核字（2018）第 217645 号

梦幻之地：从梦想到狂想，美国精神五百年

著　　者：[美] 库尔特·安德森
译　　者：崔元帅　张博
出版发行：中信出版集团股份有限公司
（北京市朝阳区惠新东街甲 4 号富盛大厦 2 座　邮编　100029）
承 印 者：河北鹏润印刷有限公司

开　　本：880mm × 1230mm 1/32　　印　　张：19.25　　字　　数：435 千字
版　　次：2019 年 6 月第 1 版　　印　　次：2019 年 6月第 2 次印刷
京权图字：01-2018-3580　　广告经营许可证：京朝工商广字第 8087 号
书　　号：ISBN 978-7-5086-9502-0
定　　价：98.00 元

服务热线：400-600-8099
投稿邮箱：author@citicpub.com

此书献给琼和鲍勃·安德森

以及奥马哈市66学区的教师们

——他们教会了我如何思考

自欺是世上最容易的事，因为我们相信自己想要相信的一切。

——德摩斯梯尼（Demosthenes）

我们正在被伪现实无休无止地轰炸。但真正的现实不会因你不再相信它而消逝。

——菲利普·K. 迪克（Philip K. Dick）

你有权发表自己的观点，但无权发明自己的事实。

——丹尼尔·帕特里克·莫伊尼汉（Daniel Patrick Moynihan）

目录

第 1 章

现在踏入梦幻之地

这本书酝酿已久。20 世纪 90 年代末的时候我写过几篇短文——关于美国政治如何畸变成为娱乐产业，婴儿潮一代人如何想方设法延缓老去，不真实的阴谋论如何成为主流，以及兴起的电台访谈如何渐渐抛弃了对事实的追求。1999 年我出版了一部关于电视制作人的小说，其中的主人公制作了两档开创性的节目，一档是关于虚构人物与现实中的警员一起追捕罪犯的探案剧，另一个则是一档新闻节目，播出的却是主持人的私生活。

但是这部书中的观点和论述真正成型是在 2004—2005 年。先有美国总统小布什（George W. Bush）背后的政治顾问卡尔 · 罗夫（Karl Rove）引入“**基于现实的社会**”（reality-based community）这一发人深省的短语。卡尔 · 罗夫告诉一名记者：“在‘基于现实的社会’中，人们相信对可辨现实的审慎研究就能解决问题，但是现在的世界已脱离了这种模式。”一句玩笑话却一语中的。一年以后，《科尔伯特报告》（*The Colbert Report*）开播。在首秀刚开始的“今日热词”（The Word）环节中，主持人斯蒂芬 · 科尔伯特（Stephen Colbert）扮演了一名右翼民粹人士，从“**似实性**”（truthiness）一词即兴发挥开来。他说：

> 一些语言警察和词汇专家一定会说，“似实性”可不是个词！这么说吧，所有认识我的人都知道我对字典和参考书可没什么兴趣。这些精英主义的东西，总是在向我们说教什么一定是对的，什么一定是错的，或者什么事件发生了，什么没有发生。《大英百科》凭什么告诉我巴拿马运河在1914年完工？假如我就想说它是1941年完工的，那也是我的权利。我不相信书籍——里面只有事实，没有人情。面对现实吧朋友们，我们生活在一个分裂的国家，一些人用头脑努力思考，而另一些人用心感受就能**知道**……女士们先生们，因为真理就来自直觉。

对，就是这样，我当时想，这番话真让人拍案叫绝！我意识到美国已经变得像科尔伯特描述的一样。进入21世纪后，像“**基于现实的社会**”和“**似实性**”这样的玩笑才有了市场。

几年以后，我开始写一部小说，写一群20世纪60年代早期玩着007角色扮演游戏长大的孩子在1968年参与了一场007式的真实反政府事件。我逐渐明白了社会为什么朝着这种方向演变。20世纪60年代的时候，现实与梦幻的界限以一种危险的方式变得模糊——不仅对于我笔下的虚构人物，对很多现实中的美国人来说也是如此。构思这篇小说的过程中，我开始对那个时代和它的影响有了新的认识。除了那个时代的逍遥和社会、文化剧变带来的正面影响，60年代也是“似实性”大爆炸的时刻。如果说

60 年代的美国经历了一场全国性的精神崩溃，那么我们不应自信地认为自己已经恢复了，因为经验告诉人们：你永远不会真正地痊愈。

我还意识到，美国复杂的转变经历了上百年而非几十年的酝酿。要想真正了解我们对于梦幻的欲罢不能，我还得追根溯源——回到美国的起点。

至于哪些思维习惯、信念和行为属于梦幻、假想的范畴，读者们一定会对我的划分产生异议。你可能会觉得我在触及个人信条的问题上过于武断。我当然不会轻易地放过我的猎物。但是，我并不认为所有的宗教、非主流信仰体系、阴谋论或妄想都无凭无据。我们之中每一个人都在理性和非理性之间摇摆。我们都会有解释不了的直觉和迷信。

但当我们对直觉和迷信过于推崇的时候，事情就过了火。这时主观臆断凌驾于客观事实之上，人们以为自己的意见和感受可以代替可考的事实。美国模式原本是启蒙时代思想自由的试验田，赋予每个人独立思考的自由，现已背离了它的初衷。从一开始，我们的极度个人主义就与宏大的梦想甚至宏大的幻想难舍难分——每个美国人都是上帝的选民，致力于定制一个自治的乌托邦，每一个人都可以按照自己的想象和意愿重塑自己。在美国，启蒙主义激荡人心的一面掩盖了它清醒、理性、实证主义的另一面。

就这样一点一点，美国人在过去的几个世纪中越来越沉迷于魔幻式思维、随心所欲的相对主义和玄学，用或大或小的臆想来安慰、刺激或吓唬自己，并且这种趋势近 50 年来愈演愈烈。而且大部分人没有察觉这种怪异新奇的思维习惯已经如何根深蒂固。就像“温水煮青蛙”的老生常谈所说的那样。*

美国人比其他发达地区的数亿人都要更加相信——而且是**真的相信**——超自然现象和神迹。他们相信撒旦在地上横行，相信有人刚刚去过天堂旅行，相信生命就如同几千年来所传说的那样，在几千年前被瞬间创造了出来。

新千年伊始，我们的金融业幻想着风险债务不再有风险，不计其数的美国人幻想着房地产泡沫永远不会破灭，以为这样就可以过上有钱人的生活。

我们相信政府和它的帮凶向我们隐藏了诸多骇人的阴谋：关于暗杀事件、外星人事件、艾滋病的源头、“9·11”恐怖袭击事件的真相、疫苗的副作用等等。

我们大批地囤积枪支，要么是因为对曾经的拓荒时代充满幻想，要么是为了对想象中的歹徒和恐怖分子提前采取行动。我们找来军队的制服和道具，冒充战士——或者是精灵、僵尸——在没有人阵亡的战场上杀敌，或者在以假乱真的虚拟世界里继续战斗。

所有这些还都是以前的事情——现在，我们已经熟悉了“**后事实**”（post-factual）和“**后真理**”（post-truth）这样的词语。我们还选举了一位总统，他对待阴谋论、是非观和现实真伪的心态之开放程度令人瞠目结舌。

我们已经穿越了镜子，掉进了兔子洞，现在的美国已经变成了梦幻之地（Fantasyland）。

---

* 在现实生活中，青蛙会在水变得太烫之前就蹦出容器。然而，在产生了“温水煮青蛙”这一说法的最初那个19世纪的实验中，青蛙确实是被慢慢煮死的——它的大脑被事先切除了。这似乎比较人道，并且在当下的语境中使得这个比喻更为贴切。

***

我们对错误想法的执念到底有多深？有多少美国人正活在自己的想象里？任何关于人们信条、意见的调查都只能对这个问题做出一个泛泛的描述，但是通过仔细挖掘、对比和提炼近 20 年的大量研究数据，我们可以粗略但有效地描绘出美国人信仰什么，盲从什么，又幻想什么。

依我所见，只有少数人坚持以事实说话。他们大概能占美国人的三分之一，但肯定少于半数。比如说，只有三分之一的美国人相信汽车尾气和工厂排放的二氧化碳是气候变暖的罪魁祸首。只有三分之一的美国人认为《圣经》中的《创世记》并不应该以字面意思理解。只有三分之一的美国人完全不相信传心术和鬼魂。

对比之下，三分之二的美国人都相信“天使和魔鬼在人间活动”。至少一半的人**坚信**天堂存在，并且被一个有位格的上帝统治着——不是某种无形力量或宇宙精神，而是**一个人**。多于三分之一的人不仅认为气候变暖不是什么大不了的事，还认为这是一个由科学家、政府和媒体一起编织的谎言。

三分之一的人相信我们最早的祖先跟现在的人类别无二致，相信政府和制药产业一起向公众隐瞒了癌症的“天然”解药，相信外星人最近来过（或者已经定居）地球。

四分之一的人认为疫苗接种是自闭症的元凶，并且认为唐纳德·特朗普（Donald Trump）赢得了 2016 年总统大选普选选票的多数。四分之一的人认为上届总统奥巴马是敌基督。四分之一的人相信有女巫存在。让人惊讶的是，仅有两成的人认为《圣经》的大部分内容都是神话传说——却有同样比例的人认为“媒体或政府在电视信号中植入了一种能对人进行精神控制的秘密科技”，以及美国高层自导自演了“9·11”事件。*

当我说三分之一的人相信 X、四分之一的人相信 Y 时，要说明的是这三分之一或四分之一所包含的**并不是同一部分**美国人。沉浸在不同幻觉中的美国人组成一个个“幻想国”，他们的幻觉相互渗透，相互影响。譬如，相信外星人造访和挟持事件的人更容易相信政府在对民众隐瞒大量事实，进而相信更大规模的阴谋策划，而这又与耶稣再临和世界末日的迫近感不谋而合。梦幻之地好像欧盟，后者由申根区之内一个又一个大小不一、相互独立的区域组成，允许民众在各个区域之间自由穿行，就像匈牙利人和马耳他人可以自由来往法国和冰岛那样。

另一方面，就如同欧盟成员国之间相互反感一样，梦幻之地中的各个“幻想国”也相互鄙夷，其程度不亚于整个梦幻之地合力面对他们共同的敌人——现实——时所怀有的敌意。许多福音派人士视五旬节派为异端，而福音派和五旬节派又都视摩门教为异端；帕特·罗伯逊称山达基教为撒旦化身；梵蒂冈视奥普拉的粉丝信徒为迷途羔羊；人人都高举真理的旗帜，视异见为谬误。很多人坚信转基因食品不安全，尽管大量科学共识已经证明这种说法毫无根据，

* 在这一章中，我的数据来源于 2000—2017 年以下机构的调查：皮尤研究中心（Pew Research Center）、芝加哥大学全国舆论研究中心（NORC）之综合社会调查（General Social Survey）、国际社会调查项目（International Social Survey Programme）、盖洛普（Gallup）、益普索（Ipsos）、舆观（YouGov）、合作国会选举研究会（Cooperative Congressional Election Study）、在线调查平台 Qualtrics、公共政策民调基金会（Public Policy Polling）、舆论研究公司（Opinion Research Corporation）、斯克利普斯（Scripps）、哈里斯（Harris）和气候变化传播项目（Project on Climate Change Communication）。

而这些人又反过来斥责不相信气候科学的人。的确，梦幻之地的历史就像大学篮球联赛分组预测：在长达几个世纪的角逐中，一些球队滑向失利（如清教徒），另一些逐渐占了上风（如摩门教徒），但至今仍旧缠斗不休。

我们为什么会这样？

这就是这本书将要探讨的问题。最简洁的答案是：**因为我们是美国人**，因为作为美国人我们可以相信任何我们愿意相信的事，我们的意见与他人的平等，甚至高于他人的意见，就算他人拥有专业知识——去他的专家。一旦这种态度在人们头脑中扎根，整个世界都会为之颠倒，任何因果关联都会摇摇欲坠。可信与可疑之事可以随意换位。

近些年来，“**主流**”成了贬义词，如今它是偏见、谎言和精英控制的代名词。这些被憎恨的“当权者”包含了曾经保护我们免受谬误和荒唐侵袭的机构和势力——媒体、学界、政界、政府、企业、专业协会、众人中受尊重的声音。然而，即使是这些机构和势力也在过去的十年中扶持和助长了每一种可能的幻想。

一位在美国一所极具威望的大学附属医院工作的资深医生拥有自己的电视节目，并在每天的直播上宣传奇迹疗法。极具影响力的有线电视台纷纷播出将美人鱼、怪物、鬼魂和天使视为真相的纪录片。一位 CNN（美国有线电视新闻网）的主持人在节目中推断说，“马航”飞机失踪是神秘力量所为。州立法部门和美国两大政党之一颁布专门措施，来抵御幻想中的“新世界秩序”和伊斯兰教法的实施。一名政治学者只需攻击“‘公众’生活在同一个现实、同一种理性、同一套判断理性的统一标准里”这样的理念，就可以轻易获得同事肯定，并被授予大学终身教职。一名白人女性可以宣称**自我感觉是**黑人，并装扮成黑人，进而通过这种荒唐的手段成为美国全国有色人种协进会（NAACP）的官员——当闹剧被揭穿时，她还宣称："这已经不是一副我可以随便戴上或者脱下的面具了。我不会说自己是非裔美国人，但是我**会说**自己是黑人。"比尔·盖茨（Bill Gates）的基金会投资了一个鼓吹神创论（creationism）的伪科学组织。以前被边缘化的这一切已经逐渐成为主流。理性的缺失变得受人尊敬，有时甚至势不可当。当一些幻想获得关注并变得越来越有传染性，被滥用的宽容会鼓励人们拥抱越来越多的幻想。这就像一种变了味的"黄金法则"在潜意识中控制着人们：如果他们可以相信A，那我们也有权利相信B。

我们整个社会的大环境以及社会中相互影响的方方面面——不管是在文化、宗教、政治、智识还是心理层面——都给惊人的谬论和谎言提供了丰沃的土壤，又进一步使它们以不同途径滑向更多令人兴奋的胡言乱语。在过去的几十年里，这些危险的滑坡逐渐演变成了一个巨大而永久的雪橇滑道网，滑道错综复杂，出口难觅。**瞧：**梦幻之地已然建成。

***

这本书讨论的范围远远超出了那些清晰确凿、可以证伪的谎言的传播现象本身。我只有在退后一步、将眼光放远的时候，才真正看清楚了美国究竟是怎样演变成这副模样的。我看到，妄想和幻觉在政治、宗教甚至科学这些已经引发广泛讨论的大命题上的扩散蔓延，其实与充斥在美国民众日常生活中的大量虚构和半虚构元素有着千丝万缕的联系。

我所指的“梦幻之地”中不仅仅有大行其道的谬误，还有将各种虚构元素日渐渗入**生活方式**的普通民众。一边是阴谋论和魔法，另一边是梦幻橄榄球和虚拟现实，这两种幻想的表现方式让日常生活更加刺激和戏剧化。它们在现代美国的爆炸式增长来自两个重要的历史转折点。

第一个转折点是20世纪60年代出现的思维方式大转变。美国人的思维运作系统自此有了新的规则，仿佛人们非常确信**他们自己**才拥有**真正的**真理：*做你自己的事，发现你自己的现实，一切都是相对的*。这种思维模式既可以是外露的，也可以是暗藏的，既可以是有意识的，又可以是不自觉的，但总之已经在我们的脑海中根深蒂固。

第二个转折点始于新的信息交流时代。数字化技术让仿真的虚构元素变得更加强大，不管是在生活方式和娱乐中，还是在意识形态、宗教以及伪科学中，不管带来的是正面还是负面影响。互联网上有着不计其数的网站，不论你相信什么，在其中总能找到兴趣相投的幻想家同伴，并且分享使这些幻想成立的“确凿证据”。在互联网时代到来之前，疯子们大都被孤立，他们很难一直坚持自己编造的现实。而现在，无线电波和互联网上充斥着和他们一样虔诚的相同意见者，这对他们来说与看到了真实的新闻别无二致——好像所有的幻想一下子都得到了证实。

与此同时，计算机将我们（大多数人）眼中的幻想以更加真实的方式呈现出来。在虚拟世界中，我们可以扮成任何时空、任何星系中的任何人或物。但当我们离开这个由 CGI（电脑三维动画）创造出的世界，离开路德维希·马克西斯博士（Dr. Ludvig Maxis）* 和吉安娜·普罗德摩尔女士（Lady Jaina Proudmoore）**，幻想并不在我们下线的一瞬间消失。在显然是虚构的游戏世界之外，存在着一个巨大的灰色地带。正是因为网络世界的匿名化，我们在现实生活中也可以成为虚拟化的自己，真人与真人之间以一种前所未有的方式交流。这在以前是不可想象的。

把每一种幻想分开来看，它们并不足以对我们的生活造成实质性的危害。我们仅仅是用幻想来替代生活中的一些真实而平凡的细节。世界看上去更像一个电影片场，变得更加光鲜、刺激一点，就像希区柯克对于戏剧的定义——戏剧就是生活减去沉闷细节之后的形态。我们每一个人都能觉得自己像一个更具魅力的主人公，活在一个更加炫酷的故事中。在这里，少年可以一夜成熟，年长者返老还童。随着时间的推移，这些碎片式的幻想逐渐侵占了我们生活中更多的领地。终于，整片草坪都变成了人工草皮。我们不再能分辨出真与假、实与虚。

从前，如果你想一夜暴富，你得到拉斯维加斯去。如果你想在一片令人眼花缭乱的虚拟世界中穿行——假设你没有精神错乱——你得到迪士尼乐园去。曾经，“主题”（theme）还没有变成一个动词，色情还没有变得无处不在，美容整形还不流行，乳房还没有变得不可思议地丰满坚挺，面部也还没有不自然地光滑紧致。我们还没有拿着逼真的道具进行夜以继日的战事重演。我们还没有制造出电视

* 路德维希·马克西斯博士是游戏“使命召唤”（*Call of Duty*）系列中的人物。——译者注

** 吉安娜·普罗德摩尔女士是游戏“魔兽”（*Warcraft*）系列中的人物。——译者注

真人秀这个肥皂剧和伪纪录片的杂交产物。

当然，接受丰胸手术的人和英雄联盟的玩家并不一定相信自己需要购买一打半自动步枪来防身，或是相信疫苗导致自闭症，又或是相信地球的年龄只有 6 000 岁。但我们正以前所未有的自由量身定做个人的现实，相信任何我们愿意相信的事，假装我们是想象中的任何人。这使得真实与虚构之间的**一切**界限都变得模糊不清，几近消失。普遍来讲，真相成了个人喜好，变得可以屈伸。我们成倍增长的各种幻想之间还产生了一种协同效应：这些幻想有大有小；有些毒害不浅，有些仅供娱乐；我们承认有些幻想是完全虚构的，对另一些将信将疑，而对有些宗教、科学和政治方面的幻想则确信无疑。科学家告诉人们要警惕环境中的化学制品和人脑中的药物在一起产生的“鸡尾酒效应”，因为不同的物质混合在一起可以相互激发。我觉得各种幻想之间的相互作用正是这样。我们畅饮的这杯“美国鸡尾酒”深不见底，它以各种各样的幻想调制而成，而这些幻想，不管是有意识的、半意识的还是无意识的，都在一起相互激发、强化。

我们**喜欢**享用这种毫无节制的自由，我们坚持它的好处，尽管我们害怕、厌恶一些执迷不悟的美国同胞将它滥用。18 世纪的时候约翰·亚当斯（John Adams）就说过，“事实真相是固执的”，但压倒一切的美国式个人自由在当时还没有写入《独立宣言》或《宪法》，还没有变得神圣不可侵犯，美利坚合众国也仅仅是一个梦想。两个半世纪以后，亚当斯参与创立的这个国家却以多数人的暴政在事实上反驳了亚当斯所说的大道理：“我们的愿望、我们的志趣”和“我们情感的决定力”现在显然**正在**“变更事实和证据”，因为我们极端的认知自由和对幸福的追求已经高过了一切。

***

我所讲的这一切并不只适用于美国这个把现实生活虚幻化、把荒谬理论当回事的国家。我们只不过是特别地沉浸其中。在众多**发达国家**之中，我们的喜好带有极端性，我们接纳各种幻想的广度和深度都超出了一般范畴。当然，那个以虚假研究发起反疫苗运动的医生是英国人，发明动漫角色扮演（cosplay）——把自己打扮成幻想人物——的是年轻的日本“御宅族”（otaku）。尽管在其他发达国家也有超自然主义、预言和宗教伪科学的追捧者，世界上却没有任何其他发达地区像美国这样，让这些信念成为众多人个人身份的核心组成部分。我们是全球幻想之境的熔炉和中心。

这是美国例外论（American exceptionalism）的 21 世纪版本。美国一直以来都是一个与众不同的地方，但我们的特殊性已经发生了改变。我们仍旧富有而自由，仍旧比任何其他国家都更加强大、更具影响力；美国可以说是**发达国家**的代名词。但与此同时，我们越来越轻信，越来越封闭，对事实的把握越来越弱，这些改变淹没了我们作为一个国家真正的特别之处，我们正变得离“发达”二字越来越远。

特朗普的当选使许多人震惊，他们觉得这是个难以理解的**新**美国现象。事实上，现在发生的一切，正是一直以来美国特质的最终结果和表现，而使美国成为例外的诸多心态与本能，贯穿于美国的整个历史——甚至可以说始于美国建国以前。我写这本书是为了界定和明确我们的生存状态，描绘这种状态的规模和范围，并提出一些新的思路来解释我们的国家怎样走到了这一步。

美国是由虔诚的教徒和热情的梦想家建立的，也是由唯利是图的推销者和情愿上钩的受众联合建立的——在四个世纪的过程中，这几股势力让我们变得容易被幻想控制。从塞勒姆猎巫事件到约瑟夫·史密斯创立摩门教，从P. T. 巴纳姆到亨利·大卫·梭罗再到“说方言”，从好莱坞到山达基教再到阴谋论，从沃尔特·迪士尼、葛培理到罗纳德·里根、奥普拉·温弗里，再到唐纳德·特朗普，他们无不例证了这种倾向。换句话讲，让我们将史诗般的个人主义与极端宗教相混合，将娱乐产业与一切其他事物相混合，并让这所有的一切在几个世纪的过程中慢慢浸泡和烹制，再加上自由至上的20世纪60年代和互联网时代，我们便得到了这个我们现在居住着的美国，这个现实与幻想纠缠不清的美国。

我希望我们只不过是走在一条暂时的弯路上，尽管路途漫长，但是终将回到正轨。如果我们处在狂欢中，多时沉醉于用幻想调制的鸡尾酒，如果这是我们跌倒、疯狂、歇斯底里的真正原因，那我们是不是迟早也应该清醒过来，恢复神志？希望如此。但首先你要认识到，这种倾向已经深深地刻入了我们的国民基因。

第一部分

美国横空出世：1517—1789

一个人……从襁褓中就能够被看出完整的面貌，国家的发展是一个相似的过程，它们都会留有一些最初建立时的印记。如果我们可以回到过去……我们会发现……偏见、习惯、强烈的爱好——简而言之，一切构成国民性格的元素，都可以被追根溯源。

——亚历西斯·德·托克维尔（Alexis de Tocqueville），
《论美国的民主》（*Democracy in America*）（1835）

第 2 章

信仰即真理：新教徒

起初，它甚至没有一个名字："**新大陆**"只是一个临时的代称，就像企业律师把客户新创立的公司一律叫作"新公司"（NewCo）一样。对于白种预备居民来说，新大陆就是一个想象中的地方。于他们而言，美国**始于**一个狂热的梦、一则神话、一场幸福的幻觉、一种奇想。事实上，新大陆正是始于各种各样的幻想。1600 年左右，人们满心确信这些一厢情愿的美好幻想，大部分人甚至愿意为实现它们而抛弃一切——朋友、家庭、工作、常识、英格兰、熟悉的世界，甚至生命。很多人真的在奔向梦想的途中丢掉了性命。

我们的国家是第一个凭空设计、创造出来的国家，是第一个像一部史诗一样被**撰写**出来的国家——正巧在那时，莎士比亚和塞万提斯也在创作着现代意义上的虚构文学。新大陆上的第一批英格兰人把他们自己想象成了历险故事中乐观的英雄。这些极端主义者把自己想象成虚构人物，抛弃了已知的一切去追逐他们炽热的**信念**、他们遥远的梦想和希望、他们心驰神往的异象。

但是让我们先拓展一下托克维尔的比喻。如果第一批英格兰定居者通过在新大陆的努力建成了新生的美国，即合众国的雏形，那么让我们倒回几步，试图理解一下这个与众不同的婴儿是怎么来到这个世界上的。

***

在柏林南部一个新建成的地方大学，一个虔诚而博学的年轻神学教授对基督教的教义和实践产生了重大的异议。当地大主教的一些行为让他尤其恼火。主教为了垫付他升任红衣主教的庆祝仪式的费用，鼓励当地的基督徒为自己购买赎罪券（还可以为已经去世的亲人代购），宣称可以让他们在死后缩短在炼狱的等待时间。除了自掏腰包之外，这些购买了赦罪之恩的人还要在诸圣节当天参加当地教堂的游行，瞻仰其实大多为赝品的圣物。这些造假的圣物包括耶稣降生的马槽里的一根稻草、婴儿耶稣襁褓上的丝线、圣母马利亚的一些母乳、成人耶稣的一根胡子、最后的晚餐上的一点面包屑、耶稣受难时头冠上的一根荆棘。教会的商业行径震惊了这位年轻的神学家，他写了一份长达三千词、形似原始版幻灯片的情绪激昂的批判书，在诸圣节前夜钉在了教堂的大门上，并且将他的檄文额外发了一份给大主教本人。

如果这次事件发生在1447年，也许它只会成为历史的一个注脚。但1517年的欧洲已经跨入了机械印刷时代半个世纪之久，神父马丁·路德（Martin Luther），这位年轻的传道人，因为在这个时机以自己的宣言引发了公众事件而改变了一切。他的《九十五条论纲》（Ninety-five Theses）立刻被大量印刷，从拉丁文翻译成各地方言，在整个欧洲广为传阅，不断重印。新教诞生了，罗马天主教不再是基督徒们唯一可选择的组织。

这个新的基督教教派诞生之后，印刷业促成了它的传播。路德的诉状主要针对当时教会兜售假冒天堂贵宾通行券的行为。《九十五条论纲》的其中一条写道："从来没有神圣的权威可以向人宣讲，当金币掉入箱底叮当作响的时候，灵魂就能立即飞出炼狱。"短短几十年之内，这一论述失去了它原本的冲击力，因为梵蒂冈也终止了售卖救赎的行为。但在当时，路德还提出了两个更重要的革命性想法，它们成了基督教信仰的基石，也成了美国的根基。

路德坚称神职人员并不享有接近上帝、耶稣或是真理的特权。一个基督徒所需要知道的**一切**都已经在《圣经》里了。因此，每一个基督徒都能够并且应当自己阅读、阐释经文。正如新教徒们所言，信徒皆祭司。

这样的想法如果出现得再早一点点都会是痴人说梦，在历史的长河中稍纵即逝。依据梵蒂冈长久以来的规章，只有神父才被允许拥有《圣经》，特别是从拉丁文翻译成现代通俗语言的《圣经》。这条规定实施起来非常容易，因为在当时《圣经》十分稀有且昂贵。15 世纪 50 年代的时候，约翰内斯·谷登堡（Johannes Gutenberg）印刷了第一本书——一册拉丁文《圣经》——而在当时，整个欧洲**所有种类**的书籍加起来只有 3 万本，平均下来大概每 2 500 人才有一本。但到了 1517 年路德发起宗教改革的时候，也就是谷登堡《圣经》出现的 60 年后，人们印刷了 **2 000 万本**书——其中的《圣经》多过其他任何书。

有人印，就有人读。在第一批英文版《圣经》印制出来的一个世纪里，英语人群的识字率增加了两倍。现在，成千上万的基督徒都可以实现路德所提倡的DIY（自助版）基督教。天主教会和它的神职精英阶层不再是上帝的中介。一个颠覆性的新发明？在火药和蒸汽机问世之间相隔的上千年里，没有其他任何一项新技术能够比得上印刷术对社会的冲击，而新教正是靠它迅猛传播的第一个文化现象。

除了把宗教权力下放给普通人——也就是说，对个体自由的极大扩张——路德的另一个重要想法就是，相信《圣经》里的超自然故事，尤其是关于耶稣的那些，是成为一个真正基督徒**唯一的**先决条件。你不能通过做好事来赢得升入天堂的资格。你只需持有一套特定的信条。（而根据严厉的早期新教，即便是这些特定的信条也不能保证你能进入天堂。）

新教最初的诉求似乎是理性对天主教的批判——付出金钱或者瞻仰（假冒）圣物当然不能让灵魂加速升入天堂。但新教的主张只能说是更为公平或合乎逻辑，却并非更加理性。就像是争论格林童话《侏儒怪》中磨坊主的女儿如果没有猜对侏儒的名字，最后还能不能获得自由一样，新教徒和天主教徒之间的分歧，不过在于他们共同幻想体系中的魔法规则内部的自洽性。

然而，就在16世纪，新生的新教孕育了美国式思维的雏形。成千上万的普通人认为他们每一个人都有权利决定什么是真，什么为假，不管各路专家怎么说。他们进而相信，狂热的**信仰**才是一切的关键。梦幻之地的地基已经筑成。

第 3 章

闪闪发光的一切：寻金者

同样是在 16 世纪，欧洲对于辉煌**现世**的幻想刚刚获得了令人激动的新启发和关注点。1492 年，哥伦布扬帆向西，为了寻找一条比丝绸之路更短的欧亚航行路线——这在当时和此后 400 年间都是个遥不可及的梦想。哥伦布没有到达日本，却到了巴哈马群岛。但正是这样，他发现了新大陆。在 5 000 千米以外，人们幻想着这块处女地上可以得到的财富和荣耀。

更多的欧洲探险者追寻着哥伦布的脚步，源源不断地前往新大陆。他们中很多人追逐着西北水道（Northwest Passage）的梦想。* 在 17 世纪初，船长约翰 · 史密斯（John Smith）带着这个梦想和英国投资者的支持，驶向新大陆。史密斯幻想着能沿波托马克河（Potomac River）一直驶向太平洋，却仅仅到达了马里兰州的贝塞斯达（Bethesda）。1609 年的时候，英国人亨利 · 哈得孙（Henry Hudson）也做着亚洲航道的梦，但他仅仅到达了现位于纽约州的奥尔巴尼（Albany）。一年之后，那些对西北航道抱有信心的英国投

* 西北水道沿北美大陆最北端海岸线穿越加拿大北极群岛，连接大西洋和太平洋。很多欧洲探险者寻找这条航线，试图以此作为通往亚洲的商业运输线。——译者注

资者鼓动哈得孙再次尝试。这一次，他没有到达中国，却到了安大略；他的船员远不如他执迷不悟，当哈得孙想继续向西航行的时候，船员叛变，哈得孙从此没了踪影。

然而追随哥伦布的西班牙人没有徒然寻找通往亚洲的西北水道，他们掉头驶向西南。在那里，他们发现了高度发展的文明和这些文明建立的城市——墨西哥的阿兹特克和南美洲的印加。随之发现的还有阿兹特克和印加的金子——他们偷取金子并开采金矿长达一个世纪之久，建立起了一个跨大西洋的帝国。

英国人对此妒火中烧——不仅仅是因为西班牙人的突然崛起，更是为了新大陆的金子。

如果新大陆的南方金矿如此丰富，为什么不能也在北方——离英格兰更近数千千米的北方——采矿呢？由此，16、17 世纪之交时，寻金成了未来的英国殖民者挥之不去的追求。对金子的追逐也开创了一个循环往复的主题：只要给他们一个并不确凿的事实，美国人马上就能编造出一整套激动人心（或是令人恐慌）的故事，并热忱地信以为真。

为王室工作的牛津大学年轻毕业生理查德·哈克卢特（Richard Hakluyt）是英国 16 世纪八九十年代最踊跃、最有影响力的美洲迷之一。他从早期探险者的报告中挑选出精华部分——这些报告大多是二、三手资料——描述了一个完美的天堂。他在一份长达 4 万词的手稿中写道，这些对北美东部的探索“确凿无误地证明了这些探险者发现的金银……珍宝、绿松石、翡翠……”遍布海岸线。南边“遍地都是金银”；北边也一定有金子，因为“土地的颜色证明了这一点”；就连最北端也有“关于金银的记载”。在那时候，英国的人口增长超过了经济增长，所以哈克卢特建议把“懒惰的人们”运送到美洲，“让他们在金矿中劳作”。

不巧的是，新大陆北部已经有人居住了。哈克卢特的报告中写道，原住民“天性善良、温和、友好，会乐意服从于我们”。那时北美洲的人口密度还不足不列颠岛的5%，所以对于新来者基本就是一块空地，一块白板，供英国人描绘他们的乌托邦。

哈克卢特对美洲的记录是在沃尔特·雷利（Walter Raleigh）的委托下写成的。雷利当时30岁，贵族出身，他是诗人、花花公子、探险者、狂热的新教徒、痴迷黄金的新大陆迷。他是一个富有魅力、雄心勃勃的后起之秀——在英格兰殖民地还未建立起来的时候，他就已经俨然是一个典型的行动派美国人。哈克卢特对新大陆的报告实际上是为了说服伊丽莎白女王殖民，报告写就，雷利在三年之内一跃成为沃尔特·雷利爵士，获得了王室的支持来开发、治理北美东海岸，并派出三个探险队分头寻找黄金。他们什么都没有找到。

尽管雷利自己从来都没有到过北美洲，他却相信，除了藏金以外，他的管辖地或许就是《圣经》中的伊甸园。英国神职人员从《圣经》中计算出伊甸园处在北纬35度——他们称，那刚好是罗阿诺克岛（Roanoke Island）的纬度。而且在弗吉尼亚，更多（道听途说）的证据表明上帝在施展魔力：一名植物学家在他的著作《新大陆令人欣喜的新闻》（*Joyful News of the New Found World*）中写道，很多只生长在北美的植物能够包治百病。一位著名的英国诗人发表了《弗吉尼亚旅行颂歌》（Ode to the Virginian Voyage），把弗吉尼亚称作“地上唯一的天堂”，在这里英国人可以“尽享珍珠和金子”——

很多英国人真的对伊甸园的说法信以为真。* 可惜的是，这并不是什么伊甸园。雷利派出的一大部分定居者都生病或死去了。他又派出了第二批掘金者。这次探险也失败了，所有这些殖民者都死去了。

但这并没有浇灭沃尔特爵士的掘金梦。在他 1595 年启程去南美洲的时候，寻找传说中“黄金国”（El Dorado）的梦想破灭了，但这没有阻止他继续向英国人宣传这个美好的幻想。他出了一本书，里面净是二手的历史奇闻趣事，意图使这个幻想看上去更加真实。在雷利的推波助澜下，这种精雕细琢的伪经验主义诞生了，在后来的几个世纪里演变成了梦幻之地所特有的见证风格——它有关宗教，有关伪科学，有关阴谋，有关迅速走红畅销的一切。

1606 年，新晋英国国王詹姆士不顾雷利的灾难性失败，特许两个新的私人集团——伦敦弗吉尼亚公司（Virginia Company of London）和普利茅斯弗吉尼亚公司（Virginia Company of Plymouth）——在美洲建立殖民地。南边的殖民地在伦敦的庇护下被命名为詹姆斯敦（Jamestown），从英国国王的名字而来。他们的王家特许状清楚地表明了他们的主要使命：“挖掘、开采、寻找一切可能的金矿……拥有并享用这些黄金。”托克维尔在两个世纪后写道：“被送到弗吉尼亚的都是……掘金者。除了获得收益以外，新居住地的建立没有任何高尚的思想或是理念作为基础。”第一批掘金者有上百人，其中的三分之二很快死去了。他们的领队却回到英国，声称找到了“堆积成山的黄金”。

---

* 一个多世纪以后，一名英国地产商在推销佐治亚州的时候，仍然在使用相同的卖点：这是“全宇宙最宜人的地方”，至少可与《圣经》中的伊甸园媲美，“正好坐落在与巴勒斯坦相同的纬度……由上帝的选择所钦定，要祝福……他最亲爱的子民”。另外，那里还有**银矿**，他非常肯定地表示。

哈克卢特作为伦敦公司的负责人，自始至终都未曾到过美洲，但他从来没有放弃对黄金的执念。当然，尚没有人发现过黄金——在1609年他也是这样向其他负责人报告的——但他仍坚持，有个参与过早期探险并会说印第安语言的英国人声称："据印第安人讲……在弗吉尼亚我们旧堡垒的西南面，有大量的红色金属矿。此外，我们自己手下的印第安人最近也透露过有一座矿藏丰富的金矿，不是这一座就是另一座……在某座山附近。"据说地点就位于失败的定居地西面。

还是没有发现黄金。约翰·史密斯，即那位向西寻找太平洋航线而不是去寻金的船长，也有轻信的毛病——他把一个印第安人的口述当作确凿的事实，报告说切萨皮克湾（Chesapeake Bay）的人们"在山中捕猎猿类"。但尽人皆知的是，他并不相信通过开矿一夜暴富的美梦。"没有讨论，没有希望，没有实干，人们只知道寻金、掘金、炼金、运金，"对他在詹姆斯敦的殖民同伴们，他这样评论道，"人们成了黄金梦的奴隶，唯一的希望是能捞一笔。"实际上，他们把在詹姆斯敦开采的矿石提炼并运回英国后，发现那其实是黄铁矿，"愚人金"。

在伦敦的投资人紧张起来，他们要求殖民者至少要拿出一桶真金来。1610年，寻金行动开始后三年，他们新派一人去把事情摆平。他到岸时，正有一批幸存的殖民者终于放弃了梦想，准备起航返回英格兰。德·拉·沃尔勋爵（Lord De La Warr）说服他们下船并振作起来；他带领一队人深入内陆，去寻找又一个印第安人谣传的金矿，到了地方后，德·拉·沃尔的手下杀了一些印第安人，但最终……也没有找到金矿。

不是只有南方的殖民者做着黄金梦。与此同时，普利茅斯公司派遣到新大陆的120名人员在缅因海岸登陆，也在寻找黄金和通往亚洲的捷径。他们两样都没有发现。但是他们对不可能之事的迫切信念既好笑又可悲。殖民地的领导者在家书中写道，目前还没有发现黄金，但是“原住民坚持说，在这一片地区有三种不同的肉豆蔻”。新英格兰难道有热带香料？“他们还向我肯定地说……离我们的要塞最多7天路程的地方，就是一片宽广而深邃的海域……这只有可能是南海，一直延伸到中国。”跟他们在弗吉尼亚的伙伴们不同的是，到达缅因的新英格兰殖民者很快适应了现实，承认了失败。登陆后几个月之内，半数的殖民者返航，剩下的在之后的6个月里也陆续离开。他们无法成为日后的美国人，因为他们拒绝轻信和幻想。

但是……也许他们只是没有**问对**原住民，或者是没有在正确的地方寻找！1614年，又有一支普利茅斯探险队扬帆驶向新英格兰，这一回他们的目的只有一个：寻找黄金。他们的船上有一个原住民，被先前的一批普利茅斯公司船员在鳕鱼角（Cape Cod）附近俘获并奴役。这名印第安人在被囚禁于伦敦期间学会了英语，并了解到囚禁他的人对金光闪闪的金属有某种痴迷，于是他特地为他们编造了一个故事：*我所居住的岛上就有一个金矿*，他谎称，*我会带你们回到那里，让你们把它占为己有*。当英国人在马撒葡萄园岛（Martha's Vineyard）抛锚停船的时候，这个原住民跳了船，他的部落兄弟们从独木舟上射箭，为他的逃生打掩护。英国人意识到自己被戏弄了，返航回家。

与此同时，在南方的弗吉尼亚，截至1620年，已经有超过

6 000 人移民到了詹姆斯敦，相当于一个中等英国城市的规模。他们之中至少四分之三的人在殖民地建设中死去，但不死的是他们的梦想。一批又一批的移民不停地到来，做着黄金梦，直到希望变成了虚妄的幻想。这是一次没有黄金的淘金热。詹姆斯敦建立 15 年之后，一名殖民者写信给朋友，请求给他寄来钉子、餐具、醋和奶酪，并解释自己为什么还没有发财："因为我身体有恙，加上虚弱，我没能探索这片区域的山岭和河谷，但现在我准备每天都要进山，因为这里的山下藏着金银。"

疾病、虚弱和死亡没有停下脚步，金子却仍旧只是一个传说。17 世纪已经过去了 20 年，英国在美洲的殖民地就像一个走向失败的创业公司，公布了产品却没有发售，上演了一出悲剧和闹剧。但在英格兰本土，投资者和广告商继续印制海报和夸大的见证，发行数十种图书和小册子，组织抽奖，放烟幕弹。因此，第一批说英语的美国人大都属于天真轻信而又痴心妄想的类型。"在 17 世纪的 12 万名签约（向南）扬帆航行的探险者和他们的用人当中，"宾夕法尼亚大学的历史学家沃尔特·麦克杜格尔（Walter McDougall）在他的美国史著作《自由就在转角处》（*Freedom Just Around the Corner*）中写道，"大多数人并不知道什么在等待着他们，仅仅是听信了赞助者的宣传。"历史学家丹尼尔·布尔斯廷（Daniel Boorstin）则尖锐得多，他指出："美国文明建立在一种自然选择之上，甄选出的是更容易相信广告宣传的那些人。"西方文明的第一次大规模广告宣传，就是为了吸引梦想家和容易上当受骗的人建立美国。

作为一个宣传快速致富的公司，弗吉尼亚的泡沫破灭了。留下来的殖民者不得不回归单调劳苦的农业，但真正拯救了他们的农作物就像是对未来美国的预言——它土生土长、新奇迷人、无关紧要却刺激神经，并且让人上瘾。那就是烟草。

另一个对殖民充满热情的领袖是弗朗西斯·培根（Francis Bacon），英国政府官员兼哲学家，现代科学和启蒙运动的奠基人。他对新大陆事业的清醒认识带来了一缕清风，看上去比当时第一批美国人都更理解一厢情愿的信念所具有的曲解力量，更理解幻想会如何遮蔽现实。他在 1620 年写道：

> 人类的理解一旦采纳了一种观点（或是被大众广泛接受的观点，或是令人愉悦的观点），就会用其他任何事物来支持这种观点，使它们与之契合。即使与之相反的观点能找到充足有力的论据，人们仍会选择对其忽略或轻视，或者依据某种区分标准将其弃置一旁，凭借这种极其有害的预先决定，使自己之前结论的权威能够不被动摇……这就是所有迷信的运作方式，不管是占星术、解梦、预兆、神的审判，还是其他类似的事情；在这一点上，虚荣的人类记下了预言应验的事件，对没有成真的事件则绕道而行，即使后者要普遍得多。

培根在他在伦敦的圈子里说，殖民事业的开展是建立在“金子、银子和短期收益”之上的，而不是为了“基督教信仰的传播”。然而，对于下一批想成为美国人的英国人来说，传播某一套特定的基督教迷信、预兆和神的审判并不仅仅是用来掩盖一夜暴富梦想的嘴上功夫。对于他们而言，殖民的前景**恰恰在于**把他们的超自然幻想输出到新世界。

第4章

建立我们私有的地上天国：清教徒

第一批英国殖民者对金子和西北水道的设想并不完全是痴人说梦。两个世纪以后的弗吉尼亚州**的确**有金子被发现，有金矿被开采。3个世纪以后，一艘小船**真的**通过一条西北水道，穿过加拿大北极地区，到达了太平洋。但在17世纪20年代的时候，经历了英国在新大陆40年的殖民失败，理性的人们不会再继续搭上身家性命去追逐不可能的梦想。最初的假设，即遍地的黄金和一条通向亚洲的航线，按照逻辑学家的讲法，是“可以被证伪”的，并且最终已经被证伪。没有金子。不存在去中国和印度的捷径。欧洲移民或许可以在新大陆生活，有时甚至可能发家致富，但只能以他们在旧大陆所熟知的手段：培育、制作和销售。所以在17世纪的弗吉尼亚，人们放弃了寻找金子，转而种植烟草，经验主义和实用主义打败了不顾事实的幻想。

但在另一方面，大多数超自然的宗教信仰是无法证伪的。一位创造了世界并按照一个永恒的计划来管理世界的上帝的存在、耶稣的神迹和复活、天堂、地狱、撒旦在人间的踪迹——这些永远无法被证明是虚假的。

伊丽莎白女王是英国第一位新教君主。她的继任者詹姆士也是一名新教信徒。登基后，他立即下令翻译新版的官方英文《圣经》，即英王钦定版《圣经》（King James Version），4个世纪后的今天，这仍是美国最流行的《圣经》译本。这一版《圣经》的译制正值国王詹姆士——英国国教会（Church of England）的最高领袖——特许普利茅斯和弗吉尼亚两个公司在美洲开拓大英帝国的时期，所以这两个公司的使命宣言自然也包括了传教——“将基督教信仰传播给仍然生活在黑暗和愚昧之中的族类”，即当地原住的“异教徒和野蛮人”。17世纪初期，大部分的英格兰人（和三分之一的欧洲人）已经改信了新教。在不到一个世纪的时间里，新教这个一开始反抗当权者的教派成了当权者的代表。

然而，不像罗马天主教那样有古老的普世等级制度和一个最高领袖，新兴的基督新教在骨子里就是好争端而不稳定的，其不久前的诞生正是由毫不妥协的反叛者一手缔造，因他们不愿遵循专业高层神职人员既定的阐释和规则。这是一个富有革新精神的新宗教，茁壮成长在欧洲文化和经济领域全面革新的时代。因此，新教与印刷业、全球贸易、文艺复兴、现代科学的开端以及启蒙运动一起，成了所有这些令人兴奋的新潮流的一部分。它独特的卖点就是激进。官方领袖失去权威，每个虔诚的人都能够并且应当决定真理的新标准，也就是说，通过阅读《圣经》，每一个人都可以判断基督教各种幻想的正确含义。从建立之初，新教就致力于激烈、去中心化、自助式的真理寻求和灵魂洁净，这自然导致自以为义的教派分裂源源不断地滋生。

第一批极端主义者在新教创立短短几十年之内出现在英国。他们认为新的教会体制和神职人员既过于专制，又过于松弛。过于专制，是指他们要求每一个地方性的教会和每一个信徒都严格遵循总会对于《圣经》叙事的阐释；过于松弛，则在于他们对信徒在教会以外的行为放任自流，人们走出教堂，就把《圣经》和上帝抛诸脑后。就像路德和其他最初的新教徒拒绝天主教当权派一样，这些英国极端新教徒认为他们自己更圣洁、更敬虔，并且比新建立的教会体制更加纯正。体制内的基督徒嘲笑他们是“**清教徒**”（Puritans），于是这个称谓就一直延续下来。

清教徒与英国国教会在教义上的分歧其实并不大。他们基本上都是加尔文主义者，也就是说，他们都同意约翰·加尔文（John Calvin）所制定的游戏规则。加尔文是比路德小一辈的神学家，他受过法律训练，这绝非偶然：根据他的裁定，只有很少一部分人能够进入天堂，“选民”在出生之前、在创世以先就已经被上帝拣选，因此不论一个人生平做过什么，都不能改变他很可能会下地狱的命运。

因为清教徒（奇异而又恐怖的）基本信仰与英国国教会非常相似，所以历史学家通常把它们之间的争端解释为对权力的争夺，认为这不过是利益集团政治伪装成高人一等的假敬虔。但理性主义者和犬儒主义者（也就是说，大部分现代学者）都很乐意把一切动机归结为理性主义和犬儒主义。其实，真正把清教徒和主流新教区别开来的是个性和举止。做一名清教徒，意味着成为毫不妥协的狂热分子。（他们就像今天的某些美国政治狂热分子，除了反对当权者的理念，也不能忍受他们理性节制的举止。）而且，清教徒们相信，理想的基督徒生活，应该是**完全沉迷于**基督教信仰的生活。

这些极端主义者中最极端的是分离主义派清教徒（Separating Puritans），他们想要在英国国教会之外建立自己的教会。在这群铁杆分子中间有几位教牧人员和他们的会众，聚集在一个叫作“斯克卢比”（Scrooby）的小村庄。他们决定不仅要脱离英国国教会，还要脱离英国。1609 年，他们自我放逐到离英国最近的一个新教势力渐长的国家——荷兰。

改变居住地并不会改变他们的本性，他们仍是一群吹毛求疵、满腹牢骚的人。他们住在莱顿（Leiden），一个典型的荷兰大都市，那里充斥着现实世界所司空见惯的不敬虔。莱顿还是一个偏自由派的新教教派的中心。换句话讲，这些英国清教徒在荷兰被又一种令他们厌恶的异端包围了。对于他们而言，此刻的地狱就是那些对他们的信仰并不感冒的人。回家的后路已经断了，尤其是在这个反清教徒势力正在英国国教会内逐渐兴起的时候。

所以他们只能继续前进。激烈地相信一部古老文献中所有的奇迹和神话远远不够。他们早已不仅仅是一群住在欧洲大城市的冒进而不满的英国乡下人。他们是一个多年来一直流离失所的部落，就像《圣经·出埃及记》中的故事；他们坚定地寻找着应许之地，如同《圣经·启示录》中的预言。因为，说实话，一旦你有自由——噢不，是有**义务**——自己去理解幻想中的真理，并依据这种真理创立你自己的新型宗教（新教），然后再在其中建立一个派别（清教主义），继而再从中建立一个更小的派别（清教主义分离派），还有什么能阻止你实现最终的梦想，即缔造属于你自己的乌托邦国度，将它奉献给你所创建的全新的、完美的宗教？

去哪里建立这样一个乌托邦？沼泽遍地的弗吉尼亚已经被那些

钻到钱眼里去的挂名基督徒占领了，他们没找到金子，便开始种植烟草。英国殖民下的美国北方仍未被白人占据，应该是个绝佳地点。约翰·史密斯受够了弗吉尼亚的拜金者，而后者也受够了史密斯，他便起航向北进行勘察，并于1616年发表了一篇报告描述他的所见。他对那里丰富的自然资源赞不绝口：可用于建造房屋的石材木料、可供食用的鱼类，还有“温和”的气候。（他走访北部时正值春夏季。）“谁能说这不是一个无比优良的地域，适于健康和繁衍？在世界上我所知道的4个还没有人类定居的地方中”——他显然忘了算上之前在同一份报告中提到的原住民——“我宁愿在这里而不是其他任何一个地方安家。”4年之后，那几十个住在莱顿的极端清教徒起航，远离了堕落腐化、纷争不断的欧洲，驶向这块远在新大陆的伊甸园般的净土，想要在新英格兰建立他们的新耶路撒冷。

也就是说，美国是由一个发了疯的狂热教派建立的。

当我小时候学习美国历史的时候，我肯定学到过詹姆斯敦，但那并没有给我留下很深的印象。直到开始写作本书之前，我都对失败的弗吉尼亚淘金热一无所知。在学校和流行文化中，美国的创立仍旧被认为始于后来那批北方的英格兰定居者——朝圣先辈（Pilgrims）、“五月花号”（Mayflower），还有普利茅斯岩（Plymouth Rock）。詹姆斯敦作为他乡的一次失败的实验，已被悄悄隐去。

美国人了解并庆祝普利茅斯的建立，而不是詹姆斯敦，这能说明诸多问题。在我们建构的神话中，**真正重要的**第一批外来定居者是理想主义者，是一群非常虔诚的教徒，他们来新大陆寻找信仰自由，将激荡人心、精心设计、全心全意的幻想付诸行动。而另一个版本的主角则是一群普通人，他们希望新大陆有利可图，一旦计划破产便抛弃了梦想。哪个版本更有吸引力，实在是一目了然。我们也更喜欢谈论“**朝圣先辈**”而不是“**清教徒**”，因为前者没有染上后者那永远摆脱不掉的负面意味。

朝圣先辈——至少他们当中最虔诚的一半——其实就是美国的清教徒先驱。* 其中一位朝圣者领袖只在普利茅斯停留了短短几周，就返航回家，鼓励其余的分离主义者追随他的脚步。在他 1622 年写的小册子《关于离开英格兰前往美洲定居的合法性的理由和考虑》（*Reasons and Considerations Touching the Lawfulness of Removing out of England into the Parts of America*）中，他解释道，新大陆就像以色列之于古时犹太人一样，是上帝赐予他的新一代选民——清教徒们——的应许之地。新大陆是一片“广袤而空虚的混沌之地”，原住民没有做过任何有益或者开化的事，而他们的“皇家领导人”，即当地的印第安人首领，正巧“已经接受英格兰国王陛下为他的主子和指挥官”。然而，即使一半的朝圣先辈活了下来，他们效仿以色列人出埃及的计划也没有真正成功。普利茅斯种植园建立 10 年之后只有 300 名居民，詹姆斯敦的人口超过它的 10 倍。

下一任国王查理一世比他的父亲詹姆士更加不能忍受他的清教徒臣民。他娶了一位正统的法国天主教女人，并毫不掩饰地叫她“玛丽亚”，他的清教徒臣民也因此对他更不待见。英国国教会正变得越来越反清教，在神学教义上更加折中，在教会礼仪上更加严格——换句话讲，更加**接近天主教**。

正当普利茅斯的朝圣先辈开始叫自己“朝圣先辈”的时候，一

* 另一半不那么虔诚的旅伴被人们称作“异客”（Strangers），他们中有一人于 1623 年——“五月花号”抵岸一年半以后——到达新大陆，成了我的祖先。

批人数更多的清教徒——来自上层社会的极端主义者——说服自己离开了英格兰，前往美洲建立自己的宗教乌托邦。他们说服国王的代表给他们的马萨诸塞湾公司（Massachusetts Bay Company）颁发了王家特许状，并商定他们将分享在自己地盘上开采的任何贵金属2%的收益，而这实际上是个障眼法。国王和他的王家幕僚乐意与任何向往金子的人沟通生意——而这新的一批清教徒殖民者所真正神往的，是在离普利茅斯不远的地方建立一个**更理想的**政教合一的国度。从1620年到1628年，总共只有8条船到过普利茅斯。而仅仅在1629年到1630年的一年之内，就有20多艘船驶进了马萨诸塞湾，1 000余名清教徒登陆。对于这些自称是上帝子民的人，他们朝思暮想的旷野中的锡安山此刻仿佛成真了。* 梦想确实有可能变成现实。

“什么使得新英格兰不同于美洲其他的殖民地和种植园？”两代人之后，一位马萨诸塞湾殖民地的牧师在布道中这样问道。这是一个设问句。托克维尔也意识到，这些早期美国白人带着打算付诸实践的异象和方案而来，他们确有显著的奇怪之处。他在一个半世纪之后指出，他们“横跨大西洋不是为了改善自己的境遇或增加自己的财富。纯粹是智识上的渴求使他们远离家乡的舒适。当面对不可避免的流亡之苦时，他们的目标是某个理念的胜利……新英格兰是个奉献给了梦想的地区”。在当时，“梦想”（dreams of fancy）就是“**幻想**”（fantasy）的意思。

幻想延续下来，幻想传播开来。第一批清教徒到来几十年后，

* “旷野”（wilderness）一词一开始正是通过最早的《圣经》英文译本流行起来的，在其中出现了280次。

一位新罕布什尔州的牧师做了一次布道，警告说普通人在这片区域不受欢迎。“新英格兰永远要记着，”他说，“我们的种植园是**宗教性的**，而不是**商业性的**……要让越来越多的商人记住这一点，**现世的利益**不是新英格兰建立、设计的初衷，**信仰**才是。”

传统上，人们认为清教徒比朝圣先辈更加“温和”，这就好比说“基地”组织（al-Qaeda）比“伊斯兰国”（ISIS）更加温和一样。* 马萨诸塞湾殖民地清教徒的神学思想在疯狂程度上有过之而无不及。第二批清教徒比朝圣先辈举止更加优雅，受过更多教育，对英国统治阶级的政要少了一些傲慢。他们来到美洲前的身份认同，并非那么紧密地与离开英国国教会的决心联系在一起。他们不管在当时还是现在看上去都很温和，因为他们就是当权者的典范——谈吐大方、衣着得体、清醒理智，并且对权力习以为常。但他们的温和在皮不在里。如果宽容就是我们所说的温和，那么普利茅斯的朝圣先辈实际上更加温和——他们能与异客和平共处。那时，“**神权政治**”（theocracy）这个词刚刚出现在英语中，对于清教徒来说，这是一个很好的理念。他们禁止英国国教会的神职人员踏上他们在波士顿和塞勒姆（Salem）新建立的政教合一的美洲殖民地，他们绞死贵格会（Quakers）教徒，并通过法令，绞死任何胆敢前来的天主教神父。

人们一般认为，中世纪在美国建国之前至少一个世纪就已经完全结束了。在 17 世纪 20 年代的旧大陆，对《圣经》末世预言的字面解读与笃信已经式微，与之一同衰落的还有其他中世纪宗教艺术。

---

* 事实上，马萨诸塞湾殖民地的第一任长官曾经试图通过一项法律，要求妇女在公共场合必须戴面纱。

在清教徒群体中却并非如此。他们尽可能地按照字面意义理解《圣经》，尤其是其中最为壮观的片段。天主教几个世纪以来一直低调处理《圣经》中的末世预言，而到了清教徒这里，这一点恰恰成了他们坚信预言必定成真的原因。1627年，一位颇有影响力的清教徒学者在剑桥大学发表了《寻找并揭示〈启示录〉之钥》(*Key of the Revelation Searched and Demonstrated*)。他解释说，敌基督的大动作还时候未到——它还并没有像新教徒惯例上所认为的那样，已经要占领梵蒂冈。不，它会发生在将来——不久的将来。此外，基督的再临和统治并不只是某种虚无缥缈的象征性、精神性概念，而是要在**真实的**人间建立一个**真正的**王国。而即将到来的世界末日，上帝与撒旦的对决，将会发生**在美国**。

甚至在到达新大陆之前，波士顿清教徒的第一任领袖约翰·温思罗普(John Winthrop)就已经在给船员们普及世界末日了。他布道中最著名的一段——“我们如同山上之城”——流传了下来，因为“**如同**”让这句话成为一个明喻，一个关于美国的明快、讨喜的象征，可以永无休止地被用于各种语境。但几句话过后，温思罗普的末世情景就不怎么像是比喻了。“当最后的日子徐徐展现在我们面前，”温思罗普说道，“这里或许就是那座城市，那正在向我们显现的新耶路撒冷。”在他以后最重要的新英格兰神权政体领袖英克里斯·马瑟(Increase Mather)也宣讲过，“耶稣再次降临到世上复活逝者、审判全地”是随时都有可能发生的。马瑟甚至还有证据，比如说，在波士顿上空肉眼可见的流星和彗星可能代表着上帝极大的不满，“预示着即将到来的大灾难”。正如宗教史学家保罗·博耶(Paul Boyer)所说：“清教徒真的相信世界末日很快很快就会到来。”

当马瑟接任美国第一所学府——哈佛学院——的校长时，他22岁的儿子——16岁起就开始布道的科顿（Cotton）——接过了父亲在波士顿主教堂的牧师职分。这位年轻的牧师很快就开始散布即将到来的末日的具体日期，并一直如此直到去世。末日将会在6年之后到来！好吧，其实是39年后——啊，不对，还有不到20年！当他预言的年份平安度过，科顿·马瑟就会宣称其实末世在**下一年**。

如果一个人足够相信超自然的计划，如果一个人的**个人信仰**足够坚定，那么错误的预言只不过是不幸的计算失误，并不能证伪任何事。如果你是坚持要创作并实现你的虚构故事的狂热分子，那么虚构和非虚构的界限就变得模糊了。

但是，自觉地创造了美国的清教徒之所以能代表美国特色，不仅仅是因为他们狂热的新教信仰，这其实更是因为他们的信仰与气质看似矛盾的组合。他们既是过度着魔的思想者，又是勤奋的读者和多产的作者。他们是极度理性的奇幻作家，把神学当作一种精密的科学去研究。他们是二流的空想家，又是富有野心的资产阶级**实干家**，是颇具成就的管理者、企业主和制造商。他们的神学观念还停留在中世纪，但远航5 000千米去创造一个由受过高等教育的绅士领导的乌托邦，这完全是一项激进的现代化事业。他们狂热**却又**实干。他们是一群堂吉诃德式的人物，但又有一身的技能，可以去寻找一片没有人会嘲笑他们的幻觉和梦想的土地。* 所以，在新英格兰种下的美国的种子是一种特殊的杂交品种，产生于中世纪和启蒙时代的交会点，同时兼具这两者的特质——像哈佛大学的历史学家

* 第一版《堂吉诃德》的英译本于1620年出版，正是在同一年，清教徒开始了他们的美洲探险。

塞缪尔·艾略特·莫里森（Samuel Eliot Morrison）所形容的，那是“一群接受了宗教改革却没有经历文艺复兴的英国人”。

他们独特的信仰和现实处境也使得他们——使得美国人——在另一方面显得特别。如果你们是非常虔诚的教徒，坚持要依据事实，准确地理解一切，如果你们厌恶寓意式、隐喻式的《圣经》阐释——并厌恶艺术，因为艺术使人倾向于将《圣经》视作充满寓意和隐喻的作品，如果你们爱好科学研究，如果你们还要为自己每天在无情的旷野中的生存负责，难道你们不是注定会成为有史以来最**迂腐**的幻想家吗？

第5章

对上帝的信仰是上帝赋予的自由

马萨诸塞湾殖民地发展迅速，在第一个十年之内，人口就从1 000涨到了4万。其中有一个居民叫安妮·哈钦森（Anne Hutchinson），她是牧师的女儿、富商的妻子、十几个孩子的母亲、温思罗普总督在波士顿的邻居，她也是个一呼百应、**极其**热忱的清教徒。她很快自立门户，作为一名事实上的传道者向人宣讲。每周都有几十名妇女聚集在哈钦森夫妇的大房子里，聆听她对上个周日教会讲道的批评，并提出自己对罪、救恩和上帝的疑问。她向她的听众们解释，既然上帝在创世以先就已经决定了哪些人可以与他共度永恒，那么我们中的每一个人都有可能握有被拣选的胜券，不论我们此时此地处在何种地位，神职人员的知识、学历和头衔并不能为他们赢得对敬虔的特殊垄断权。

但她并不仅仅是在逻辑上争辩，或是在承认共同信仰的基础上针对细节吹毛求疵。不，她周身散发着绝对信念的光芒，她**知道**自己会升入天堂，对自己掌握的真理有着不可动摇的**直觉**。马萨诸塞的清教徒"是第一批把一切浪漫主义运动的基本模型付诸实践的美国人"，如历史学家安德鲁·德尔班科（Andrew Delbanco）所言，他们“敢于断言信徒可以直接理解神的旨意”。哈钦森借用这种模型，并对其下了更高的赌注，指责宗教领袖不过是一群故弄玄虚的人。人们“从她身上看到了一个先知”，温思罗普总督紧张地在日记中写道。她自称有第六感，能够看出谁是上帝的特殊选民。

男人们也开始参加她的集会，于是她每周增加了一场。受到启发和鼓舞的追随者甚至会在牧师讲道的中途公然走出教堂，如果他们对这位牧师**没感觉**的话。安妮·哈钦森来到美洲仅仅千日，就已经领导着一场运动，让殖民地的奇思妙想变得更加炽烈。新教开始的时候就是一群自以为义的狂热分子脱离主流的运动，而在一群更加自以为义的狂热信徒建立的乌托邦杰作里，现在又出现了一位**比他们还要**自以为义的神秘主义斗士。

一旦殖民地领袖当中的一个派系支持安妮·哈钦森那更加奇异、热烈、纯粹的清教主义，她就成了一个麻烦。当然了，有时候信徒个人也能被圣灵充满，这没什么大不了的。是的，每个人都是读《圣经》的业余神学家；新教徒之所以成为新教徒，而不是绵羊一样的天主教徒或是地下天主教徒，全都得益于“信徒皆祭司”的理念。可是说真的，我们手头有一个全新的政教合一的国家需要治理（那时还有一场针对康涅狄格原住民部落的战争要打）。安妮·哈钦森玩得过火了。

她被指控污蔑神职人员。温思罗普总督担任审判长。1637 年 11 月，审判第一日，她的证词还在清教徒理性的范畴之内，左右引用经文，并试图证明她的宗教集会不是公共活动。她没有**直接挑明**自己比他们更敬虔，但她的蔑视显而易见。“是我们审判你，”温思罗普告诉她，“而不是反过来。”她晕了过去。

当次日重新开庭，她毫无保留地火力全开。她说自己不仅仅受到《圣经》，还受到圣灵的指引，也就是说，上帝直接与她对话，就像与《圣经》中的人物对话一样。她告诉审判官，那是“一次即刻的启示……由他的灵直接对我的灵魂说话……上帝对我说……‘我就是那位把但以理从狮子坑中拯救出来的神，我也会拯救你。’”温思罗普总督和其他审判官聚集起来就是为了要给她定罪，这下她可让他们的任务容易了很多。她还更进一步，以上帝的愤怒威胁审判官和他们误入歧途的暴政：“因此你们要好好想想该如何对待我，因为我知道，一旦你们对我定罪，上帝就会毁掉你们、你们的后代，还有你们的整个国家。”

“**这**就是整件恶作剧的根源。”温思罗普吼道，怒指哈钦森。他又说：“我有充分的理由认定她所说的启示实际上就是**幻觉**。”而他没有说出口的是，好吧，*我们都是一群令人不快、道貌岸然的基督徒疯子，但是天哪，这个女人，她的疯狂竟然超出了我们的底线。*

“哈钦森小姐，”坐在审判官之中的有一位未来的马萨诸塞总督，他在法庭上说道，“你被魔鬼迷惑了。”一名控方目击者曾与她从英格兰乘坐同一条船到达新大陆，他做证说，3 年前到达美洲的时候，她曾发出一些“非常怪异的女巫般的”宣告。法庭本可以借巫术之由给她定罪，并处决她，但人们没有这样做，而是把她驱逐出了殖民地。

放在现在，安妮·哈钦森不可避免地会被描绘成第一位伟大的美国女性、一个为宗教自由而战的女权主义战士、一场作秀式审判的受害人。毫无疑问，在当时的社会，她的性别使得她那自由萨满式的信仰看上去更加惊世骇俗、难以接受。几十个男性审判官和目击证人对战一名女性被告人，审判记录展示了一场可怕而荒诞的“男性说教”（mansplaining）。* 一名牧师这样指控她：“她宁愿做一个丈夫而不是妻子，一名传道者而不是听众。”

但她之所以成为美国人的原型，并不是因为她所遭遇的不宽容态度。欧洲的新教群体也一定会惩罚或是放逐她，并且根据当时的国际标准，马萨诸塞在压迫女性方面并不比其他地方更加积极。不，哈钦森之所以如此“美国”，是因为她对自己如此自信，坚信自己的直觉，坚信自己对事实独特的、主观的理解。她之所以如此“美国”，也是因为，不像周围那些忧虑而迂腐的“砖家”，她不承认事物的不确定性，也不承认自己有丝毫的自我怀疑。她的见解和信仰都是真理，因为**它们来自她**，因为她对自己的见解**感到坚信不疑**。这些见解和信仰有别于她的反对者——那些在牛津和剑桥受过教育的人——提出的区区理论和意见。哈钦森不需要研究《圣经》以外的任何书本就能获得真理，因为她**感受到了**真理，她**知道**真理**就是如此**。研究清教主义的历史学大家佩里·米勒（Perry Miller）把她的姿态称为“狂热的反智主义”，换句话讲，她是梦幻之地版美国人的原型。

美国的清教徒们是新教徒中的先锋派，而她是先锋中的先锋——一位被腐败的利己主义精英逼迫和驱逐的异见者、一个自认为占据了道德制高点的个体，除了她自己的想象之外，一切都不重要。通过宣称她与上帝有直接的联系，哈钦森把新教中打破成规的思想进一步推向了更加狂热的极端，而这正是一个美国式的极端。

---

* “mansplaining”（男性说教）是个由 man（男人）和 explaining（解释）合成的新词，通常指男性对女性以居高临下、自以为是的说教姿态讲话。——译者注

我们很难理解这些建立了美国基石的清教徒，或是设身处地为他们着想，不是因为他们的宗教信仰过于疯狂——这仍是很多现代美国人的共性——而是因为他们强烈的纪律感。在清教徒之中，只有安妮·哈钦森能与现代美国人有所共鸣，因为在现代美国，人人都可以根据自己虔诚的信仰来自由建构任意版本的现实。比起她身处的那个时代的官方基督教，21世纪的美国基督教其实更接近哈钦森个人的版本。

换句话说，安妮·哈钦森输掉了那场在剑桥的战役，却最终会赢得战争。清教徒领袖信奉的是顺我者昌、逆我者亡，但在美国，这些“逆我者”在不远处就有无数条去向、无数个新据点，可供被驱逐的真信徒自由迁移。

贵格会信徒占多数的宾夕法尼亚开始欢迎各种基督教狂热分子的到来，这些信徒出了名的理智——他们宽容民主，爱好和平，带有早期女权主义色彩，还是废奴主义者——掩盖了他们狂热的另一面：他们相信每个人都可以直接与上帝交流，而这些交流大多以说预言、出神般的咆哮和抽搐的形式呈现。

哈钦森的另一位颇具魅力的马萨诸塞清教徒同伴——年轻的牧师罗杰·威廉斯（Roger Williams）——并没有宣称自己拥有巫术般的超能力。尽管如此，他也是波士顿神权政治家的眼中钉，因为他反对政教合一，他对英国国教会的仇恨也带有一丝自命清高的热忱。在哈钦森被驱逐前不久，威廉斯因异端和煽动性言论的名义被定罪。他搬到了向南60多千米的地方，建立了新的殖民地，并取名为“普罗维登斯”（Providence），意指全能上帝的祝福。因此，威廉斯和哈钦森都可以说是美国个人主义的重要发明者：威廉斯不同意你在宗教问题上的胡说八道，但会誓死保护你胡说八道的权利；而哈钦森极度的言论和思想自由则提供了一个怪诞的研究案例，因为她坚持认为，自己有权相信并宣称自己拥有魔力。威廉斯的普罗维登斯愿意接纳她，于是她搬到了那里。

今天，我们给自己讲述着美国如何在思想自由方面取得进步，并给故事安上一个快乐的结局。罗得岛（Rhode Island）的威廉斯和新殖民地贵格会的威廉·派恩（William Penn）当然是英雄般的进步主义者，把国家和一切教会分离。* 马萨诸塞的神权政治逐渐变得温和，最终消失。一个世纪以后的美国迎来了托马斯·杰斐逊（Thomas Jefferson）的《弗吉尼亚宗教自由法令》（Virginia Statute for Religious Freedom）、《宪法》和《第一修正案》。这一切当然都是进步。异见最终获得了至少是法律上的许可。

然而，在美国雏形建立的17世纪，欧洲巨擘辈出，理性时代迎来曙光，莎士比亚、伽利略、培根、艾萨克·牛顿、勒内·笛卡儿、托马斯·霍布斯、约翰·洛克、巴鲁赫·斯宾诺莎行走于欧洲大地。相比之下，美国像是一个原始的异类。在早期美国，个人的思想自由特指个人相信各种超自然主义的自由。4个世纪以后出现了另一种自由，它被复兴、被解放，愈加癫狂，驱动着美国的转变。

---

* 尽管官方持宽容态度，但罗得岛建立两个世纪之后才有了天主教教堂。

第 6 章

假想的朋友和敌人：早期撒旦恐慌

美国人自始至终都对天方夜谭般的事情有着虔诚的信仰。这些信仰，不论是否与基督教有关，都既有光明的一面，也有黑暗的一面。梦幻之地既是一个让人欣喜若狂的地方，又充满了噩梦般的恐怖。

一方面，你或许可以获得永生，就连美国本身也是上帝计划的一部分，处在即将到来的地上天国的核心位置。这可真是棒极了。另一方面，如果你不是基督徒，那么你一定会堕入地狱；甚至就算你信仰基督，你也有可能会下地狱——上帝已经对我们发怒了，因为我们把美国搞砸了。噢不，糟糕。

然而，令虔诚的美国先驱们忧心忡忡的黑暗想象不仅限于在地狱中度过来世的情景。当他们在现世追求建立上帝国度的快乐幻想之时，恶魔已经在折磨他们了。甚至在马萨诸塞新殖民地建立以前，一名清教徒牧师就已经警告人们，在美国“比在世界上其他任何地方”都更能感受到“撒旦看得见、摸得着的统治”。什么？是的，另一个清教徒领袖解释说，1 500 年来，基督教在欧洲传播开来，占领了市场，魔鬼却在某个时刻携一群不信神的亚洲人跨越太平洋来到了美洲——“魔鬼欺骗了这些可怜的野蛮人，妄想着我们主耶稣基督的福音永远不会来到这里，破坏和拦阻他对这些人绝对的统治。换句话说，美洲印第安人不仅仅是不信教之人，他们是撒旦的士兵。”* 殖民者认为，尽管印第安人有很多相互独立的部落，部落之间还冲突不断，但他们最终一定会联合起来消灭殖民者。

即便是在成为美国人之前，清教徒们就已经是惧怕阴谋的真理代言人；到达美洲之后，他们对阴谋的恐惧越发强烈。他们逃离了一个渎神的阴谋——敌基督和他的亲天主教秘密同盟侵占了英国教会上下——却发现自己来到了全球圣战的西方战线。他们刚刚经历了艰苦（但是刺激！）的朝圣之旅，跳出了油锅，又跳入了可怕（但是刺激！）的火坑。英克里斯·马瑟总督的儿子科顿追随着父亲——美国最著名的清教徒牧师——的脚步，描述了“成群结队的魔鬼”以“全副武装的印第安人形象挡在我们面前”的情景。

在《关于印第安人祸患的叙述》（*A Narrative of Troubles with the Indians*）中，另一个在哈佛受过教育的清教徒牧师、领袖表示，自己从一开始就认清了印第安人祸患是撒旦的阴谋：从两个他从未谋面的缅因印第安首领身上，他看到了“某种宗教的迹象……一种他们从‘黑暗之君’那里习得的宗教”。甚至连那位亲印第安的懦弱自由派人士罗杰·威廉斯都被印第安人“骇人听闻的……魔鬼崇拜”吓坏了。值得庆幸的是，全能的上帝通过一系列神迹杀死了一

* 就在几十年前，新教的创始人把一个不信基督教的民族描述成了真正的魔鬼。在《论犹太人和他们的谎言》（*On the Jews and Their Lies*）一书中，马丁·路德写道：“令人受不了的、魔鬼般的犹太人势力……哪里有他们的犹太会堂，哪里就聚集着一窝魔鬼。”要想“让我们的灵魂不受到犹太人的侵害，也就是说，不受到魔鬼的侵害”，他建议烧掉所有的犹太会堂，毁掉所有犹太人的房屋，甚至“取消犹太人在公共道路上的安全通行权”。

大批印第安人——所谓神迹，就是这群白人圣徒不知不觉地带到新大陆的疾病。“上帝很乐意造访这些印第安人，并给他们带去疾病和……成千上万人的死亡。”普利茅斯殖民地总督不无感激地写道。

然而，在对印第安人的第一次持久战中，殖民者们动用了另一群大概也是魔鬼的人——佩科特人（Pequots）——来协助他们对那些确凿的魔鬼赶尽杀绝。佩科特人战争（Pequot War）中最著名的事件是1637年发生的一日大屠杀，被害的数百名原住民中有不少妇女和儿童。据英克里斯·马瑟记载，他所在的一方在他出生之前，“承蒙上帝的奇妙旨意”，就已经注定会赢得战争。

在此后两代人的时间里，英国殖民者的人口增加了3倍，超过了印第安原住民，而这些原住民自然变得……警觉了起来。结果就是，殖民者长达半个世纪以来幻想中的泛印第安联盟阴谋成了一个自我实现的预言——原住民们真的联合起来开始反击。但在公众话语中，肃清这些新的印第安武装仍旧是一个超自然事件。在基督徒的想象中，他们战斗的对象是一群属撒旦的野兽，因此战争的一般规则并不适用。于是又有一个哈佛毕业的牧师跳了出来，作为马萨诸塞一个部队的驻军牧师，鼓励他的士兵们“杀、烧，击溃、毁灭所有的罪恶和腐败……对这些耶稣基督的敌人，我们不应该留有任何仁慈”。从1675年夏一直持续到1676年夏的无情杀戮是美国历史上最血腥的事件之一。十几年之后，战事重演，并且这次持续时间更长，针对的是早期美国人对另一个阴谋的恐惧——教皇势力（法国人）与撒旦势力（印第安人）的联合。科顿·马瑟偶然中看到了一个分叉的卷心菜根，在他看来很像印第安棍剑——这显然是上帝送来的警告信号，预示着针对这些地狱犬类的新一轮战争即将到来。他布道说："一场前所未有的战争，由看不见的恶灵指挥，通过印第安人降临到新英格兰居民的头上……印第安人的首领……众所周知……是可怕的巫师和可憎的魔法师，并且……他们会与魔鬼交谈。"*

在欧洲，智者进入了理性时代。可是在新大陆，反理智思潮猛烈地卷土重来。

***

早期的美国人意识到，魔鬼除了利用印第安人（还有天主教徒）攻击他们，还会从善良的英国白人殖民者内部征募叛徒。如今，大多数人认为巫师属于一个独立的范畴——来自民间迷信，与基督教并无关联。在天主教徒控制基督教的一千多年中，教会已经达成共识：巫术在中世纪并不存在。但是，伴随着新教登上历史舞台，所谓的女巫和猎巫运动出现了。

一旦清教徒来到了美好与丑恶并存的应许之地，为了实现上帝的计划并与魔鬼争战，女巫的出现或许是必然的。17 世纪 40 年代，康涅狄格和马萨诸塞的清教徒每年都会判几个人犯了巫术罪。但在当时，更多的"巫师"被判罚款、驱逐或是干脆被赦免，而不是被绞死，清教徒以此证明自己的温和。围绕着巫术的这场早期癔症很

---

* 上帝，就像魔鬼一样，也能使用印第安人来为他做可怕的事。在流亡罗得岛几年之后，安妮·哈钦森搬到了南边的新尼德兰（New Netherland），在现在的纽约市布朗克斯区（Bronx）建了一座房子。不久之后，当地的原住民就杀了她和她的 6 个孩子。这是天大的讽刺，因为哈钦森对待印第安人的温和立场在马萨诸塞也是争议的焦点。在那些新英格兰宗教领袖的眼中，哈钦森被屠杀是上帝惩罚的完美体现——上帝消灭了"这个江湖大骗子、撒旦的工具"。

快就烟消云散，两代人以来，新英格兰没有再处死巫师。

但是1689年，正当英国本土长达几十年的宗教纷争走向结束的时候，议会通过了《宽容法案》（Act of Toleration），要求北美殖民地的清教徒允许自己的同胞自由地信仰和实践任何新教教派。这些最初宗教异见者的后代现在也必须在自己的地盘允许异见的存在——这样一来，他们不过就是涌现的众多基督教教派中的区区一派。一些清教徒认为，自己被降格是撒旦在作祟。但是……巫师——**巫师**不需要被宽容。年轻的科顿·马瑟牧师刚刚发表了一篇文章，阐明了信心缺乏的潜在危害：一旦你开始质疑巫师的存在，那么你离质疑上帝的存在还远吗？当《宽容法案》变成了法律，马瑟又出版了一本书《难忘的天意——关于巫术和鬼附》（*Memorable Providences, Relating to Witchcrafts and Possessions*），描述了当时在波士顿刚刚发生的一起有关巫术和儿童被魔鬼附体的事件。

马瑟的手册一下子成了畅销书。他的读者之一是新英格兰最古老的清教徒教会——塞勒姆第一教会——的牧师。1691年冬，牧师9岁的女儿开始变得举止怪异，尖叫、咆哮，高烧不断。当另一个女孩也显示出类似的"犬瘟"症状，病因明了起来，那就是巫术。人们指认了一些女巫：牧师的加勒比裔仆人，以及另外两个当地妇女——她们中的一个非常贫穷，另一个不信教。接着，更多的女孩显示出异样举止，又有几个妇女被指认为巫师，然后轮到男人，再然后又有几十个人被指认。

科顿·马瑟，这个前程似锦的波士顿巫师专家，也参与了进来。尽管操作起来十分困难，但他宣布"灵异证据"可以在审判巫师时应用，也就是说，控方证人对有关巫师鬼怪的梦境和超自然幻象的描述可以作为证词。第一个被判有罪的巫师被绞死之后，马瑟建议法庭谨慎使用此类灵异证据，但是它们仍旧是主要证据，并且马瑟鼓励法官们“快速并坚决地审判”。几十个控告者中的大多数都是年轻女孩。在4个月的时间内，200多起审判制造出了几十起有罪宣判，被判有罪的大多数是妇女，并且至少有20名女巫和术士（还有两只属魔鬼的宠物狗）被执行死刑，另有几人死于狱中。而塞勒姆和安多弗（Andover）两镇人口加起来才不过2 400人。

今天，我们对塞勒姆巫师审判事件的理解大多来自阿瑟·米勒（Arthur Miller）1953年的戏剧《萨勒姆的女巫》（*The Crucible*）。这并不是一件好事，因为《萨勒姆的女巫》并没有将早期美国人对魔法的相信视为真正的疯狂，它的重点是批判那些犬儒、自私地利用巫术恐慌作为借口向人施加权力的恶人、控告者和审判官。毫无疑问的是，整个事件弥漫着一股虚伪的味道——提出控诉的年轻女孩大概知道这些指控是虚假的，而被指控者有的为了保全自己也选择了承认莫须有的罪名。但是强烈的直觉告诉我，塞勒姆巫师审判不仅仅是一出肆意妄为的滑稽戏。我敢说，科顿·马瑟在写下他那些胡言乱语时是完全真诚的。在1692年的塞勒姆，其他的大人物也真真切切地相信他们自己所说的话。那些年轻女孩真的相信自己在女巫和术士的控制下出现过梦境和幻觉。参与审判的法官们真的以为自己在与撒旦斗争。在那50个认罪的人当中，真的有不少人认为自己与魔鬼签订了契约——一个被定罪的女巫在审判时大声呼喊撒旦，要求他把自己从清教徒的折磨下解救走。

1692年夏天，当疯狂到达顶峰的时候，刚刚从英国本土返回新大陆的殖民地领袖英克里斯·马瑟牧师急忙叫停了巫师审判。塞勒姆曾在一天之内有 8 名女巫和术士被绞死——这是巫师审判的最高纪录，此后，英克里斯写了一本名为《论审判的良知》（*Cases of Conscience*）的小册子，得到了清教徒神职人员组织的批准。当时的地方长官是马瑟的朋友，他立刻解散了塞勒姆巫师法庭。

从那以后，《论审判的良知》被认为是殖民时代美国理性回归的重要转折点。它的标题看上去带有自由主义的吸引力，其中最著名的言论让我们以为塞勒姆事件只是暂时性理智失控之下发生的个例："放走十个嫌疑巫师也要好过错判一个清白民众。"但这本小册子鲜有人提及的全称却暴露了它的真实属性：《论审判的良知——关于巫术案例中的邪灵附身、巫术以及定罪的确凿依据》（*Cases of Conscience concerning evil SPIRITS Personating Men, Witchcrafts, infallible Proofs of Guilt in such as are accused with that Crime*）。这是一篇试图解释撒旦究竟如何工作的短论，全文充斥着从世界各地搜刮来的关于邪恶魔法的二手传闻，比如一则新报道提到一名"威尼斯犹太人"能够"制造出一块魔法玻璃，并使它显现任何想要的人或事物的样子"。对于英克里斯·马瑟，塞勒姆事件的问题在于，撒旦迷惑下的控告者提出了虚假的控诉——是魔鬼让原本善良的人做出了邪恶的事情。历史学家埃德蒙·摩根（Edmund Morgan）写道："在 1692 年的新英格兰……几乎没有人不相信女巫的存在。"

尽管巫术特别法庭被叫停，塞勒姆事件的审判长却继续担任新设立法庭的主审。尽管让他失望的是，灵异证据不能再作为判案依据，他的新法庭却仍旧继续以巫术罪审判人们长达几个月之久，并且他又在 3 个女巫的死刑判决上签了字。一年之后，他被选举为马萨诸塞的总督。

英克里斯·马瑟从来没有正面谴责过塞勒姆事件，他的儿子也几乎没有做出任何弥补过错的行为。到了几十年之后，已是他的邻舍本杰明·富兰克林（Ben Franklin）所在的18世纪，科顿最终承认了错误，但他还是坚持为巫师审判和处决辩护。

***

在世俗传统智慧的眼里，新教为金钱至上和资本主义注入了一种自以为是的情感——努力工作能增添上帝的荣光，成功看上去就像是上帝的恩赐。但对我来说越发清晰的是，美国的新教更深、更广、更持久的影响在于，它允许人们幻想层出不穷的超自然现象或对于现实的不正确解释，并且允许人们以热切的确定性拥抱他们想要相信的一切。

与此同时，科学在逐渐成形。就像科学一样，新教的驱动力在于对固有宗教体系的怀疑，这旧体系亟须被修正或被摒弃——但与科学不同的是，新教要把旧的体系用新的教条来代替。科学方法在于**永不停息的**怀疑，每一条真理都被认为是片面的、暂时的，是现有条件下对现实最好的解释。新教则是对科学的拙劣模仿。虔诚的新教徒们观察自然世界，是为了推测出潜藏在每一件异常事物背后的上帝或魔鬼的旨意，不管这些事件是彗星，是飓风，是印第安人的袭击，还是不寻常的疾病或者死亡。对于这种新兴美国宗教的信徒来说，真理就在那里等待着他们：每件事的发生都有背后的旨意，而这些旨意很容易调查清楚。

这个国家从建立伊始就像一个空器皿，供人们盛放关于一夜暴富、乌托邦和永生的幻想。这个容器大得足以让各式各样的新幻想源源不断地衍生出来。这种事还是有史以来第一次。普通平凡的个体主动参与一个国家从无到有的即兴建成，并由此塑造了世界。这也是有史以来第一次。在短短一个世纪之内，美国（白人）人口从几千人增长到100万人，并每隔几十年就翻一番。这片看似不可能的有些怪异的新地盘繁荣起来。梦想——由几个、几十个乃至几百个同时上演的美国幻想汇聚成的梦想——好像正在变成现实。

第 7 章

第一个“我世纪”：宗教渗透了美国

在先辈们到达新大陆几乎两个世纪以后，18 世纪后期，新大陆的居民们开始称自己为“**美国人**”。在今天的大众想象中，也正是在那个时候，美国开始变得清晰可辨、可以想象，并有些现代了。为上帝疯狂的清教徒和为金子疯狂的弗吉尼亚人或许在 17 世纪的时候就塑造了美国的雏形，但我们称之为开国元勋的人物全部来自 18 世纪。他们是理性主义和实用主义者，热爱金钱，但不求通过盲打误撞发现北美版的“黄金国”实现一夜暴富。他们陈述了我们国家的使命宣言（《独立宣言》），留下了实践这一使命的操作手册（《宪法》）。发生在这两部文件之间年代的战争是一场现代的战争，它有关政治而不是宗教，战争的目的是让共和制代替君主制。蒸汽船、轧棉机、双光眼镜，还有一份至今仍在发行的报纸——所有这些都是 18 世纪后期美国的发明。

但以上这种 18 世纪美国史的标准版本，由富兰克林、亚当斯、杰斐逊、华盛顿、汉密尔顿和（无神论者）托马斯·潘恩（Thomas Paine）领衔主演的进步征途，仅仅是故事的一部分，而且是最值得尊敬的那一部分。这一部分故事往往掩盖了更广泛、更诡异，但是同样重要的其他叙事线索，而这些被忽视的叙事线索对我们理解美国几百年来走过的道路至关重要。

在后清教徒时代的18世纪美国，最著名的基督教思想家是马萨诸塞的牧师乔纳森·爱德华兹（Jonathan Edwards）。他在当今受到从鲍勃琼斯大学（Bob Jones University）* 的神学家到耶鲁大学学者们的广泛尊敬。爱德华兹16岁的时候就从耶鲁毕业。我们不难想象为什么耶鲁学者仍旧推崇爱德华兹。他是一个善意的知识分子，试图以复杂的方式解决他的理性与对一个全知创造主的绝对信仰之间的矛盾。他提倡新科学与新科技的发展。他不讨论巫术，不预言世界末日，也不从卷心菜根中读出上帝的警告。

我们也不难想象为什么当代的福音派基督徒热爱他。他非常成功，享有盛名，**并且还是**与他们有着共同信仰的福音传播者。他有过令他狂喜的“重生”经历——在青少年时期经历过一次关于万物相关性的灵性顿悟之后，他不仅仅把这种感受作为上帝存在的证明，还把它作为《圣经》及其新教阐释的真实性的凭据。同时代的富兰克林和杰斐逊在有了对某种更高力量的模糊信仰之后，便继续忙其他的事情去了，爱德华兹却一心追求**信仰**，并**体会**到其中的**魔力**。马克·吐温曾对一个牧师朋友表示，爱德华兹是一个“发了疯的才华横溢的知识分子”。**

爱德华兹最广为人知的讲道——《落在愤怒上帝手中的罪人》

---

* 鲍勃琼斯大学是美国一所因极端保守而著称的基督教大学，学校的很多制度和做法引起过广泛争议。——译者注

** 爱德华兹还传播了疯狂而古老的清教徒理论，认为撒旦因基督教早期的成功而警觉，带领印第安人从亚洲来到了美洲，因为在这里，他们“不在福音所及的范围之内，他（撒旦）就可以悄悄地附身于他们，并作为他们的神来统治他们”。

（Sinners in the Hands of an Angry God）——因他对地狱（一共提到52次）大坑（18次）中的烈火（17次）与烈焰（11次）的生动描述而知名，而所有的恶人将在那里度过永世。但事实上，这并非他的代表作。他有关天堂的布道和写作比地狱更多。一个好基督徒的任务现在是减少犯罪，收拾残局，并让世界变得越来越基督教化。以这样的方式，完美的未来“将会慢慢呈现”，非常、**非常**慢：依据爱德华兹对《启示录》的解释，基督教的黄金时代要在几百年后才会到来，耶稣仍旧是未曾露面、俯瞰一切的缺席统治者，直到那以后的再一千年之后，他才会再次降临，成为一个被改造好的全新世界的君王。

然而在这样一个“后千禧年”（post-millennial）的格局下，光明美好的未来如此**遥远**，让人不得不怀疑其中……想象和比喻的成分，因此大多数美国人对此都提不起兴趣。一个不能让人们**立刻**血脉偾张的宗教，就像缺乏性爱的婚姻一样索然无味。

爱德华兹获得巨大成功，主要原因并不是他描绘的更加仁慈的世界末日，也不是他经过深思熟虑的渊博学识——在他之前的著名美国牧师也都是知识分子。爱德华兹虽然被认为是最后的清教徒，他仍然是安妮·哈钦森式的人物，一个神秘主义先知，不仅执迷于《圣经》，还痴迷于完全主观、幻象丛生的神圣**体验**。

尽管爱德华兹本人低调而清醒，他却总能让自己的追随者疯狂，而他最终成了我们后来所说的“大觉醒运动”（Great Awakening）的关键人物。距第一批清教徒的到来已经过去了五代人，宗教狂热已经渐渐平息。美国人仍旧读《圣经》、去教堂，但之前那沸腾的宗教热情变得不温不火。爱德华兹牧师意识到，他可以把温水加热，鞭策新英格兰人进入狂喜和迷幻的状态——他和他的追随者把这种状态作为上帝存在的奇迹证明。

孩子们尤其受到影响。“大觉醒运动”始于美国历史上的第一次“青年震荡”（youthquake）。* 在马萨诸塞的北安普敦（Northampton），30岁的爱德华兹牧师“在我们的年轻人身上……看到了……一种不同寻常的可塑性”，他看到，“这种特质几乎像一道闪电照亮了年轻人的心”，继而“扩展到各个年龄各种背景的人群……除了宗教之外，鲜有其他话题能够引起不同人群的共鸣。人们的心灵奇妙地脱离了现世”。

更多的传道人使更多的教会会众觉醒。听众不仅仅是宣誓停止犯罪、坚固信仰。他们也不仅仅是阅读并讨论《圣经》和讲道内容。在教会礼拜的进行过程中，平时受人尊敬的人们感受到了圣灵，进而表现出一些“宗教情感”——哀叹、抽泣、尖叫、抽搐、晕厥。

爱德华兹牧师这位耶鲁的高才生对这样的“身体反应”持矛盾态度，就像50年前猎巫时期哈佛的马瑟父子对“灵异证据”持矛盾态度一样。但爱德华兹确信，很多尖叫和抽搐确实是一种超自然临在的“标志性印记”，或许是上帝在摇动并抽打一个罪人，以此使他或她见识到光明，又或许是撒旦在激烈地反抗上帝的拥抱。不论解释如何，这都是通往救恩道路上令人兴奋的新气象。

一根筋的美国人想要**证据**。这些身体反应看上去就像证据。在这样一个围绕个人主义理念逐渐成形的国度，其民众的情感表现力

---

* 对了，20世纪60年代的时候，《VOGUE》杂志的编辑打造了“青年震荡”（youthquake）这一流行语，用来指新奇的反主流文化。此后，这个词成了——对，你没有看错——清教徒服装公司（Puritan Dress Company）旗下时尚前沿品牌的名字。

已经名声在外，这样一种极富戏剧性、个人至上的灵性经历来得正是时候。

在爱德华兹看来，群众突然的疯狂也是更广泛的超自然力量的体现。“这并不是没有可能的，”他写道，“圣灵的这种卓越奇妙的工作，可能正是《圣经》中常常预言的上帝荣耀圣工的开端，或者至少是序曲。”也就是说，这一切都是上帝那遥远但确凿的最后一幕的序曲。“很多迹象表明，上帝的工作将要开始于美国。”

爱德华兹的足迹遍布新英格兰，他把灵性热潮带到所及之处；他同时代的新型巡回传道人也在整个殖民地范围内纷纷效仿。就像野心勃勃的英格兰幻想家们在弗吉尼亚和马萨诸塞创造了美国，一个世纪以后，几个激进的年轻英格兰信徒在**新的**新大陆荒野之上共同创立了美国福音派（evangelicalism）。

约翰·卫斯理（John Wesley）5 岁的时候，他在伦敦的教会寄宿学校发生火灾，被从大火中救出的卫斯理认为这次神迹证明上帝对他有特殊的安排，他开始不停地祷告。他在牛津大学创立了一个极端基督教组织，被按立为牧师，并来到佐治亚殖民地的第一个城镇萨凡纳（Savannah）担任神职人员。“我即将迎来的首要任务，”他写道，“是通过向异教徒传道来学习基督福音的真正含义。”

然而，卫斯理与英国国教会势同水火。就像一个世纪以前的清教徒，他认为自己比走形式主义的英国国教徒要**敬虔、圣洁**得多。例如，他认为婴儿洗礼只不过是一个盖橡皮章一样的象征性仪式。*

---

* 3 个世纪以后，在兴起于 18 世纪的众多新教教派中间，何时、怎样施行洗礼，以及洗礼是否还是基督教必不可少的部分，仍旧是争论的主要问题。这些争论像很多其他的幻想家与幻想家之间的争论一样，既令外人摸不着头脑，又让人兴致盎然。

只有成年人才能恰当地决定加入教会。这看上去十分合理。但他的重点并不在于承认人们有**拒绝**加入教会或**不信教**的自由，恰恰相反，卫斯理要求身为有思想的成年人的教会成员抛弃一切怀疑，宣告自己为真正的信徒，并且“立刻而直接地”感受到“上帝的圣灵”。比如说，按照卫斯理的理论，梦境可能是上帝传达的信息。

卫斯理在美国没待几年。* 他把接力棒交给了同为牛津出身的晚辈和门徒乔治·怀特菲尔德（George Whitefield），后者与卫斯理共同创立了卫理公会（Methodist）运动。如果你不是相关学者或严肃的卫理公会教徒，你可能从来没有听说过他，但最近出版的一部传记的副标题——“美国的宗教开国元勋”——并没有夸大，怀特菲尔德生来就注定是一名美国人。

不像卫斯理，怀特菲尔德已经经历过“重生”。他还相信自己从上帝那里直接接收了信息。从他被授予圣职到他抵达美国的两年之间，这名“男孩布道家”在英国迅速成名。他很享受自己的知名度和自己在公众面前摇滚明星般的影响力。在他 21 岁时的生平第一次讲道之后，他在日记中写道：“到场的大多数人看上去受到了震撼，并且”——这就像是 1735 年版的“谦炫”（humblebrag）——“有人向主教抱怨，我第一次讲道让 15 个人发了疯。”

到达美国之后，他更加受人欢迎。他很年轻，就像这个国家一样，而且生得仪表堂堂。他有天然的个人魅力和孩童时期做演员的经历。他的布道不是普通讲坛上的照本宣科，而是不依靠任何剧本

* 卫斯理 34 岁的时候，与自己只有十几岁的美国女友分手，此后他基本上把她踢出了教会，她起诉他，他就逃回了英国。在那里，他终于有了作为成年人的重生经历，并与人联合创建了卫理公会。

和笔记的**表演**。他**扮演**了耶稣、门徒、地狱门前的罪人，他能够扮演女人和男人。他下跪、大喊、顿足。“我愿意付出一百个几尼，”大卫·加里克（David Garrick）这位18世纪最著名的英国演员说道，“只要我能像怀特菲尔德先生那样说出‘**噢**’这个字。”怀特菲尔德的每次出场都是一场非凡的戏剧表演，但他的表演被认为是**真情流露**，是与圣灵的交通，是一场真人秀。他的观众在到场之前就收起了所有的疑心，而他的表演让他们对幻想信以为真。与爱德华兹和卫斯理相比，怀特菲尔德讲道的影响力甚至更大，他能让人们不能自已地扭动和尖叫。

1740年，怀特菲尔德向乔纳森·爱德华兹在马萨诸塞州的教会会众讲道。据怀特菲尔德自己称，他大获成功：“今天早上讲道时，亲爱的爱德华兹先生全程哭泣。人们的情绪也同样受到了感染。”他在既有教会不受欢迎，没有关系——他并不需要他们那种信仰的“干瘪、死亡的尸体”。他会在室外讲道，在田野和城镇广场上讲道，在篝火燃烧的地方讲道。这成了一种新的演出。这位“伟大的巡回传教士”游走于各个殖民地，能够得到全国信众的青睐。

怀特菲尔德走在了福音派利用多媒体进行自我营销的前列。报刊宣传他的布道，刊登他的狂热听众的亲身体验。他26岁的时候出版了一本畅销的自传——这只是他众多自传的第一本。在到达新大陆的短短几年之内，怀特菲尔德大概成了全美国最出名的人。*

* 他的媒体策划人和巡讲伙伴威廉·苏厄德（William Seward）是前伦敦股票经纪人，曾出任投资公司的高层管理职务，这家公司就是极其恶劣的金融造假事件“南海泡沫事件”（South Sea Bubble）的罪魁祸首。在怀特菲尔德的第一次美国巡回讲演之后，苏厄德回到英国，自己成了一名传道人——并且在威尔士讲道的时候当场被乱石砸死。

《圣经》中有一个段落被怀特菲尔德反复引用——耶稣告诉一位大拉比："人若不**重生**，就不能见神的国。"由此，怀特菲尔德在美国基督教之中植入了宏大的理念和艺术性的语言。使人们产生强烈、超自然的重生**感受**是关键。"他不像一般的美国传道人那么看重教义，"乔纳森·爱德华兹的妻子写道，"而是更注重影响人们的内心。"

"大觉醒运动"逐渐扩散，基督教当时的主流教派十分憎恶这些令人尴尬、**极度自我**的狂热情感表露，一名当时的批评者称之为极其恶劣的"理智的混乱、上帝的附身、狂喜的迸发和超自然的冲动"。当然了，这个宗教本来就建立在关于神迹、个人异象和启示的故事之上，但是天哪……难道真的有人相信神迹和启示就发生在此时、此地？对于这样的质疑，走火入魔的民众回应，对，正是如此。在怀特菲尔德笔下，他与其他的传道人引发的"尖叫和颤抖"正像是耶稣在他的归信者中引发的"突如其来的痛苦和尖叫"一样。"上帝难道不是昨日、今日，一直到永远，都是一样的吗？"这是安妮·哈钦森观点的重现。我们现在就要看神迹显灵！

怀特菲尔德就像荆棘丛中的兄弟兔（Br'er Rabbit）一样，批评反而使他愈加热情高涨。来自主流的拒绝使他和他的追随者更加坚定自己的信念。在他们看来，那些不理解他们的批评者是出于嫉妒，因为他们从未亲身感受过从耶稣和圣灵获得的喜悦。美国是《圣经》历史的续集，是预言成真之地，所以美国的基督徒**当然会**遭到嘲笑，就像早期基督徒受到嘲笑一样。对于新教徒和美国人而言——当然了，北部殖民地 90% 以上的居民本来就是新教徒——遭到逼迫的公义是自我认同的核心部分。

爱德华兹、卫斯理和怀特菲尔德都是英国国教会的正规神职人员。他们的成功有一部分要归功于他们的身份——他们不是自由职业的骗子，而是从体制内向体制发起挑战的人，就像美国的开国元勋们所做的一样。他们这种极度民主的新生美式基督教包含了新教建立之初的对抗精神——与官方的神职人员对抗，与一成不变的教条对抗，还与固有的仪文对抗——但他们把这些提升到了新的高度。这种模式后来成为浸信会和其他新兴宗派的常规，并且变得更加极端。

任何人都可以布道。一个传道人可以在任何地方、以任何方式布道。布道越激昂越好。所有的信徒都可以追随或者创建他们自己的教派和集会，用任意的方式表达自己的信仰，以此来达到最优化的“与耶稣基督的个人关系”。“早期美国卫理公会最突出的特点，”据一位当代历史学家讲，“就是要在日常生活中寻找超自然的印记。”因此，早期的美国卫理公会信徒“非常重视异梦、异象、超自然体验、神迹医治和说方言的现象”。当然，每一个传道人和每一教派的信徒都确信，自己那独特版本的真理就是**唯一的**真理。

当我们对现实的独断解释百花齐放的时候，最终的结果就是一种毫无分辨性的相对主义。这种相对主义超越了宗教，渗入任何一种热烈的信念：如果我认为一件事情是真实的，那么不论我是如何得出这个结论的，这件事都是真的，并且没有人能够对我说“不”。这就是美式个人主义在现实生活中使用的归谬法。这将会成为梦幻之地的信条。

第8章

与此同时，在基于现实的18世纪社会里

1739年万圣节前夕，24岁的才俊乔治·怀特菲尔德第一次到达北美殖民地。他在各个殖民地巡回布道的第一站是费城。城市的一半居民出动来看他的表演。人群中有一个对宗教不那么感冒的年轻印刷出版商，他叫本杰明·富兰克林。

富兰克林震惊地目睹了怀特菲尔德“仅仅说出‘美索不达米亚’这个单词就能让人们落泪”，并且“人们对他如此仰慕和崇敬，尽管他常常侮辱他的听众，说他们一半是野兽，一半是魔鬼”。这位出版商当时就向怀特菲尔德进行了自我介绍，并与他签订合同出版他的日记和布道，总共四大卷，十分畅销。但富兰克林本人在“大觉醒运动”期间唯一觉醒的是他的商业嗅觉——他意识到迎合这些宗教分子能够带来巨大的利益。在此后的3年里，他几乎每个月都会出版一本福音派读物。至于怀特菲尔德本人，富兰克林表示，自己与他“没有任何宗教上的共鸣”。

在富兰克林和同道的开国元勋眼中，上帝是一个非常模糊、非位格化的概念，一位创造世界之后便隐去了身影的创造主。同时代的宗教热忱分子——那些与圣灵交通的人、上帝计划的解密者、传

教士——不是他们的同胞。约翰·亚当斯在一封信中向杰斐逊抱怨，他的儿子约翰·昆西（John Quincy）可能想要“隐退……来把自己的一生奉献给对预言的研究”。亚当斯还在给一位荷兰朋友的信中表示，《圣经》里充斥着“成千上万的神话、逸闻和传说”，而基督教迫使各种艺术形式“沦为它的娼妓”，“以达到传播迷信和骗局的卑鄙可憎的目的”。杰斐逊曾经提到，乔治·华盛顿“不是信徒”，他“把几个神职人员留在身边仅仅是为了做做样子”。杰斐逊自己也通过去教堂来维持这种表面文章，但私下教导他 17 岁的侄子要“大胆质疑，甚至对上帝的存在也是如此；因为，如果上帝真的存在，他一定会更加认可理性的敬畏，而不是盲目的恐惧”。他认为世界上所有的宗教“都很类似，都建立在神话传说的基础上”，这些宗教也包括“我们特有的迷信”，即基督教。一年冬天，在白宫的杰斐逊总统做出了一次非同寻常的修正之举：他自己动手剪贴了两本《新约》，把其中有关神迹的段落统统去除，其中就包括了基督的复活。他把最终的“修订版”叫作《拿撒勒人耶稣的生平和道德训诲》（*The Life and Morals of Jesus of Nazareth*）。“至于拿撒勒人耶稣，”富兰克林在临终前写道，“我对他的神性……表示怀疑；尽管我在这个问题上并不教条……此时此刻它就更不值得我费神了，因为我马上就能不费吹灰之力地知道答案了。”

当有人问起亚历山大·汉密尔顿（Alexander Hamilton），为什么制宪者没有在《宪法》中提到上帝，他的回答令人捧腹：“忘了。”

但是普通的美国人仍旧比英国人虔诚得多。1775 年，埃德蒙·伯克（Edmund Burke）警告他的议员同僚们，在背后驱动早期北美殖民地造反的未知因素，正是美国人特有的极端新教热情。对于他们来说，伯克表示，宗教“完全没有失去吸引力”。

因此，没有一位美国开国元勋自称是无神论者，但以虔诚的美国基督徒的标准来看——当时如此，现在更甚——他们大多是渎神者。换句话说，他们是启蒙时代的人，是拥有幽默感的世俗之人，他们选择运用理性和科学来理解存在的本质、生命的意义，以及真理的形态。杰斐逊说，培根、洛克和牛顿“毫无疑问是世界上曾经生活过的最伟大的三个人”。富兰克林这位启蒙时代哲人伏尔泰（Voltaire）的挚友*被另一位启蒙时代哲学家伊曼纽尔·康德（Immanuel Kant）称为“现代普罗米修斯”。亚当斯则是启蒙时代哲学家大卫·休谟（David Hume）的好友，他 1748 年的文章《论神迹》（Of Miracles）理当成为“对所有迷信幻觉的永久性制约”。美国的开国元勋们与欧洲的同辈有更多的共同语言，而与在美国本土通过巡回演出鼓动迷信幻觉的宗教超级巨星们相差万里。“启蒙运动的座右铭，”康德在美国独立战争胜利的一年后写道，“是……*Sapere aude*！”也就是“敢于知道”——“勇敢地运用你自己的理解力！”

在 3 个世纪的时间里，新教改革和启蒙运动一直是一对奇怪的共生伙伴，一同驱动着激进的思想自由，并且促成了彼此的成功。新教徒决定拒绝梵蒂冈，开创自己的宗教，于是他们也继续拒绝一拨又一拨的新教领袖以及他们的权威和教义，永不停歇地开创新的宗教。启蒙思想家们则在思想自由上更进一步，认为人们可以自由选择把超自然信仰和宗教教义搁置一旁，或干脆一并拒绝。

---

* “只要傻瓜和无赖还存在一天，”伏尔泰在 1767 年写道，“宗教就会存在。并且在所有像病毒一样侵袭这个世界的宗教当中，（基督教）无疑是最可笑、最荒诞……的宗教。”

启蒙思想是一把双刃剑。启蒙运动赋予了人们对于存在的方方面面选择信仰**任何事物**的自由——不论正或误，善或恶，理智还是疯狂，合理还是失实，卓越还是愚蠢，还是干脆就不可能的事。启蒙运动乐观的开创者和热烈的追随者相信，因为存在一个思想可以自由交易碰撞的高效市场，所以理性最终一定会胜利。我们从理性时代进入了启蒙时代，而这两个时代的驱动者都是聪明的理性主义和经验主义者，那么……他们一定会继续前进，不是吗？

并不是。“大众一般毫不质疑地认为，启蒙运动就是一场由迷人的理性战胜激情与其他各种人类情感和依恋的运动，这样的说法根本就是错误的，”加州大学洛杉矶分校的历史学家安东尼·帕戈登（Anthony Pagden）在《启蒙运动：为什么依然重要》（*The Enlightenment: And Why It Still Matters*）一书中写道，“启蒙运动既关乎坚持理性的观点和选择，也关乎推翻它们。”启蒙运动赋予人们思考**任何事物**的自由，不论是否与宗教相关，不论这些思考是荒谬而错误，还是合理而正确。尤其是在美国。18世纪末，随着启蒙运动的胜利、科学的发展以及对宗教宽容的要求，疯狂也被解放。“炼金术、占星术……共济会神秘学、磁疗术、先知异象、招魂术，这些100年前被自然科学家们认为是边缘化了的行为”重新浮现，牛津历史学家基思·托马斯（Keith Thomas）解释说，这些现象的推行者和追随者们“不自觉地遵循着康德关于独立思考的训诫。只有在一个被启蒙运动影响的宽容环境中，这些离经叛道的邪教才能在大庭广众之下存在”。

就连康德自己也看到了启蒙运动要面对的难题。“人类的理性，”他在《纯粹理性批判》（*The Critique of Pure Reason*）中写道，“有一种独特的命运，就是说，在知识的某一个领域”——有关灵性、存在和生命意义的领域——“理性会承受疑问的重负……它既不能忽视这些疑问，又无法解答它们。”而美国人的独特命运在于，他们认为自己**能够**并且**必须**像数学家、历史学家和自然哲学家解答他们各自领域的疑问一样，解答宗教方面的疑问。

第二部分

奇异合众国：19 世纪

善良的天性使得美国公众听命于一个聪明的骗子。

——P. T. 巴纳姆（P. T. Barnum）

《P. T. 巴纳姆的一生》（*The Life of P. T. Barnum*）（1855）

我们都会产生无尽的感受，并把感受错当成是思考。感受受到人们的敬仰。有些人还认为感受是上帝的声音。

——马克·吐温（Mark Twain）

《乡巴佬的见解》（Corn-Pone Opinions）（1901）

第 9 章

第一次大妄想

理性、学识和科学确实成了美国迈向 19 世纪的过程中令人自豪的一部分。18 世纪的时候，启蒙运动还只是精英之间充满希望的纸上谈兵；但到了 19 世纪，这些理论被真正地、民主地付诸实践。美利坚合众国开始实行免费义务教育，识字率攀升到了九成。报纸和图书成倍地增长，公共图书馆出现，继而是公立大学的出现。现代科学催生出现代技术，科技发展的证明数不胜数：我们有了电报、高速印刷机、铁路、蒸汽船、疫苗、麻醉剂等等。我们理性而务实。我们成了现代人。

如果你是一个虔诚的美国基督徒，那么你会觉得这一切的兴旺都刚好印证了——这显而易见——上帝与我们同在。我们正在实现《圣经》中的预言，建立一个德行高尚的全新基督教国家，走在通往千禧年的大道上。但就算你并不是笃信宗教之人，你也会觉得美国革命和《宪法》集中体现了某种上天的安排，就像先知创立新的宗教，或小说家虚构新的世界一样，美国人的先辈聚集在一起，白手起家，令人惊叹地创造出了一个国家——在这个第一要务是确保个人自由的国度，人们可以享受前所未有的自由，创造、推广和相信任何事情。因此，美国人很快就开始相信一切。

我们开始相信一些关于美国建国的迷人谎言。有史以来，人们就喜欢给成功领袖的荣耀添油加醋，但是在美国，神话不仅立刻诞生，而且还带有一丝假装圣洁的味道。乔治·华盛顿 45 岁之前最广为人知的一件事，关于樱桃树的事——“我不能说谎，爸爸……我确实用我的斧子砍了它”——其实完全是编造的，故事最早出现在一本华盛顿死后几个月就出版的畅销传记中。另一则广为人知的华盛顿在战争中的逸事——他在福吉谷（Valley Forge）跪下祈祷——几乎可以肯定也是假的。19 世纪有一部畅销小说名叫《美国革命传奇，1776》（*The Legends of the American Revolution, 1776*），其中一个故事标题是“1776 年 7 月 4 日”。这个故事中说，一名准天使（“一个又高又瘦的男人……身着黑色长袍”）神秘地降临在当时在费城的开国元勋们中间，并进行了 5 分钟的演讲（“上帝已经赋予美国自由了！”），使得开国元勋们停止争辩，在《独立宣言》上签了字。然后这个准天使又神秘地消失了。当时美国的各路信众都认为这件幻想出来的事是历史事实，直到今天，还有人这么认为。*

新鲜事物的层出不穷和科技的快速发展并没有把美国人都变得像理性的本杰明·富兰克林一样，反而使一部分美国公民在幻想中越陷越深，不管是基督教还是其他的幻想。美国的 19 世纪既是怀疑与智慧当道的时代，又是信仰与愚蠢横行的时代。文化史学者的重

* 一个世纪之后，1957 年，在母校的一场毕业典礼演讲中，一位明星校友把这个故事作为有目击者的真实历史事件讲给大家，并说它出自托马斯·杰斐逊。这位毕业典礼演讲者是罗纳德·里根。后来，作为总统，当他在一篇为国庆而写的文章中再次详细提到这个故事时，他的助手们显然说服了他，让他把这个故事称为“传说”，并且删去了将杰斐逊作为故事来源的引述文字。

点大多在宗教方面，他们研究新教的各个宗派如何发明了情感主义并把它发扬光大。但这样的框架太窄了。耶鲁的宗教史学者乔恩·巴特勒（Jon Butler）提出，早期的美利坚合众国就是一个“战前灵界温室”，基督教信仰与民间魔法自由地搅和在一起，神秘学、千里眼、萨满疗法和先知异梦这些古老的民间迷信不再受清教主义教义和秩序的约束。美国已经准备好迎接各种奇思妙想。

是的，我提议我们把19世纪上半叶的“第二次大觉醒运动”（Second Great Awakening）看作更大范围内“大妄想”（The Great Delirium）的一部分。在这第一次“大妄想”期间，**各式各样**的幻想爆炸式地出现——不仅仅是在宗教领域，还有文化、伪科学、乌托邦和政治上的幻想，一切都那么耀眼而又那么可怕，所有的幻想在全国这个大坩埚里相互作用，相互激发。在接下来的几章中，我将会对以上的领域一一进行讨论，但是首先，让我们看看美国基督教是如何疯狂地改造自己的。

***

北美殖民地建立3个世纪以来，以异见者姿态登场的热血的新教不断滋生出想要保持热血的异见教派信徒。在英格兰和欧洲大陆，新兴的宗派要么最终销声匿迹，要么被各国的国家教会所吸纳。对于欧洲的基督徒来说，个人正式的宗教选择是非此即彼的——要么委身于国家批准的教会，要么不参与有组织的宗教。

但美国的情况不同。我们的国家起始于一群容易激动的逃亡者（以及骗子和被忽悠的人），一心想要传播并发明新的真理，而这样的起源定义了我们。虽说在革命之前，13 个殖民地大多有自己的官方教会，新确立的《宪法》却取缔了这些官方设立的教会。从现在起，所有的宗教信仰和习俗，不论新旧，不论是看似合情合理还是明显不正常，在法律上都是平等的。换句话说，一种美国所特有的文化和心理在 17 至 18 世纪逐渐成形，并因为新政府的立法而得以存续。在这片人们可以自制真理、自立门户的土地上，新教徒的原始冲动——反对成规、坚持异见、**永远抗议**——经历了盛衰变迁，却从未沉睡。新教徒长期厌恶体制内的宗教领袖，却狂热地崇拜着脱离体制的领袖，而每个信徒个体都坚定地认为自己会亲身体验到并焕发出圣洁的光芒。美国的新教仍旧不断裂变。一旦某个教会领袖变得过于权威，或是教会的信条和仪式变得过于合理、抽象、无趣，新教宗派就会从内部爆炸，产生出新的教派。而这些新的教派会继续增长、冷却、爆炸，周而复始。

在今天，美国的南方被认为是基督教最盛行的地方，但在历史上并非一直如此。1785 年，托马斯·杰斐逊为了给一个法国贵族朋友讲解美国的地区差异，制作了最早的"图表文章"（charticle）* 之一，其中关于宗教差异的解释包括这张图：

北方人……	**南方人……**
在宗教方面迷信并且虚伪	遵从自己的内心，除此之外没有任何宗教依附或主张

在当时，可能有一小部分南方殖民地的人会去教堂，与新英格

* "图表文章"（charticle），由 chart（图表）和 article（文章）两个英文单词拼凑而成。——译者注

兰人相比，他们对待罪、耶稣、撒旦、天堂、地狱和末世的态度更加随意。在南方，政府在革命期间和过后抛弃了官方教会；但在北方的新英格兰，人们又争论了半个世纪之后，才彻底实行了教会的私有化和政教分离。

在整个南方，“教会”一词曾经是英国国教会的代名词，直到革命后改头换面为“美国圣公会”（Episcopal Church）。宗教生活的主要模式是由神职人员带领附近的居民重复古老的教会礼仪——成文的祷告与回应、音乐、饼与酒。在 18 世纪包括南方的全美范围内，乔治·怀特菲尔德这样的传道人为一种更疯狂的新式宗教埋下了种子，这种宗教后来被称为“福音派基督教”（evangelical Christianity）。在南方作为主流的圣公会拒绝认可那些热情高涨的神秘主义者，例如浸信会和卫理公会的新信徒——他们要坚决履行与耶稣的个人关系，还要**公开展示**圣灵的超自然现象。这样的排斥在弗吉尼亚尤其突出，在那里，另起炉灶的福音派教会仪式被中断，参与者受到暴力对待，传道人遭到逮捕。一直以来，对于美国的忠实信徒来说，受到愚昧者的迫害恰恰证明了他们是正义的一方。

进入 19 世纪，大坝决了堤。长老会的牧师一般被认为是乏味的顽固分子——能令人哗然的是那些**卫理公会牧师**。但有一位年轻的长老会牧师在北卡罗来纳州的布道却引发了当地不虔信徒的激愤，他们烧了他的讲台，并寄给他一封用血写成的死亡威胁书。于是他搬到了 900 多千米开外的肯塔基最西边。在西部边疆，大家对怪人习以为常。每个人都是新来的，所以这里并没有建制化的教会。于是这位牧师的讲道大获成功，成了距离这一带一日行程之内唯一的固定娱乐活动。

就像野心勃勃的娱乐演出经理一样，这位肯塔基的牧师决定做大他的生意。1800 年夏，他把一年一度的圣餐筵席周末变成了一个以高能布道和归信为主题的地方性宗教节日。上百人来到他的“红河聚会所”（Red River Meeting House），聆听六七个不同牧师的讲道，其中还包括一个卫理公会牧师。人们呼喊、尖叫，人们**发了疯**。“上帝的大能强有力地在我身上工作，”那位卫理公会牧师回忆道，“当我又一次转过身来，心中对人的畏惧已经荡然无存，我在这座房子中间一边穿行一边狂喜而又激烈地高声疾呼、劝诫会众，屋里很快就‘尸横遍地’。”他的意思是，人们纷纷倒在地上，表现出癔症突发的样子。*

这是一个重要的时刻，所有在场的人都意识到了这一点。此时此地正在发生的一切，比他们祖父母辈时乔纳森·爱德华兹和乔治·怀特菲尔德所激发的场面还要疯狂。上帝已经**进入**人们中间。他们不仅仅充满热情，他们正活在梦境之中。“星期一，”这场集会的组织者写道，“成群的人们在信仰的强烈作用下被击倒在地；痛苦的呼喊充满了整个房子……在那里，你可以看到十一二岁的小孩祷告哭求以耶稣的宝血获得救赎，并痛苦地挣扎。”他年轻的朋友和同伴，即那位长老会牧师显然也被这景象震惊到了。“很多、非常多的人……在屏息、静止的状态下持续了很久……在躺了数小时以后……他们又会站起来，大声地为得到了解救释放而欢呼。”

这样的幻觉具有传染性。一个月之后，他们在一所邻近的教堂

---

* 那是怎样一个激情澎湃的时代和地点啊。6 年之后，就在离那里 3 千米的地方，美国前议员和未来的总统安德鲁·杰克逊（Andrew Jackson）赢得了一场决斗，他的对手说他是个懦夫，并暗示他的夫人是荡妇。

组织重演，人们倾巢出动，这种集体癔症再次爆发。数百人聚集在一起，又有数十人“挺尸”。

在这种令人惊讶的集会初次登场一年之后，两位富有企业家精神的牧师策划着把它做得更大。1801 年的集会选在第二位牧师在肯塔基州甘蔗岭（Cane Ridge）的教会进行，他们请来几十个牧师讲道，长老会、卫理公会和浸信会的牧师都有。就像第一次盛大开幕时那样，它在 8 月的第一个周末，也就是年度宗教市集时举行。甘蔗岭位于肯塔基州东部，人口较为密集，离蓬勃发展的小城列克星敦（Lexington）（当时人口 1 759 人）只有一天的路程，因此集会有机会吸引到的不是几百人，而是一两千人。被竹子覆盖的集会点房屋里最多只能容纳大约 500 人，于是他们又在室外搭建了舞台和帐篷。

人们完全被征服了。原计划的 3 天延长到了一周。多达两万人来到了集会点，在这里聆听福音，以期获得救恩，成为这场千载难逢的嘉年华、这场前所未有的盛大派对的一部分。几天之内，甘蔗岭成了美国人口最密集的地方之一，超过了普罗维登斯，相当于查尔斯顿（Charleston）。

集会开始 24 小时后，周六傍晚，人们情绪高涨，营火和篝火燃烧正旺。夜幕徐徐降临，传道人们同时从树上、马车上讲道。几十个自称“劝诫者”的普通人——他们可以是妇女、小孩，或者**任何**受到圣灵感动的人——大声呼喊着他们所相信、所感受、所想象的，或是通过任何其他途径**领悟**的福音真理。人们失控地尖叫。他们不可抑制地奔跑、跳跃、吼叫、歌唱。他们不由自主地大笑、抽泣。上百人不能自已地“抽搐”——四肢、脖子和躯干突然发生痉挛，就像一种奇怪的舞蹈。像预想中的一样，成百上千的罪人遇见了耶稣，并且悔改，其中有一个渎神者，他是当地酗酒流氓团伙的一分子，本来是要全速冲入集会人群闹事，结果从他所骑的白马上掉下来，把自己摔晕了过去，一天之后才醒来，微笑着……蒙恩得救了。这些奇妙而混乱的景象此起彼伏地持续到破晓时分，太阳升起又落下，然而人们的激情却夜以继日，从未止息。

这次集会如果按照当代美国的人口比例来算，相当于聚集了100多万人。范德堡大学的历史学家保罗·康金（Paul Conkin）和耶鲁学者哈罗德·布鲁姆（Harold Bloom）都注意到，甘蔗岭之于美国基督教，就像伍德斯托克音乐节（Woodstock）之于流行文化，它是一场富有无政府色彩、史无前例的八月大众演艺盛景，催生并象征了一种新的思考和行为方式，最终定型成一种永久性的亚文化。“甘蔗岭那些醉酒、性亢奋的信徒，”布鲁姆在《美国的宗教》（*The American Religion*）一书中写道，“就像他们在伍德斯托克音乐节嗑药、亢奋的后代一样，参与了一场个人主义的狂欢仪式。”在甘蔗岭和后来其他的宗教野营集会中，人们那种即兴而为的情感释放显然来自一些边缘性的宗教群体，例如非裔美国人的浸信会。*

更多浸信会和卫理公会的传道人在全国范围内组织了更多的野营集会，但以南方最多，更大规模的民众聚集在一起，活动进行得如火如荼，愈加疯狂。这种集会像病毒一样快速蔓延。作为19世纪的大众市场奇观，它的影响范围之广、发生之频繁，世界上没有其

---

* 这在另一方面也与伍德斯托克音乐节的类比相呼应：美国白人把英国民俗文化和黑人文化混合在一起，目的就是把理性和正派作风抛到脑后。在19世纪，这表现为狂野而情绪化的基督教，在20世纪则表现为狂野而情绪化的摇滚乐。

他国家能够比得上美国。一种全新的纯美式基督教被开发了出来，它比其他任何地方的基督教都更奇异、更粗糙，彻头彻尾地主观化、个人化——就像布鲁姆说的一样，它是一种“自称基督教的经验性的信仰，但与欧洲和早期美国的基督教教义表达非常不同”。这种新型模式很快从边疆向东扩散，传回了文明地区。甘蔗岭集会一年之后，耶鲁有三分之一的学生归信了基督教，获得了重生。

新的宗派从甘蔗岭产生。与浸信会和卫理公会教徒一道，新兴宗派的信徒在此时此刻坚定不移地贯彻着一种更刺激、更魔幻的基督教，并对获得永生有十足的把握。因此这成了新的美国之道：这非常棒，这很民主，只要你相信自己是赢家，那么你就是赢家。

甘蔗岭集会之后，卫理公会趁热打铁，比其他任何宗派发展得都要迅速。全国去教堂的人数在 19 世纪上半叶大概翻了一倍。到了 19 世纪 50 年代，三分之二经常去教堂做礼拜的人是卫理公会或浸信会信徒，他们很情绪化、充满热情。基督教渐渐成了**福音派**基督教的同义词：罪人走上讲坛去接受救恩，并在一种全然忘我的感受中，体验到自己与耶稣之间的个人关系。对于甘蔗岭之后的一代，情感主义的基督教在美国看上去不再那么怪异了。

例如，1821 年秋天的一个晚上，纽约州西部某个小镇的一名 29 岁律师像是恐慌症发作：“我变得十分紧张……一种不可名状的感觉淹没了我，我好像就要死去……（并且）沉入地狱深渊。”第二天，在小镇郊外的树林里，“上帝的声音”对他念起了《圣经》中的段落。查尔斯·芬尼（Charles Finney）不停地祷告、哭泣，一直到天黑，然后他把自己关在办公室的一间屋子里，继续祷告，再然后……**奇迹出现了**。这间屋子“看上去充满了亮光”，然后“我好像与耶稣基督**面对面地**相遇了……就像与其他任何人面对面一样……在我看来，他正真实地站在我的面前”。芬尼抽泣了一会儿之后，“圣灵降临在我身上……**感觉就像一股电流**，不停地在我身体里通过”，那电流似乎“真的**扰动了我的头发，就像一阵微风**”。第二天清晨，他成了一个新造的人：“我的罪恶感消失了，我的罪消失了。”

芬尼立刻成为长老会牧师，并很快成了当时最耀眼、最可敬的基督教巨星，他是那个时代的葛培理，在全国各地组织大规模的宗教野营集会。但他并没有执着于长老会那令人扫兴的预定论或任何其他教义。唯一重要的事情，就是要让那些理性主义者——他自己曾经也是这样的青年专业人士——**经历**耶稣，就像他所经历的一样，而后立刻从自己的罪孽和罪愆中得释放，并获得通往天堂的保证。像他的先驱——一个世纪以前的怀特菲尔德——一样，他明白基督教在美国应该像是一种娱乐产业：“把激动人心的因素从信仰的传播中剔除是……不可理喻的。”

这场基督教复兴之火始终未能像在美国一样熊熊燃烧到旧大陆。“在现代，”19 世纪中叶，一些善解人意的福音派人士在耶鲁的一份季刊中写道，“宗教的复兴基本上局限于美国的教会。”他们认为，这是因为美国的基督教从一开始就大张旗鼓，让美国人渴望被宗教热情感染，这种热切的期待于是成了自我实现的预言。“而在英格兰，”他们注意到，“情况很不一样。很大程度上，人们对教会和牧师没有什么特别的期待。”

1831 年，“第二次大觉醒运动”达到高峰，第一位来自海外的美国研究学者在他年仅 25 岁的时候从法国来到美国，开始了他为期

9个月的著名旅程。“在欧洲的每一派别中，”托克维尔在《论美国的民主》中写道，“我们都能听到人们在抱怨宗教信仰的缺失，并希望能够恢复宗教昔日权威的些许残余。”他现在已经不在伏尔泰的国度了。

> 18世纪的哲学家们用一种浅显易懂的方式，解释了宗教信仰为什么会渐渐衰落。据他们讲，随着自由的建立和知识的传播，宗教热情的冷却是必然的。但不幸的是，事实并非如他们的理论所言……美国作为世界上最自由的……国家之一，却是宗教热情最为外显的国度。
>
> 世界上没有任何一个国家的民众心灵像美国一样，受到基督教如此深刻的影响……
>
> 在这里你会遇见许多人，他们充满了宗教热忱，几近疯狂，这在欧洲几乎不存在。

欧洲与美国在对待宗教问题上的差异越拉越大，欧洲人变得更加平和理智，美国人则越来越激越离奇。在这个崇尚即兴发挥的国家，启蒙思想影响下的个人自由遇见了上帝，人们走火入魔。

但是，当这些重生的复兴布道家进入19世纪的美国主流社会时，卫理公会、浸信会和像芬尼一样激动的长老会信徒们在神学上并没有太多疯狂的想法。越来越多的卫理公会信徒被鼓励模仿历史上的耶稣，而不是他那些疯狂的门徒，传播着反对奴隶制和其他社会不公的福音，做着善事。在福音的潜移默化之下，世界会逐渐变成一个美好的基督教乐园，就像一个世纪以前乔纳森·爱德华兹在

“第一次大觉醒运动”中教导的那样。芬尼自己看到了亮光并见到了耶稣，但他向人们传讲的是，基督徒的任务在于“让世界变得更美好，从而为耶稣不久后的再来做好准备”。当他说“不久后”时，他的真正意思其实是“最终”。芬尼后来成了欧柏林学院（Oberlin College）——美国社会进步主义的发源地之一——的校长。

美国基督教是一种特殊的存在，教会里充斥着狂喜的归信者，但人们并不期待立刻就迎来“诸神的黄昏”（Götterdämmerung）。在神学家和牧师中间，先知预言从 17 世纪的清教徒时代开始就日渐消失了。《圣经》中噩梦般的“大患难”，那些邪恶魔法与神圣奇迹之间的搏斗，被专家们认定在很久以前就**已经发生过了**。哈米吉多顿（Armageddon）、歌革和玛各（Gog and Magog）、世界末日，这些都是充满想象力的寓言，并不应该以字面意义理解，更不应该让人们效仿科顿·马瑟当年那样的倒计时。

但结果是，生而为美国人，很多人仍旧向往着一个终极的冒险故事。他们想亲眼看见耶稣降临于世，越早越好，希望耶稣真的带领他们与地狱魔鬼一决胜负，而他们终将赢得这场战争。

19 世纪中期，由于两名鲜为人知的先驱，以上信仰在美国复苏，成为无数美国人基督教信仰的核心，并且至今仍未消失。

其中第一位关键的末世预言家是威廉·米勒（William Miller）。像芬尼一样，他是纽约州北部的一名普通男子，年轻的时候曾对宗教存疑。如同约翰·卫斯理，他有过一次奇迹般死里逃生的经历（从 1812 年战争的轰炸中生还），于是便相信是上帝帮助了他。他成为一名重生的浸信会牧师，对《圣经》中被认为是但以理所著的那一小部分如痴如醉。《圣经》中，但以理目睹一只多角、飞行的公山羊战胜一只多角的公绵羊之后，天使加百列告诉他："到二千三百日，圣所就必洁净。"计算了十年之后，米勒终于算明白了。他推算出，天使一定是在公元前458年做出了这番预言，而2 300 **天**实际上是2 300 **年**。圣所的洁净实际上是指耶稣的再来，这就意味着——一算即知——世界将在公元1843年春天终结。嗯，这一定是严谨的科学研究。

通过发放无数份传单、书本、期刊和组织室外集会，米勒成功赢得了百万美国人的信赖，在美国东北部，每十个人中就有一人相信他的理论。当1843年像往常一样来了又走了，米勒和他的朋友们又断定他们计算有误，把世界末日的日期改到了次年4月——噢不，是1844年的**10月**。但10月22日又是一个和往常没什么两样的星期二。仍然相信末日即将到来的群众在失望之中分裂成了不同的派系。其中的一派成立了基督复临安息日会（Seventh-day Adventists）。

但这一事件更宽泛、更持久的影响是让末世信仰在现代美国基督徒中变成主流。他们认为自己真的有可能会经历最终幻想——世界终结，耶稣再临，撒旦被征服。与此同时，另一位新教牧师正在设想一个更加复杂的末世预言。约翰·纳尔逊·达秘（John Nelson Darby）牧师通过长达20年的全国巡回传道，把《圣经》中的末世预言永久地刻入了美国基督教。

达秘的末世版本之所以经受住了时间的考验，有以下几点原因。首先，他告诉人们末日已经……**快要**到来了，但他并没有指出一个确切的日期，因此他的预言永远不能被证伪。第二，他把世界末日描述得十分吸引人——对于信徒们来说。那些所谓的前千禧年论者（pre-millennialists）一致认为，有一段世界性患难的可怕时期将会来临，成为全人类存在的最终结局——战争、饥荒和瘟疫。但“被提”（the rapture）的概念几乎是达秘自己发明的——正当地狱之门向人们敞开的时候，耶稣会悄悄来到人们中间，把信徒们带到安全的天堂，等待地上的恐怖结束。然后他会与幸运的圣徒们一道返回地上，迎接苦难过后的美好结局。第三，达秘并没有试图创立一个全新的宗派，他只是给人们提供了能够附加进任何教会既定神学的新概念。

最后，达秘并不是什么怪胎，他是正经的学者，一位在最好的学校受过教育的英国人，并且基于《圣经》原文翻译了《新约》的新版英文译本。美国人通常不喜欢专家们告诉自己什么是对的，什么是错的。但自从清教徒的时代以来，只要这些专家同时又是我们的**信徒同胞**，我们就巴不得让他们来证实我们的信仰，并把这些信仰变得越复杂越好。这是一种很现代的心愿，所希望却是自己前现代的幻想得到证实。“预言对于福音派持久的吸引力，”历史学家保罗·博耶写道，“在于它以准经验主义的‘科学’方式验证了他们的信仰。”像达秘这样的《圣经》解释者“明确地表示他们的工作……是一种科学”。通过把《圣经》当作一个无懈可击的数据库，基督徒也借着科学的东风发展壮大。

尽管托克维尔这名天主教徒并没有参加野营集会，但他在《论美国的民主》中写道：“各种奇特的教派先后兴起，力图开拓出非同寻常的通向永恒福乐之路。宗教导致的疯狂在美利坚合众国十分常见。”其中最著名的教派之一是由安·李（Ann Lee）——一名来自英国的宗教狂热分子——创立的，她因在英格兰的贵格会同伴中不受欢迎，而带领几个门徒流亡到了纽约州北部。安·李厌恶一切与性有关的事物，痴迷于耶稣的再临，见过异象，发过预言，说过方言，并且魔术般地治好过病人。她独身的追随者们认为她就是再临的耶稣。早在卫理公会、浸信会和其他复兴布道家把信徒身体抽搐的行为正常化之前，安·李的追随者们就对此习以为常了——以至于他们被叫作“震颤派”（Shakers）。安·李死后，她的教派在19世纪不断壮大，聚会点从美国东北部一直延伸到西部边疆。

当震颤派的歇斯底里在19世纪30年代达到最高点时，他们的信徒数量正好达到顶峰。他们把这称作“神显时代”（Era of Manifestations）。在这期间，震颤派的信徒——尤其是年轻女性——会经历片刻的魂游象外，她们相信自己在这段时间里去了天堂并与死者交流。托克维尔正在那时参加了一次震颤派的集会。他无比震惊，私下表示自己被吓坏了。“你能想象得到吗，我亲爱的母亲，”他在家书中写道，“当人放弃了自己的神志，能造成何等的精神错乱？与我们同行的一位年轻的美国新教徒在我们离开的时候说：‘如果这样的场景再上演两次，我就改信天主教。’”

震颤派是当时美国几十种小型教派中最为成功的之一，每个教派魅力非凡的领袖都声称，自己与上帝和他的天使们有直接的联系。有相当一部分美国人都希望并且需要相信，自己生活在一个魔幻的时代和地点，相信他们的国家充斥着超自然的奇异事物，相信19世纪中叶的美国就像1世纪早期的圣地，当年耶稣仅是游荡在地中海东岸地区的各路先知、魔法师、治疗师中的一位。确实，在第一次大妄想的顶点，一个最奇异、最成功的新型美国宗教诞生了。

第 10 章

先知约瑟夫·史密斯的美式同人小说

就像同时代的芬尼和米勒，在成为巨星布道家和先知之前，约瑟夫·史密斯（Joseph Smith）只是一个不起眼的男孩，生活在纽约州西部的乡下。他出生在一个普通家庭，家人在各种教会进进出出，他的父亲自称做过异梦。约瑟夫只上过几年学，但他是个很有魅力、很受欢迎的男孩，他发现自己通过兜售一种特定的民间幻想就可以轻松赚钱。他附近的一些居民，就像当时很多美国人一样，认为自己生活的土地下埋藏着许多掠夺来的宝藏——古西班牙或者印第安人的金子、强盗的钱财、遗失的珠宝。少年约瑟夫毛遂自荐去帮助人们挖掘财宝。利用两块有魔力的“先知石”，他声称自己可以通过超能力找到宝藏。

约瑟夫 14 岁的时候——据他后来所说——有一天在森林里，上帝在光柱中出现在他面前（据他更晚些时候的回忆，出现的是耶稣）。上帝告诉他，他所有的罪已经得到了赦免，而世界上现有的教会都把基督教搞错了。3 年以后，17 岁的他成为一名有超能力的自由职业寻宝专家。一天，他在家中祷告时，看到一个天使悬浮在地面上空，也是出现在一道光柱中。那个天使名叫摩罗乃

（Moroni），这个名字在《圣经》中并没有出现过。摩罗乃告诉他，《圣经》中至今不为人知的秘密部分用埃及象形文字刻在一些金页片上，这些金页片正巧于 14 个世纪之前被埋在离史密斯家往南 6 千米的地方，埋在一起的还有两块古老的先知石，有了它们，约瑟夫就能翻译那些文字。摩罗乃从“一条直接连向天际的通道”离开了史密斯家，然而很快又回来了，重复了一遍刚才说的话，这次又加上了一条信息——对了，不好意思，还有一件事——世界末日就要到了。天使回到了天上，但又第三次回来，又一次重复了之前所有的事情——第二天他再次出现，并又一次重复了所有的事情。

4 年之后，史密斯终于成功挖出了刻字的页片，然后开始“翻译”它们。进行“翻译”的时候，他的妻子和朋友们时常聚集在他的身边。他会把一颗先知石放在帽子里，把帽子放在其中一页金片旁，把脸深埋在帽子里，然后一次一句地用英语说出他“看见”的话。当他翻译这些金片时，他说，自己还从上帝那里获得了特别的启示，启示直接传递到他的大脑中，他也把这些上帝的话记录了下来。

他一边“读”这些金页片一边说话，每周 5 天，持续了 3 个月，成果便是《摩门经》（*The Book of Mormon*）。史密斯说，这是基督教《圣经》的第三部，长达 25 万词，包含了对前两部——《旧约》和《新约》——的修订。* 1830 年，就在他口述后的第二年，史密斯出版了《摩门经》。这本书立刻引起轩然大波。书中提到一位此前从来不为人知的先知，名叫莱伊（Lehi）。他于公元前 6 世纪逃

* 换句话讲：《摩门经》的长度是《霍比特人》（*The Hobbit*）的两倍，但还不及《魔戒》（*The Lord of the Rings*）系列。

出正遭到攻城的耶路撒冷，并与家人扬帆航行到美洲大陆，他的子孙后代在那里建立了文明。这个文明后来分裂成了长期交战的两派，一派是白皮肤，另一派是深色皮肤。刚刚复活的耶稣基督出现在白皮肤的一方中间，指定了十二人作为他的第二批使徒，并重申了他的“登山宝训”（Sermon on the Mount）。由于耶稣造访，白皮肤和深色皮肤的两个美洲民族在一段时间内重归于好，但在公元5世纪的时候，双方又一次开战，深色皮肤的人消灭了白色皮肤的人。与史密斯对话的摩罗乃埋下那些页片的时候，他是最后幸存的白皮肤人之一。（史密斯后来说，上帝还告诉他，美洲印第安人是那些深色皮肤的人的后裔。）从那以后，约瑟夫·史密斯继续向众人传递上帝的启示，他把这些启示作为独立的圣书出版，同时用来修订现有的《圣经》。

像我已经描述过的一样，美国基督徒从一开始就有字面解经和歇斯底里的倾向，并且全体以自我为中心。约瑟夫·史密斯正是因为抓住了这种心理，才大赚一笔。像之前的美国清教徒和当代的千禧年论者，他也预言末日的哈米吉多顿即将到来。“天地都将震颤，”他声称这是上帝传达给他的，并且对于那些不那么幸运的人来说，“他们的皮肉会与骨骼分离，眼睛将要掉出眼眶。”1833年的一天凌晨4点钟，他看到了流星雨，并认为那是一种预兆：“我从床上起来，欣喜地看到星辰从天而降……这明确地预示基督马上就要降临。”

本着一种宏伟浮夸、毫无顾忌的字面主义，他的神学理论没有边界。他说“上帝……有血有肉”，并且提出耶稣是上帝和马利亚真实性交的结晶。美国基督徒一直以来就想把《圣经》套用在美国身上，把自己所居住的地方想象成至少**类似于**耶路撒冷的“山上之城”，把自己想象成至少**相当于**古代以色列人的上帝选民。史密斯让美国成了一个真正意义上的第二圣地，由真正的以色列流亡者建立，并且被真正的耶稣基督造访。他在美国西部建立起来的新王国也会真正成为重生的基督教世界的中心。

如果我们把《圣经》当作一部历史小说，那么约瑟夫·史密斯创作出来的就是一部宏大、前卫的同人小说（fan fiction），而且是史上最成功的一部。* 据一位学者说，同人小说是由粉丝为其他粉丝创作的衍生作品，旨在“以扩展官方原作品边界的叙事填补他们的需要”。对于史密斯，他的官方原作就是《圣经·旧约》和《圣经·新约》。犹太教和基督教的神学家们——尤其是美国建成后头两个世纪的新教徒们——也满足了一下自己写《圣经》同人作品的冲动，但是他们仅限于对已有的经文进行阐述和注释。（就连《新约》本身也可以说是一部集体创作的同人小说集，是受了《旧约》的启发——我们要给耶和华编出一个半人半神的儿子！）但对于单枪匹马的个人来说，只有依靠一种美国独有的企业家般的狂妄自大，才能够在短短几年创造出如此全面的同人小说，并声称得到了原作者——上帝本尊——的真传。

据史密斯称，上帝表示，亚当和夏娃被驱逐出伊甸园并不是人类堕落的悲剧，而是一件**正面的事情**，因为这使得人类可以享受日常的快乐，让人类遵从人性。耶稣的肉身曾亲临新大陆，这**拉近了**

---

* 自1830年以来，《摩门经》共售出了至少1.5亿册。历史上第二成功的同人小说是《五十度灰》（*Fifty Shades of Grey*）系列，该作品受到关于吸血鬼和狼人的《暮光之城》（*Twilight*）系列畅销小说的启发，卖出了1亿多册。

基督教与人们的生活；美国人从一开始就呈现出了一种标志性的特征，那就是狭隘的自我陶醉。神学故事并不像小说那样承认自己的虚构性，它使得读者可以成为故事中的人物，而史密斯创作的同人作品中，结局皆大欢喜。“**同人小说**”一词是人们在20世纪60年代创造的，用来描述由一部科幻系列小说的粉丝们创作的衍生故事，而史密斯版的天堂也颇有科幻的味道。他把人类分为三六九等，就像美国运通卡（American Express）的分级制度——不应该下地狱的普通人算一等，虔诚的基督徒算一等，然后摩门教徒是上上等。死后的你并不仅仅是无数个灵魂中的一个，在虚无缥缈的阴曹地府游荡，而是会成为真正的国王和王后，生活于你自己在地球上的封地，并且拥有复活了的肉身，可以继续造出王子和公主们。上帝就住在一个名叫“科罗布”（Kolob）的真实天体旁边，连它与地球的距离都有明确的说法。另外，任何的亲戚朋友在死后都还可以受洗，并被送入天堂。更加美好的历史，更加美好的未来，至少对于男人来讲，还有一份更好的礼物：与多名女子发生性关系不再是一种罪，而成了一条神圣的诫命。

摩门教的建立令人啼笑皆非，即使是在最微小的方面。例如有一次，史密斯请一个门徒担任教会历史学家，但这个人说只有**上帝**邀请他，他才会做。因此，约瑟夫重复了一遍他的要求，这一遍用起了上帝的口吻：“看哪，吾仆约翰应撰写并记录正史，此事甚合吾心。”

《砺石滚动》（*Rough Stone Rolling*）是最新出版的约瑟夫·史密斯的权威传记。它的作者理查德·莱曼·布什曼（Richard Lyman Bushman）是哥伦比亚大学历史专业的荣休教授，也是耶稣基督后期圣徒教会（Church of Latter-day Saints）* 的终身成员，他还在教会做过神职人员。他的祖上认识约瑟夫·史密斯和他的使徒，并在19世纪的时候追随这些人跨越了大半个美国。“约瑟夫·史密斯最值得注意的一点，”布什曼用一种惊人的低调口吻写道，“是人们真的相信他。”布什曼提出了问题，却没有做出解答。为什么他能让人们如此相信他？史密斯的一位门徒说，他和史密斯在纽约州韦恩县（Wayne County）与施洗约翰说过话，并曾在克利夫兰（Cleveland）与耶稣基督本人交谈。另有两人也声称自己与史密斯一同和天使见过面。布什曼以一种记录真实事件的口吻讲述了这些事情。

约瑟夫·史密斯到底是一个与上帝、耶稣对话的先知，一个成功非凡的江湖骗子，还是真的有妄想症？我非常强烈的直觉告诉我，他是第三种。“我不会责怪任何不相信我的故事的人，”史密斯在生命的最后几年这样说，“如果不是亲身经历过这一切，我自己也不会相信。”

像往常一样，当真正的信徒遭受逼迫，这反而更加激发了他们的热情。当14岁的史密斯把上帝第一次造访他的事告诉一位卫理公会牧师时，这位牧师对史密斯的故事嗤之以鼻，对他不屑一顾。史密斯20岁的时候，雇他进行寻宝活动的一名顾客举报说他的魔法是骗人的，史密斯因此遭到逮捕和审判—— 一年之后，他便获得了那些金页片。当然了，此后他和他的追随者便遭到骚扰，被驱逐出城，遭受了真正的逼迫。

这些都没有阻止该异端的疯狂增长。第一个十年里，教会从不

---

* 此即摩门教。——译者注

足 300 名成员发展壮大到接近 2 万人。史密斯（和他的追随者）决定听从一名天使下达的死令，实行一夫多妻，他在两年之内与 30 位女性结了婚，其间某个时期仅仅 3 个月内就娶了 8 个妻子，其中 6 个还是少女。官方和民间对摩门教的围追堵截自然愈演愈烈——教会发展得也愈加迅速，3 年之内，规模又扩大了 50%。史密斯宣布竞选美国总统后不久，在他最后的某一次布道中对自己的追随者夸耀说，他能让追随他的人比耶稣的门徒还要忠诚。“我在逼迫中得荣耀。”他告诉追随者。那以后不久，他于 30 多岁的时候被定罪，被逮捕，并于在押期间被杀——**跟耶稣一模一样**。在他遇害之后的两年里，教会的人数又增加了三分之一，教会的成员还进行了“出埃及”式的大迁移——向沙漠进发，就像古时以色列人——来到犹他州建立他们自己的耶路撒冷。

约瑟夫·史密斯深得美国的精髓。不管他是真心诚意的妄想症患者，还是世界上最自信的人之一，他如此极致的肆意妄为——那令人瞠目结舌的**胆量**——都把美国品格演绎到了荒谬的程度。美国是由一群拒绝面对现实的人创建的，他们认为自己拥有获得真相的独家途径，而美国就是人们实现宏伟幻想的地方。现代世界的其他国家都没有出现过约瑟夫·史密斯一样的人物。即使有，除美国之外，还有哪个国家的人会立刻抛弃自己从前的信仰和生活，只为了一个人的一面之词就拿一切来冒险？

1800 年的复活节主日，在伦敦的圣保罗大教堂——英国国教会的主教堂，只有 6 个人领了圣餐。在 19 世纪的不列颠、欧洲大陆和澳大利亚，“觉醒”有着完全不同的意义和表现形式。那里的宗教复兴运动家更加平和，更有学究气，更关注回归新教的敬虔内核，而不是个体在灵性危机和重生之中的情感痉挛，更没有激进的新版神学曲解。他们仍然在发出至关重要的信号，但不是为了宣传超自然（而又自私自利）的幻想，而是为了催生像基督教青年会（YMCA）和救世军（Salvation Army）一样的组织，效仿基督的慷慨无私，帮助穷苦人、残疾人，以及所有需要帮助的人。这一切都是欧洲世俗化乃至其余基督教世界现代化进程中的插曲。只有美利坚合众国特立独行。

与此同时，在合众国，注重超自然力量的教派纷纷兴起，其中一些教派的势力范围很快覆盖了整片的地区——浸信会控制了南方，摩门教控制了犹他州。如哈罗德·布鲁姆在《美国的宗教》中所说，这些教派在本质上是新型宗教，与之前的基督教大相径庭，就像基督教初期与犹太教的分别一样。美国仍旧与众不同，并且这种趋势越发明显。

第 11 章

庸医江湖：魔幻与现代的交织

新版的美国基督教不仅强调古老神迹的重要性，还强调神迹就发生在此时此刻，只要你虔诚地去感受超自然的力量。在这个国度，上百万名罪人从讲台近旁的“忏悔椅”（anxious bench）上战战兢兢地站起来，**瞬间**重生为福音派基督徒，并投身到与圣灵的交流之中。我们是一个务实的国家，所以在提供道德教育和永生应许的同时，19 世纪早期的教会还提供即刻见效的奇迹解药，专治空虚无力感。

科技迅猛发展的同时——我们拥有了快速的交通，近乎即时的机械成像和通信技术——人们对魔法的信念也死而复生。塞缪尔·F. B. 莫尔斯（Samuel F. B. Morse）于 1844 年发出第一封电报（并引用《旧约》中的一句话：“上帝为他行了何等的大事！”）仅 4 年以后，美国建起了长达 3000 千米的闪闪发光的线缆，用于从缅因州到密苏里州，从芝加哥到萨凡纳的电报传送。“主后 1848 年 1 月 1 日，”《纽约先驱报》（*The New York Herald*）宣布，“新的奇迹时代到来了。”这就出色地印证了阿瑟·C. 克拉克（Arthur C. Clarke）著名的第三定律：“任何足够先进的高科技都与魔法难以区分。”但在这本书中，克拉克的格言还有一层逆向的含义：看上去魔幻而又神奇的科技，会让轻信的人们更加坚信魔法和奇迹的存在。

就在《纽约先驱报》宣布奇迹新纪元开始后的几个月，美国人便相信了一对姐妹，这两个分别是 12 岁和 15 岁的女孩宣称用敲击莫尔斯电码的方式与家中出没的鬼魂进行了交流。（就像很多我笔下的 19 世纪人物一样，她们也来自纽约州西部，就在约瑟夫·史密斯第一次与上帝交流的地方边上的一个小镇。）福克斯（Fox）姐妹成了著名的灵媒，掀起了一场“通灵术士”（spiritualists）与死者交流的全国性运动。连体面正派的美国人都参加了这些降神会。当时的著名记者霍勒斯·格里利（Horace Greeley）也为这对姐妹辩护，支持她们。（当 40 年后福克斯姐妹承认这是一场骗局时，格里利已经去世，在有生之年幸运地保全了自己的名声。）震颤派的信徒还详细地记录了他们与鬼魂的交流，他们的一本宗教读物以扣人心弦的笔触讲述了跨大西洋通信技术如何“证明了阴阳两界之间存在电报般的通话”。另一方面，达秘牧师，也就是那个发明了“被提”概念的末日传道人，则认为电报的发明是“哈米吉多顿的预兆”。

在美国的“第一次大妄想”期间，不可思议的科学技术不仅仅以类比和预兆的方式强化了人们对超自然现象的信念，科技的进步甚至直接启发了虚假的科学与奇迹，尤其是在医学方面。很多所谓的灵丹妙药都出自有意行骗的骗子之手，但也有很多最成功的发明家和推销员明显对自己的产品坚信不疑。如果病人也同样相信奇迹疗法，那么奇迹疗法甚至会看起来真的见效。那时，“**安慰剂**”（placebo）一词才刚刚开始作为医学术语被人使用。

回顾过去，那些已经被遗忘的伪科学医疗热潮——在当时这些事物层出不穷——给人们以慰藉，因为真相总会驱散痴心妄想和冒牌科学。例如在 19 世纪，美国曾有上百个水疗中心。但我们如今已经不再相信水疗法（hydropathy），也不再用浸透冷水的被单把人裹住，以期治疗类风湿性关节炎，或心脏、肾脏、肝脏的疾病，或天花、淋病和痢疾。但从 19 世纪乌烟瘴气的医疗氛围中，产生了一派大受欢迎的江湖医术，并且从未消失。

“顺势疗法”（homeopathy）是最早的“替代医学”（alternative medicine）。奎宁对治疗疟疾确实有效，这让顺势疗法的发明家恍然大悟：服用奎宁让他觉得自己好像**得了**疟疾，他由此开始推测并最终断定，“如果一种物质能让健康人产生一系列病症，那么它就能治好有这些相似病症的患者”。又一次，解决问题的方法是如此美妙而**简单**，于是他进一步简化了自己的理论：“以同治同。”就像在理性与科学的新时代产生的许多新幻想一样，顺势疗法的论证是对科学的拙劣模仿，是逻辑肤浅的类比法：“以同治同”被想象成疫苗作用原理的一种普遍化的推广，当时，通过极少量牛痘病毒使人对天花免疫的方法刚刚发明出来。

几十种不同物质被混合在一起作为顺势疗法的药方，包括花草、树皮、金属、砒霜。这个发明家对其他流派的幻想家嗤之以鼻。“迷信、不严谨的观察和轻易的假设，”他警告说，“是无数种错误用药方式的根源。”

当然，吞下砒霜或者其他的毒药会伤害病人，但顺势疗法对此早有对策。药物需要用水或酒精稀释，摇晃混合物（就是说，要“激活”和“强化”药物的“非物质灵力”），然后进一步稀释，再摇晃，再次稀释，如此反复多次。溶液的浓度（不管是当时还是现在）

极低——只有几十亿甚至几万亿分之一——因此最终的神奇药水仅仅是水或酒精，几乎不含任何以上那些成分。制造一剂推荐浓度的药水，就像向大西洋中撒了一把盐一样。

顺势疗法及其声称能够**包治百病**的虚假药物，是极端妄想的产物。当顺势疗法从德国输出并传入美国时，正值美国所谓的“美好感觉时代”（Era of Good Feelings）。顺势疗法一下子在全国大热，热度持续了整个19世纪。1848年，顺势疗法医学院（Homeopathic Medical College）在费城建立，它最终演变成了德雷塞尔大学医学院（Drexel University College of Medicine）。全国有好几千人获得了顺势疗法的医学博士学位。

顺势疗法积极的一面在于它从本质上践行了希波克拉底誓词：首先，不行害人之事。顺势疗法的药物几乎不含任何有效物质。如马克·吐温所说，如果成千上万的顺势疗法治疗师和病人希望“只用一颗糖丸就能贿赂死神，让他远离”，那是他们自己的问题。

另外两种重要的伪科学疗法是麦斯默术（mesmerism）和颅相学（phrenology）。它们在19世纪中叶的美国风靡一时，受到了很多社会名流的追捧。实际上，虽然麦斯默术、颅相学与顺势疗法同为从欧洲引进的疗法，但它们在美国的影响力比在其他任何地方都要广泛和深远。在一个世纪以后的20世纪六七十年代（见第22章），顺势疗法还将在全美国范围内卷土重来。

麦斯默术也叫磁疗（magnetic healing）或电磁心理学（electrical psychology），它把**所有**疾病都归结于一个原因——用实践这种疗法的最著名美国医生的话来讲，就是“体内电失衡”。（他为此向美国参议院做了说明。）通过运用磁化棒或他们被神秘力量“激活”的双手，治疗师使人们相信，他们能够疏通病人体内受阻的电流。一些人声称可以接合断骨，让瘸子行走，并治愈精神失常。很多基督徒都认为这是巫术，但是向参议院介绍这种疗法的“电磁心理学”专家和治疗师们表示，耶稣正是利用麦斯默术实现了他医治瞎眼病人的神迹。就在麦斯默术这种异想天开的疗法刚刚被发明出来的时候，在耶鲁受过教育的一名医生在这种伪科学中建立了自己的流派，他发明了一种设备，能够“吸走那些是一切病痛根源的有害电流”。他和其他治疗师用 8 厘米长的金属棒在病人身上敲击——这种金属棒获得了美国有史以来颁给医疗用品的第一项专利。尽管存在（或者说正是因为）精英们的反对——发明者被康涅狄格州医学协会开除了——人们却更加相信他的“电流牵引器”能够有效减轻他们的痛苦。由于他相信麦斯默术治疗师可以治愈任何种类的疾病，因此当黄热病在纽约市爆发的时候，他便自告奋勇去治疗病人；结果，他自己在那里染上了黄热病，不治身亡。

追求包治百病的这一波麦斯默术热潮在 19 世纪的时候达到顶峰。然而，还有一个麦斯默术学派专注于引发恍惚状态，并于 1880 年左右以“催眠术”（hypnosis）被人们所熟知，这是一种真实存在的神经学现象，被催眠者对现实与想象的主观区分会变得模糊不清。一个世纪之后，催眠术会成为一种可用于挑起事端的强大工具——比如，很多美国人被催眠后，坚信自己正被撒旦崇拜者所奴役（见第 37 章）。但就算是运用魔杖和魔术手的麦斯默术，也仅仅是为更多的神秘疗法开启了成功的序幕，很多像这样将“能量”作为核心理念的替代医学机构将在 20 和 21 世纪登场（见第 34 章）。

像很多的伪科学一样，麦斯默术本质上是有硬伤的科幻，来自对仅有的一点科学知识的误解——当时的科学家刚刚证明，肌肉确实是由生物电信号驱动的。类似的从科学到科幻的跃进还产生了颅相学。事实上，人的心灵确实全部存在于大脑之中，就像颅相学创始人所说的那样，大脑“是各司其职的精神器官的汇总”，而颅相学则是对真实信息的疯狂推断。根据颅相学家想象出来的诊断图像，每一种心理特质都在大脑中有相对应的区域——这是一种完全不负责任的推测——这些特质，通过仔细观察和触摸人的头骨形态可以被“解读”。19 世纪 30 年代早期，颅相学在波士顿建立起了它在美国的根据地，而后迅速在全国范围内掀起热潮。颅相学家是 19 世纪美国心理健康专业人士的代表，拥有多个协会和期刊。每一个城镇都有他们的身影。据说当时最负盛名的颅相学家之一在其整个职业生涯中一共检查了 30 万人的头骨——比 1850 年美国全部人口的 1% 还要多。

如此的伪科学对健康人的损害与对患者的帮助一样小，但伪科学的流行既来源于又助长了一种美国特色的观念：个人看法、感受与事实并无二致。1928 年，这场热潮刚刚冷却，吉尔伯特·塞尔迪斯（Gilbert Seldes）在《失语的世纪》（*The Stammering Century*）一书中写道：

> 颅相学的风靡对美国国民性格的发展造成了深远的影响。首先，它拥护个人至上。或者，我们也可以说，颅相学从美国的社会氛围中汲取个人主义倾向的养分，又不断自我调整以适应这种个人主义……颅相学和麦斯默术都让人在自己眼中变得更有趣，就像半个世纪以后兴起的心理学和精神分析一样……

如果颅相学在卫理公会建立之前就传到了美国，那它一定会遭到打压，甚至可能会被全盘否定。

换句话说，各式各样的幻想，不管是宗教的还是伪科学的，相互之间交叉繁殖。卫理公会的创始人卫斯理还出版过一本畅销的自助偏方宝典，副标题是“包治百病的简单自然疗法”（*An Easy and Natural Method of Curing Most Diseases*），他说，洋葱和蜂蜜能治好秃顶，苹果能预防精神错乱。一位名叫西尔维斯特·格雷厄姆（Sylvester Graham，一种饼干由此得名）的长老会牧师坚持认为肉类和香料是不健康的，而且更糟糕的是还有可能引起性欲，因此开展了一场运动。基督复临安息日会的创始人之一除了在异象中看到过世界末日，还看到过一家致力于水疗的医院，并且还请了安息日会的医师约翰·凯洛格博士（Dr. John Kellogg，一种玉米片由此得名）建立医院并主持工作。*

伪科学和灵性的杂交产生了许多新的教派，并最终催生了一种新的美国宗教。19 世纪 30 年代的缅因州，一个有着奇特名字的钟表匠兼发明家——菲尼亚斯·P. 昆比（Phineas P. Quimby）——了解到了麦斯默术。他成了一名治疗师，将生病、失意的人们催眠，并说服他们自己已经感觉好多了。昆比的工作和哲学成为“新思想运动”（New Thought）的源泉，而“新思想运动”正是 20、21 世纪的山达基教（Scientology）和“新纪元运动”（New Age）的前身。“新

* 凯洛格所建立的安息日会疗养院收了一名病人，叫 C. W. 波斯特（C. W. Post），他在医院里萌发了宝氏葡萄坚果麦片（Grape-Nuts）的点子，这让他发了财。在宝氏麦片广告宣传的诸多保健功效中，其中一项是治疗阑尾炎。后来，波斯特真的突发阑尾炎，当外科手术也未能终结他的病痛时，他饮弹自杀了。

思想”的追随者认为，信仰战胜一切，苦难和幸福都存在于你脑海之中。有些追随者是基督徒，有些不是，但他们都认为自己既主张科学，又追随神秘主义，能够为实现个体的自我完善提供实用性的工具。

1862 年，昆比去世之前几年，他接收了一个名叫玛丽·帕特森（Mary Patterson）的病人，一个病恹恹的新英格兰同胞。她之前尝试过顺势疗法和水疗（还有与死者交流），直到麦斯默术起了效果。大概在昆比去世前后，以及她的丈夫弃她而去的时候，帕特森女士在一次事故中伤到了她的背部。她在《圣经》中读到耶稣医好瘫子的故事后，发现她自己的背伤完全康复了。于是她着手发明自己的一套准基督教式的伪科学信仰体系，并在一本名叫《科学与健康》(*Science and Health*)的书中介绍了这个体系。疼痛其实只是“对于疼痛的**信念**”。“我们常说人们受到冷热和疲劳的折磨。这只是人心的意念，并不是事实的真相，因为物质不能疼痛……人们所说的疾病并不存在。”不仅是疼痛，不仅是疾病，就连死亡和物质本身也都不是真实存在的，甚至，“邪恶是一种幻觉，并没有事实依据；邪恶是一种没有现实基础的错误理念”。在此后的几年里，她走入第三段婚姻，重新拾起自己的婚前姓氏，更名为玛丽·贝克·埃迪（Mary Baker Eddy），并创立了基督教科学会（Christian Science）。在短短 30 年之内，她的追随者就在美国建立了 1 000 多间基督教科学会的教堂；他们不叫“信徒”，而是叫作“**科学家**”。

一个独立工作的麦斯默术催眠师、颅相学家或水疗师可以有相当可观的收入，但提供专业服务比起在全国范围内经营生意，可谓小巫见大巫。像玛丽·贝克·埃迪一样发明一种新宗教是扩大效益的一种途径，制造和贩卖奇迹产品则是另一种途径。19 世纪三四十年代，奇迹疗法成为一种产业时，美国的商贩们发现了这一商机。大大小小的企业开始贩售各式各样的神水、补剂、药膏、精油、粉末和药丸。很多所谓专利药物的主要成分就是糖或酒精，有些含有鸦片或可卡因。［“托马斯博士电油”（Dr. Thomas' Electric Oil）含有酒精、鸦片和可卡因，但是它大概也没能像宣称的那样，“两天之内治好耳聋”。］但这些药剂更多是被当作从大自然中采集的异域秘方来出售的，里面有真正的红豆杉叶毒堇根，蝾螈之眼青蛙趾。*

“没有它治不好的溃疡，”出售“哈姆林巫师油”（Hamlin's Wizard Oil）的商贩向人们保证，“没有它减轻不了的疼痛。用着轻松，效力惊人。”除此之外还有“斯威姆万灵药”（Swaim's Celebrated Panacea）、“迪克斯博士滋补片”（Dr. Dix Tonic Tablets）（“让病人重焕生机”），以及用于治疗“驼背”、“后天畸形”、“早衰”和痛经的“沃登博士弱女滋阴片”（Dr. Worden's Female Pills for Weak Women）。要想治好“哮喘、糖尿病、癫痫和癌症”，患者需要在手指上佩戴“电化学指环”（Electro-Chemical Ring）。

有一个典型的 19 世纪小药贩来自纽约州北部，他周游全国贩卖万灵药。“威廉·A. 洛克菲勒博士（Dr. William A. Rockefeller），著名癌症专家，”他的宣传牌上写道，“仅有一天机会。治愈所有癌症，晚期也有积极效果。”［他的儿子约翰·D.（John D.）和小威廉（William Jr.）成了另一种商人，创立了标准石油公司（Standard

* 此典故出自莎士比亚的《麦克白》第四幕第一场。——译者注

Oil Company）。] 老洛克菲勒还贩售一种药材——从他母亲花园的树丛里摘来的风干梅子，作为处方开给女性，这些梅子有重要的用药禁忌——孕期**不可**使用——这简直是给假堕胎药做了完美的骗子广告。

洛克菲勒是个典型的三流骗子，而一种名叫“微生物杀手”（Microbe Killer）的货——大规模生产的粉色神水，大罐出售，成分基本上全是水——听上去好像有些科学道理。麦斯默术和顺势疗法拥有近似科学的背景故事，“微生物杀手”也有：细菌理论是新兴科学，而“微生物”是一个新词。“微生物杀手”宣称的疗效极端、简单又令人啼笑皆非：“治疗所有疾病。”药水的发明者在世界各地建起了制造“微生物杀手”的工厂，发了笔财。

本杰明·布兰德雷思（Benjamin Brandreth）更是大发横财。布兰德雷思 25 岁的时候继承了自家在英国的专利药物生意，于是马上把生意——连同全家一起——搬到了美国。布兰德雷思的“普适草本丸”（Vegetable Universal Pills）声称可以清除“血液中的毒素”，并且被作为一种万能药来宣传：对感冒、咳嗽、发烧、流感、胸膜炎等，“尤其是对突发的致命严重疾病有奇效”。有一则广告描述了一位患病多年的年轻女性，“美貌已离她而去”，但服用了布兰德雷思的药丸两周之后，“她的身体与容颜重新焕发了生机”。布兰德雷思在美国新兴的廉价报纸上大肆宣传。他来到美国几年之后，一个同时代的人写道，“其余所有的美国人加起来，也不如庸医布兰德雷思更能忽悠、更没底线。”10 年之后，布兰德雷思入选纽约州议会，开办了银行，就连《白鲸记》（*Moby-Dick*）中也提到了他的药丸。

幸好，美国人的质疑精神仍旧活跃，并且用在了正当处。事实上，第一次大妄想和随之爆发的痴心幻想好像病毒一样，触发了抗体的产生。一代人之内，美国人发明了像“神棍”（holy roller）、“坑爹”（double-cross）、“大忽悠”（confidence man）、“鬼话连篇”（bunkum）和“好骗的人”（sucker）这样的词语。1838 年，一位知名医生兼公共卫生改革家出版了《骗子在纽约》（*Humbugs of New York*）一书，猛烈地抨击了“妄想成为风尚，骗子大行其道”的社会风气：“不管多么荒唐的宗教总有人追随，不管多么异想天开的主张总有人相信。他们服用了国内外庸医开具的成百上千服药……顺势疗法一经推出，他们便一拥而上，现在又急忙投入颅相学和动物磁流学的怀抱。”这名好医生也对反咖啡和反酒精的狂热分子嗤之以鼻，还注意到他所说的“极端主义”（ultraism）倾向并不仅仅局限于他的领域——他还批判了极端新教徒、激进的反天主教者、发了疯的摩门教新信徒，还有报纸上的骗局。他还意识到，在美国，批评和戳穿骗局的行为反而会让疯子们更加猖狂。“迫害只能助长新理论的传播，不管是哲学还是宗教方面，”他写道，“确实如此，历史上一些广受欢迎的愚蠢理论，正是得益于真实存在的和自我想象的迫害……甚至它们能够延续至今，也是依靠迫害的力量。”

正当专利药物产业到达顶峰的时候，同时代的另一位作者在《摘下江湖医术的面具》（*Quackery Unmasked*）一书中毫不留情地揭露了它的本质：

> 美国人民非常喜爱灵丹妙药。他们会狼吞虎咽地吃下任何新发明的药品。一本正经的英国人对此诧异至极。他们把我们

叫作药罐子，并对我们的盲从盲信十分不解。我们简直成了世界人民的笑柄。

布兰德雷思在英国本土永远不可能发家，但他知道，美国人在新鲜事物面前就像张大嘴嗷嗷待哺的雏鸟。于是他抓住机会在这里发迹，准备好满足美国人的胃口。

美国人对改变生命的奇迹的渴求，印证了美国例外论的真实性。

第 12 章

梦幻生意：淘金热的转折点

新的专利药物产业兴起前不久，美国法律决定对受骗上当者不管不顾。1812 年战争的结束，意味着英国海军对美国港口的封锁也将结束，也就意味着南方的烟草将重新开始运输，烟草价格将会疯涨。1815 年一个周六的早上，战争结束的消息传到了新奥尔良，一名早早获讯的男子向一个还不知道封锁结束的人买了 50 吨烟草。卖方随后感到受了欺骗，对买方提起诉讼，但美国最高法院做出了其成立早期最重要的裁决之一——法官们一致裁定，驳回原告的请求：对不起了，傻瓜，在这个自由市场里，买卖双方**都有**风险。不把事实和盘托出——也就是诈取钱财——是受到保护的。无论是在商业领域还是在生活的其他方面，美国都成了黑白混淆的自由区。

“历史不会**重复**，”据说马克·吐温曾说，“但是会**押韵**。”1815 年新奥尔良这一事件的主要因素——贪婪、“**一经出售概不退换**”（caveat emptor）、美国南方、烟草——与 17 世纪的弗吉尼亚押上了韵。当时的第一代人为了黄金的虚假承诺不惜搭上性命，又在终于认清现实后转而种植烟草。从那以后，烟草成了整个南方的主要经济作物，随着时间的推移，靠黄金一夜暴富的美梦渐渐销声匿迹。

然而，两个世纪之后，黄金梦真的成真了。先是在19世纪初的北卡罗来纳州，一个男孩偶然撞见一块重达8千克的大金块（后来被他父亲以不足它价值千分之一的价格卖掉），后来，同样的事情在1829年的佐治亚重演。探矿者蜂拥而至。但这些只是对**真正的**“淘金热”（Gold Rush）——1848年始于加利福尼亚的那一场——的小型区域性演练。

为什么一场淘金热能够成为整个美国的转折点，而其他的却只能是历史的注脚？

截至1848年，美国人对**奇闻逸事**的胃口已经被科技进步、廉价猎奇博物馆、医药广告和耸人听闻的小报刺激了整整20年。对简易自我提升术的轻信——吞下药片，或者感受到圣灵，就能够奇迹般地结束痛苦——在第一次大妄想期间是家常便饭。

1848年初，有1.2万名美国白人住在俄勒冈州，在邻近的隶属于墨西哥的上加利福尼亚省大概还有1 000人。然后，见证奇迹的时刻到了，好运接踵而至：某个1月的周一早上，一名在上加利福尼亚建造锯木厂的美国人在小溪中发现了一块金子。第二天早上，结束墨西哥战争的停战协定签署了，加利福尼亚连同它的金子成了美国的一部分。最初的新大陆幻想得到了证实：“黄金国”出现了。

*历史不会重复，但是会押韵。*容易激动的人们抛弃原有生活和文明，来到几千千米以西的荒原乌托邦？而且这片荒原真的像西方伊甸园一样，只是居住着一些温顺的原住民？并且这里的**黄金**唾手可得？ 19世纪加利福尼亚的淘金热毫无疑问是美国初创史的神话式

重演，是天缘巧合大冒险第二回。就像17世纪初那样，路线图被重新绘制，先锋探险活动第一次深入西部，这一次人们运用了马车队。

在1 000天的时间里，加利福尼亚金矿区的生活是颠倒的，像是被施了魔法的另类现实。不需要任何土地的所有权，不借助任何昂贵的机械，你真的可以在河床的石子中发现黄金——或是静躺在泥土中，缠绕在树根中。只要有28克黄金，比一美分硬币还小一点，就能顶美国东部一周的薪金，并且在淘金热的早期，一周能淘到**好几斤**黄金都不足为奇。这是美国梦最为梦幻的版本：任何人都真的可以一夜暴富，无论背景和社会地位如何；那里没有老板，只有名义上的政府和法律；乡下风景优美，气候宜人。对于最初的1万名恰好住在加利福尼亚或者立刻动身前往那里的美国人来说，内华达山脉脚下的生活是真正的童话。

1849年初，发现黄金后的一年，《纽约先驱报》认为加利福尼亚唾手可得的黄金“让民众朝着精神错乱的方向一路狂飙”。在此后的几年间，多达5%的美国年轻男子涌向西部寻金。1849年时，这个数字是10万人，到了1850年或许又增加了20万人。从美国正式建国到1847年的半个多世纪时间里，全国黄金的总产量只有37吨。而在加利福尼亚发现黄金后的10年里，平均**每年**就有76吨的黄金被开采。

我相信，对于美国人来说，淘金热是一个转折点，因为它永久性地改变了我们对于不可能的梦想与好运的态度，以及我们对现实的看法。或许真的存在天上永恒的奖赏，但是此时此地的现实也可以成为一部美妙的虚构小说，现实可以像任何夸张的故事一样令人难以置信。个人的发明不仅仅可以在宗教上实现，现在还突然变得可以大批出售。温顺的波士顿职员和爱做梦的宾夕法尼亚农民一同涌向淘金地，摇身一变成为“狂野西部”（Wild West）的各类人物。“财运”（bonanza）和“财源”（pay dirt）这样的新词进入了日常英语。

这些轻浮的思维模式理所当然地成为西部精神的主流，然而，淘金热引起的心理状态的改变波及了大部分美国人。加利福尼亚的淘金热让第一批弗吉尼亚定居者的野心死灰复燃——与清教徒截然不同的是，他们信奉海盗式的个人自由，企图迅速夺取财富却丝毫不受任何监管。美国 17 世纪雏形期的两种思维方式——马萨诸塞的宗教狂热和弗吉尼亚的快速致富——重叠的地方在于，那些人都愿意相信不可能的事情，向往魔幻的生活，想要成为自己的冒险故事中的人物，把梦境变成现实。淘金热是所有这些思维方式的集合，而且即刻实现，无须等待。魔法般的事物可以在一夜之间让常识消失殆尽。美国总有奇迹在上演。

这场个人主义的盛宴并没有持续多久。北加利福尼亚的好运渐渐过去。1849 年，一个普通采矿者的收获只有 1848 年的三分之一，并且不断缩水。到最后，在大群不走运者之中，上天眷顾的人只有十分之一到百分之一。在那里发现黄金仅仅 4 年之后，黄金总产量达到了顶峰，采矿实现了工业化，于是资本、契约、老板和企业家相继到来。

***

“企业家”这个工作类别——那些并不一定有钱，但能够接触到资本并通过雇佣他人创立企业的人——产生于美国建国的时期。这个概念本身的产生，就是一桩白手起家的生意。现在看来，弗吉尼亚公司的组织者们就是早期的企业家，他们资助了第一批殖民地的建立。但当“entrepreneur”（企业家）一词于 19 世纪出现在英语中的时候，它与“演出主持人”（showman）和“娱乐经理人”（impresario）是同义词，意思都是表演的策划者和宣传方。就在托克维尔到达美国和淘金热发生的同时，“企业家”的意义延伸到了开展各类生意的各类人群。“我不知道还有哪个国家的人像美国人一样喜爱金钱，”托克维尔观察到，“美国人做的每一件事，对金钱的喜爱不是主要动机，就是潜藏动机。”

任何个人——只要拥有点子、勇气和运气——都可以设想并创立生意和产业。拥有创业的直觉给美国带来了诸多好处。但就像 1849—1850 年的 30 万名加利福尼亚淘金者跟风追随 1848 年那幸运的 1 万人，就像美国人习惯性的妄想，一种确认偏误起着作用——从本杰明·富兰克林到马克·扎克伯格（Mark Zuckerberg），顶级成功人士的故事掩盖了无数被遗忘的失败者和傻瓜。那些梦幻般的成功就好像是狂热信念自身力量的证明，是我们美国人对信念之信念的证明。

“企业家”的范围广得让这个概念失去了实际意义，从不入流的骗子到真正改变世界的远见者都能被称为企业家。但不管是哪一种企业家，他们的任务都是召集并说服人们去相信一个梦，有时候这个梦真的只是一个幻影。据麦克杜格尔的《自由就在转角处》一书所言，美国从一开始就具备一项典型特征，那就是商贩们——不论是“自我炒作者、目无法纪者、偶尔为之的诈骗犯、经常改头换面的流动贩子”，还是那些“建造者、行动者、实干家和梦想家”——获得了前所未有的自由与成功。他还写道：“美国人更容易成为骗子，这仅仅是承认，比起历史上任何其他人，美国人拥有更多的机会去追逐自己的野心，不管是以卑劣的还是正当的手段。”骗子们要想获得大范围的成功，轻易上当的受众必不可少。

加利福尼亚淘金热加速了爱做梦的美国人西迁的进程。很多人都有充分的西迁理由，但是一旦西迁催生出一种工业——横贯大陆的铁路——便需要源源不断的游客和定居者来供养它。这就意味着铁路及其同盟行业需要大肆宣传西部定居的梦幻前景，就像当年17世纪人们对于定居新大陆的宣传一样。不时地发现金银的可能性确实能够吸引那些最容易激动的人，但西部最诱人之处在于它的土地——廉价甚至免费的土地，不仅仅是单调乏味的耕地。宣传者称，在整个空旷西部，**土地本身**就能**致富**。例如，1874年一本叫作《寻找定居新家园》（*New Homes: Or, Where to Settle*）的指南说，内布拉斯加的中部地区——不管当时还是现在，都是人烟稀少的荒野——土地价格在短短十几年内涨了十几倍。我最初居住在内布拉斯加的祖上于19世纪六七十年代从田纳西和密苏里农村迁移到了那里，并购置了土地。他们并没有因此致富。

一代人过后，在“1893年恐慌”的前夕，我祖上又有一些人从丹麦来到了内布拉斯加。那次金融危机造成了严重的经济萧条，这在相当程度上是因为西部铁路的过度而不可持续的开发，导致铁路泡沫最终破灭。而在那之前20年发生的“**1873年**恐慌”正是由**先前的**铁路泡沫破灭所致。美国人倾向于相信意外之财和自己的好运，完全没有从经济的兴衰中吸取教训。

你知道蚂蚁与蚱蜢的故事吗？蚂蚁严格自律，而蚱蜢天天派对，好像好日子会一直延续下去，但是冬天来临，事实证明蚂蚁是英明的。美国人**既是**充满活力的蚱蜢，**又是**充满活力的蚂蚁——一种特殊的杂交物种——这是我们作为一个国家的成功秘诀。我们的力量来自两方面。一方面，我们拥有一本正经的美德，就像清教徒和他们的世俗后代——以本·富兰克林为代表：工作踏实刻苦，勤俭、严肃、有常识。我们也有疯狂、冲动、不正经的另一面，这一系列特质也是我们作为美国人的独特之处：我们是迫不及待、过于激动的赌徒，弱点在于轻信天花乱坠的故事。我们的蚂蚁特质总是在中和我们的蚱蜢特质。

对于不可能之梦想的偏爱就像其他任何倾向一样，在良好判断力的监督下没有什么坏处，至少是在大的方面。在美国历史的大部分时间里，美国在幻想家与现实主义者、疯狂与节制、轻信与质疑之间维持着平衡。但即使我们想要在这两种力量的对抗中找到自然的、必然的平衡点，就像在物理上可以实现的那样，人类的文明却并不受类似法则的制约。这种平衡在社会与文化中可以被打破，最终也被打破了。

第 13 章

寻妖除魔：习惯性阴谋论

阴谋确实存在。有时候，一群人为了取得、保持或扩大权力和财富，会实施秘密的计划。18 世纪的时候，一群在美国的激进分子因为害怕伦敦方面密谋剥夺他们的自由，策划出了自己的一套阴谋来对抗伦敦。1775 年的枪声响起的时候，在波士顿的英国将军把约翰·亚当斯称作“有史以来的头号反政府阴谋家”。两个月以后，还没有发疯的国王乔治三世把殖民地的反叛称作“孤注一掷的阴谋”。《独立宣言》的主要内容列举了殖民地的人们对国王夸大其词的抱怨，他们认为国王密谋奴役他的美利坚臣民，他“计划将这里的人们置于绝对暴政之下”。

因此，美国人从一开始就有理由相信，阴谋是政治和历史的重要推手。正是因为有了这样的先例和一点事实作为根基，谬论才开始生长并持续坚挺。“它的力量，”认知心理学先锋杰尔姆·布鲁纳（Jerome Bruner）对于谬论这样解释道，“在于它游走在幻想与现实之间的那条若有若无的细线。”结果就是，使美国得以建立的配方——我们独特的历史，我们独特的心理，以及这两者之间的共生关系——也正是使我们习惯性地相信阴谋论的配方。

首先，让我们来考虑一下新教——一套基于事实的反传统信仰体系，用来替代梵蒂冈错误腐化的版本。清教徒们在串通一气的精英的压迫下，以受害者自居，并最终把自己逼上了自我放逐的道路。后来，异见者组成的新美国又立刻产生了自己内部的异见者，反叛者和压迫者都以为对方在密谋消灭自己。

基督宗教本身，尤其是我们本土这种伪装在高度理性化面具之下的宗教，等同于相信世界上最恢宏、最伟大的阴谋：上帝作为主谋，在一个共谋团队——天使们和先知们——的协助下，策划和实施他包罗万象的终极计划。就像宗教对世界的解释一样，阴谋论的解释使得人们想要把各种线索联系在一起——不管是真实的还是想象的线索——并把一切都归咎于意图、设计和目的，全然不顾随机因素和偶然事件这种往往更加重要的力量。

捕风捉影式的阴谋论倾向于想象范围广、时间长、影响深远的密谋。耶鲁历史学家大卫·布里翁·戴维斯（David Brion Davis）写道：

> 19 世纪的美国阴谋论一般由些许的事实与夸张的幻想黏合而成，但阴谋论的核心主题——这对妄想式思维十分重要——是坚信有一种排他而统一的结构把一种目标明确的模式强加到原本不可预知的事件上。我们或许可以认为，这种想法来自启蒙运动内在的自由主义信念，这种信念认为人们可以用某个理性的计划塑造历史……当事件的非理性特征证明光明之子已经失去了控制，那么一定是黑暗之子悄悄地握住了历史的杠杆……对美国万能力量的幻觉……很容易引发对非美国万能力

量的恐惧。

美国启蒙运动的另一个结果是强烈的怀疑论。那种对官方说法的条件反射式的不信任，看上去好像与人们对宗教和阴谋论的信仰背道而驰。说到底，**质疑精神**是**轻信**的反义词。但是当怀疑与轻信都过了火，他们就可能融合为阴谋论思维。不要相信任何事——除了这一点：真相被刻意隐藏了，而这个隐秘的事实可以被发现，并被精确描述出来。

在美国的头一个世纪里，美国人相信自己被女巫和印第安人这些撒旦的阴谋包围了。在第二个百年里，他们又对国外的阴谋感到恐慌——有暴君倾向的领袖与欧洲君主串通一气，其他的暴君领袖与欧洲革命势力暗中勾结。从 1797 年一本名为《阴谋的证明》（*Proofs of a Conspiracy*）的书中，美国人知道了像共济会（Freemasons）和光明会（Illuminati）那样控制了欧洲颠覆分子的全能秘密集团。这本书有个激动的读者，是一名来自马萨诸塞的牧师——乔纳森·爱德华兹的学生杰迪代亚·莫尔斯（Jedediah Morse），他在一次又一次的讲道中提到光明会邪恶的全球阴谋。这是危险的一派胡言，其他的阴谋论者坚持——光明会阴谋是虚构的，是亚历山大·汉密尔顿捏造的，他伙同英国人在美国制造恐慌。1798 年，国会通过了约翰·亚当斯总统签署的《客籍法》（Alien Acts），使他有权关押或者驱逐任何可疑的外国人——尤其是法国人。因为据人们讲，法国刚刚进行的革命是光明会一手策划的。

此外，法国人几乎都是天主教徒，而人们对梵蒂冈密谋毁掉美国的恐慌在 19 世纪愈演愈烈。教皇在美间谍——也就是说，天主教徒们——的人数每十年都要翻一番。杰迪代亚·莫尔斯的儿子——一名纽约市的油画教师兼修补匠——把对天主教歇斯底里的讨伐当成了副业，并在那时发明了电报。塞缪尔·F. B. 莫尔斯于 1835 年出版了《针对美国自由的外国阴谋》(*Foreign Conspiracy Against the Liberties of the United States*)，这本书揭露了“外国异端的险恶本质……以及威胁美国自由的**外国阴谋**的存在”。

此时，美国人终于觉醒了，开始重视老莫尔斯关于共济会的警告。共济会分会从英国发迹，与现在的样子并无二致：它们是成年人的兄弟会，是热心公共事务的人们聚餐、喝酒、社交及举行一些傻乎乎的秘密仪式的俱乐部。乔治·华盛顿以及十几个在《独立宣言》和《宪法》上签了字的人都是共济会成员。“共济会最大的秘密，”年轻会员本杰明·富兰克林说，“就是根本没有什么秘密。”绝大多数成员是社会上层人士，拥有广泛的社交网络。当宗教热潮在 19 世纪二三十年代席卷美国的时候——所谓的“第二次大觉醒运动”——一场恐慌也在蔓延，尤其是在宗教信仰最坚定的人群中，人们相信无所不能的共济会正操纵着美国。*

据传，共济会成员是一群放荡、堕落、邪恶的人，是某个秘密政府的操纵者。散布恐惧的首先是借全国性大妄想东风的基督教神职人员，接着是仇恨精英阶层的普通人和利用这种心理的投机主义者，甚至还有一位前总统。“我们国家道德上最大的污点，”约翰·昆西·亚当斯宣称，“就是共济会这个机构。”**最大的污点**，这位讨伐过奴隶制的前总统如是说。他还发表过著名的言论，称理性

* 公允地说，1826 年在纽约州北部，共济会成员的确密谋杀害了一位前成员，因为这位前成员把组织的秘密誓词泄露了出去，而且后来共济会也的确掩盖了那起谋杀。

的、和平的美国“不会去国外寻妖除魔”。

或许，大众对待天主教移民和本土共济会高层人士的群体性疯狂，在一定程度上符合弗洛伊德所说的“置换”（displacement）：比起在奴隶制日渐增长的阴影之下对国家失控感到焦虑，抱怨假想的恐惧要简单得多。其中最大的讽刺是——就像戴维斯所说的——在美国，“从阿龙·伯尔（Aaron Burr）到美国共产党，那些真正的阴谋，还不如人们讨伐假想阴谋团体的运动对社会现实造成的影响大”。他具体指的是美国南北战争前夕，北方人所认定的“奴隶主集团阴谋”。然后，当那场真正的划时代的奴隶制危机终于不容忽视的时候，每一方都认为另一方是被邪恶主子操纵的傀儡。

第 14 章

心态的较量

美国内战是由南北方在诸多深远而现实的问题上产生的异议引起的——南北方有两种不同的政治经济模式，两种不同的文化，两种不可调和的道德观念。这些因素都不是凭空想象出来的。但在走向战争的几十年中，这些真实的因素被南北双方用来编造对各自有利的虚假信息，其中包括道德、文化和政治方面的幻想。

就像我之前所说，有些阴谋的确是真实存在的，尤其是那些目的特殊且明确的阴谋。1831 年在弗吉尼亚，纳特·特纳（Nat Turner）和他同为奴隶的同谋在两天之内杀死了几十名白人。1859 年，约翰·布朗（John Brown）和他的废奴主义同谋对联邦军火库进行突然袭击，意图点燃一场奴隶造反运动，并把造反的奴隶武装起来。“地下铁路”（Underground Railroad）是一场持续性、全国性的密谋。在内战即将结束的时候，林肯总统遇刺的背后也有一场短暂的密谋。以上这些都不仅仅是推测。

我们应当承认真实、具体的阴谋的确存在。但是，当对阴谋的怀疑成为一种条件反射，人们往往会对时事做出有偏差的判断。1836 年，反共济会的恐慌渐渐过气，废奴主义仍是一个边缘性的理念。一名来自南卡罗来纳的美国老革命出版了《为南方辩护：北方废奴主义者的叛国和狂热行径》(*The South Vindicated from the Treason and Fanaticism of the North Abolitionist*)一书。"这些密谋者们，"他写道，"出没于午夜时分的集会，在那里，废奴主义瘟疫般的原料在坩埚中沸腾，下方的火焰被这些狂热分子的呼吸点燃，这时常让人想起《麦克白》中女巫的场景。"

废奴主义者同样相信，另一方也有一个大阴谋。1852 年，来自废奴一方的总统候选人认识到，"美国近 60 年来令人不解的政治迷局"，包括 1812 年战争和国家银行的解体，**全部都能**通过奴隶主们完美的阴谋**解释清楚**，因为"奴隶主集团的能力深不可测，花招迭出"。

19 世纪 50 年代，很多北方人都认为，现任和前任总统显然与最高法院首席大法官秘密勾结，一起保障"奴隶主集团阴谋"的实施。"我们无法确切知道，这一切精准的调适是不是预先商量好的。"亚伯拉罕·林肯(Abraham Lincoln)在他著名的"分裂之家"(House Divided)演讲中说。当时是 1858 年，他竞选议会议员失败。他认为自己的对手，那位在职的民主党议员，就是另外一个同谋者。我们无法确切地知道——但接下来，林肯利用证据，在动机和结果之间的灰色地带画了一条明亮的连线："当我们看到许多成型的木料时，我们知道这些形状不同的木料是在不同的时间和地点，由不同的工人制造出来的。"然后他精明地列出了那些所谓的共谋者的名字(而没有给出姓氏)，包括即将在这次竞选中击败他的那位伊利诺伊州议员。

> 当我们看到这些木料拼在一起，正好构成一座房屋或一间工厂，所有的榫头榫眼完全契合，不同木料的长度和大小都恰好适合它们各自的位置，而且一片不多、一片不少……在这种情况下，我们不得不相信（那些建造工人）从一开始就互相知根知底，而且在第一滴油漆上墙之前，就已经制订好了共同的计划，或是画好了草图。

正直的亚伯，阴谋论者。在他们的推测和理论中，习惯性地相信阴谋论的人其实与他们想象中的阴谋家做着同样的事情——让所有的榫头榫眼、长度比例都**完全契合**。

分裂发生、战争打响之后，阴谋论更是成倍增长，并且很多都疯狂得难以置信，就像1863年出版的《战争的内部起因：受魔鬼控制的国家及其招魂师总统》（*Interior Causes of the War: The Nation Demonized and Its President a Spirit-Rapper*）所揭露的“阴谋”一样。书的作者，一名“俄亥俄州的居民”，声称废奴主义和与死者通灵的热潮在19世纪四五十年代同时兴起并不是巧合。那些魂灵，也就是逝去的人们，“自带一种独特的磁性，通过报复和仇恨的执念释放出来”。换句话说，鬼魂和他们在人世间的美国对话人——通灵者——正在一同密谋毁掉这个国家。“在战争打响多年以前，通灵者就已经被鬼魂应许，他们之中会产生一位美国总统。”而林肯“从草原中神秘地出现”，“被鬼魂选中来进行它们的事业——实现白人与黑人的平等——就像林肯正立志于实现的一样”。“这些鬼魂……现在控制了”联邦军。通过“白宫中一个秘密的洞，一张通灵桌”，“林肯先生和至少一部分他的内阁成员……在这座官邸举行通灵仪式，向鬼魂请教战争的走向，以及如何制订作战计划”。也就是说，鬼魂们实际上催眠了林肯和联邦军的领导人，让他们以为自己一定会赢得南北战争，以此将美国推向“毁灭的大道”。

***

除此之外，人们也利用信仰来证明消灭美国同胞的合理性。每一方都真诚地相信自己在执行上帝的命令。在北方和南方，士兵、牧师与平民一遍又一遍地重复着：“上帝站在我们这一方。”

南北双方的布道都把这场战争描绘成上帝计划的一部分，认为这是一场通往哈米吉多顿和基督对全地之统治的圣战。事实上，在“第二次大觉醒运动”后不久，这场战争让宗教在美国变得更为重要，又一次把基督教的宏大幻想生动地呈现在人们面前。“一次又一次，”戴维斯在《奴隶主集团阴谋与妄想症倾向》（*The Slave Power Conspiracy and the Paranoid Style*）中这样描写北方人，“‘奴隶主集团’的反对者把他们的立场与从路德到卫斯理的新教改革者们相提并论，认为他们的讨伐重现了神圣力量与黑暗帝国的斗争。”

并且，双方都指责对方的狂热行为歪曲了基督教。一名亚拉巴马州的报刊编辑表示，那些自以为是的新英格兰好战分子“表现出了他们历史上一贯的严重狂热特质”，例如“烧死女巫”。

在战争早期，形势对北方联邦军很不利，但许多北方人不把这归咎于无能将领和坏运气，而是认为这是上帝对北方的惩罚，因为他们仍未完全消灭奴隶制。战争进行两年后，一场福音派狂潮——集体受洗、战地培灵会、数千人的归信——席卷了南北双方的军队，尤其是开始败退的南方邦联军。战争结束之前几周，林肯进行了他的第二次就职演说。这场演说在今天广受人们的喜爱，因为它公正地指出，上帝**不是任何一方**的总指挥官：“双方都读着同一本《圣经》，向同一位上帝祈祷……让我们不要论断别人，以免自己遭到论断。”

然而，上面这番话与感人的演说结尾（“不要对任何人心怀恶意”）之间的几百词，很少有人引用，而林肯用这数百词断定，上帝**的确**在冥冥之中主导了战争，并且他**的确**是站在北方联邦军一边的。3 个月之后，战争胜利，一位纽约州牧师的布道词很具有代表性：“上帝将屠杀和内战的旋风附在了奔向预定胜利的马车上。”胜利（以及 75 万人的死亡）一直以来都是上帝的旨意。

***

除了为宗教梦想而战，南方邦联还为了延续一种精致的世俗梦想而战，它或许比宗教上的动力还要强烈——南方把自己幻想成老派德行的最后哨所，是保存骑士精神、荣誉、优雅和魅力的地方。

以上幻想也有历史依据。弗吉尼亚的第一批殖民者（黄金梦破灭的那群人）到来以后，一代拥有美国大庄园继承权的英国贵族随之而来。他们来到这里是因为自己是英国内战失败的一方……输给了清教徒。就像“清教徒”一词最早是对新教徒的诋毁，清教徒们反过来把他们的敌手称为专横傲慢的“**骑士党人**”（Cavaliers），而敌手随后也用这个词来自称。移居到美国南方的骑士党人着手在新大陆重建封建的旧英格兰，用黑人奴隶取代了白人农奴。

当然，19 世纪之前，南方人很多既不富有，也不是贵族，但这样的幻想一直延续下来。当北方变得更加“**北方化**”——城市化、精明、苛刻、贪婪——并开始逐渐淘汰奴隶制时，对于南方的幻想被煽动起来，人们也更加坚定地笃信这种幻觉。依据谷歌图书（Google Books）的 Ngram 项目这个包含几百万册电子化图书的数据库，从 1810 年到 1840 年，美国图书中“骑士党人”一词出现的频率增加了 4 倍。* 南方形形色色的人都把自己当作有教养的绅士、淑女，总是遭到毫无浪漫细胞的狂热分子和精于算计之人的抵制。

在几十年的时间里，小说不断鼓励和塑造南方人虚构的自我定位。这些文学作品把骑士神话供奉起来，笔下的种植园系统如同田园诗。发表于 1832 年的《麻雀仓房》（*Swallow Barn*）非常受欢迎。“我确信，他们在其他任何地方，都不会像我在此处所见到的那样快乐，”小说的叙述者这样描述虚构的弗吉尼亚种植园奴隶，“与麻雀仓房的黑人相比，没有哪一群人从野蛮到文明……的进步历程更加远离外界的迫害，更加符合他们的性格，得到更加温和而仁慈的守护，以适应他们较弱的智力。”作者于 1852 年修改并再版了这部小说，当时他解释说，这本书“为废奴主义恶作剧提供了解药”。**

还有一些不那么直白的小说——故事既不以美国作为背景，也不发生在当代——加剧了南方人对南方自我美化式的幻想。沃尔特·司各特（Walter Scott）的书——例如《艾凡赫》（*Ivanhoe*）、《威

---

* 在本书中，我多处引用关于单词和习语使用变迁的量化数据，它们全部来自谷歌 Ngram。
** 这位作者在当时与很多著名小说家有交情，而他对废奴主义的观点——以我们现在描述政治家观点的话来说——“与时俱进”了：他在 1860 年被提名担任林肯的副总统，在战争期间成了一名废奴主义者。

弗利》(*Waverley*)和《伍德斯托克，或骑士》(*Woodstock, or The Cavalier*)——是用力过猛、情绪泛滥的历史小说，它们描写的是一个世纪以前英格兰和苏格兰的骑士、领主和贵妇。从来没有作家像他一样受欢迎。1814 年至 1832 年，他以每 18 个月一本的速度出版小说，而当时南方人正急需为他们建立在蓄奴基础上的新封建主义辩护并将其浪漫化。“在美国，他的新小说比拿破仑打的仗更轰动，”一个当时的美国出版商在司各特死后说，“每个人都读过他的作品，每个人。”

尤其是在南方的**每个人**。在南方，小孩、蒸汽船、种植园，还有几十座城镇，都被以司各特笔下虚构或演绎的人物、古代或想象的地方来命名。美国内战结束后不久，另一位著名的小说家——一名曾经的南方人——指名批评了司各特的小说，认为它们应该为南方和整个美国 19 世纪的灾难负责。马克·吐温在《密西西比河上的生活》(*Life on the Mississippi*)中表示，在美国革命后的几十年，南方一直在与北方一起经历现代化进程，但“后来沃尔特·司各特爵士携他的魔法而来”，于是：

> 南方性格的转变可以更多地追溯到沃尔特爵士的影响，甚于其他任何事或人。他以一己之力阻滞了进步的潮流，甚至造成了历史的倒退；他让世界爱上了梦境和幻影；爱上了腐朽粗鄙的宗教形式……爱上了愚蠢幼稚和空洞无知，以及虚假的伟大……还有属于一个既无头脑亦无价值的已逝社会的虚假骑士精神。他造成了不可估量的破坏；或许比其他任何作家都造成了更实际、更持久的破坏……在战争之前，是沃尔特爵士把每

一个南方男人都变成了少校或上校，将军或法官……

沃尔特爵士在塑造战前的南方性格上起了这么大作用，因此，他在很大程度上要为战争负责。

马克·吐温喜欢夸张是肯定的，但他得出的结论仍旧值得重复：某一系列历史小说和幻想导致了国家分裂和内战。

第 15 章

大草原上的一千万座小房子

我年少时居住的房子坐落于内布拉斯加州的一片 0.4 公顷的土地上，那里有参天大树，还有些破破烂烂的东西：带喷泉的长方形池塘、砖砌玫瑰花架、小温室、小棚屋。我们的房子旁边是大片荒凉空旷的土地，尽管我的父母并不拥有这片地，但我和兄弟姐妹把它当成了我们自己的梦幻岛。孩童时代，我们夜以继日地踏上冒险旅途，假装自己是牛仔、捕手和法外之徒，上树、挖坑、吸烟、搞爆炸。在一年一度的旅行中，父母还会带我们去北面偏远的森林、湖泊和河流周边野营，我们几乎把自己当成了那片地方的拓荒者。如今，我和妻子在离纽约市几小时路程的地方拥有一座房子，在那里我们可以尽享几天几夜的安宁，看不到其他的房屋或人，也听不到车声，只需注视着阳光下的灌木、森林以及不时出没的熊，心不在焉地假装自己是当年的移居者或贵族，想象自己是生活在另一个时代的异客或小说中的人物。有几年我们玩得过了火，甚至养起了羊。

换句话讲，我曾经全心全意地让自己徜徉在宏大的美式田园梦之中。

当然，17、18世纪之交，尽管宣传移民的英国人在自家英格兰喋喋不休地描述新大陆的壮美，真正的移民们却大多深感这里的生活凶险而困苦，他们把新大陆看作基督徒生命历程中不得不承受的艰辛，他们重演着古代以色列人出埃及四十年的磨难和试炼。1662年，一个知名的马萨诸塞年轻牧师发表了一首诗，题为《上帝与新英格兰的争议》（God's Controversy with New-England），反映了随父母来到新大陆的清教徒对此地的普遍看法："野兽吼叫的荒野"，"黑暗阴郁的西部森林"。* "野兽吼叫的荒野"（howling wilderness）是清教徒的常用术语，出自《圣经》。但在几代人之内，那些旷野逐渐消失，取而代之的是规整的墙壁、道路、农场和城镇，于是美国人的态度转变了。

我们发现，身边这些荒蛮的山岭、森林、河流无比**壮丽**——"壮丽"（sublime）这个词在18世纪美国图书中出现的次数增加了4倍。这些浪漫的风景成为我们的定义，它们有的已被人类驾驭，有的则完全未被开发，既令人生畏，又熠熠生辉。托马斯·科尔（Thomas Cole）、艾伯特·比尔施塔特（Albert Bierstadt）、弗雷德里克·丘奇（Frederic Church）和弗雷德里克·雷明顿（Frederic Remington）的画作，还有柯里尔与艾夫斯（Currier & Ives）批量生产的无数小型印刷画中那些大自然深处的人家，对此均有描绘。狂野而充满田园风情的美国风景在文学作品中也被浪漫化，既有詹姆斯·费尼莫尔·库珀（James Fenimore Cooper）、华盛顿·欧

* 该牧师还在同一年出版了《厄运之日》（*Day of Doom*）——美国的第一部畅销书，是一首篇幅极长的诗，兴高采烈地描绘了骇人的审判日："不论你的品行与工作如何公平，如何正直……地上的居民全都……必须受苦，因为它是公义的：那永恒的苦难。"

文（Washington Irving）和威廉·卡伦·布赖恩特（William Cullen Bryant）的小说，也有关于西部的廉价小说——再后来还要加上劳拉·英戈尔斯·怀尔德（Laura Ingalls Wilder）。* 美国生产的图像与故事使**美国自然景观**深深嵌入了美国梦。

在过去极其漫长的时间里，正如利奥·马克思（Leo Marx）在《花园中的机器》(*The Machine in the Garden*)一书中所言，抽离“大世界，来到清新翠绿的山水开始新生活”的梦想一直是个纯幻想题材，这是“诗歌主题，不应该将其与诗人们的现实生活混淆”。但在18世纪末的美国，“隐退于和谐喜悦的宜人之地——这样的梦想已经脱离了传统的文学语境……美国自然环境……消解了艺术与生活之间的常识性区分”。在这无限的新世界，一切奇妙事都按着书上的字面意思发生，你真的可以亲身体验幻想。

英国第一批移民来到这个野兽吼叫的荒野之后一个世纪，一个受逼迫的英国贵格会家族来到这里，在更向西一点的地方——宾夕法尼亚州野兽吼叫的荒野中——建造了一座小屋，以免受到先于他们到来的贵格会信徒的逼迫，而后他们又搬到了北卡罗来纳州更深的荒野中。从那里，他们一个排行居中的中年儿子带领定居者继续向西，来到一片新的荒野。在他50岁生日的时候，他出版了一部8 000词的回忆录，记叙了他之前十几年在边疆的生活，可能由他亲自执笔。“没有任何一座人口稠密的城市，包括其繁荣的商业和庄严的建筑，能比得上肯塔基的自然之美给我的精神享受”，“这里不久前还是野兽吼叫的荒野……现已成为一片丰饶的土地”。这本小

---

* 怀尔德最著名的小说是《大草原上的小房子》(*Little House on the Prairie*)，后来成为美国儿童文学经典。本章标题即来源于此。——译者注

书使丹尼尔·布恩（Daniel Boone）一举成名，摇身一变成为美国人的代表、真实世界的超级英雄。另一本由布恩本人口述的畅销回忆录描述了他与熊搏斗，以及荡着藤蔓逃离原住民的经历。

布恩出名后，又活了37年，一边在美国荒野边缘生活得蒸蒸日上，一边逐步把荒野改造得不再荒蛮，更具田园风情。他同时代的英国浪漫主义诗人拜伦勋爵在19世纪20年代的最后杰作中，把四节诗句献给了布恩："当他们的建筑逼近他挚爱的树木，/ 他去了上百英里外驻扎 / 那里有更少的房屋和更多的逍遥。"而这正是布恩宣称自己厌恶的东西。"总有荒唐的故事流传说，文明进一步，我就退一步，"他写道，"我晚年最苦恼的就是这件事。"事实上，作为边疆在世传奇，他利用自己的名人地位成了成功的政治家和不太成功的土地投机者。他的生活的确真实且不凡，但在他还活着的时候就已经被再加工，为他的同胞们提供了一个关于美国拓荒者的实时、实况的幻想。布恩去世半个世纪后，"野牛比尔"（Buffalo Bill）把这种超级名人的早期版本进一步虚构化，并将名人效应变成摇钱机器。

美国的田园理想也从本土的新型基督教中产生，这种基督教认为自己更好，因为它更纯洁、更原始。美国人对天主教以及后来对君主制的厌恶发展成了对欧洲和城市的憎恶。这一切都使美国人更容易把新大陆艰苦的条件——令人恐惧的荒野——粉饰成令人艳羡的风光，这个新国家永远和（被驯服的）大自然结合在一起。美国人脚踏两条船，既想要获得只有城镇、工厂和铁路才能带来的繁荣与舒适，又幻想着如画的风景，像布恩一样，生活在离野牛漫步、鹿与羚羊嬉戏处不远的地方。

尽管乘马车西迁的一代人实际生活困苦，生命受到诸多因素威胁，但他们在西迁的过程中以各种方式武装自己，无论是用幻想，是用平底锅、斧头与枪支，还是用那些从自己读过、听过的浪漫传说和《圣经》故事以及看过的图画中拼凑出来的人物。这些拓荒者只占了美国人口的极少数。但是，森林、山峦和一望无际的草原，现在已经成为美国故事的关键部分，成为“文化与道德源泉和国民自尊的基础”，罗德里克·弗雷泽·纳什（Roderick Frazier Nash）在《旷野与美国精神》（*Wilderness and the American Mind*）中如此概括。生活在城镇中的美国人为了能感觉到自己是个地道、高尚的美国人，需要有周围的环境**提醒自己**荒野自然的存在，需要假装自己是居住在未驯化世界边缘的拓荒者。

如果你深谙美式幻想之道，对自己的信念有足够的信仰，你不必远行或冒任何风险，就能获得沉浸于大自然之中的感受。我 16 岁的时候，在 1970 年，我读了《瓦尔登湖》（*Walden*）并对它爱不释手。**我**相信，应当以公民不服从去反抗政府对贫困的外国人民发动的不义战争，而一个世纪以前，这本书的作者也这样想。**我**曾经在森林里池塘边的帐篷里短暂居住，而他出版了一整本著名的书，来讲述差不多一样的事情。

亨利·大卫·梭罗（Henry David Thoreau）发明了一种上层中产阶级人士专享的加长版青春期。读完大学以后，他逗留在自己安度年少时光的波士顿郊区，在学校教了一阵子书，偶尔写写文章，参与社交，成为当地一位知名作家［拉尔夫·沃尔多·爱默生（Ralph Waldo Emerson）］的私人助理和门生，断定食肉是不良行为，并在一次与当地有钱人家孩子郊游的途中不慎引发大火，烧毁了 120 公顷的森林。

然后，在 1844 年，27 岁的他想出了一个高端的工程计划，这项工程后来成了美式田园梦的缩影，美国城郊居民、嬉皮士和乡间房产拥有者从那以后一直在实践着这个梦想。在一块归爱默生所有的林间空地上，年轻的亨利建造了一座单间小木屋。他在 7 月 4 日那天——真会挑日子——搬了进去，想象自己置身于美国的穷乡僻壤，返璞归真并且自力更生，与大自然融为一体，纯洁而又高尚。《瓦尔登湖》一书是梭罗出版的“思想录”，其中记录了他在两年的时间里“住在林中，两公里以内没有邻居，在我自己建造的房屋里……只通过我自己的双手谋生……我想要深刻地活着，吮吸生命所有的精髓……大雪中没有路通到前庭的门——既没有门，也没有前庭——更没有通往文明世界的路”。

事实上，他的小木屋是朋友们帮他建的，不到 30 分钟即可步行到达繁荣的旧城，他的妈妈、爸爸还有几千人都生活在那里，那里还靠近新修建的铁路，离全美第三大城市只有 27 千米的路程。约翰·缪尔（John Muir）——这位崇尚自然的美国人不久之后真正徒步跨越了广阔的土地——嘲笑梭罗装腔作势，假装自己在离康科德镇（Concord）“一小段闲逛”距离处的“果园和越橘丛中看到了森林”。确实，后来梭罗离开瓦尔登湖，去缅因北部真正的荒野待了几个星期，他被“阴森而荒凉”，“广袤、浩瀚、不近人情的大自然”吓坏了。在深刻地生活了 800 多天并吮吸了存在的全部精髓之后，他回到了镇上，帮他的父亲经营铅笔制造生意，并在他父母位于城区主干道的大房子里度过余生。梭罗是鱼与熊掌可以兼得的美国梦的缩影，生活可以与自然和谐共处，只要自然不是过于不适或不便。

除此之外，梭罗还相信小精灵和占星术，认为满月可以使他经历灵魂出窍。他和爱默生都是超验主义者（Transcendentalists），介于寡淡无味而富有教养的美国启蒙时代新教与辛辣浓郁的泛灵论神秘主义大杂烩之间，带有些许亚洲风味——我初次读《瓦尔登湖》时就强烈地感受到了这一点。“站在空旷的土地上，”爱默生在梭罗出版《瓦尔登湖》前不久向公众说，“我的头脑浸没在愉快的空气中，飞升至空无之境，所有卑劣的自负都消失殆尽。我成了一只透明的眼球。我什么也不是，我却看到一切。宇宙本体的环流从我体内穿过。我既是上帝微小的粒子，也是上帝的一部分。”人性本善。所有的造物都存在于一个宏大的关系网之中。自然即上帝，上帝即自然。这有什么不好呢？

就在那个时候，时年32岁的赫尔曼·梅尔维尔（Herman Melville）给他的朋友纳撒尼尔·霍桑（Nathaniel Hawthorne）写了一封信，描述了这场令人眼花缭乱的浪漫主义风潮。梅尔维尔欣赏同辈人描述的超验狂喜所散发的美妙、诱人的力量，但他也认识到，超验主义者站在一个危险的陡坡上，随时有可能陷入一种典型的美式唯我主义。梅尔维尔向霍桑写道：

> “在万物合一中感受生命”，真是胡说八道！……
>
> 这种“万物合一”的感觉……也有一定的道理。你应该也经常能感受得到，比如在温暖夏日躺在草地上时。你的双腿好像是伸入大地中的根茎。你的头发好像是飘在脑袋上的树叶。这是一种万物合一的感觉。但当人们把这种转瞬即逝的感觉或

见解强行推广到世间的一切，事实真相便遭了殃。

他的意思是说，如果人们拒绝承认极乐的顿悟是模糊而短暂的，就麻烦了。

这种亲历田园幻想的美国式冲动，就像利奥·马克思所写，也“体现在各式乌托邦设计规划中，它们试图把美国变成西方社会的新起点”。历史又一次押了韵。正像持宗教异见的贵格会和震颤派在17至18世纪的时候从主流教会中分裂出去，建立自己幻想中的社群，19世纪怀有特殊理想——政治上的、经济上的、营养方面的、性方面的皆有——的公民们来到乡下，在这个新兴的国家里建立更良好、更完美的微型国家。第一次大妄想期间，100多个乌托邦式的社群在全美的乡村地区落成。其中最著名的要数果园公社（Fruitlands）和布鲁克农场（Brook Farm），组织者是波士顿郊外富裕的超验主义者。其他定居点的规模从十几人到几百人不等，编织着疯狂、迷人、可爱的美式幻想曲。除了崇尚自由性爱的奥奈达社区（Oneida Community）——它在几十年的时间里在美国东北部建立了多个分部，最终演变成了知名的厨具和餐具公司——很多社群都存活时间不长。但在20世纪60年代晚期，这个现代美国梦幻之地诞生的年代，它们转世再生成为公社，卷土重来。

在19世纪初期，94%的美国人居住在乡村地区。到了1900年，将近一半人居住在小镇和城市里。美国的人口增长为原来的14倍，经济总额是以前的70倍。但要想真正实现美国梦，人们需要住在大草原上的小房子里，住在大森林里、河岸边或湖水旁。或者更确切地说——伴随着20世纪的进程——是住在这种地方的仿制品里。这是一种完美的混合物，既有对拓荒者生活的怀旧，又有对精神纯净的追求。因此，在梭罗扮演隐居山林者两个世纪之后，大多数美国人现在都居住在郊区或仿田园生活区，有些甚至真的叫“瓦尔登湖”（印第安纳波利斯、克利夫兰附近、底特律附近、北卡罗来纳州的达勒姆都有叫这个名字的地方，从大海的这一边到那一边），还有些叫“枫树湾”、“威瑟斯彭草原”、“橡树流”、“鹰之谷”、“榆树湖”、“巴林顿溪”或“海龟丘”。*

不过，我们还是先回过头来说一说吧。

* 除了那些真的名叫“瓦尔登湖”的生活区，其余的名称都是由一款娱乐性很强的应用程序——“郊区开发命名生成器”（Suburban Development Name Generator）——自动生成的。

第 16 章

幻想的工业化

梭罗回到城里后，以远离尘嚣的生活为噱头写了一本书，并在书中宣称，他选择“不要生活在这个不安、紧张、喧闹、浅薄的 19 世纪”。他高高在上，鄙夷地俯瞰美国人的喧嚣和粗俗：“人们到底在**庆祝**什么？”

他说得没错。在《瓦尔登湖》横空出世的时刻，现代媒体、广告和娱乐业这些相互依存的行业争先恐后地诞生了。1825 年至 1850 年间，美国人开始使用“娱乐业”“名人”“广告”“品牌”“推销”这样的词语。一时间，人们认为自己可以宣传并售卖任何事物，可以使幻想变成现实，并且将娱乐传播到美国生活的各个角落，这一切都令人难以抗拒。

让我们看看 1840 年时，人们是如何推销总统的。威廉·亨利·哈里森（William Henry Harrison）是第一位完全商品化的总统候选人。他成长于富裕的家庭，是精英辉格党的被提名者，但是他的媒体顾问把他推销给选民时，对他的形象进行了 180 度大改造：他被包装成一个普通男人，一个不修边幅的小人物，有一些与党派政策一致的竞选歌谣和口号，其中一首歌唱到了他的“土布外套”和

“不带褶饰的衬衫”。他们用实际尺寸的和微缩版的木屋打造了他的品牌形象，还免费赠送酒瓶形状像小木屋的威士忌和名叫“木屋润肤”的剃须皂。哈里森40年前在西部与印第安人交战过，所以这位候选人的团队让他在竞选活动中表演印第安人作战的呐喊声。相比之下，他的竞选对手其实成长于真正卑微的社会背景，但他是在任总统，也因此被定位为精英主义者。哈里森以压倒性优势赢得了选举。

对于推销专利药品奏效的策略，对于宣传政治候选人也同样管用。更快捷、更强大的蒸汽驱动印刷机使新一代报刊的大规模发行成为可能，而媒体对上述两者的成功都至关重要。这些廉价的日报对于自己发布的广告毫无顾忌，对于新闻报道精确性和真实性的要求也十分宽松。它们让事实和娱乐性虚构之间的分界线变得模糊不清甚至荡然无存，为美式厚颜无耻树立了新的标杆。

《纽约太阳报》(*The New York Sun*)是“一分钱报”的先驱。1835年,《太阳报》刊登了一系列惊人的报道，共1.6万词，分六次连载。连续一周，每天都有大批报童——这也是当时成立两年的《太阳报》发明的策略——在美国最大城市的大街小巷呐喊着：著名天文学家在南非通过更新更强大的天文望远镜发现了月球上的生命!

月球上有森林、海洋、湖泊、河流、鸟类、微型的野牛和斑马、蓝色的独角兽、巨型的贝壳、直立行走并把后代捧在爪子里的海狸。月球上还有一座由光滑的蓝色石头和金色屋顶筑成的庙宇，高20米，里面住着长着翅膀、毛发旺盛的类人生物“蝙蝠人”，它们显然是“理性生物”，是快乐的素食主义者，“看上去充满激情且语气坚定”，并且“有能力进行艺术创作”。这些是深肤色的蝙蝠人，还有一些“体型更大……肤色更浅，从各个方面来说，都是在深色蝙蝠人的基础上更高级的变体”。

一周之内，《太阳报》在这座人口30万的城市卖出了10万份。“人们大多都认定报道属实，”另一份报纸的编辑回忆道，“整个纽约都为那些奇妙的发现兴奋不已……当然，总会有几个怀疑论者；但如果真的有人胆敢对月球大发现的真实性表示质疑，人们会认为这比质疑上帝的启示还要罪大恶极。”对这则“新闻”信以为真的不仅仅是乌合之众。“这些发现的公布，”霍勒斯·格里利写道，“在天文学界乃至整个科学界，都意味着新纪元的开始。”在耶鲁，一位作者提到，整个校园“在坚定支持者的带动下都沸腾了……学生与教授，神学与法学博士，所有识字的人每天翘首期待从纽约来的邮件，充满了前所未见的渴望与绝对的信念……没有人表达过对这则报道的怀疑，想都没想过”。3年以后，这则报道已被揭穿为一场虚构的骗局，一位纽约作者察觉到：“我们的城市中（仍旧）有许多人坚信这些发现的真实性，并且对这些发现比对任何已经证实的物理学真理还要崇敬。”

这么多人都相信这个故事，不仅是因为美国人天生就倾向于对令人兴奋的谎言信以为真，还因为里面似乎零碎地掺杂了一些合理性。这些文章非常机智地利用了很多真实细节。好望角的确有一座新的王家天文台，英格兰拥有一台12米高的神奇望远镜，火星地图刚刚绘制出来。

就在这之前不久，康涅狄格州一家报纸的编辑收到了一封当地青少年的来信，对大妄想持续、广泛的影响发出警告，写信者说

“过度的宗教亢奋带来的邪恶”使他感到“恐惧”。这份报纸拒绝发表这封信后，年轻人开办了自己的报纸。他在多年之后回顾了自己当时的热忱：“通过系统化的努力，大量各个年龄段的人，特别是年轻人，都归信了重生的基督教……这些归信者中有一些人过于大惊小怪，成了宗教狂热的受害者……宗教热情像龙卷风般席卷我国，我们成千上万的公民都受到了影响。”

那个年轻人是菲尼亚斯·泰勒·巴纳姆（Phineas Taylor Barnum），被人们简称为“P. T.”，他二十出头时在康涅狄格州靠卖彩票为生。巴纳姆在一个人们对不可能之事狂热信仰的时代长大成人，因而有了开启职业生涯并改变世界的顿悟：他意识到，“美国公众天性善良，很容易听命于聪明的骗子”。

正如其他州在当时所做的那样，康涅狄格州取缔了彩票。年轻的巴纳姆几近破产（据他在自传中说），于是他搬到了纽约市，“去寻找生财之道”。1835 年夏天，正当《纽约太阳报》筹备关于月球蝙蝠人和独角兽的系列文章时，他在另一份报纸上读到一篇报道，是关于一个非裔美国女奴的。她双目失明，没有牙齿，并且截瘫，但是他很快发现她“非常善于交际”，她说自己在一个世纪前曾是乔治·华盛顿的“保姆”，她还声称自己已经 161 岁了。“这个故事，”他认定，“看起来十分可信。”他花 1 000 美元买下了这个女人，印制了传单和海报，通知了报纸，并把他的奴隶带上路，直到几个月后，她在“实现我作为演出经理人的新事业”的过程中去世。

在他的新事业腾飞的 6 年间，第一家美国广告公司开业了，而巴纳姆也干起了广告文字撰稿人的工作。1841 年，他开办了“美国博物馆”（American Museum），一座位于曼哈顿中心地带的大型多层多媒体娱乐综合设施。其中最臭名昭著也是最受欢迎的早期展品是他所谓的“斐济美人鱼”。这是由巴纳姆搜集来的一只灵长类动物和一条鱼拼接制成的复合标本。他在自传中回忆，标本展出之前，他雇的博物学家说自己从未见过猿类长着这样的牙齿或手臂，也没有见过鱼类有这样的鳍。“‘那你为什么认为这是人为制造的？’我问道。‘因为我不相信有美人鱼存在。’博物学家回答道。‘这并不能构成不相信的理由，’我说，‘所以我会相信这条美人鱼，还会雇它。’”

P. T. 巴纳姆是美国早期贩卖令人激动的世俗幻想和真假参半之事的杰出商人。在掌管马戏团之前，他极其成功的事业既来源于又助长了“梦幻之地”的基本思维方式：如果某个想象中的命题能够使人兴奋，而又没有人能够证伪这个命题，那么相信它的真实性就是我作为美国人的权利。巴纳姆对那位博物学家的回答，是对启蒙运动的经验主义与逻辑的完美歪曲：不相信美人鱼的存在，并不能证明眼前的这个生物不是美人鱼。在他的“美国博物馆”中，展览和表演把真品与赝品，教育性的与幻想性的，真实的、可疑的和完全假冒的事物混为一谈。“如果我在博物馆里展出了一具可疑的人鱼尸体，”巴纳姆写道，“那是因为我希望用偶尔的噱头……调剂一下美妙、有益、有趣的现实。”

但是，比起仅仅展出杂耍般的骗局，“美国博物馆”中虚假与现实的结合更有害。在几十年的时间里，它一直处于新兴流行文化受人尊敬的中心位置，反映和强化了美国人对娱乐性谎言的喜好，以及对虚实界限的蔑视。正如尼尔·加布勒（Neal Gabler）在《生活这部电影》(*Life: The Movie*)中所指出的那样:"到了 19 世纪中叶,这里的流行文化比欧洲覆盖面更广,也更加深入地渗透到了社会中。"巴纳姆的骗术是很有影响力的。

已经蓬勃发展的假冒医药行业把巴纳姆的流行文化大理念在某些方面做窄,在另一些方面做宽。每场医药巡回展演都意在销售某个特定制造商的专利药品,但是这些展演出现在全国各地,尤其是在小城镇。与巴纳姆直接且相当传统的商业模式——买票即可享受娱乐——相比,医药展演的创新之处更接近依赖广告的一分钱报业:**不用付任何钱**,你就可以享受到音乐家、魔术师、喜剧演员和跳蚤马戏团带来的娱乐,那是你观看关于可疑医疗产品的现场插播广告的回馈。

企业主义已经成为默认的美国模式。在商业上取得成功的操作在宗教上也能取得成功,反之亦然。富有感召力、具备远见卓识的人总能说服人们相信金灿灿的梦想。医药展演就像宗教复兴布道家的野营集会,只不过出售的是一种不同形式的即时救赎。两者都是由流动的表演者进行的,迎合了美国人对魔法和戏剧的渴求。事实上,"哈姆林巫师油"的医药展演每到达一座新的城镇,都会向当地教会捐款。

最盛大的专利医药展演大概是基卡普印第安医药公司(Kickapoo Indian Medicine Company)举办的那些。这是一家美国东北部的公司,却占用了一个西南印第安部落的名字。为什么是印第安人?美国白人对印第安人长达三个世纪的战争的最后阶段刚刚开始。这一次,欧裔美国人并没有从字面上妖魔化原住民,而是利用了"高尚的野蛮人"的概念。越来越多的流行读物和绘画将原住民描绘成美丽而悲剧性的失败者，他们被不可避免的全国性现代化进程殃及，他们的遭遇是美国在实现自己命运的道路上浪漫的附带损害。

基卡普印第安医药公司的营销理念远远超出了品牌名称。最后一轮印第安战争打响，小巨角战役（Battle of the Little Bighorn）、杰罗尼莫之战（Geronimo's War）、伤膝河大屠杀（Wounded Knee Massacre）先后发生，公司总部在每场展演中都会派发普通型和印第安式行军帐篷，上演十几个节目——还带着一群药品推销员——一切全在6米高的舞台上演。他们出售一种名为"萨戈瓦"（Sagwa）的虚假万灵药，还有基卡普印第安油、基卡普野牛软膏、基卡普印第安止咳剂和基卡普印第安寄生虫杀手。* 以印第安民族为主题的医药展演形成了一个流派，冒充印第安之名的公司本身又有了众多冒名者。

基卡普公司安排了一个认识印第安人的人，即威廉·F. 科迪（William F. Cody），艺名"野牛比尔"，为"萨戈瓦"品牌的虚构印第安背景故事背书，而这种"血液、肝脏和肾脏修复剂"的主要成分是水和酒精。经他同意，广告了他的话："印第安人没有'萨戈瓦'，就像没有马匹、枪支或毯子一样。"现代意义上的名人在当时是一个新兴物种，产品的明星代言更是新颖。

巴纳姆是美国第一个以混淆真假获取商业利益的人，是信息娱乐（infotainment）的创始人，而第二人就是科迪。（他们是熟人。）科迪的真实经历就像一部虚构小说。十几年来，从孩童时代到青少年时期，他在大平原和大西部做过侦察员、士兵、野牛猎人、驿马

* "寄生虫杀手"是内嵌一根丝线的巨大药片，因此在消化、排泄后，人们会确信自己的肠道寄生虫被打掉了。

快信（Pony Express）骑手。之后在他23岁的时候，纽约一家报纸发表了一篇虚构程度很大的"真实"故事——《野牛比尔，边境之王》（Buffalo Bill, King of the Border Men），他做了故事的主角。26岁那年，他因率领一队骑兵对抗苏族印第安人（Sioux）赢得了国会荣誉勋章，从那以后，科迪成了一名戏剧演员，他在一部名为《大草原上的侦察员》（*Scouts of the Prairie*）的话剧中扮演了自己——这部剧的作者就是早先在报纸撰文的人，他还出版了一些关于科迪的廉价小说。野牛比尔已然成为明星。快30岁的时候，他开始出版自己写的廉价小说，以自己作为主角，并且在多部戏剧中亲自扮演野牛比尔，到东部巡演，与此同时，他还时不时地在西部与印第安人作战。

1876年夏天，在乔治·卡斯特（George Custer）将军惨败三个星期之后，科迪率领军队驰骋在大平原上，到了距离小巨角东南方上百千米的地方。有一天，他身着他的野牛比尔舞台装——黑色天鹅绒，点缀着红色花边装饰、银色纽扣——杀死了一名叫作"黄毛"的夏安族（Cheyenne）战士，并剥下了他的头皮。在几个月内，科迪回到东部，巡演了一部以该事件为基础的新戏——《红色的右手，又名，野牛比尔献给卡斯特的第一张皮》（*The Red Right Hand; or Buffalo Bill's First Scalp for Custer*）。"黄毛"的武器和头皮在戏剧巡演所到的各个城镇展出。依照科迪的说法，这部戏剧"大可以为大家带来一场嘈杂、刺激、充满火药味的娱乐体验，并展现印第安战争后期的一连串场面"。野牛比尔当时30岁，在那以后的40多年间，他致力于现身说法，描述西部的"大迁徙"。

在科迪大获成功的自创巡演节目《野牛比尔的狂野西部》

（*Buffalo Bill's Wild West*，以下简称《狂野西部》）中，印第安人扮演印第安人，白人演员扮演士兵和移居者。“卡斯特的最后一战”每一次重演，野牛比尔——本尊——都紧接着骑马出场，重演他杀死一名印第安人的情景，被杀者由真正的印第安人扮演。他的演出于 1883 年在内布拉斯加州东部的奥马哈开始；在这个州的西部，印第安战争还在继续。科迪招募了拉科塔（Lakota）苏族首领“坐牛”——他曾是小巨角战役中的指挥官之一——作为他的合作明星。野牛比尔成为美国乃至全世界最有名的人物。巴纳姆建议他把这个节目带到欧洲去，“震惊一下旧世界”，于是他照做了。

《狂野西部》正是西部电影的原型，但这些演出比西部片更奇特，而且史无前例，它们是我们国家演变的一个关键里程碑。几乎是在第一时间，科迪——不，是野牛比尔！——把新闻和历史转化为娱乐，将影响历史的真实人物［包括他自己、他的朋友“狂野的比尔·希科克”（Wild Bill Hickok）和他的敌人“坐牛”］变成他们的虚构版本，在户外骑着真正的马匹并荷枪实弹地射击。

直到 20 世纪，“**怀旧**”（nostalgia）一词仍具有特定的准医学意义——极度的个人乡愁，军人和流亡者思念故乡、祖国和旧友的忧郁。但在 19 世纪，一种新型怀旧成了美国人心理的重要敏感点，它是想象中的乡愁——怀旧者所怀念的地点和时代，他们自己从未经历过，甚至根本就不存在。

在政治上，当美国人开始使用“旧时代”（olden times）一词的时候，民主党人怀念起自己年轻时的美国，那时还没有大规模的资本主义。南方人则怀念奴隶制仍然稳固的年代。第一位伟大的流行歌曲作者斯蒂芬·福斯特（Stephen Foster）的首要创作主题，是怀念身在北方的宾夕法尼亚和俄亥俄的他幻想出来的南方。美国第一位著名小说家费尼莫尔·库珀专门叙写对早期美国荒野的怀旧，而吐温所写的最伟大的书，是关于他年少时南北战争前的旧时美国的。

因此，到了19世纪70年代，当野牛比尔成为一名职业说谎人的时候，美国人已经完全准备好接受《狂野西部》舞台上的虚拟现实了。在他的煽风点火下，怀旧情结展现出了几个新方面。它欢乐愉快且令人眩晕。它是**瞬时性**的，把前天刚刚过去的时光英雄化和传奇化。它也是**预期性**的，是对最终有一天要结束的西部拓疆活动的怀念——就像南方人在“老南方”消逝前，就对它产生怀旧情绪一样。利用西部真实的参与者和器物，野牛比尔将前半个世纪的“旧西部”提炼成了蒙太奇，而他的观众们大多从未到过密西西比河以西。世界上无论何时，无论何地，大众想象往往会随着时间的推移，模糊现实和幻想的界限，但现在，现实和幻想被即刻、系统地融合起来。

***

野牛比尔把最后的印第安人的头皮剥下并带到舞台上的那一年，美国正好迎来百岁生日。纪念建国为美国第一次举办世界博览会提供了契机。像科迪的演出一样，费城的“百年博览会”（Centennial Exposition）将真实与虚幻混合在一起。那里有17世纪“新英格兰农民之家”的复制品，一个装有乔治·华盛顿用过的野营帐篷的皮包，一座仿造的殖民地风车。

17年后，在芝加哥的“哥伦比亚博览会”（Columbian Exposition）上，这种梦幻般的准现实风格全面启动，而这正是整个展览的意图所在。在仿欧洲区域的中心，“白城”（White City）是一片都市化的梦境，那里有十几座新古典主义建筑，但所有的建筑都是临时制作的一次性全尺寸石膏仿造品，以巴黎作为模板，开放了6个月，然后就消失了。“白城”是个新事物，不像舞台布景那样假，但也不真实。它**既是**幻想，**又是**真实的。

展会的其余部分由仿制品和一些零星的实物组成，无奇不有。其中有混合了爱尔兰中世纪3座著名建筑物的复制品，还有外国城市街区（维也纳、伊斯坦布尔）的精确复制品和外国乡村街道（爪哇、拉普兰）的粗略复制品。有一幢新泽西大厦的原尺寸复制品，该大厦在美国革命时期曾是华盛顿的指挥部。有一座仿古小木屋，由年轻的西奥多·罗斯福（Theodore Roosevelt）出资建造，为的是纪念丹尼尔·布恩和戴维·克罗克特（Davy Crockett）。展品里还有北达科他州一间木屋的实物，3年前“坐牛”退出演艺界后，在那里被逮捕并枪杀。

在娱乐区域，也就是从博览会展区向西延伸的地方，一名在匈牙利出生、在威斯康星州长大的犹太少年作为印度教瑜伽师向大家表演魔术，并称自己为哈里·霍迪尼（Harry Houdini）。密苏里州报纸编辑创立的一家新的面粉厂正在推销一种名叫“杰迈玛姨妈”（Aunt Jemima）的新品牌煎饼配料，它的商标头像是一个流行黑脸歌舞秀中的角色。在芝加哥博览会上，厂主第一次把这个角色搬到了真实生活中，雇了一名做过奴隶的非裔美国女人，让她**成为**“杰迈玛姨妈”，而她在余生中还将继续扮演这个角色。还有专利药物正在销售，最令人印象深刻的要属出自一个前得克萨斯州牛仔之手的调配药，他宣称药方是霍皮族（Hopi）萨满巫师教给他的。在观众面前，克拉克·斯坦利（Clark Stanley）把活生生的响尾蛇切成小块煮，然后出售他的万灵神药“斯坦利蛇油”。

博览会的组织者拒绝了野牛比尔把《狂野西部》搬到展会上的请求，于是他在隔壁自设营地，大赚了一笔。芝加哥举办的是**世界**博览会，因此科迪利用这个机会拓展了他的故事，把他的演出改名为《野牛比尔的狂野西部和世界义勇骑兵大会》（*Buffalo Bill's Wild West and Congress of Rough Riders of the World*）。5年之后，生活模仿了艺术：美国陆军的一个骑兵团被派往古巴参加美西战争，这支部队由展会的赞助人泰迪·罗斯福*指挥，以野牛比尔虚构的“义勇骑兵”命名。

当时美国的人口是6 500万。在6个月之内，超过2 700万人参观了芝加哥博览会。他们一定有一个巨大的收获：幻想看起来要比现实美好——再说了，两者之间真的有什么重要的区别吗？

体面的守门人与现实的守护者向梦幻之地颁发了许可。他们聚集在1893年的博览会上，举行了一场数学与天文学大会、一届宗教议会，还有美国历史协会的年会。有个来自威斯康星的31岁的教授叫弗雷德里克·杰克逊·特纳（Frederick Jackson Turner），7月4日过去一周之后，他发表了长达一个小时的演讲，题为《美国历史上边疆的重要意义》（The Significance of the Frontier in American History）。他说，在“发现新大陆后的4个世纪时间里”，美国人

* “泰迪”（Teddy）即西奥多·罗斯福的昵称。——译者注

在离原始自然最近的边疆不断地创造并重塑自己，“对欧洲影响的持续远离”定义了我们“在美国意义上的”新的民族特征，使我们成为“一种属于美国的新产物”。他指出，最新的全国人口普查显示，美国西部不再有明确的边界，也就是说，美国从大西洋到太平洋的每一条经线上都有白人。“边疆已经消失，随之结束的是美国历史上的第一个时期。”

在他讲话地点的拐角处，正展出那个正在消失的边疆的器物仿制品——布恩和克罗克特的假木屋、卖蛇油的前牛仔、亲自模拟旧西部的野牛比尔。特纳的历史论文比以往任何的历史论文都更重要，也更为人所知，但他并没有预见到下一个时期的情况。然而可以肯定的是，他预见到了更远的 20 和 21 世纪：我们对旧时边疆的模拟将会完全取代真实的东西，就像慢性幻肢综合征，对逝去事物的幻想仍在继续塑造着我们的民族性格。

19 世纪的时候，美国人开始相信奇迹医疗、月球蝙蝠人文明和乔治·华盛顿 161 岁的保姆；对共济会成员和天主教徒的恐慌爆发并复发；数百万人突然间追随世界末日临近的预言，并相信上帝或撒旦控制了他们的身体和思想；新的教会纷纷从几乎仍是全新的教会分裂出来。当时，现代美国基督教和现代美国新闻媒体、广告、娱乐、政治和制药产业都处于起步阶段。每一个领域都是想象与现实的自由混合。在全国范围内兜售幻想成了常规，成了美国特色的一部分。换句话说，一个相互依存、不可阻挡的梦幻工业中心（fantasy-industrial complex）横空出世。

第三部分

漫漫理性之路：1900—1960

对待迷信不能采取礼貌的手段，而是要全副武装，击溃它、削弱它，把它打入臭名昭著、荒谬可笑的万劫不复之地。

——H. L. 门肯（H. L. Mencken）

写于巴尔的摩《太阳晚报》（*Evening Sun*）（1925）

全民识字和新闻自由的早期支持者……没有预见到……大众传媒业的崛起。这个行业关心的既不是真理，也不是谬误，而是虚构之事……一言以蔽之，那些支持者未能考虑到，人对于娱乐的欲望几乎永远不可能满足。

——阿道司·赫胥黎（Aldous Huxley）

《重返美丽新世界》（*Brave New World Revisited*）（1958）

第 17 章

进步与倒退

美利坚合众国是一个意识到自己的现代性的国家。在第一个对现代性产生自我意识的世纪——20 世纪——的头 30 年里，理性与合理性似乎在与魔幻思维与落后势力的战争中占了上风。令人惊叹的物质进步不断提速，人们拥有了汽车，全国都通了电。医学在进步，美国官方决定彻底取缔大规模的江湖医术。新创立的大众刊物《妇女家庭杂志》(*Ladies' Home Journal*)不再接受专利药物的广告;《科利尔》杂志(*Collier's*)连载了 11 期针对“滋补品”“净血剂”“特效药”骗局的系列调查。一年之后,《纯净食品与药品法》(Pure Food and Drug Act)成了联邦法律，几乎终结了专利药品行业。1905 年，美国最高法院裁决，各个州和市都有权以法律名义要求公民接种针对天花及其他流行病的疫苗。也就是说,《宪法》赋予了美国人相信、支持任何事物的权利，但这并不代表“每一个人在任何时刻、任何情况下，都拥有不受限制的绝对自由”。

政府确立了国家食品与健康法规，建立了美国联邦储备系统(Federal Reserve)。全国有色人种协进会(NAACP)成立了。公正负责的全国性新闻媒体开始出现。大学欣欣向荣，科学和科学家受人尊敬。世界上其他地区的人们都承认，美国人正在创作出世界一流的文学、音乐和艺术。当亨利·卢斯（Henry Luce）——他于1923年创办了《时代》(*Time*)周刊——宣称“美国世纪”已经到来，这看上去无可辩驳。

不出意外的是，通向进步的征途难免会有倒退。当然了！这是一个自由的国度！就在前不久，我们还在开拓边疆。从20世纪伊始一直到20世纪20年代，新兴的灵修潮流和怪诞的宗教门派层出不穷，与之伴随的还有人们对移民人群的厌恶——意大利人和犹太人从欧洲涌入，非裔美国人从南方北上。但对于充满自信的主流人群来说，所有反动保守势力的激烈反应都像是最后的挣扎，是未开化之人的负隅顽抗，是徘徊在规则之外的个例，而奠定了时代基调的，则是站在现代化前沿的精英。

20世纪20年代，吉尔伯特·塞尔迪斯写成了《失语的世纪》一书。这本书是一位理性主义者为美国的19世纪题写的墓志铭，纪念美国总算从荒谬的魔幻思维残余中解脱出来。通灵者和降神会有过一次复兴——一位波士顿上流社会医生的年轻妻子之所以成了著名的灵媒，一部分原因是她总在降神会上脱光衣服——但是20世纪20年代的时候，招魂术骗局已经被霍迪尼和其他的怀疑者一举揭穿。19世纪末涌现出的通灵群体几乎全部消失。神智学(theosophy)这个融合了神秘学、神秘主义、占星术、炼金术和魔法的美国大杂烩曾在世纪之交盛极一时，后来也在20世纪20年代消解、没落，渐渐无人问津。

在世俗和政治事务方面，美国人对于外来族裔阴谋的恐慌再次爆发，但这次的狂热情绪并没有持续多久。第一次世界大战期间，祖上有德国血统的人受到怀疑。而每10个美国人之中就有1个是德国移民或德国人的后代。暴乱发生，私刑出现，从1910年到1920年，几乎有100万名德裔美国人从人口普查统计中不可思议地消失。但德裔美国人的人数众多，恐慌难以过度蔓延，而且美国官方也仅仅参战了19个月。

20世纪头20年，特别是苏联成立之后，美国经历了第一次大规模反共主义恐慌，这次恐慌迅速发展成反犹主义，后者又加剧了反共主义。另外，话说到这里，那些在战争期间让我们忧心忡忡的德裔美国人之中，难道不也有相当一部分是犹太人吗？一旦犹太人口达到了美国人口的2%，对犹太影响的恐惧就在美国兴起——一个世纪以前，引发了美国人反天主教狂热情绪的人口比例临界点也是2%。亨利·福特（Henry Ford），这位美国最受人尊敬、最成功的实业家，成了《犹太人贤士议定书》（*The Protocols of the Elders of Zion*）的超级粉丝。这本俄语读物最初作为虚构小说发表，后来却有人声称该书真实记录了世界犹太领袖团体的一次秘密会议，与会者密谋征服世界。20世纪20年代，福特出资在美国发行了50万册《犹太人贤士议定书》。他还策划并出版了四卷本的《国际犹太人：世界头号难题》（*The International Jew: The World's Foremost Problem*）；年轻的约瑟夫·戈培尔（Joseph Goebbels）和阿道夫·希特勒读到了这部书的德语译本，成了亨利·福特的超级粉丝。不过，当美国人谴责福特并开始抵制他的公司时，他立刻道歉并收回了自己的立场，此后美国的反犹主义在20世纪的过程中逐步衰落。

***

潜伏在白人至上论（white supremacy）深层的是一些极其有害又复杂的幻想，这些幻想并不会因为反奴隶制战争的结束而消除。在我们的内战结束之后，引发战争的病因并没有根除，因为失败的一方在内心深处从未完全投降。北方原谅了他们的敌人，但南方没有，而双方都没有完全遗忘。

你可能会以为，这场战争应该会使北方的人们废弃关于“老南方”的迷思，或者至少会消除人们对于幸福奴隶的幻想——这种幻想曾经诱惑和欺骗了整个国家，它引发的斗争使这个国家失去了上百万个儿子、丈夫、父亲和挚友。但在19、20世纪之交，这场悲剧和屠杀刚刚过去30年，一座令人惊骇的奴隶制主题公园在布鲁克林建成了。背后的总策划是威廉·科迪的演出制作人，他创立了名叫《黑色美国》（Black America）的循环演出，地点在一座半乡村风格的公园，他和野牛比尔在前一个夏天还在这里表演了《狂野西部》。表演《黑色美国》时，他的搭档是一名黑人演员兼演出经理，此人在不久前把维克斯堡战役（Battle of Vicksburg）的戏剧化演绎搬上了位于科尼岛（Coney Island）的舞台。

为了《黑色美国》的上演，他们招募了500名“拥有南方肤色的人”——“来自棉花带的真实农工”，他们在广告中这样承诺——并让他们住在150间全新的仿制乡村奴隶小屋。在两个月的时间里，这些演出者假装自己是奴隶，在最近才种植的几亩棉花地上采摘棉铃，并用一架真实的轧棉机来处理棉铃。一名《纽约时报》记者写道：“成千上万的白人观看了蓄奴时代的黑人曾经进行的劳作，以及歇工时他们在小屋里度过的欢快生活……一名肥胖的黑人保姆，头上系着一条红手帕，坐在一个小屋的外面编织。"《时报》记者还对这些假扮奴隶者的假护身符充满了兴趣，它们由兔子脚和"麝香袋"组成，"麝香袋"含有"神秘的成分……用来抵御……魔鬼的诡计和欺骗"。这场演出还包括了一个由现役黑人士兵组成的分遣队，他们来自当时还实行种族隔离政策的美军军团。《黑色美国》大获成功，并在整个美国东北部巡演。

与此同时，罗伯特·洛夫·泰勒（Robert Love Taylor）这位田纳西州前州长、未来的美国参议员，正在全国进行巡回演讲，赞颂老南方的光辉。他会讲："夏日里的每一次日出都伴随着黑鬼们的欢笑与歌声，他们成群结队，而后向各个方向走去，开始一天的劳作。""我永远不会忘记凉爽而广阔的果园中那些白色柱子的房屋。棉花地一直延伸到天际，因辛苦劳作的奴隶们而焕发生气；这些奴隶心中没有一丝忧愁，他们一边歌唱，一边辛勤劳动，从清晨一直到日落。"这种对"老迪克西"（Old Dixie）* 既甜蜜又伤感的幻想在 20 世纪最初几年里被大肆宣传。

对往事的眷恋演变成了一种病态。1915 年，导演 D. W. 格里菲斯（D. W. Griffith）发行了一部电影，在技法上比以往任何电影都更具雄心、更加精巧、更有说服力，这是年度内甚至是十年内最令人瞩目的电影，蕴含着巨大的商业利益。这部电影就是《一个国家的诞生》（*The Birth of a Nation*）。它在长达 3 个小时的时间里，肆无忌惮地宣传着只存在于神话中的老南方和作为它的救世主的三 K

---

* "迪克西"指美国南部各州及该地区的人民。——译者注

党。这是第一部在白宫放映的影片，并在纽约市电影院线几乎公映了一年。随后，生活便开始了对艺术的模仿。在之后的10年里，复兴的三K党爆炸式地兴起。伴随着对绝对白人至上主义的丑恶怀念，三K党有了标准化的奇幻恐怖人物装扮（白色袍子和圆锥帽子），并采用了同样奇幻的新式命名：高级成员被称为“皇家巫师”（Imperial Wizards）和“大妖精”（Grand Goblins），而本地的三K党团体成了“支部”（klaverns）。三K党扩展范围超出了内战时期的南方邦联。20世纪的前20年里，150万名黑人从美国南方迁移到北方，与此同时，印第安纳、俄亥俄、宾夕法尼亚和伊利诺伊成了三K党成员人数最多的5个州中的4个。在20世纪20年代，也就是三K党的鼎盛时期，大概有5%的美国白人男性是它的成员。但随后事情的走向体现了理性的力量——温和化、现代化的理智仍在文化中占上风：在短短几年间，20年代结束的时候，三K党成员人数从几百万缩减到几万。这使得正派的美国人相信，自己已经目睹了最狂热、最恶毒的顽固分子的告别演出。

但在三K党流星般的迅速崛起与衰落之外，南方白人对于自己特殊优越性的迷思并未衰退——他们仍旧认为自己光荣、正直、富有人性，是文明开化的传统守卫者，不像那些不懂人情的“北方佬”（Yankees）。这种迷思在新世纪以新的形式存续下来，父辈和祖父辈的内战被看作是一场高尚、辉煌的“命定败局”（Lost Cause），悲剧性地未能保留住内战前的黄金时代。但说到真正的奴隶制？不，不，**不**，他们会说这场战争的焦点并不在此；奴隶制只是一个不起眼的细节。实际上，美国南方白人认为，他们作战，是为了自己作为美国人的权利，为了能够信仰**任何**他们想要信仰的事，即使他们的信仰是不堪一击的幻想，即使这意味着把一部分人作为非人类对待。

许多研究南方并来自南方的历史学者的共识是，对幻觉和妄想的偏爱成了南方人性格中的决定性因素。来自北卡罗来纳州的年轻记者威尔伯·卡什（Wilbur Cash）在1941年出版了《南方的思维》（*The Mind of the South*），这成了20世纪在美国南方文化心理学领域最有影响力的书。这本书始于卡什给H. L. 门肯的杂志写的一篇文章，其中卡什写道：

> 南方人突出的性格特点在于，人们在现实面前完全不知所措，却在幻想方面拥有巨大的天赋。比如说，就连“老南方”这个传说本身也是南方人编织出来的……
>
> 令人不快的现实在这里十分稀有，即使是那些真实存在的现实，比如奴隶制，也成了南方人粉饰、美化的对象。就这样，事实让位于美好的虚构……
>
> 不论何处的（南方人）都会背离现实，转向一个他自己构建的华而不实的世界。

在美国内战一个世纪之后，弗吉尼亚大学的历史学者保罗·加斯顿（Paul Gaston）在《新南方信条：南方神话的制造》（*The New South Creed: A Study in Southern Mythmaking*）（1970）中提出，传统观点认为，“南方会被主流吸纳，它的社会经济系统和道德观念也会随之变得符合‘美国’标准”。换句话说，被征服的一方会变得像北方一样，更少受到神话的迷惑，更多地用事实说话。进步的力量！在军事和法律方面，联盟国的确输掉了内战，合众国保持统一并加入了废除奴隶制的发达国家的行列。但在其他方面，获胜的不见得是北方。虽然奴隶制的蔓延被制止，但某些有害的南方思维习惯却在全国蔓延开来，伴随它的是愈加狂暴的诸多基督教流派。

第 18 章

大倒退：崭新的古旧宗教

不管是对于南方还是北方——胜利的一方还是失败的一方，内战的结果是，双方基督教的发展轨迹得到了进一步的强化。在战争爆发之前，梅森–迪克森线（Mason-Dixon Line）* 以南的基督教开始向旧时北方的基督教靠拢——极端正统并自我孤立的纯粹新教，教会和社区基本是同义词。之后，当南方人沉迷于自己悲剧性的崇高品格和遭受的迫害，他们愈加依赖教会，以寻求作为南方人的自我定位。修改后的赞美诗和新安装的彩色玻璃窗中的内容混合着基督教与联盟国的图像和主题。南方白人的宗教文化成了联盟国的残余。信徒们愈加相信超自然现象，期盼能够奇迹般地重新开始，能够在审判日和之后获得最终胜利。他们没能正视使自己不悦的现实——蓄奴是不义的，脱离联邦是一个灾难性的错误——而是开启了矢口否认的模式。对于很多美国南方白人来说，战败并没有使他们悔悟或是平静下来（比如说，就像"二战"后的德国和日本），而是使他们的怒火持久地燃烧。结果，他们投向了基督教的怀抱，而南方

* 梅森–迪克森线是美国宾夕法尼亚州与马里兰州之间的分界线，美国内战期间成为自由州（北方）与蓄奴州（南方）的界线。——译者注

人所投奔的基督教就像清教徒的信仰一样陈腐落后。

在北方人眼中，胜利证实了他们站在上帝的一方，这强化了他们自命不凡的一贯态度，而他们的宗教也渐渐隐退成了优美而令人安心的背景音。去教堂做礼拜意味着安静地坐着，聆听关于美德的教诲。美国宗教当权派的大本营在北方，而就像世界其他地方的基督教一样，他们愈加向理智靠拢，重新审视过去的神迹和对未来的预言，把这些都视作说明性的寓言故事。

在 20 世纪的第一年，“**现代主义**”成了此类话语中的关键词。这个笼统的词描述了这种更加模糊、更加抽象也更加可信的基督教，而现代主义基督教正在变成主流。“在过去 50 年的基督教发展中，所谓‘自由派’的兴起，”威廉·詹姆斯（William James）写道，“可以被公允地称为一次教会内部的胜利……它战胜了迷恋地狱之火的病态旧式神学。现在，已经有不少教会的传道人……无视甚至否认永恒刑罚的存在。”新派神学强调个人的善，将超自然元素一笔带过。把历史归结为上帝与撒旦的斗争是愚蠢的。《圣经》是一部杰出的创作，是上帝所默示的，但古代的作者们难免会出错。

马克斯·韦伯（Max Weber）的经典现代社会学著作《新教伦理与资本主义精神》（*The Protestant Ethic and the Spirit of Capitalism*）（1905）对美国的宗教本身并不感兴趣。韦伯的观点是，新教的一些思维习惯正好与远大抱负和勤奋精神吻合，这些思维习惯适时地教会了欧洲人和美国人创造并运行新兴的市场经济。根据他的猜想和人们的共识，在 20 世纪来临之后，现代社会的繁荣已经不再需要最初的宗教催化剂，人们最终会摒弃宗教中的超自然内容，将其视为残存的胡言乱语。韦伯认为，对资本主义有利的新教神学实质上已经发展成了现代理性主义。

然而在美国，而且基本上是仅仅在美国，这种理性主义遭到了很多人发自内心的反对。他们对不断涌入的新鲜事物持抵触态度，不愿接受花哨的外来艺术和思想、爵士乐、电影、性开放、种族平等和妇女投票权，更不用提科学了，因为科学颠覆了他们对《圣经》第一卷书的理解。* 在美国，即使现代的一方宣告内战胜利，坚持魔幻思维的一方仍旧不为所动。并且，他们又一次进入新教徒和清教徒的本能反应模式：如果堕落的精英人士把信徒污蔑为盲目自大的狂热分子，对他们不入时的信仰施加逼迫，那么信徒会变本加厉地强硬起来。

在 20 世纪的前 30 年，上百万名抵制进步的美国人越发认同一种对基督教的特定理解：他们认为上帝口授了《圣经》，相信《圣经》是 100% 的纪实作品，并且反对任何对《圣经》的非字面解释——除非这种解释与他们的信仰不谋而合，可以证实基督很快就会再来，并一劳永逸地终结现代世界的邪恶腐败。

他们自己的反体制机构也初具雏形。德怀特·穆迪（Dwight Moody）从鞋店售货员摇身一变成为明星布道家，创办了富有影响力的慕迪圣经学院（Moody Bible Institute）—— 一所大学和函授学院，以及一家出版社。他坚信《圣经》的每一句话都在字面意义上为真理，就像西尔斯百货（Sears）的产品目录一样平铺直叙，不含有任何比喻修辞，他帮助美国基督教复兴了对于经文的狂热崇

* 1920 年，就在美国修订《宪法》并赋予女性投票权的前夕，有 7 个州的女性没有任何投票权，而其中的 6 个都在南方，并且几乎所有的前南方邦联州都拒绝批准施行《第十九条修正案》，这种情况直到 20 世纪 60 年代及以后才有所转变。

拜。为了使《圣经》中类似《启示录》这样极诗化的部分更加容易理解，他广泛宣传达秘牧师的末世时间表，其中包括了达秘所添加的“被提”的概念，这是一条通往超自然贵宾等候室的末日避灾之路。穆迪把这种经过改进的新神学称为“古旧福音”（old-time gospel）。他最后的大手笔是让自己的学院和神学理念不限宗派（nondenominational）。这就意味着这种形式的宗教狂热可以在任何新教宗派中自由发展，并为新教派的产生提供温床。

穆迪最重要的门徒是赛勒斯·司可福（Cyrus Scofield），他曾是一名堕落、酗酒的律师兼政治家，来自堪萨斯。他抛弃自己的妻儿之后，成了一名福音派牧师，与他人共同创办了多所他自己的圣经学校，设立了他自己的函授课程，并且最终于 1909 年出版了他自己版本的《圣经》。这并不是一个全新的译本；他使用了英王钦定版《圣经》，以他作为律师的风格，把每一页都填上了至少长达半页的注释，针对新福音派对《圣经》故事和预言的意义与时间所做的解释再给出自己的解释——比如，据他的计算，上帝在公元前 4004 年秋天创造了世界。所有这些注释合起来，让最荒诞的基督教神话都相形见绌。这版《圣经》由牛津大学出版社出版，极其畅销。

大概在同一时间的洛杉矶，加利福尼亚联合石油公司（Union Oil）年迈的创始人——一位对现代化的长老会有诸多不满的保守派长老会成员——委托人出版了一套题为《信仰基要》（*The Fundamentals*）的平装本反现代主义论述集，并且出了相当于现在的 700 万美元的钱，免费发放了数百万册。浸信会信徒也被启蒙理性看似最终胜利的局面激怒了。在他们 1920 年的年度大会上，就连北方的浸信会信徒也没有使用“现代主义”这一温和的词语来描述他们遇到的挑战："我们对于理性主义给教会带来的破坏愈发提高了警惕。"他们公开地支持非理性主义。一位布鲁克林的北美浸信会周报编辑从这套新出版图书的标题获得启发，给这些提高警惕的超级狂热基督徒所掀起的运动取了一个名字：

> 基要主义（fundamentalism）是针对试图贬损超自然主义的理性主义解经的抗议。这种理性主义……蔑视《旧约》中的神迹，将童女生子斥为不可信之事，取笑那些接受《新约》中神迹的人是盲从……并把主再来的希望弃置一旁……通过剔除基督教中的超自然元素，他们正在破坏我们神圣信仰的基础。他们声称自己是在巩固基督教的基础，使基督教更加理性，更容易被爱思考之人接受。然而，基督教正是根植于超自然主义的，当超自然元素被剔除，它就不再是一种宗教，而是成了一种高高在上的伦理道德体系。

抵抗理性主义对新教主要宗派的同化很难，但在20世纪的美国，明星可以相互代替，创业精神当道，娱乐业爆炸式兴起。因此，那个时代最有名的福音派布道家并不是由任何教会按立的，也不隶属于任何教会，而是已经为人们所熟知的**明星**（美国职业棒球大联盟的球星）。他用艾奥瓦州的地道美式口音传播着古旧信仰，他的布道充满了娱乐性（跳跃、旋转、手舞足蹈、段子连篇），并且他有个再合适不过的名字：孙培理（Billy Sunday）。他说新教的上层是"一群自命不凡、墙头草似的精神变态……他们致力于毁掉宗教，他们中的每一个人都是骗子"。他得到了数百万自恃正直的美国普通人的爱戴。

科学证实了人类的祖先是动物——这很难与《创世记》的字面意思相调和，因为《创世记》说，上帝用地上的尘土造人，将生气吹进人的鼻孔里。在达尔文的《人类的由来》(*The Descent of Man*)出版后的半个世纪里，世界范围内在智识上灵活变通的基督徒们——这些“现代主义者”——已经使宗教信仰与科学事实和解：天文学家、地质学家、古生物学家和生物学家仅仅是在发现和解释上帝创造中的细节。就连正统神学家们也显示出了灵活性。“‘进化’，”一位在《信仰基要》中撰文的作者写道，“只不过是‘创造’的新名称，因此《圣经》与科学可以……和谐共处。”所以说，上帝的确用他神奇的方式造了人，只不过不是在一天之内，也不是通过向泥土塑像的鼻孔里吹气。

可是，有相当一部分美国基督徒拒绝超越幼时所接受的上帝造人的图景。“我才不相信你的狗屁进化论，”孙培理嘲笑道，“我相信这纯粹是混蛋的胡说八道。”1925年冬天，他在孟菲斯布道两周，25万人(孟菲斯市的人口是20万)来到现场听他咒骂达尔文和大逆不道的生物学。田纳西州政府立刻实施了类似的(南方)法令中最为严格的规定，宣布狗屁科学理论为非法：“在本州任何大学……和任何其他公立学校任职的任何教师……教授任何否认上帝造人并宣扬人类来自低等动物的理论，都将被视为非法行为。”

***

对于美国来说，一个巨大的转折点到来了。选择现代科学还是古代神话？理性还是幻想？现实还是虚构？关于进化论的争论终于进入了白热化阶段，在10年时间里，双方各自集结力量，全副武装迎接论战。一个来势汹汹的基督教团体崛起并自立门户，反进化论教育法律得到颁布实施。在世俗领域，美国公民自由联盟（American Civil Liberties Union，简称ACLU）成立，当时规模最大的报纸扩展到全国范围，富有影响力的周刊（《新共和》《时代》《纽约客》）创立，新闻短片和定时的无线电新闻广播开始播送。这一系列的新变化引向了1925年夏天的所谓“猴子审判”（Monkey Trial）——第一场在幻想家和理性主义者之间展开的全国性大对抗。

“我们正在寻找一位乐意接受我们的服务来测试这条法律的田纳西州教师，”在5月的第一个周一，美国公民自由联盟在《查塔努加时报》（*Chattanooga Daily Times*）上发布了这条广告。在距离田纳西河谷一小时路程的小镇戴顿（Dayton），一名出身优裕的年轻卫理公会工程师刚刚从纽约搬到这里。他的一群当地支持者立刻从中看到了机会——既能让戴顿在地图上不再默默无闻，又可以在世界面前同时为科学和基要主义制造一起醒目的公众事件。他们说服一个新来的年轻人约翰·斯科普斯（John Scopes）——他大学毕业刚一年，在当地高中担任科学教师——作为被告被指控并受审。（事实上，他班上的学生学习进化论的那天，斯科普斯先生因病缺席，但是……无所谓了。）

整个美国上下，不管是双方真诚的拥护者，还是玩世不恭的演出经理，还是喜欢看热闹的普通人，都立刻意识到这会是一场非同寻常的演出。两边都请来了明星助阵。律师克拉伦斯·达罗（Clarence Darrow）加入了美国公民自由联盟的辩护团，他刚刚从绞架上救下了芝加哥富家少年杀人犯利奥波德与洛布（Leopold and Loeb）。控方律师是威廉·詹宁斯·布赖恩（William Jennings Bryan），他曾经3次被提名为民主党总统候选人，在晚年开辟了第二职业，专门煽动民众对进化生物学的怒火。审判之前几周，《纽约时报》针对此案发表了多篇文章，其中一篇的提要是“布赖恩因宗教偏执被提讯”。在反进化论教育法律颁布刚刚100天的时候，“田纳西州诉约翰·托马斯·斯科普斯案”这场审判秀就敲定了选角，准备登台了。

县法院粉刷一新，洗手间是崭新的，还拉起了电话线，搭了一个拍摄新闻片的平台，以及为观众增加的500个座位——其中的200名观众将会是来自全美乃至全世界的记者。《芝加哥论坛报》（*Chicago Tribune*）新设立的无线电台派一队人马前往现场对审判进行直播。“我们在这里就像来自月球的人一样，”广播员惊叹道，“我们是来自外太空的无线电广播人！”在法院门外，获得许可的商贩设立售货摊，卖起了零食、饮料和猴子玩偶。一名当地的屠夫展示了一对小猫，他们长着像兔子一样的后腿，于是他把它们叫作“猫兔”，作为基因遗传甚至是进化的证明。有人要把一只明星黑猩猩——它身着格纹西装，头戴软呢帽，脚蹬鞋罩——提供给被告方作为出示的证据，达罗回绝了。另一只黑猩猩的主人要把他的动物提供给控方。陪审团在“那名长得很像野牛比尔的陪审员”——《纽约时报》这样形容——的带领下，在观众的注视下，带着这只黑猩猩造访了酒店房间。

神职人员也急忙赶到田纳西，生怕错过这场好戏。一位密西西比州的牧师发放了反进化论的小册子，这些册子的标题都押着头韵

[“地狱和高中学校”（Hell and the High Schools）、“上帝还是大猩猩”（God or Gorilla）]。一名从纳什维尔赶来的犹太拉比说自己可以用希伯来语解读《创世记》。一名来自俄勒冈州的露天传道人把自己装扮成奇趣小报中的流行人物。一名来自密歇根州的男子被逮捕，他在名片上自称是“独立的自由思想家和演讲者”。警察还阻止了一名来自曼哈顿上西区的神体一位论（Unitarian）牧师发表言论。本地一所卫理公会教会的牧师邀请这位神体一位论者向他的会众演说，人群一片哗然，要求这位牧师立刻辞职。

在审判的第二日临近结束的时候，达罗发表了长篇演说，陈述他的法律和哲学观点。如果“拉皮条”这个词有反义词该多好！达罗提出，布赖恩多年以来的反进化论激进立场，“要为这条恶劣、有害、愚蠢的新法律负责”。“即使要让我想象自己身处16世纪几乎是不可能的，我还是要严肃地坚持自己的主张，把这场辩论视作两个文明之间的生死较量。”“《创世记》一卷写成的时候，人们还都以为地球是平的”，那么以此书作为证据来驳斥科学简直是荒谬，田纳西州的所作所为“出自彻头彻尾的宗教无知与偏执……就像当时新英格兰人绞死女巫一样”。

当他结束演讲，一名巴尔的摩《太阳报》的记者报道说，“在场观众之中的那些白痴……朝他发出嘘声”。《太阳报》的总部设在离田纳西州有3个州、上千千米远的地方，该报实际上是这场审判秀的联合制作人。这家报纸提前同意，一旦斯科普斯被定罪，他们就会为他缴纳保释金和罚款。为了报道这次审判和与之相关的喧嚣，《太阳报》派出了五人小组，领队是H. L. 门肯。这位明星作家的专栏——包括提到“在场观众之中的那些白痴”的文章——在全国范围内传播开来。他写道："（在田纳西州的乡下，）达尔文就是长着七条尾巴和九只犄角的魔鬼。斯科普斯尽管有法兰绒长裤和兄弟会发型作为伪装，但他实际上是巴比伦的大淫妇。而达罗就是鬼王别西卜本尊。"

这样报道的不仅仅是门肯：大量的"硬新闻"也把布赖恩和这次审判当作笑料，把基要主义视为无厘头的奇闻逸事。"威廉·詹宁斯·布赖恩正向我们走来，"芝加哥广播的法庭评论员绘声绘色地描述道，"他入庭了。他光秃秃的头顶就像是基韦斯特岛的日出。"在庭审过程中，《时报》每天都要发表数篇报道，经常是在头版，提要几乎都带有强烈的倾向性，例如："农民即将审判教师……其中一人不识字，所有人都不相信进化论，戴顿的边远山区居民畏惧科学。"一位《时报》记者说："戴顿的居民相信耶稣由处女所生并从坟墓中复活，他们相信存在过真实的亚当、真实的夏娃、真实的大蛇，还有真实的天使举着一把燃烧的剑。"正因为如此，他们"必定要反对进化论。如此这般的顽固和偏执，可以说已经是他们骨中的骨、肉中的肉"。**那个时代**才真正属于带有自由派（liberal）偏见的主流媒体。

明星校长们扮演着律师的角色，但他们的主要任务仅仅是**扮演角色**——他们是美国第一部大型多媒体真人秀中的演员。在一个星期的时间里，达罗和布赖恩在法庭内外戏谑、嘲笑对方。在审判的倒数第二天，此案在法庭外的草坪上重新开庭，这样所有人都能目睹荒谬而神奇的结局。

布赖恩同意作为辩方的敌意证人出庭，愿意高尚地牺牲自己。针对渎神者达罗和他的同伙，布赖恩说道："这些先生们来到这里，是为了审判上帝所启示的宗教。而我要为它辩护。”人群对此兴奋不已。

“看台上的掌声是多么响亮！”达罗响亮地说道，做起了实时评论。

“鼓掌的都是被你称作‘乡巴佬’的人，”布赖恩回击道，“**那些人**是被你侮辱的人。”

达罗爆发了：“**而你**侮辱了世界上每一个相信科学和热爱学习的人，就因为人们不信仰你愚蠢的宗教。”他针对《旧约》中的神迹一条条发问：布赖恩是否相信约拿**真的**在鲸鱼肚子里存活了3天，相信上帝**真的**取了亚当一根肋骨来创造夏娃，相信一条会说话的狡猾的蛇**真的**说服了夏娃违背上帝的旨意？问题接连不断地抛向布赖恩。

是的，布赖恩做证，他相信《圣经》中的一切。他还做证说，自己相信《创世记》中的大洪水发生于公元前2348年。

这又一次激起了达罗的质疑。“你相信地球上所有的文明和生命，或许除了水里游的鱼……都曾被大洪水全部抹去？那么，世界上曾经居住的……和现今有史可寻的……任何人，以及所有的动物，都是大洪水之后才出现在地球上的？”

> 布赖恩：是的。
>
> 达罗：你不知道中国古代文明至少有六七千年的历史？
>
> 布赖恩：不知道……

如此进行一个小时之后，公诉人提出反对：这些问题的**目的**何在？“它们的目的，”与公诉人一伙的布赖恩在证人席上发声，“就在于嘲笑所有相信《圣经》的人。”达罗立刻哗众取宠地回应道：“我们提问的目的，在于防止让顽固不化和愚昧无知之人控制美国的教育。”

第二天，陪审团讨论9分钟之后，认定斯科普斯有罪，法官判决罚金100美元。事件的戏剧性还不止于此，几天以后，就在戴顿——而且是在之后的那个**周日**——布赖恩死了。

***

在田纳西州逗留期间，门肯“在可口可乐地带”做了法庭之外的其他报道。一天晚上，他参加了一次露天宗教仪式。“突然间，”他写道，“一名信徒站了起来，把头向后一仰，说起了方言——吧啦吧啦吧啦，嘟噜嘟噜嘟噜。他提高了声调，在高潮部分发出一种含混不清的刺耳尖叫，就像要被勒死了一样。他一头栽倒在前来的众多祈求者之中。”另一个人“跳了起来，头向后一甩，开始发出漱口声，好像嘴里含满了BB枪子弹一样。然后，他以巨大、洪亮的声音用方言说了一句话，便瘫倒在地”。

“**方言**”（tongues）——门肯目睹了这种由奇幻基督教的最新物种制造出的法术。一两个世纪以来，美国时不时地会冒出几起说方言事件，但这种现象在20世纪初才真正开始持续喷涌。

与愈加自由化的主流文化形成鲜明对比的，是愈加令人难以置信的草根基督教**信仰**，而其中一些草根运动还渴望更加不可思议、花里胡哨的基督教**实践**。内战以后，圣洁运动（Holiness Movement）

兴起，一些主要宗派中的高调狂热分子也被卷入其中。这些人离开了更有威望的教会群体——尤其是卫理公会信徒——去建立自己的教会。这些教会自成一体，具有区域性的关联，还会共享同一个品牌（如“神的教会”）（Church of God），但他们的组织比浸信会还要分散，没有全国性的领袖或总部，每一所教会都按照自己的意愿行事。这种自力更生的模式感觉好极了，多么正派，多么符合美国精神。这些教会的信徒想要在生活中恪守道德操行——不抽烟不喝酒，不歌不舞，不去剧院和影院。在教会仪式上，他们不满足于聆听布道、接受洗礼并祷告。确实，或许是为了补偿生活中的禁欲主义，弥补缺失的酒精和乐趣，他们试图从其他娱乐活动中获得别样的致幻体验：野营集会、骇人又疯狂的公开归信、信仰治疗。他们是美国人，所以他们当然**还不满足**。他们从《圣经·使徒行传》中读到，在耶稣被钉十字架几周之后，他的使徒们被暂时授予了施展“神迹奇事”的超自然力量——这就是所谓的“五旬节”（圣灵降临日）。这些异能之一便是“说方言”，拥有这种能力的人，可以立刻流利地说出当时人们在多元文化的耶路撒冷内使用的所有语言。在《圣经》后文里，使徒保罗还提到了“说未知方言”的基督徒。

20个世纪之后，美国人决定，他们也要拥有五旬节那样的疯狂经历，并且每周都要上演。“说方言”（glossolalia）在过去从来都不是任何基督教信仰派别的标志性幻想，从那时起才开始为人所知。在路德说出“信徒皆祭司”的四百年之后，美国人把这句话的含义戏剧性地引申了一步：每一个信徒现在都可以成为先知，都可以与耶稣的使徒平起平坐，得到行使神迹奇事的能力，并且这种能力是永久性的。

五旬节派（Pentecostalism）的主要创始人是一对年轻传教士。他们以前是卫理公会信徒，后来经历了圣洁运动。查尔斯·帕勒姆（Charles Parham）在托皮卡（Topeka）建立了一所小型圣经学院，专收“愿意撇下一切，变卖自己所有的并分给他人，然后来学院进修”的人。他在这所学院里向人们传授世界末日临近的教导。在20世纪的第一天，这个27岁的年轻人按手在一名30岁的女学生身上，这时，据他称，“她的头部和脸部似乎有光晕环绕，她开始用中文讲话，并且三天不能讲英语”。尽管当地的一名华人说她讲的根本不是中文，那些信徒还是**信以为真**，并且很快就有更多的托皮卡人——包括牧师和其他神职人员——开始兴奋地说起了几十种杜撰出来的外语。

后来，帕勒姆开始巡回布道，在休斯敦把一名天赋卓越的非裔美国人威廉·西摩（William Seymour）收入门下，西摩被派往蓬勃发展的洛杉矶，散布说方言的魔力。新成立的洛杉矶教会位于“小东京”的一座摇摇欲坠的楼里，它立刻获得了成功。数千人来到市中心观看接连不断的表演。这种疯狂持续了两周之后，1906年的大地震摧毁了旧金山并摇撼了洛杉矶，这次纯属偶然的事件鼓舞了阿苏萨街（Azusa Street）* 上的信徒，他们以为上帝发出了哈米吉多顿即将到来、基督即将再临的公告。

尽管这显而易见，但我还是要说：“方言”就是胡言乱语。多伦多大学的威廉·萨马林（William Samarin）是当代方言研究的权威学者，他的态度比较仁慈。在亲历、记录并钻研了数十次说方言

---

* 由威廉·西摩带领的阿苏萨街复兴运动（Azusa Street Revival）始于1906年4月，是五旬节运动扩展的标志性事件。——译者注

事件后，他否决了对这种现象的“精神病理学解释”。但是，那些人所讲的“语言”确实是现场编造的：“一连串音节，全部由说话者已知的发音组成，基本上是随意地组合在一起”，“听起来好像是语言”，但实际上“没有前后一致的（句法）结构”。他还发现，母语为英语的说方言者会尽量避免发出那些使“方言”听上去与英语过于相似的音节。

西摩在阿苏萨街开始讲道后不久，《洛杉矶每日时报》（*Los Angeles Daily Times*）在头版发表了一篇对此表示质疑的文章，提要为“狂热分子又搞出新教派”。报道称：“此处街区的夜晚变得令人厌恶，充斥着礼拜者的大声嚎叫，他们祷告祈求的时候，要神经兮兮地前后摇摆上好几个小时。他们声称自己拥有‘方言的恩赐’，并且可以理解各种各样的语言。即使是在洛杉矶这样有无数不同信仰的地方，之前还没有任何狂热分子的团体胆敢做出这样的宣告。”

阿苏萨街的消息传播到各地。一名北卡罗来纳州的传道人最近刚从卫理公会转移到圣洁运动，因为后者容许他相信信仰治疗和世界末日的迫近。他穿越整个美国，只为一睹洛杉矶的狂乱。他立刻就归信了。回到家后，他在整个南方巡回演讲，征集其他的福音派牧师加入他的新教派，这些人后来创立了一些延续至今的五旬节宗派。* 10 年之内，五旬节派的几大主要宗派已有数百万名美国成员。

---

* 对于加斯顿·巴尔尼布斯·卡什维尔（Gaston Barnibus Cashwell）牧师来说，创立五旬节派之时的疯狂显然是他阶段性中年危机的写照：4 年之后，他重新回到了卫理公会。

***

尽管理性主义者在田纳西州输掉了1925年斯科普斯审判的那场法律战役，但当时几乎每个人都认为，理性主义者实际上打赢了战争。“两个月之前，”门肯在戴顿时写道，“这座小镇还沉浸在默默无闻的幸福之中。今天，它成了世人皆知的笑话。”实际上，多亏了新兴的全国性媒体——如门肯所说，这些媒体“让全国乃至全世界都看到，在现实主义的城市人眼中，这一切是多么恶心而滑稽”——基督教基要主义和“神棍”式的夸张表现成了全国的笑柄。

说是世界的笑柄也不为过。“在20世纪20年代，”圣母大学的历史学家乔治·马斯登（George Marsden）在《基要主义与美国文化》（*Fundamentalism and American Culture*）一书中写道，“当美国基要主义者为属灵事业而战时，英格兰却很少有人响应战斗的呼声。”不仅仅是英格兰：“除了美国以外，几乎在世界上任何其他国家，新教对现代性的回应都没有对文化产生如此显著而广泛的影响。”

然而，尽管美国拖了20世纪的后腿，它仍逐渐赶上了其他国家，每后退一步都会再前进两步。在美国的主要宗派中间——大本营在北方的浸信会、长老会和卫理公会——自由派确实在20世纪20年代战胜了基要派。富有声望的普林斯顿神学院（Princeton Theological Seminary）是维护“圣经无误论”（biblical inerrancy）的最后堡垒，它也终于被现代派攻占了。主流新教的新领袖是莱因霍尔德·尼布尔（Reinhold Niebuhr），他登上过《时代》周刊的封面，是纽约人，也是一名真正的知识分子，能够自如地把握微妙措辞和不确定性。他不相信《圣经》中的神迹，包括耶稣的肉身复活，甚至不相信个人可以升入天堂，获得永生。

当时人们认可的观点是，基要派对现代化的抵制是无知者最后一次回光返照式的狂欢。对于美国的都市人来说，基要主义者和五旬节派信徒（还有摩门教徒）是令人难堪的——他们应该被嘲笑、被忽视，直到他们永远消失。当时那三位超级巨星般的布道家——孙培理、迪万教父（Reverend Major Jealous Divine）和麦艾梅（Aimee Semple McPherson）——是新兴的全国性新闻媒体四处取笑的对象。

《时代》周刊——这个可以公正地反映中上层人士想法的媒体——在报道斯科普斯审判时用了“农民陪审员”一词。杂志称，“处在智力底层的孙培理”在美国人中引发了关于“他是否过大于功”的辩论。杂志形容他“上蹿下跳、龇牙咧嘴地咆哮着，就像一头躁动的小美洲狮”。迪万教父，这位以纽约及周边为主要根据地的非裔美国人，声称自己是上帝的化身。《纽约时报》总结了他和追随者的疯狂，一篇报道的提要是：“16 名迪万的教徒显示出精神疾病症状，贝尔维尤的 18 人中只有 2 人没有发现明确的精神错乱。”麦艾梅被人称作“艾梅姐妹”，是会信仰治疗和说方言的五旬节派离异信徒，在洛杉矶一座能容纳 5 000 人、装有巨大电子显示屏的教堂里布道。1926 年，在失踪 5 周之后，她说自己遭到了绑架。《时代》周刊把她的“失踪”加了引号，就像他们曾把孙培理的“布道”也轻蔑地打上引号。1927 年最畅销的小说是辛克莱·刘易斯（Sinclair Lewis）的《灵与欲》（*Elmer Gantry*），这部讽刺作品讲述了一个孙培理式的传道人和他的麦艾梅式的恋人的故事。1933 年，《时代》

周刊兴致勃勃地报道："美国传道人的圈子正在缩小，他们隐退到越来越小的城镇。"

作为一次宪法事件，"猴子审判"并没有在美国解决科学与神创论之间的冲突。田纳西州最高法院驳回了斯科普斯上诉至美国最高法院的请求。奇怪的是，在随后的几十年里，美国公民自由联盟没有再制造出大的测试案例。一种事实上的休战状态蔓延开来。只有几个南方州在书面上保留了反进化论的法律，而就连这些规定也开始遭到废除。在大部分地区，生物学的基本法则都被毫无保留地呈现给学生。

然而，斯科普斯审判带来的文化影响是巨大的。双方都坚持自己的信仰。这次审判给了主流媒体机会，把较真的基督徒描述成穷途末路的乡巴佬，并想象无情的理性最终一定会在美国取得胜利。意见领袖、都市居民和读《时代》周刊的中产阶级保守派——比如我在内布拉斯加的祖父母和父母——几乎忘记了数百万同仇敌忾的狂热基督徒仍旧存在。而这些狂热基督徒——尤其是在南方，他们把北方在 20 世纪获得的文化胜利视为当年内战胜利的重演——则继续相信并告诉孩子们，科学如果与《圣经》有出入，那么错误的一定是科学。

狂热的基督教之火在美国燃烧了四分之一个世纪。斯科普斯审判之后，依据官方记录，这股火焰正在熄灭，整个国家的注意力转移到了其他地方。但在南方，除大城市以外，人们潜藏的热情却从未消退，而是蓄势待发，准备在 20 世纪下半叶更加猛烈地复燃。

第 19 章

最美国的生意：娱乐业

在我们这个永远在自我更新的国家，公民总是被奇奇怪怪的新鲜事物吸引，不管是包装一新的“古旧信仰”在教堂现场表演的神迹，还是奇迹般的科技新发明——电！电话！X 光！飞机！——这些发明把现实变得像科幻小说中描述的未来一样。不过，尽管美国古怪的新宗教十分成功（比如摩门教、基督教科学会、五旬节派、基要派），但是在 20 世纪的进程中，绝大多数基督徒仍然坚守着他们熟悉的理智、质朴的教会。

这并不意味着这些美国人不再渴望美梦，他们仍旧喜欢吃惊的感觉，喜欢相信激动人心的世俗虚构故事。19 世纪由演出经理和推销商为一切刺激和极乐打下的地基，在 20 世纪被建成一个庞大的梦幻工业中心。当年对大多数人来说仅仅是偶尔为之的娱乐项目——反常举止、医药展演、参观巴纳姆的“美国博物馆”、《野牛比尔的狂野西部》、世界博览会——现在成了随时上演的固定节目，以各种各样的形式呈现。自 20 世纪开始，从东海岸到西海岸，每周 7 天，美国人比地球上任何其他地方的人都有更多机会沉浸于由娱乐界与媒体创造和兜售的花样百出的幻想。我们越是频繁地自愿暂时搁置怀疑，在现实中体验虚构，就越容易不自觉、不自主地搁置怀疑。*

“美国人民的第一要务就是生意，”刚刚连任的卡尔文·柯立芝（Calvin Coolidge）总统在1925年的一次报业编辑大会上这样说，当时正值商业在各领域蓬勃发展。但从更广泛的意义上说，美国人的第一要务已经成为各种形式的主打“幻想”的生意。

整个美国为了世界博览会而疯狂，每年都会在一座新的城市把长达全年的盛大展演搬上舞台。两大基督教节日也已经拥有了各自的官方、跨宗派、超自然（又高度商业化的）幻想人物——圣诞老人和复活节兔子。魔术师进入他们的黄金时代，有好几位成了美国巨星，还有几十位小有名气。霍迪尼是20世纪前25年全球最著名的人物之一，他的表演体现出真与假的无缝融合。有一天，他凭借坚韧不拔的力量逃脱了镣铐，接下来又让一只5吨的大象从巨大的百老汇舞台上消失，他的观众对表演中不论是虚假还是真实的元素几乎都信以为真。（如果你现在可以进行无线通信，那么为什么**不能有**读心术和让巨型动物消失的方法？）1910年到1930年间，几乎所有沿用至今的百老汇剧院都建成了；科尼岛上建起了**三个**大型游乐园，可以通过新建成的地铁到达。

一个世纪以来，人们一次又一次在惊人的新发明面前目瞪口呆。但有一种先进的技术，可以做到与魔法难以区分，致力于让佯装看起来是真实的，**并且**成了大型商业的基础，这就是电影。这种

---

* 20世纪20年代，在美国的图书中，短语“搁置怀疑”（suspension of disbelief）出现的次数突然翻了两番，尽管早在一个世纪之前，英国作家塞缪尔·泰勒·柯尔律治（Samuel Taylor Coleridge）就创造了这个短语，主张在虚构文学中复兴超自然幻想元素。柯尔律治这名鸦片瘾君子是浪漫主义运动的奠基人之一，该运动是对启蒙理性主义的反叛。

技术出现时，在文化中引起了翻天覆地的变化。突然之间，幻想与现实之间的差异从根本上缩小了。电影让任何地方的人——无论识字与否，无论是否具有想象力——都可以轻易进入一个神奇的天地，并从那里被传送到任何地方，看到任何事物——这不是呈现异域风情的绘画，也不是对虚构人物的描写，而是真实的场景中真实、鲜活、动态的人。之前没有哪一种媒体如此强大、如此离奇地接近现实。人们看电影时，搁置怀疑比看戏时容易得多：电影就是比真人在舞台上假装更具**震撼力**。去电影院与在家看小说也不同。如果说读小说要由个人想象出一个虚构的世界，那么去电影院更像是去教堂——在一座特别的大厅里，与一群邻居一起，每周静静地聚会一到两个小时，共同感受一场神奇如梦的虚拟现实。

1915 年，电影成为一种塑造文化的艺术形式和产业——这一年，查理·卓别林（Charlie Chaplin）成了巨星，影片《一个国家的诞生》上映。《科学美国人》（*Scientific American*）杂志社出版了一部三卷本百科全书，名为《进步之书》（*The Book of Progress*）。撰写“电影”词条的作者（他后来成了一名科幻作家）激动不已：

> 魔术师的魔法再奇妙……也比不上我们看电影时在银幕上看到的魔法……我们儿时幻想中的魔法，终于在这里得到了实现——出现、消失、幻影……拥有移动能力和智力的物体……
>
> 因为电影能带给我们差不多只有致幻药物才能带来的东西……它消除了事件间隔的时间，能把两个相隔数个小时发生的事件放在一起，在我们看来就像这两件事接连发生一样。

一名曾在威廉·詹姆斯手下工作的哈佛心理学教授十分喜爱这种能模糊虚幻与现实界限的新方式。“特写镜头，”他在随后一年出版的《光影游戏：心理学研究》（*The Photoplay: A Psychological Study*）一书中写道，“远远超越了任何舞台带来的震撼力。”而且，电影能够制造出“像现实一样生动”的“幻觉和错觉”。确实，观看电影使得“现实好像丢失了重心”，而“外部世界……仿佛被从空间、时间和因果关系中解放了出来”。

当然，电影制作并不是美国独有的，但美国迅速地成了电影业的大本营，这个新兴产业还独享了一座充满阳光的城市。20世纪的头10年间，电影业的先驱从东海岸移到洛杉矶是出于实用主义的考虑：洛杉矶刚刚跻身大城市行列，地价便宜，一周有6天都阳光明媚。1907年，美国有5 000座影院；7年之后，这个数字变成了1.8万。1911年，美国只有两部正片长度的电影上映；到了1919年，上映的长片多达646部。第一次世界大战之后，世界上90%的电影都出自美国。

1927年底，当有声电影问世的时候，搁置怀疑变得更加容易，电影中模拟的现实变得前所未有地可信。在1929年的一本题为《当电影学会说话》（*The Film Finds Its Tongue*）的书中，作者面对自己观看的第一部有声电影目瞪口呆：“这就像看一个没有翅膀的人在天上飞一样……太不可思议了……难怪第二天有一位科学家说，电影是‘最接近使死人复活的技术’。”彩色电影又使得幻想离现实更近了一步，而这正是人们——尤其是美国人——想要的。

我的观点是，电影（然后是电视、电子游戏和各种视频）是一种威力空前的溶解剂，它能够瓦解现实与非现实之间的心理界限，而这并非好莱坞有意为之（尽管有时它确实是有意的，比如《一个国家的诞生》）。

好莱坞成了娱乐业的新中心，成了“西部翡翠城”，但我们的梦幻工业中心远远超出了电影业的范围。在方方面面，美国人都在被娱乐、被愚弄、被投喂各种幻想。

比如说广告业。现代意义上的“市场营销”（marketing）刚刚兴起，“做广告”（advertise）一词不久前还只是指广义上的信息发布，而现在变成单指付费的产品（或点子、人物）推销，通常都混杂了事实、虚构与令人眩晕的元素，只要能够打动人心、卖出产品。广告变得无所不在，由一个巨大、规范、美国主导的行业产出，几乎成了其他任何产业都不可或缺的一部分。专利药物这种幻想的产物曾被宣传能够治疗严重疾病，而在20世纪，广告使个人卫生之类的日常问题有了新的幻想潜台词。1911年，宣传“伍德伯里洁面皂”（Woodbury's Facial Soap）的广告开始承诺用后可以获得“摸上去很舒服的皮肤”，它独特的卖点是性吸引，而不是洁净；到了20世纪30年代，伍德伯里公司的广告就用上了裸女晒日光浴的图片。一旦广告成功地利用人们的幻想，让普通必需品看上去更加光鲜亮丽，广告业便开始唤起人们新的欲望，让你向往那些不知不觉间使你感觉更良好、更愉悦的产品，并把这些愿望变成急切的需求。

报纸和大多数杂志一直都出售广告位，但那些广告仅限于提供基本信息，版面小，字号小，并且也不是出版物的主要收入来源，这种情况一直持续到20世纪初。其中也有例外，那就是一分钱报，这些报纸向来乐意把幻想当作新闻来发表。但大多数的报章杂志还是努力区分事实与虚构，广告则尴尬地介于两者之间，因为广告带有夸张甚至幻想的成分（就像销售专利药物时那样）。美国第一份新闻杂志《哈泼斯周刊》（*Harper's Weekly*）曾在 1857 年创刊时拒绝接受广告，后来开始每期出售半页广告位，到 19 世纪 70 年代增加至 3 页——再后来，广告越多越好，在 20 世纪初达到了每期 90 多页广告。从 1900 年到 20 世纪 20 年代末，美国广告商的年支出相当于从现在的 60 亿美元增加到 480 亿美元。

20 世纪 20 年代以前，娱乐和信息的供应商几乎从未免费提供过他们的产品，再便宜的小报也要收个几美分。当无线电广播这种魔术般的新媒体出现时，因为没有办法让听众付费，所以它的美国创始人需要一点时间来创造一种商业模式。他们发明的运作模式就是医药展演：他们可以混合播出虚构娱乐类［《阿莫斯和安迪》（*Amos 'n' Andy*）、《谜之屋》（*Mystery House*）、《大家来假装》（*Let's Pretend*）］和偶尔的信息类（新闻）节目，并且**不收取任何费用**，因为真正的生意——噢！——在于向那些混合播出虚构娱乐类和信息类节目的公司收取广告费用。

广播剧或许不像电影那么引人入胜，但是你不必出门也无须买票就可以收听。并且，通过无线就能接收到一切——情节剧、喜剧、音乐、综艺、新闻——实在是太方便了。CBS（美国哥伦比亚广播公司）成立于 20 世纪 20 年代末。20 世纪 30 年代，他们刚刚推出几个月的每周《空中水星剧场》（*Mercury Theater of the Air*）播出了一集节目，精妙地利用了广播这种新媒介结合娱乐与新闻的特点。节目的全部用意正是要抹除幻想和现实的界限。

在一则天气预报——“一阵来源不明的大气扰动正在新斯科舍上空发生”——之后，常规播音员平静地回归：“我们现在将带您走进纽约市中心酒店公园广场上的‘子午线房间’。”探戈舞曲响起，过了一会儿，另一个播音员插了进来：“女士们、先生们，我们现在打断一下舞曲，为您带来洲际电台新闻的特别公告……据伊利诺伊州芝加哥市詹宁斯山天文台的法雷尔教授报告，他观测到火星上数个发光气体的爆炸，爆炸时间间隔恒定……并且正在以极高的速度向地球逼近。”这里播出的显然是奥逊·威尔斯（Orson Welles）23岁时的作品《世界大战》（*The War of the Worlds*）。在接下来的一个小时里，这部广播剧持续以虚假新闻播报的形式讲述了火星人入侵并最终毁灭了纽约市的故事。现实生活中，就在几周之前，《慕尼黑条约》刚刚签订，德国人侵了苏台德区；广播剧播出当晚，一些听众以为轰炸、焚烧纽约市的“火星人”其实就是纳粹入侵者。

在20世纪的头几十年里，“名人”（celebrity）也有了标准美国式的现代含义，这绝非偶然。当然，名声是自古以来就存在的：在每一个文化中，少数拥有过人天赋和权力的人都会被人所知晓。但在美国诞生之前，能够使个体出名并使他们成为大众谈论、思考、幻想的对象的文化机器几乎是不存在的。报纸和杂志是现代名人观念的基石，它们和美国诞生于同一时代。摄影兴起，专门拍摄名人的著名摄影师紧接着涌现，比如马修·布雷迪（Mathew Brady）。1850年，巴纳姆在报纸上大力宣传燕妮·林德（Jenny Lind），为这位年轻瑞典歌唱家的首次美国巡演预热，结果十分之一的纽约人聚集在码头上等待她的到来。从那时开始，“名人”的意思就成了“著名的个人”，之后，美国人又发明了俚语中的“粉丝”（fan）一词，用来指沉迷于特定名人的人们。

20世纪初，纸媒作为名流和“粉都”（fandom）* 的基础疯狂生长：在20年内，日报的数量翻了一番，所有杂志的发行总量增加了两倍。越来越多的报章杂志刊登起了越来越多的名人照片，自20世纪20年代起，这些照片可以通过电缆即时传输到任何地方。在20世纪的头十年里，一家报纸办起了第一个好莱坞八卦新闻专栏。这样的专栏随后激增，在20世纪20年代风靡全国，当时，影迷杂志《影戏》（*Photoplay*）也起步了。不容易的是，当时新鲜出炉的视觉艺术周刊《生活》（*Life*）在创刊6个月之内都没有在封面上使用好莱坞影星的照片，但他们的抵抗是徒劳的：1937年，4位好莱坞明星上了《生活》杂志的封面，1938年又有10位。他们为现代名人文化的洪流打开了闸门。

几十年前，广播和电影尚未出现，当时并没有需要阻挡的洪水。实现举国闻名是很罕见的事，而且著名人士很少像广播与电影明星那样亲切而多变。在广播和电影诞生之前，绝大多数美国人一辈子也没有听到过超过一位名人的声音。在20世纪的头30年里，名人的数量和他们的曝光程度得到了极大提升。在19世纪最著名的戏剧超级巨星埃德温·布思（Edwin Booth）的整个职业生涯中，只有不到100万名美国人观看过他扮演看家角色哈姆雷特，而查理·卓别林的一部电影就有2 000万人观看。不可思议的新媒体造就了大批新明星，他们因此越发显得如梦如幻，仿佛超自然的存在，让“粉都”在广播和电影（以及后来的电视）时代越发倾向于空想。

历史上第一次发生这样的事：大部分最著名的美国人不再是政

* “粉都”指特定的粉丝群体及其创造的文化空间。——译者注

治家、军人、作家或画家，而是演员——通过假装自己是别人而出名的人。我的祖父母知道卓别林只是一个人，但在看过他的电影之后，难道他们不会认为，卓别林半真实半虚构，既是一个真实存在的人，又是一个小流浪汉吗？（我们今天不还是这样想吗？）电影明星是一个新型幻想物种，是我们中间的半神，是新兴的新闻媒体通过纵容我们对所知现实尽情想象而创造出的存在。

第 20 章

巨石糖果山：城市郊区和阳光地带的乌托邦

美国新兴的造星机器可以把中西部的中年建筑师变成光鲜亮丽的国际名人。47 岁的弗兰克·劳埃德·赖特（Frank Lloyd Wright）在设计师圈子里挺有名的（在芝加哥也很出名，因为他抛弃了自己的妻子，与客户的妻子私奔），但还没到家喻户晓的程度。1914 年 8 月，第一次世界大战的爆发占据着新闻版面，《纽约时报》却为他和情人的第一次公开亮相腾出了空间：

疯狂黑人厨师杀死 6 人，伤及 4 人

芝加哥的前 C. H. 切尼夫人

在弗兰克·劳埃德·赖特的小屋中被谋杀

弗兰克·劳埃德·赖特立刻出了名，并且在他漫长一生中的后半生越来越出名（伴随着更多的女友、丑闻和不间断的媒体报道）。名声与天赋合力将 68 岁的赖特推上了《时代》周刊的封面，并在他 90 岁时，让他在 CBS 的黄金时段占据了一个小时的节目时间。当他 91 岁去世时，讣告发布在《纽约时报》头版头条，同一期中还有 5 篇关于他的文章。

但弗兰克·劳埃德·赖特在本书中占有一席之地，不仅仅是因为他是 20 世纪早期新兴名人文化的一个例子。他出现在这里，是因为他参与制造了另一个日渐成熟的美式幻想——城市郊区。美国一个世纪以来的大规模郊区化，是美国快乐的自我虚构的另一个部分——这个国家要变成地球上最大的主题公园。

当赖特还是一个小男孩的时候，就在离他后来在芝加哥郊外的居住地不远的地方，从无到有的美国郊区原型出现了，那就是伊利诺伊州的里弗赛德（Riverside），由弗雷德里克·劳·奥姆斯特德（Frederick Law Olmsted）和卡尔弗特·沃克斯（Calvert Vaux）设计并建造。他们的模式带有明显的怀旧意味，主打“更加宜人的新英格兰乡村田园风情”。不久之后，哥伦比亚大学的历史学家肯尼思·杰克逊（Kenneth Jackson）在《杂草边疆：美国的郊区化》（*Crabgrass Frontier: The Suburbanization of the United States*）一书中指出，“独立成幢的住房成了郊区的鲜明模式”，美国人心目中的“理想房屋应该坐落在一片修剪整齐的草坪或如画的花园中央”，就像美国一个世纪以前的田园风光一样。“suburbia”（郊区）——显然是由“城郊”（suburb）和“乌托邦”（utopia）结合而成——成了一个新词。

在 19、20 世纪之交，弗兰克·劳埃德·赖特在成年后的头 20 年里一直居住在芝加哥的一块田园式郊区。之后他搬回北面的威斯康星，在他出生、成长的地方建造了“塔里埃森”（Taliesin），他的第一座“皇家宅邸”，带一个人工湖。换句话说，他在两方面追求并发扬了美国的田园幻想：在现代化的城市里工作，获得地位、声誉和大笔金钱，但是居住在桃花源般与世隔绝、独立的伪乡村式梦境中。“城市生活已经过时了，”他在1932年宣告，城市就像“怪兽聚集地”“摩洛神”“恶性肿瘤”，是“对人类未来的威胁”。赖特对城市的憎恶在某种程度上代表了美国。突然之间，可以让人们仇恨的美国城市多了起来。在20世纪的前40年里，美国人口增长实际上有所放缓，但大城市的规模增至曾经的2倍、3倍直至5倍。

美国人习惯的自我认知还停留于《大草原上的小房子》描绘的往昔——劳拉·英戈尔斯·怀尔德在20世纪三四十年代出版了“小房子”系列小说。因此，城市化进程引起了一些认知失调。赖特年轻时在芝加哥当了10年建筑师，由此学会了鄙视大城市。L. 弗兰克·鲍姆（L. Frank Baum）写《绿野仙踪》的时候也住在那里，芝加哥世界博览会上的“白城”显然给了他创造“翡翠城”的灵感。在随后几十年中，鲍姆火速搬到好莱坞，又写了十几部关于奥兹国的系列小说，美国居住在大城市商业区的人口比例增加了50%。美国最梦幻的城市天际线——熨斗大厦、伍尔沃斯大厦、克莱斯勒大厦和帝国大厦，再加上洛克菲勒中心——完全像奥兹国一样神奇。但是当然了，在故事的最后，多萝西离开了那座神奇的城市，回到了她真正的美式家园——大平原上其貌不扬的农场。*

这时，出现了一种新方法：郊区。它能够让美国中产阶级同时享受两方面的好处，在现实世界里**工作**在市中心，但除此之外**生**

* 奥兹国故事的另外一层寓意，即骗子 / 魔法师对胆小狮、稻草人和铁皮人的教诲，就是这本书隐藏的含义：美国人觉得，如果一厢情愿地相信一件事是真的，那么即使这件事是假的，也能让这件事变成真的。

活在旧梦里。利奥·马克思写道：“不管田园主义的精神根源是真诚的还是虚伪的……我们作为一个国家的经历都无疑在其中注入了……大量的心血。怀旧情感就像一层柔软的轻纱，附在我们城市化的景观之上，它是昔日美国的遗迹，那时的美国是未开垦的绿色共和国，人们在森林、村庄、农田散落的静谧之地追求幸福。”

事实上，在实现人们的幻想方面，郊区可以说是买一赠一。对城市的厌恶一直以来都是很美国式的一种冲动，城市很快住进了几百万的黑人、天主教徒、犹太人和其他肤色不那么白的移民，很多本土出生的人对城市更加憎恶。因此，除了承载着对往日纯净的绿色共和国的眷恋，郊区或许还承载着白人对于昔日几乎是清一色白人（并且都是基督徒，最好还是新教徒）的生活环境的怀念。就像17、18世纪的美国人因为厌恶主流宗教而离开原先的城镇去建立新的城镇，20世纪的美国人也可以因为厌恶城市的民族和人口而搬到不远之外的新城镇。

汽车（和电力）使得郊区梦成了新的常规。在两次世界大战之间，汽车从稀有的新奇事物——每100个成年人才有1辆车——变成了家庭标配。1907年，只有8%的美国家庭通了电；截至1930年，70%的家庭用上了电。到了这个时候，你就可以驾着自己梦幻般的小跑车，驶向你那坐落在模拟新英格兰乡村的仿制农庄了。20世纪30年代，弗兰克·劳埃德·赖特不仅引领了美国人对邪恶大都市的憎恶（“抛弃大城市吧！”），还用豪言壮语给郊区生活背书：“我们拓疆的时代远没有结束。”因为我们的新使命已经显明，那就是要把美国从东海岸到西海岸全部变成郊区乌托邦。他把这种规划称为“广亩城市”（Broadacre City），那是“未来唯一可能的城市”“为了个体而存在的城市”，城市中没有杂乱无章的市中心，每一户家庭都有独立房屋和自己的一亩三分地，每一个美国人都摇身一变成为“地主”——杰斐逊式的幻想终于实现了。“鸟儿歌唱，雨水为他而降，散落在他那欣欣向荣的花园里，”他沉浸在自己的伟大思绪中，“他是独一无二的个体。”即便没有赖特这个人，安·兰德（Ayn Rand）也会把他创造出来。*

美国城市中心人口达到总人口的三分之一之后，就再也没有超过这个比例。郊区人口则在30年之内翻了一倍还要多，并且持续翻倍。事实证明，大多数美国人（还有工业界以及联邦决策者们）都抱有怀旧情结，幻想着国家被崭新而又复古的农庄、牧场和小镇所覆盖，幻想着自己是归来的拓荒者。

对许多人来说，郊区生活在很多方面肯定比城区生活好得多，因为郊区少了很多喧嚣和臭味，多了很多空间，明显更有秩序。但几乎对所有人来说——尽管人们很少用言语表达出来——郊区感觉上是一种更加梦幻的**美国**特有的生活方式，是对旧时光里那静谧绿色土地的复刻。因此，除了美国人在宗教和娱乐业方面极致的激情与本领，郊区成了另一个由幻想驱使的美国特色。正如杰克逊在《杂草边疆》中所写的那样，这从另一个方面展现了“美国体验……与世界其他地区背道而驰。”

我已经承认过，我也活在自己版本的美式田园梦中，而且我十

---

* 其实在某种程度上，她的确创造了赖特。“我正在写作一部小说，内容是一位建筑师的职业生涯，”兰德在1937年给赖特的一封信中这样写道（一个自大狂写信给另一个自大狂），“这将会是关于人类正直品格的故事……这就是你的人生故事……你是这个世纪唯一这般活过的人。”这里提到的小说后来成了《源泉》（*The Fountainhead*），兰德的第一部畅销作品，描写了一个了不起的超级个人主义者的奇幻世界。这部书成了奠定美国自由至上主义（libertarianism）基石的经典文本（见第40章）。

分感激联邦政府在19、20世纪之交开始修建国家公园，保护野生的自然生态。但是值得玩味的是，第一位国家公园负责人是个巴纳姆式的人物，他曾是《纽约太阳报》的记者，因为创立了时尚的拓荒怀旧品牌“20骡车队硼砂”（20 Mule Team Borax）而大赚一笔。就连西格蒙德·弗洛伊德也把这些公园看作精神病学意义上对幻想的完美比喻。他在1916年出版的《精神分析引论》中写道：“幻想在精神领域中的创造，在现实中也有对应物，那就是在农业、交通或工业入侵的威胁下建立‘保护区’和‘自然公园’，以免使地球变得面目全非……精神领域中的幻想也是这样一种保护区，是从现实法则的入侵下收复的失地。”

几年之后的20世纪20年代，在这个逐渐建成的梦幻工业中心的另一个角落，一名叫“疯狂马克”（Haywire Mac）的创作型歌手录制了一首代表美国乌托邦式田园幻想的伟大民谣：《巨石糖果山》（Big Rock Candy Mountain）。那里有“香烟树”和“柠檬汁泉”，母鸡生的是荷包蛋，“救济品生长在灌木丛中”，“你可以轻易溜出”监狱。这首歌在《公告牌》（*Billboard*）杂志的山地民歌榜单（Hillbilly Hits）上攀升至第一名，后来出现的翻唱版本使得这首歌在民谣经典中常年占有一席之地。20世纪60年代，我儿时学会的歌词中唱的是“炖肉和姜汁汽水的湖”，而不是“疯狂马克”的原版“炖肉和杜松子酒的湖”，但最大的改动是最后一段歌词的删除。原版结尾并不是流浪汉愉快的白日梦，相反，年轻流浪汉在最后给白日梦加上了风趣而现实的注脚：

我长途跋涉直到双脚酸胀

鬼才相信我还要走向远方
就像流浪汉的娘儿们被干了个酸爽
在这座巨石糖果山上

事实上，当时美国正开始以各种方式删改净化，试图让所有事情都看起来不仅更加美妙，也更加**体面**。郊区化的部分原因正在于此，就像好莱坞的新原则是确保电影不会太刺激或者太色情。这种趋势也体现在我们的语言中——尤其是当我们需要明辨虚实，嘲笑那些伪装成现实的幻想之时。一个世纪以来，美国人在这方面有一个广泛而完善的词库，用于谈论在“一派胡言”（hogwash）面前“容易上当的人”（suckers）。然而，在20世纪20年代之后，用于表达这种贬损的新词越来越少了。很快，像“胡言乱语”（balderdash）、“骗子”（humbug）和“鬼话连篇”（bunkum）这样的词语，连同“胡说八道”（hooey）、“场面话”（claptrap）和“无稽之谈”（malarkey）一同被束之高阁，处于半退休或者完全消失的状态。我们也对一些旧词做了奇怪的处理。从一开始，“不可思议”（incredible）、“难以置信”（unbelievable）、“不切实际”（unreal）、“传说般的”（fabulous）和“异想天开”（fantastic）这些描述性词语不是贬义的就是中性的，它们是指称不可能、虚构或不真实之事的不同方式。但后来这些词都被重新定义为无上的赞美，成了“精彩”（wonderful）、“光荣”（glorious）、“出色”（outstanding）、“极佳”（superb）的同义词。这是一种耐人寻味的语言清洗，也为20世纪后期畅行无阻的胡言乱语、胡说八道、鬼话连篇和无稽之谈开了方便之门。

***

在《巨石糖果山》所描述的天堂般的情景中，有一条正在变成现实：主人公“定会去往从不下雪的地方”，那里“每天都是阳光普照”。之前人们去往美国或在美国国内的迁移，都是由宗教自由、致富机遇和改头换面的需要引发的。在20世纪，这些理由仍旧适用。但是现在，随着梦幻工业中心的扩张，上百万名美国人圈起铺盖搬了家，仅仅是因为别处的日常生活看上去更光鲜、更轻松、更梦幻。这可能意味着搬到不远处新建成的郊区。而现在，这也可能意味着搬到一夜之间城市化的南加利福尼亚州或南佛罗里达州——两地都在20世纪的前几十年里被创造成了现实版的香格里拉。

最初是黄金——任何走了运的蠢蛋都有可能一夜暴富——把人们吸引到了加利福尼亚，并使美国得以完成它的宿命。加州非凡的气候和肥沃的土地也吸引着人们，能够去那里就意味着实现了梦想，不管你是否（已经）发现了财源。那里简直就是伊甸园本身了——温暖、丰饶、柔和、芳香。任何事物在加州都能生长，而淘金热后的加州聚集了成百上千背井离乡的探索者，更成了一片可以滋养任何幻想茁壮成长的土地。也许这不是**必然**的：旧金山早期的波希米亚式群落、五旬节派、好莱坞，还有催生了乌托邦主义和完美主义生活方式的各种源头——以及当时还未出现的“垮掉的一代”、山达基教、大苏尔（Big Sur）、迪士尼乐园、罗纳德·里根、“爱之夏”（Summer of Love）和硅谷。但地球上还有哪个地方更适合这么多种疯狂梦想与阴谋的信徒和推销者呢？加利福尼亚就是美国的加强版。

1900至1930年间，美国人口每十年就翻一番，洛杉矶的增长则更加迅速，人口从10万暴涨到了100多万。涌向那里的人，无论是电影巨头还是任何事物都想尝试的投机分子，都感到南加州拥有美国的基本特质：它是白板一张，不管是在文化上还是物质上。“在洛杉矶，”《纽约客》（*New Yorker*）杂志的电影批评家保利娜·凯尔（Pauline Kael）写道，“你能够以任何你想要的方式生活（城市生活方式除外）；那里是幻想的妓院，你可以挑选你想要的幻想。”

在世纪之交的美国东部，科尼岛上的游乐园就建在美国最大城市的附近。而20世纪初的南加州还没有超大型城市，于是一个野心勃勃的新兴娱乐区便成了城市发源地。就在洛杉矶西南方向的海滩近旁，一名叫作阿博特·金尼（Abbot Kinney）的地产开发商（他还是一个古怪的乌托邦主义者）围绕一个人工湖建造了一座游乐园，里面有运河和船夫，并取名为“美国威尼斯”。其他开发者拓展了最初的理念，修建了更多的河道；这件童话式的工艺品迅速发展成一座真正的小城，名叫“威尼斯”，并于1920年正式成为洛杉矶的一部分。

如果说游乐园可以变作城市，反过来为什么不行呢？可口可乐原本是一种用于治疗头痛和性功能障碍的专利药物，当时也本着更为任性的梦想——提神、提趣——重新进行了品牌包装。因此在20世纪30年代，可口可乐位于洛杉矶市中心的装瓶厂的外观被重新装修成了一艘巨大的游轮，并且装有舷窗和步桥。步行5分钟即可抵达当地两家最为瞩目的大型自助餐厅之一，室内设有人工小溪、瀑布、雨水、岩层，还有红杉和棕榈树林。

影视巨头们还发明了影视基地。这些城中城除了设有办公室、摄影棚、餐馆和平房——但居民都是**明星**——还包含了对其他城镇部分区域的原尺寸复制。这些设施很快就为洛杉矶本地的家居生活提供了样本，形成了大门紧闭、布景别致的演艺圈人士居住区域：马里布海滩影视区（Malibu Beach Motion Picture Colony）、贝弗利山庄（Beverly Crest）（它的入口处标志是一对“中世纪”“英国”石砌“城堡”高塔），还有位于卢斯费利斯（Los Feliz）的拉芙琳公园（Laughlin Park），那里的房子让你可以假装自己住在意大利、法国、17 世纪的英格兰或是 19 世纪的美国中西部。美国人梦想中的家变成了一座小型私人外景拍摄场地，用来满足人们对生活方式的各种幻想。

南佛罗里达州是美国另一片气候温暖、阳光明媚的空旷地带，不断扩张的梦幻工业中心在那里制造了一个大型人间天堂。迈阿密和棕榈滩（Palm Beach）在 19 世纪 90 年代成形，分别作为柑橘生意的中心和度假胜地。当迈阿密还是一个小镇的时候，推销商就开始叫它“魔法之城”，并随后把整个区域包装成一个适宜定居和度假的田园胜地进行营销。房地产的繁荣和建房热潮始于 1915 年左右，为了使土地适宜建造，人们抽干了沼泽地。创造了迈阿密海滩的开发商从海里挖沙并进口了上千吨泥土。艾迪生·米兹纳（Addison Mizner）——他成长于加州旧时的一个淘金镇，参与了克朗代克（Klondike）淘金热——是南佛罗里达州具有决定意义的建筑师，而欧洲风情画式的幻想当时正在时兴，于是就有了对蔚蓝海岸（Côte d’Azur）和阳光海岸（Costa del Sol）的模仿，以及巴黎和威尼斯的仿制品。*

要想追溯这个国家怎样演变成梦幻之地，其中一种方式就是看美国人在20世纪是如何迁徙的。1900年，在美国前20座最大城市中，只有新奥尔良市和旧金山市的气温很少会降到零度以下。而到了今天，美国前20座最大城市中有14座从不下雪，每天都是阳光普照。

* 此类地中海幻想的产物之一是海湖庄园（Mar-a-Lago），它建于20世纪20年代第一次佛罗里达州房地产泡沫的高峰时期，建造者是宝氏麦片创始人的女儿（见第11章），现在的庄园主人是梦幻之地的一位显赫的领主——美国总统唐纳德·特朗普（见第46章）。

第 21 章

“正常”的 20 世纪 50 年代

20 世纪中叶，我出生在美国中部地区的一个中产阶级家庭。我的爸爸来自内布拉斯加的小城，是参加过太平洋战争的老兵，每天上班都要打领带；我的妈妈终生都是奥马哈人，大学毕业后做过军事密码方面的工作，但她的职业是养育我和我的三个兄弟姐妹。我年少时的家位于一条繁忙的街道上，道路两旁种着荷兰榆木。这条街位于繁华的城郊边界，这里的房屋既不大也不小，既不新也不旧，向西走 6 个街区就能到达一片玉米地。在我住的地方，看上去没有人很富有，也没有人很贫穷。我步行去上学，我的同学全部是白人。我的课余时间基本都花在看电视上。

作为一种刻板印象，这样的生活几乎是完美的。在当时和现在看来，那个时代是对“正常”最纯粹最充分的体现。但是，除去那些想当然的平静与温和，我现在对那个时代有了重新的认识。

20 世纪 50 年代是畸形而狂热的。

让我们从 50 年代美国的两大标志性组成部分说起。电视和郊区表现了美国人对于全身心投入虚构事物的渴望，也加深了这种渴望。在郊区乌托邦和电视迅速蔓延之后——柯里尔与艾夫斯占领了室外，私人影院占领了室内——我们对自己独特而梦幻的战后生活方式已经见怪不怪了。

我大姐出生的时候——我出生之前 7 年——只有不到 1% 的美国人拥有电视；等到我上学的时候，几乎家家户户都有了电视。电视为人们免费提供源源不断的超现实幻想（其中包括了广告），人们不需要阅读或上剧院，甚至也不需要像听广播剧时那样运用想象力。在 20 世纪 50 年代末，普通美国人一生中除去睡眠，要花三分之一的清醒时间看电视。有史以来，只有美国人会花这么多时间，在半催眠状态下持续消费虚构作品和广告。

从“二战”结束到 1960 年，美国郊区人口翻了一番，增长速度为历史最快，至今也没有被赶超。我们突然间在乡间扩散开来，重演着西部拓荒时期的情景，恍若昨日重现。20 世纪初，三分之二的美国人仍旧居住在古老的小镇和农场上，而到了 1960 年，只有三分之一的人还住在那些地方——另外三分之一的人现在住在模仿旧时美国乡村的郊区乌托邦。随着城市周边的土地趋于饱和，更偏远的区域也被开发，人们潜在的怀旧对象从新英格兰村庄转向了拓荒先驱的农宅。郊区乌托邦几乎成了必需的理想：拥有坐落于自己土地上的独立房屋，成了美式个人主义的必要体现。没有第二个发达国家有如此多的人以如此低的密度生活在如此广阔的土地上。

当时，美国对电视和郊区的完全接纳看上去并不像是全民沉浸于幻想的表现。恰恰相反，所有严肃的观察家都认为，在美国的带领下，理智和理性正在方方面面全速行进。联合国成立了，高等院校发展迅速。科学战无不胜，基因密码被破解，计算机和晶体管被发明，政府、大公司甚至大教会都由技术官僚管理，意识形态成了过去。“在取缔非理性事物方面，”这个时期的一位历史学家和社会学家这样宣布，“我们的文化是独一无二的。”1947 年，电影《白日梦想家》（*The Secret Life of Walter Mitty*）大卖。电影讽刺了一个美国疯子，他把自己想象成勇猛的英雄，住在自己梦想的世界里。但是当时社会的新常态——出入于郊区田园的幻想，沉浸于永不停息的电视幻想——正在把所有美国人都悄悄地变成《白日梦想家》的主角沃尔特·米蒂。

20 世纪 50 年代这个在人们刻板印象中整齐划一、墨守成规的“普通”美国年代，同样产生了非同一般的另类现实。在当时的人们看来，这种另类现实看上去只是一些怪异奇特的边缘事物，但它们后来却被证明是美国主流生活的原型。在这一章里，我会详细分析那个时代的多个产物，包括拉斯维加斯、《花花公子》杂志、“垮掉的一代”、山达基教、麦卡锡主义和复兴的基督教福音派，这些都会变成梦幻之地最终版的基石。它们多数散布快乐的幻想，也有一些传播骇人的幻想。一些是享乐主义的，另一些尽管不是，却也是反主流文化的，因此它们遭到了当权派“抗体”的隔离或归化。其中一个是既快乐又享乐主义的，但并不反主流。它融合了梦幻小镇和电视，是坐落在山顶上的人工城，从 P. T. 巴纳姆和野牛比尔那里获得灵感，把现实与虚构编织在一起，那就是迪士尼乐园（Disneyland）。

***

沃尔特·迪士尼（Walt Disney）生逢其时（1901 年），又正好具备恰当的技巧（绘画和讲故事）、感受力（善于迎合大众）和直觉（企业家精神）来做他所做的事。他的父亲曾作为木匠为芝加哥哥伦比亚博览会工作。在沃尔特的童年时期，美国举办了三次大型世界博览会，分别在布法罗、圣路易斯和旧金山。一时间，游乐园也在全国范围内大肆兴建，已有上百家。然而，它们仅仅是升级版的嘉年华——比起传统的流动性嘉年华，游乐园的资本运作更加成熟，内有更大的游乐设施和更多的怪诞奇趣，并且固定设置在经营者拥有的地产上。

20 世纪三四十年代，沃尔特·迪士尼忙于把动画这种边缘性的娱乐媒介打造成一门规模宏大的高端流行艺术，此时，游乐园已经退化回了一般的嘉年华：设施破旧不堪，只赚轻松钱。对于迪士尼和其他中产阶级美国人来说，游乐园过于**城市化**，与秩序井然的新兴郊区理想不甚相符。当迪士尼开始构想迪士尼乐园的时候，他说那些传统游乐园“充斥着下等音乐酒吧和来来去去的各式可疑人物，而且它们并不安全，它们管理不善。我想要建立一座尽可能洁净的游乐园，里面的人都是一等公民”。

他最初的想法与其他娱乐经理人可能产生的点子类似：在伯班克（Burbank）离他的动画电影工作室不远的 3 公顷地上，建立一座小巧精致的米老鼠公园。但是不行，他认为那样太普通、太小气了。他现在是大名鼎鼎的**沃尔特·迪士尼**，因此他的第二个动作应该惊动世人。哥本哈根的趣伏里公园（Tivoli Gardens）很符合他的口味，也影响了他的设想，但是它不够大，只有区区8公顷，蜷缩在一座老城的中央。美国需要更加不可思议、更加奇妙、更加梦幻的公园。

20世纪40年代时，美国也有新出现的范例供迪士尼参考，那就是博物馆式的旅游景点，把真正的古董与仿古品混杂在一起。洛杉矶南部的奥兰治县（Orange County）就有一个这样的景点。一个名叫沃尔特·诺特（Walter Knott）的农民种植一种超大个的莓子，把它命名为“博伊森莓”，在自己的农庄出售。后来，他又建立了几个景点以吸引前来购买水果的消费者，包括一座从亚利桑那挪过来的19世纪豪宅，一座假鬼城和酒馆，还有一座仿制的旧西部剧院。在弗吉尼亚，洛克菲勒家族刚刚为重建威廉斯堡（Williamsburg）提供了资金，要把它恢复到18世纪60年代的样子，让人分辨不出哪些房屋是修缮后的老建筑，哪些是新建的仿古建筑。而在密歇根州，在一座汽车工厂旁的土地上，亨利·福特创建了格林菲尔德村（Greenfield Village），包含了斯蒂芬·福斯特、莱特兄弟和亚伯拉罕·林肯生活、工作过的真实建筑，分别从宾夕法尼亚、俄亥俄和伊利诺伊州移过来。这是一种全新的事物，“是梦境般的历史大杂烩，好似出自《爱丽丝漫游奇境记》一样，”一位吃惊的《纽约时报》记者在1931年写道，“这是一种在学校课本中学不到的历史，因为其中仅保留了很少的政治元素，而战争元素则完全消失。”里面充满了“扮演各种美国手艺人的演员”，在“看似古董却毫无锈迹的物品”中间，表演着“一出古旧的戏剧”。他还报道说，有计划称将要建造一座“儒勒·凡尔纳的未来之家”。

在沃尔特·迪士尼凭空构思迪士尼乐园的10年间，他造访过以上所有的景点。他是那个时代的史蒂夫·乔布斯（Steve Jobs），是一名有远见的经理人，把他人创造的一点一滴整合成了一种崭新的品牌发明，一种比它的组成部分都要伟大的总和。1953年，他在奥兰治县买下了一个橙子园，占地四分之一平方英里（quarter-section，美国式土地测量单位，约合65公顷），就在诺特莓子园的南面。

迪士尼构想中的迪士尼乐园比起他在资金限制下建成的版本还要梦幻。他想要声控的大门，“就像精灵一样……听从愿望”，还想要“一座真正的农场，里面有活生生的迷你马、奶牛、公牛和驴”，加上一个住着会说话的机器人的“小人国”。现在，对于那些身着戏服走来走去，装扮成电影、电视、漫画中过去或未来角色的人，人们已经习以为常。我们日常生活中购物、就餐的很多地方，都被设计建造成模拟另一个国家或时代的看似“原汁原味”的地方。在迪士尼乐园之前，这并不是日常生活的一部分。

开始营业时，迪士尼乐园划分为五个主题区域，其中一个叫作“梦幻之地”（Fantasyland）。当时，好莱坞电影公司还没有日常对外开放，让游客参观他们那些伪造的街区，而迪士尼已经创造了露天片场，让人们看不出背后的玄机，而且**所有**迪士尼工作人员都参与演出。“美国小镇大街”（Main Street USA）虽然是迪士尼乐园中最写实的园区——一个老式的购物中心，有真正的店主出售着真实的商品——但它是迪士尼对世界影响最大的3D虚构物。它几乎是迪士尼的故乡密苏里州马瑟林镇（Marceline）的翻版，就在几十年前，四分之三的美国人还在这样的城镇上居住并购物。的确，这就像是梦幻版的现实世界。它不仅仅是关于旧日好时光的一个故事或者一场表演，它**就是**旧日好时光。

在“美国小镇大街”上，没有旋转茶杯，也没有机械鳄鱼：它的确是想象出来的，永远明亮又洁净，迷人又欢乐，但奇怪的是它看上去又那么真实，像是剔除了沉闷无聊元素后的现实生活。人们几乎完全搁置了怀疑。一些设计上的聪明把戏，例如强迫透视法，又进一步增强了这种幻象：在每一座仿19世纪的建筑里，每一层楼都比下面的一层略小，这使得街景看上去比真实街道更加好看，更加壮观。当时正值美国铁路时代的终结，蒸汽被柴油取代，人力被货车取代，而在“美国小镇大街”的起始端，就有一个老式的火车站，它是迪士尼乐园自己的蒸汽客车的始发站。

1955年，迪士尼的开园仪式就像黄金时段新闻在电视上直播——《头条报道：迪士尼乐园》(*Dateline: Disneyland*)由重要投资方ABC（美国广播公司）电视网播出。那么，谁是直播的明星主持人呢？其中一个是电影明星罗纳德·里根（Ronald Reagan）。下一个十年里，他变身为加利福尼亚州长，后来又成了美国总统。

在迪士尼乐园的粉丝、小说家安德鲁·欧哈根（Andrew O'Hagan）的笔下，沃尔特·迪士尼是“令人不可抗拒的谎言之王”。照片中的沃尔特·迪士尼经常会把右手食指和中指并拢，好像要行幼童军军礼一样，而事实上，他有重度烟瘾（而且死于肺癌），但是只要有可能，他和助手们就会把照片重新加工，去掉“好彩牌”香烟。“通过迪士尼乐园，”欧哈根说，“沃尔特·迪士尼觉得他给了美国一个更好的自我……他所创造的是对生活和梦想的一种全新的思考方式，一种美国式的伊甸园。”迪士尼乐园开园之后，“**主题公园**”一词被制造出来，美国越来越多的方面开始变得

“主题化”。阿纳海姆（Anaheim）的那一小块区域或许是“地球上最神奇的地方”，但是……这样就结束了么？

***

迪士尼乐园和现代拉斯维加斯在同一时间诞生。迪士尼乐园的构想来自对“可疑人物”和“音乐酒吧”风气的不赞成。在莫哈韦沙漠（Mojave Desert）480 千米外的荒原上，拉斯维加斯正是由可疑人物**建造的**，并且**就是要**营造音乐酒吧的氛围，与迪士尼正好相对。就像迪士尼对普通游乐园进行改造，拉斯维加斯选用了美国的破败之物——赌场和公路旅馆——并将它们重新打造得金碧辉煌。对于渴望一场非同寻常的荷尔蒙与神经刺激的人来说，这里是冒险乐园，来到这里的人必须能够承受不确定性——你既有可能一夜暴富或者一夜风流，也有可能倾家荡产或者借酒消愁。拉斯维加斯和迪士尼乐园只不过是正在扩张的梦幻工业中心的两个新品牌。*

就像洛杉矶和迈阿密这两个重建之前的农业城镇一样，20 世纪初的拉斯维加斯也只是它未来版本的雏形。内华达州在赌博、婚姻和卖淫方面的法律特别宽松，但在 20 世纪二三十年代，拉斯维加斯仍然是一个破旧的小镇，是矿山和胡佛（原称博尔德）水坝工人的赌博和寻欢之地，在全国范围内只是作为电影明星和百万富翁闪婚、闪离的地方而出名。

---

* 在迪士尼乐园开张 10 年后，它做出了一点让步。新加入的第一个主题区域“新奥尔良广场”是迪士尼自己对离经叛道的诠释，并设置了一个隐秘的“地下酒吧”，这是园区内唯一供应含酒精饮品的地方。还有个名叫“加勒比海盗”的景区，里面有财迷的机械人偶讲着关于强奸的荤段子。

在第二次世界大战期间，拉斯维加斯变成了罪恶版的迪士尼乐园，因为成千上万的飞行员来到这里，在拉斯维加斯陆军机场接受了培训。起初，拉斯维加斯的幻想元素仅限于本地和怀旧。“末代边疆酒店”（Hotel Last Frontier）的建筑师兼经理解释说，他们“想把它建造得尽可能接近西部”——他的意思是逼真而虚构的假西部。“天花板是用斧劈的木头、粗锯的木板制成的，做旧后仿佛已经有了年头。”他从当地红灯区移来一个旧吧台，自己添加了定制设计的马鞍形吧台椅。他建造了一座毗邻的“末代边疆村”（Last Frontier Village），又一个实物和赝品的拼凑之作：他从内华达州北部用卡车运来一座19世纪70年代的监狱和一座19世纪60年代的铁路华工庙宇，又按照19世纪的木制建筑风格新建了一座教堂和一家德士古（Texaco）加油站。客人可以乘坐马车往返机场。*

在战后的十年中，拉斯维加斯腾飞了，其主题范围从旧西部扩展到了沙漠——实际上，扩展到了所有富有热带和异国情调的地方……其实可以说是任何时代、任何地点。“新边疆”（New Frontier）刚好在太空时代到来之前开业，它的口号是“只应天上有”，里面吊灯的形状像是宇宙飞船，还有一幅壁画描绘外星人前往拉斯维加斯的情景。在周六晚间节目后的维纳斯房间（Venus Room）里供应的幻想从世俗的变成了形而上学的：罗马天主教弥

* 如果可以时间旅行的话，我希望拜访两次“末代边疆”的“雷蒙娜房间”（Ramona Room）。一次是1944年圣诞节那天，观众席中有来自陆军航空队的士兵和军官（可能包括艾诺拉·盖号轰炸机的机组人员，他们正为向广岛投放原子弹的任务在附近接受训练），25岁的李伯拉斯（Liberace）第一回在拉斯维加斯现场演出。另一次是在1955年的华盛顿诞辰日，就在罗纳德·里根将迪士尼乐园介绍给电视观众前不久，他每周被支付相当于13万美元的薪酬，与黑猩猩一同表演。“马戏团座位上的那些小混混和妓女怎么办？”他事先对他的宣传者发起了牢骚，“我的形象怎么办？”

撒在每周日凌晨 4 点 30 分进行。顺便说一句，“长街”（The Strip）和我们所知的大部分拉斯维加斯景点在严格意义上都不属于拉斯维加斯市。其实，就算在今天，它们也还在内华达州的帕拉代斯镇（Paradise），未被拉斯维加斯合并。

***

20 世纪 50 年代，你可以在拉斯维加斯过把下流幻想的瘾，但是南内华达州离任何地方都很遥远。《花花公子》（*Playboy*）杂志可是在各地的报摊上都有售，售价不过 50 美分。当拉斯维加斯成为美国的狂欢中心、迪士尼乐园即将开始建设的时候，《花花公子》由一位美国人创刊——他就是生于芝加哥、年方 27 岁的广告撰写人休·赫夫纳（Hugh Hefner）。

就像沃尔特·迪士尼的动画和迪士尼乐园，还有巴格西·西格尔（Bugsy Siegel）和他同事的拉斯维加斯一样，赫夫纳把低劣的东西改造成了一种现代、优雅和独特的事物。当时已有的艳照杂志都是些拙劣的黑白印刷书刊，偷偷贩卖，流通量极小。1953 年，《花花公子》创刊号的中间插页（centerfold）（一个由赫夫纳创造的词）用华丽的双页彩色照片展示了玛丽莲·梦露（Marilyn Monroe）的裸体；3 年后，美国男性每月购买的《花花公子》达到了 100 万份。裸体女性照片史无前例地成为大型出版物的存在理由。当然，就像在它之前的那些不堪的纸质色情刊物一样，每一本《花花公子》都是用来帮助人手淫的。但《花花公子》的梦中女孩并不是《锐》（*Pep!*）和《聚光灯》（*Spot*）中低劣摄影的受害者。

赫夫纳的天才不仅在于提供更高级的虚构——无可争议的美女、优秀的摄影师、巧妙的后期修饰、光面纸印刷的彩色照片——还在于构建看起来很正常的全方位幻想，给手淫者提供了他们梦寐以求的模板，让他们尽情重新想象自己的日常生活。他在1956年指示他的员工：

> “玩伴女郎”（Playmate）……应该在一个写实的环境中摆姿势……模特自己要看起来轻松而自然……进行一些简单的活动，如阅读、写作、搅拌饮料、试穿新衣服……我们喜欢健康、聪明的美国形象——一个看起来像是非常干练的秘书，或像是瓦萨学院本科生的年轻女子……玩伴是真实的人，她们是你在生活中可以享受的美好事物。

赫夫纳的一项杰出创新是提供一些关于玩伴的生活细节，并且这些细节越平凡越好——她们的兴趣爱好，她们喜欢的书和食物。这样，幻想看上去就更真实了。杂志的其余部分旨在让读者（和“读者”）觉得自己的生活比现实更性感。杂志的每一页都在告诉他们：你不是一个懦弱、孤独的笨蛋，拥有沉重的家庭责任和蹩脚的工作。你阳刚、成熟、诙谐、练达又稳重，穿着体面、品味高雅，生活在充满乐趣的美国，女人都渴望与你发生无附加条件的性关系。

在20世纪50年代，詹姆斯·邦德成了男子气概的新模范。第一部邦德小说与赫夫纳的第一期《花花公子》在同年出版，并且每年推出一部新书。“我相信，如果真的有詹姆斯·邦德这个人，”赫夫纳说，“那么他一定是《花花公子》的注册读者。”事实上，赫夫纳在现实世界中刚推出“花花公子俱乐部”（为了“让人们一瞥幻想世界的真容”，正如他的兄弟所说），伊恩·弗莱明（Ian Fleming）就把花花公子俱乐部写进了他的小说，让邦德成为一名会员。

在阅读《皇家赌场》（*Casino Royale*）或《金手指》（*Goldfinger*）时，人们知道詹姆斯·邦德不是真实的，而《花花公子》却是名义上的**非虚构类**读物。大幅裸女照片、情感问答专栏，以及关于热门汽车、酷炫单身公寓、高保真音响和新潮文化产品的文章（和广告），构成了一个虚拟世界，却被呈现为完全真实并唾手可得的。对于赫夫纳来说，现实和虚构是完全无法区分的。他说，他捐钱给约翰·F. 肯尼迪（John F. Kennedy）的总统竞选，是因为他认为肯尼迪将是“一位‘张三先生前往华盛顿会见李四’式的平民总统”。此外，肯尼迪是终极的《花花公子》式男性——温文尔雅、常春藤盟校毕业生、长相出众、性欲过剩，就像一个真实生活中的幻想人物。赫夫纳肯定地说，肯尼迪是“我们的一员”。[肯尼迪一宣誓就职总统，就宣布他最喜欢的书之一是邦德小说《俄罗斯之爱》（*From Russia with Love*）。]

在创立了一本允许男性自我虚构的杂志几年后，赫夫纳亲自投身于镜中世界，将自己的生活变成了一部彻头彻尾的公众小说，并以自己为主角：烟斗、浴袍、与“鼠党”（Rat Pack）的友谊、花花公子豪宅、永远年轻的玩伴组成的后宫，以及一切的一切。

***

20 世纪 50 年代末，《花花公子》付钱给杰克·凯鲁亚克（Jack Kerouac），让他写了一篇名为《“垮掉的一代”源流考》（The Origins of the Beat Generation）的文章。在接下来的那个月，杂志的中间插页展示了他们的“垮掉的玩伴”（Beat Playmate）——女演员和爵士音乐家的女儿，编辑们声称他们是在好莱坞的一家“垮掉的咖啡馆”里发现她的。她的兴趣包括“芭蕾舞、迪伦·托马斯（Dylan Thomas）的诗歌、古典音乐（‘普罗科菲耶夫让我发疯！’）”。她有强烈的主见，“不仅仅是有一点点叛逆，姣好的面容在面对墨守成规时露出不悦”，她还“承认自己对健康食品‘有点痴迷’”，她在“一家名为‘觉醒客栈’（The Aware Inn）的‘有机食品餐馆’可以吃到健康食品”。*

关于“垮掉的一代”（The Beats），赫夫纳和他的杂志态度并不明确。他们是这座新兴梦幻之地中相互毗邻的门派——性爱！酒精！兴奋剂！爵士乐！自私自利！——但又彼此轻蔑，这与基督教福音派和五旬节派之间的双向猜疑并无不同。赫夫纳甚至创造并使用了“积极的一代”（Upbeat Generation）这个词，以把他这些富裕、时髦又精明的人和懒散的“垮掉的一代”区分开来。

我们以为“垮掉的一代”是很不“美国”的存在：他们是证

* 这位“垮掉的玩伴”是伊薇特·维克斯（Yvette Vickers）；你可能还记得，在 2011 年的新闻里，她干尸化的尸体在她位于贝弗利山庄的房子里被发现——这个洛杉矶社区建于 20 世纪 20 年代，里面有假的英国城堡塔楼。她的《花花公子》照片是由拉斯·迈耶（Russ Meyer）在成为《更快，猫咪！杀！杀！》（*Faster, Pussycat! Kill! Kill!*）等软色情电影的导演之前拍摄的。吉姆·贝克（Jim Baker）是这位“垮掉的玩伴”所说的“有机食品餐馆”的老板，他在 20 世纪六七十年代化名为“约得神父”（Father Yod），领导了一个名为“本源家庭”（Source Family）的洛杉矶邪教组织。

明20世纪50年代主流规则的例外。但是，“垮掉的一代”是高度美国化的。首先，这场运动的几位创始人成了经久不衰的流行文化明星。更重要的是，他们活跃的冲动源自美国人一直以来对意义的追求，而这种追求变成了梦幻、浮夸的非理性。凯鲁亚克对着一位小说家第一次说出了“垮掉的一代”这个短语，这位小说家在1952年的《纽约时报》上发表了一份使命宣言。他表示，成为“垮掉的一代”并不意味着波希米亚式的生活，“只要一个人追求颓废，或是孤注一掷，他就是‘垮掉派’”。“垮掉的一代”的成员们“有一种本能的个体性”，一种“对自由的强烈欲望”，这种欲望既探索“比波普爵士乐、毒品、性滥交”，也钻研威廉·F. 巴克利（William F. Buckley）的《上帝与人在耶鲁》（*God and Man at Yale*）。“与‘迷惘的一代’专注于信仰的缺失有所不同的是，‘垮掉的一代’越来越专注于对信仰的需求……忙碌而随意地为（上帝）发明各种图腾……这种近乎夸张的信念……一种对相信的意志……一种对相信的十足渴望。”

这就是为什么“垮掉的一代”成为一种美国现象。他们执迷于自己神秘主义、个人主义的信仰，并且全身心地投入其中。他们拒绝平淡无奇的规则，过着反物质主义和准宗教式的纯洁生活。他们就像一个古怪、叛变的新教教派——他们并不关心耶稣，却把新教最初的“信徒皆祭司”理念发挥到了极致。“垮掉的一代”的自我体认属于一支美国所特有的谱系——山民、亡命之徒、边疆怪人、孤独的个人主义者和自恋的局外人，在世界的屋顶上发出野蛮的叫声。随之而来的嬉皮士梦想也来自一个与之平行的谱系——甘蔗岭、19世纪三四十年代的公社、超验主义、田园主义、梭罗。两者都是经典美国幻想的产物。

“垮掉的一代”之王凯鲁亚克在这段历史中很好地体现了两个反复出现的主题：把美好的过去化作神话，把生活当作一部小说。哈佛文化史学家路易斯·梅南（Louis Menand）对于《在路上》（*On the Road*）这样评价道：“在1957年，怀旧是这本书的部分吸引力所在。因为这不是一本关于20世纪50年代的书，而是一本关于20世纪40年代的书，关乎那个正在逝去的……流浪汉、外来工人、牛仔和疯狂赛车手的世界。更重要的是，这部小说并不是凯鲁亚克偶然经历的冒险故事的虚构化——恰恰相反，《在路上》的旅行是为《在路上》的写作而设计的。”*

凯鲁亚克和他的好友尼尔·卡萨迪（Neal Cassady）在小说中的虚构化身访问了好友——黑色幻想作家威廉·伯勒斯（William Burroughs）——的虚构化身。叙述者告诉我们，伯勒斯这个人物有一种“对于美国旧时光的感伤……（那时）这个国家荒蛮、喧嚷而自由，每个人都有丰富的资源和任何形式的自由”。他还说：“人类总有一天会意识到，我们实际上与死者和另一个世界都有所关联。”

像伯勒斯本人一样，这个虚构人物沉迷于他建造的一个“生命能蓄积器”（orgone accumulator）——他把一个木箱“绑上河口灌木的树叶和嫩枝”，然后光着身子坐到里面。虚构的凯鲁亚克解释说：“生命能（orgones）是生命原理中振动的大气原子，人们得癌症是因为他们用尽了生命能。”

---

* 从这个角度看来，如果我们把威廉·巴克利看作“垮掉的一代”的秘密成员，那么安·兰德的说教小说《阿特拉斯耸耸肩》（*Atlas Shrugged*）——自由至上主义的奠基之作——于1957年与《在路上》出现在同一个出版季，就说得通了。两部书的主角都是极端的，都是一意孤行的美国个人主义者，拒绝体制内的舒适。

就像19世纪的麦斯默术和顺势疗法一样，生命能疗法是从说德语的欧洲地区引进的。它的发明者是精神分析学家威廉·赖希（Wilhelm Reich），弗洛伊德的门徒——弗洛伊德最终断定，赖希是疯子。弗洛伊德在写给同事的信中说，赖希“在性高潮时敬礼”，以此作为“每一种神经症的解药”。后来赖希变得更加疯狂，宣布自己发现了新的基础物质“生命单元”（bions），移居美国之后，他又声称自己发现了“太古前原子宇宙生命能量”，这是人类生命力的源泉。在美国，他被人们当真过一段时间，而且不仅仅是在“垮掉的一代”圈内。他的作品被主要医学期刊引用，癌症病人来到他的“生命能蓄积器”里面接受治疗，农民付钱给他，让他把他的“破云器”指向天空，释放大气中的生命能量，好让天上下雨。他还说，这将有助于抵御外星入侵者。他相信，一个由联邦政府高层盟友组成的秘密阴谋集团会把他从洛克菲勒家族、共产主义者、美国食品药品监督管理局（FDA）、美国司法部等众多敌人手中解救出来。联邦政府的人命令他停止宣传和出售他的江湖医疗器械，他拒绝了；他们起诉了他，并最终把他关进了监狱。苏联人造卫星“斯普特尼克”（Sputnik）开始绕地球运行一个月后，《在上路》出版两个月后——巧合吗？——他死在联邦监狱。

吸毒将成为梦幻之地转型的一部分，而在20世纪50年代，“垮掉的一代”开始让毒品变得很酷。伯勒斯喜欢海洛因，凯鲁亚克喜欢安非他命，金斯堡喜欢大麻。20世纪50年代，普通美国人也发现并接受了新的合法精神药物。苯丙胺这种合成的安非他命在1959年之前在美国一直作为非处方药出售，而其更强大的兄弟右苯丙胺刚刚推出。1960年时，美国人服用这种合法安非他命的剂量达到了惊人的平均每人每周一次。人们也开始大量地服用镇静剂。1957 年，在奇效“神经药丸”眠尔通（Miltown，甲丙氨酯）出现在药店两年后，它占了美国所有药品处方的三分之一。就像他们的许多美国前辈和后继者一样，“垮掉的一代”拼凑出了一套包含异域宗教信仰的教义。卡萨迪、凯鲁亚克等人，尤其是金斯堡，全都认为自己是佛教徒，而伯勒斯成了山达基教的信徒，并试图改变他的朋友。

啊，山达基。L. 罗恩 · 哈伯德（L. Ron Hubbard）这个洛杉矶科幻奇幻作家，先是转行做了流行心理学家，之后又转行当起了宗教先知。他靠谎言创业的天赋既是美国 20 世纪 50 年代的产物，又与人们对 50 年代的固有印象背道而驰。哈伯德可能是个博学的江湖骗子，但对我来说，至少在开始的时候，他看起来更像约瑟夫 · 史密斯，是个真正的信徒，认为自己发现了一种奇异的“西方技术和东方哲学的混合体”，为人类的幸福揭开了秘密。一个骗子会把他的发现提交给《美国医学协会期刊》（*Journal of the American Medical Association*）吗？他的著作《戴尼提：现代心灵健康科学》（*Dianetics: The Modern Science of Mental Health*）在 20 世纪 50 年代连续两年畅销全国。然后他把整件事从伪科学扩展、转变为宗教，即山达基教会。

就像鼓捣生命能蓄积器的赖希，哈伯德也把一个小器具当作他净化方案的中心，那就是专利的“心灵电仪表”（electropsychometer），简称“E 电表”（e-meter），该仪器装有晶体管并以电池供电，完全是 20 世纪 50 年代的现代产品。作为一名精神领袖，他领先于他的时代。新纪元治疗师和萨满开始将人们催眠，使他们幻想前世的生活，而山达基教的“听析者”早在几十年前就已经用电仪表这样做了。美国基督徒对“灵恩派”（charismatic）的胡言乱语趋之若骛，人们能够**感觉到**并想象出自己**看到了**超自然现象，而对电仪表的听析早在几十年前就诱导着山达基教徒认定，他们与自己神一样的灵魂有着密切联系。山达基完完全全是美国式的，因为它强调一种完全主观而又实用性强的自我提升术：如果一件事能让你感觉更好——更不用说让你感觉万能了——那么它一定是真的。

哈伯德对非虚构与虚构——具体来说是科幻小说，而不仅是电仪表——之间的界限毫不在意。山达基的神学背景就是一部荒谬程度惊人的科幻小说，像是《2001 太空漫游》加《星际迷航》加《星球大战》加《黑客帝国》加《普罗米修斯》。简而言之，我们每个人体内都有一个“希坦”（thetan），是创造宇宙的超凡存在之一，但每一个“希坦”在被银河联盟（Galactic Confederacy）邪恶的独裁者运到地球并用核弹击中后，都被洗脑了，从而忘记了自己神圣的起源，并相信了大多数人信以为真的虚假现实。

我可以用整整一章来写 L. 罗恩·哈伯德。

***

1957 年春天，威廉·赖希在狱中去世前几个月，另一个遭受迫害、愤怒鲁莽的中年狂热反共者在另一个联邦机构贝塞斯达海军医院去世，他就是参议员约瑟夫·麦卡锡（Joseph McCarthy），“麦卡锡主义”（McCarthyism）因他得名，他很自豪。

第二次世界大战后，我们最重要的盟友苏联几乎立即成为我们最危险的敌人。对于1950年的美国人来说，担心国际共产主义的侵略或苏联在美国的间谍活动并不是妄想。但这正是阴谋论思维的问题所在。在一小部分现实引发了夸张的恐惧、得到了可能成立的解释之后，它就会长成一座想象出来的迷宫，里面住着无所不能的邪恶，或是一部基于真实故事的精心编织的小说，却冒充成纪实作品，例如当时人们臆测，数千名忠诚的共产主义者秘密利用电影和电视节目为共产主义和苏联宣传。反共有现实依据，麦卡锡主义则是幻想的产物。

战争结束一年后，麦卡锡尚未当选参议院议员，好莱坞就掀起了红色恐慌（Red Scare）。当一名共产主义者并不违法，然而，国会对此已经展开调查。众议院非美活动调查委员会（House Un-American Activities Committee）听证会的结果是，10名被传唤的编剧和导演拒绝回答有关他们信仰或是结社的问题；“好莱坞十人”中的许多人在20世纪30年代曾是共产主义者，他们因拒绝谈话而被判入狱，并被娱乐业列入黑名单。但在那些热切做证的人中，有一个自称“卡通电影制片人”，还有一个刚刚当选为好莱坞电影演员工会（Screen Actors Guild）主席。这两人都别有用心，而且惊人的是，甚至在苏联拥有原子弹或中国成为共产主义国家或朝鲜战争开始之前，他们就肆无忌惮地操纵起了事实真相。

“在过去，”当被问及他工作室里的颠覆分子时，沃尔特·迪士尼告诉国会议员，“我有一些工作人员，我觉得他们一定是共产主义者。”他仍在为6年前他的动画师举行的为期5周的罢工而感到生气，他对委员会说，这次罢工导致了“共产主义期刊”和“所有共产主义团体”的“诽谤运动”。他指认的一名动画师是“我工厂里的艺术家”，他是这次罢工“真正的主谋”。“我查看了他的记录，发现……他没有宗教信仰。”一位国会议员问及另外两名曾是罢工领袖的动画师时，迪士尼说：“依我看，他们是共产党人。没有人能证明这样的事。”

美国演员工会的新主席——年轻演员罗纳德·里根——也没有任何确凿证据证明他在工会中的对手是共产主义者。但是，“那个小集团，或多或少地被怀疑采取了共产党通常会采用的策略……我听到了各种讨论，其中有些人可以被标记为共产主义者”。

几天后，《好莱坞报道》(*Hollywood Reporter*)的老板成为红色恐慌的主要公众煽动者，坚持要求该行业建立一个左翼分子的正式黑名单。他是个引人注目的人，他6任妻子中的3任都是在拉斯维加斯娶的，他还在把巴格西·西格尔和其他暴徒介绍来接管生意之前，开发了火烈鸟酒店赌场。在《好莱坞报道》发表对共产主义阴谋的第一轮攻击之前，他去日落大道上的一个天主教堂告解，在那里得到了神父的许可，以揭发他认为是红色分子的人。

“任何男人或女人，”他写道，“若是打着言论自由的幌子，打着《权利法案》的幌子，或假借自由派的名义，发表或招致一些言论，或实际上参与了许多现已在我们这片伟大土地上横行的阴谋，他就在我们中间没有一席之地，无论他是共产主义者还是别的什么。”几个星期后，电影公司纷纷响应并发表了一份联合声明，声明中说，虽然“银幕上没有出现颠覆性或非美国化的东西”，但电影行业的领导人“对10名好莱坞男士的行为深表遗憾”——他们拒绝与非美活动调查委员会合作。从今以后，制片厂不会“在知情的情况下雇用共产主义者”，并会“邀请好莱坞人才协会与我们合作，消灭一切颠覆分子”。

一本名为《红色频道》（*Red Channels*）的富有影响力的小册子列出了151名娱乐业颠覆分子，声称他们要为“有商业赞助的系列剧集”负责，这些剧集“被用作传声板，特别是针对‘学术自由’‘民权’‘和平’等（共产党）极为感兴趣的时事热点问题”。各种黑名单最终包括了300多个名字。

苏联试验了他们的第一颗原子弹。反共瘾症加速蔓延。每个联邦部门都设立了“忠诚委员会”，数以千计的美国政府工作人员或被解雇，或被迫离岗。1950年，某位威斯康星州的资浅参议员上任仅3年，就把共产主义阴谋作为他的头号问题。“卡尔·马克思轻蔑地认为上帝是个恶作剧，”麦卡锡在一次演讲中解释说，“今天，我们正在进行共产主义无神论和基督教之间的最后、全面的斗争。”他说，他有一份名单上有几十名国务院雇员，他们都是“共产党员”，“他们的姓名……已被国务卿掌握”。他说他的名单上有57或81或205名官员。这并不是真的，但媒体继续报道这一指控——怎么说他也是一名美国参议员！——这成了美国历史上一则重量级的假新闻。*

麦卡锡的幻想变得愈加复杂和荒谬。一年后，在朝鲜战争中，有3.6万名美国士兵和海军陆战队队员阵亡，他在参议院发表演讲解释说，杜鲁门总统是他的一些共产主义内阁成员的傀儡和“俘虏”，是“一场阴谋的执行者，其规模之大，足以使人类历史上任

---

* “今天，麦卡锡主义的出现使一些人感到真正的恐惧，”一位年轻的华盛顿记者在麦卡锡1950年发表演讲几个月后写道，“担心这样的煽动者会对美国做些什么，而媒体却无可奈何地给予不那么情愿的合作……但谁知道呢？以后可能会出现一个比麦卡锡还要厉害的人。”

何一次类似的冒险相形见绌……一个更大的阴谋及其覆盖世界范围的网络，已经从莫斯科开始编织”。这当然十分荒谬，但美国人相信了他。不久，盖洛普民意测验发现，50% 的人对约瑟夫·麦卡锡持赞成态度。

5 年的鲁莽行为之后，公众和当权者终于受够了。麦卡锡的幻想不再只是有关地缘政治：他因酗酒住院，在威斯康星州的一次社交聚会上，他产生了被蛇袭击的幻觉。* 参议院以 67 票对 22 票正式谴责了他。

用一种使人类历史上任何曾经的高风险活动都相形见绌的超大规模阴谋来解释世界的这种倾向，并不是从麦卡锡主义开始的。麦卡锡作为一个个人很快就失去了信誉，麦卡锡主义也成了一个普世的贬义词，因为他提出了虚假、疯狂和不公平的指控。然而，对共产主义颠覆活动的过度恐惧持续了整个冷战时期，让现代美国人的反颠覆幻想扎根、传播和生长，这是前所未有的。麦卡锡主义的基本观点——坚信美国政府、媒体和学术界有一个巨大的阴谋，它们与外国共产主义者结盟，执意要毁灭自己的国家——经过从 20 世纪 40 年代到 90 年代好几代人的延续，已成为美国人根深蒂固的思维定式。

---

* 梦幻之地的另一个大同时刻。这次聚会的地点是他在威斯康星州的家乡——哈里·霍迪尼童年的大部分时间也在那里度过——在麦卡锡的伴郎、前参议院竞选经理厄本·范苏斯特伦（Urban Van Susteren）的家中。范苏斯特伦的女儿格蕾塔（Greta）当时还是个蹒跚学步的孩子，长大后在福克斯新闻（Fox News）任主播长达 14 年——同时也是一名山达基教徒，山达基教创始人 L. 罗恩·哈伯德和麦卡锡一样，在“二战”期间在战场上受伤一事上撒了谎。

***

麦卡锡能够成功地煽动人们相信历史上最大的阴谋，这也要归功于三分之二的美国人都是新教徒这一事实，他们中有相当一部分虔诚地信奉着一种对历史和未来的严酷预言——神圣的美德正在与撒旦的邪恶交战。美国是一个基督教国家，而苏联和中国政权都是无神论的。所以，新一代超级巨星福音布道家葛培理（Billy Graham）断定，“在这个国家，超过 1 100 个社会组织……是共产主义的或者有共产主义倾向，（并且）控制着我们中一大部分人的思想”，这体现了美国独有的宗教与政治间的协同作用。就在麦卡锡被清算的时候，葛培理解释说，共产主义有“撒旦作为背后主宰……对于共产主义的巨大成功，我们无法做其他任何解释……唯一的解释是，它被赋予了超自然的力量、智慧和才能”。这就像在说 17 世纪撒旦控制下的美洲原住民战士一样。

自 20 世纪 20 年代以来，新兴的老派基督徒们淡出主流社会的视野，静静地建立自己的机构，宣传他们的另类现实。这是一种反主流文化，对轻视它的主流文化进行着顽强（且近乎隐秘）的抵抗。上百所福音派圣经学院开办，还有了完备的综合性高等院校。基要派和五旬节派教会成倍地增加。

接下来，这位新福音派葛培理横空出世，他是低浓度基督教基要主义在 20 世纪 50 年代复兴的完美工具。葛培理年轻、高大、英俊，一头金发。他是南方人，但与《灵与欲》中的埃尔默·甘特里不同，葛培理是正直而严肃的中上阶层人士。他是一位技能高超的演说家和表演者，充满了信念与真诚，没有孙培理的傲慢张扬和麦艾梅的狂热古怪。在南方两所新建立的福音派学院就读后，他毕业于惠顿学院（Wheaton College），这是北方一所更古老、更权威的基督教院校；他是由美南浸信会（Southern Baptists）按立的，这是保守宗派中最大且最受尊崇的宗派。他在各方面都是双重完美的，既受到死硬派的欢迎，又受到20世纪中叶美国中产新教徒和媒体的青睐，他是南方人，但不是"红脖"乡巴佬，他亲民但又举止庄重，宣讲世界末日但不疯狂也不愤怒，他既是局外人，又是圈内人。就像所有在他之前取得巨大成功的美国布道家一样，葛培理充满了企业家精神、演艺界精神和上帝的灵。

葛培理25岁时，辞去了他在芝加哥郊区的每周基督教广播节目主持人的工作，成为颇受欢迎的新福音派路演《基督青年后援团》（*Youth for Christ*）的主要布道者——"倚靠磐石，面向时代！"——他们面向整座体育场的观众表演，将基要派基督教完全带出掩体，融入现代梦幻工业中心里。《基督青年后援团》的演出形式是炫目的竞技场摇滚音乐会，领先了他们的时代几十年：一部巨大的道具《圣经》被带到"玫瑰碗"或"士兵场"*的中央，洪钟般的宗教解说从扩音器中发出巨响，闪光粉大声引爆，蘑菇云喷出，100只白鸽被同时放飞。

葛培理开始成为一名自由职业传道人，在小城市自己举办了几场为期一天的复兴营会。他布道生涯的重大突破发生在洛杉矶——在那里，梦想可以在黄金之路上实现，无数堕落的罪人急需拯救。他在市中心的停车场搭起了几个马戏团帐篷——也就是说，他

---

* 这些都是体育场的名称。——译者注

在“帆布大教堂”里创建了“大洛杉矶葛培理传道会”。那里设有探照灯，就像在好莱坞首映式上见到的一样，名为“光之尖塔”（Steeple of Light）。标志牌劝导人们“来到圣灵的神迹帐篷里，期待一次神迹的超自然爆炸”。洛杉矶传道会原计划举办3周，吸引12.5万人；实际它持续了8周，引来了35万人。全国的新闻媒体对此进行了广泛报道，其中一些报道明显是奉承［“吹一吹葛培理。”威廉·伦道夫·赫斯特（William Randolph Hearst）给他的报纸编辑发电报下令］，而所有的报道都备受关注。《时代》周刊写道：“洛杉矶几乎每一位知名牧师都出现在葛培理拥挤的讲台上……‘我几乎见不到无神论者，’葛培理说，‘人们不再那么自作聪明了。’”

葛培理的传道会席卷全国，吸引了数量惊人的人群。他不提倡任何特定的宗派，避免在教义上吹毛求疵。他拒绝卷入关于上帝创造万物的具体方式和时间的争论，淡化了末世的主题。他在自由派和基要派之间为基督教开辟了新的空间：与主流新教宗派相比，神学上不那么激进，热情更高涨，但不算疯狂过火。

葛培理在各方面都很有才能，政治上也很出色。朝鲜战争爆发3周后，也就是他成名仅1年后，他就和哈里·杜鲁门（Harry Truman）一起在白宫的椭圆形办公室里祈祷（然后又因为擅自跪在白宫草坪上摆出祈祷的拍照姿势而惹怒了总统）。他出席了艾森豪威尔（Dwight D. Eisenhower）的就职典礼，并强调要与他之后的总统、下一任和再下一任结交，让他们每人都能与一位新教领袖保持公开的友好关系，这可是之前31位总统不曾拥有的便利。在一个既由新教主导又有无数小教派并存的国家里，他创立并填补了一个新的特设公职，即“首席牧师”，我们自己的“梅伯雷大主教”。35

岁那年，他登上了《时代》周刊的封面。

事实上，美国基督教正处在全面上升时期。艾森豪威尔在担任总统的第一年，他63岁的时候，接受了洗礼。他出席了第一次全美祈祷早餐会（National Prayer Breakfast），这是一个基要派团体组织的活动，后来成了一年一度的节目。接下来的一年，国会和总统把“上帝之下”（under God）几个字强塞进了有着87年历史的《效忠宣誓》（Pledge of Allegiance），随后又定下了美国第一句官方格言“我们信仰上帝”（In God We Trust），将它印在货币上。艾森豪威尔将祈祷设为内阁会议的一部分，第一次是由他的农业部长带领的——那是一位摩门教的领袖。

20世纪50年代，美国进取精神的成熟也助长了某种基督教的扩张。20年来，诺曼·文森特·皮尔（Norman Vincent Peale）一直是纽约市的明星牧师之一，在第五大道附近有一座豪华的长老会教堂，与大公司总裁们为友，并拥有自己略带新教倾向的广播节目和全国发行的杂志。1955年，他出版了《积极思考的力量》（*The Power of Positive Thinking*）一书，这本书在《纽约时报》畅销书排行榜上待了3年之久。皮尔的方法对那个时刻的美国来说是完美的：轻松活泼的励志助威，混合着超自然色彩的鼓励，简直就是戴尔·卡内基（Dale Carnegie）和上帝的合体。

在他的书中，皮尔教导人们一遍又一遍地重复一些自我肯定的要点，并压制任何可能导致“自卑情结”的疑虑。他精明地选择了一个非宗教性质的书名，书中章节包括“活力减退时，试试这个健康配方”、“如何让人们喜欢你”以及“我不相信失败”。但要想做成大生意、获得好工作并成为赢家，基督教信仰是一切的关键。“自信不足的可靠治疗方法是相信上帝确实与你同在，并且在帮助你……秘诀是让你的头脑充满信仰、信心和安全感。”上帝总是在经济和军事上向美国倾斜，但如今在20世纪50年代，上帝也在特别关照着**你**——这个小蜜蜂般忙碌的美国中产阶级个体。皮尔在大众市场上推销了两种自1900年以来就渗透到美国基督教中的思想：一是关于财富和成功的魔幻思维（“上帝的能力就是我的，”一位20世纪初的著名牧师如此宣扬，“他的成功就是我的。我是胜利者。”），二是以“不眼见邪恶、不耳听邪恶、不口出邪恶”作为实现目标的实际手段。许多著名新教神学家厌恶《积极思考的力量》，认为这是一种自私自利、物质主义和逃避现实的邪教。葛培理则大爱这本书。

主流虽然接纳了葛培理和皮尔，但仍然把更加疯狂的基督徒视作来自另一个时代的令人难堪的残余。1955年，《纽约时报》发现，五旬节派等“边缘教派”虽然“并不广为人知”，但仍然存在，且仍在实践“过度的情感主义”。

接下来的那一年，五旬节派牧师奥罗尔·罗伯茨（Oral Roberts）在数百家电视台上买下了每周一次的节目播出时间，在电视上展示通过信仰治疗得以痊愈的人。《纽约时报》的电视评论家对此感到震惊：“这个福音布道家擅自做出即兴的医学诊断，宣称神奇的结果却没有任何合理证据的支持……任凭极具影响力的电视媒体被用来一周又一周地制造毫无事实根据的‘神迹’……似乎违背了业界良知……违背了进行成熟负责的播报的行规。”

在“圣经地带”（Bible Belt）的西北边缘长大，我认识的大多数人都是去教堂做礼拜的基督徒，但我敢肯定他们没有一个人向我提到过耶稣。20 世纪 50 年代，基要派和福音派信徒开始“出柜”，但他们看起来仍然像是新奇事物，是处在边缘的死硬守旧派，并不能代表未来的模样。20 世纪 50 年代末，好莱坞大片毫不掩饰地贬低“红脖”的宗教信仰——人们将讽刺小说《灵与欲》和戏剧《风的传人》（*Inherit the Wind*）搬上了银幕，后者原是百老汇关于斯科普斯审判的卖座剧目，由斯潘塞·特雷西（Spencer Tracy）饰演克拉伦斯·达罗。对现代世俗主义者来说，这是最终的胜利。每个严肃的人都相信，残留的原始、古老的宗教最终会在美国消亡。官方新教的信仰和实践似乎正在向低调、微妙和无组织的方向发展，这种信仰形式可以与现代理性、科学和美国乐观主义和谐共存。据 1961 年《红皮书》（*Redbook*）杂志的一次问卷调查显示，在美国 7 所顶尖新教神学院的学生中，只有 1% 的人相信耶稣会再次降临。

在 20 世纪 60 年代到来之时，主流新教教会占据着绝对统治地位。事实上，当时没有人把这些教会称为“主流”——相对于谁的主流呢？那时，“主流”（mainline）仍然只是一个专门用来讨论铁路和电力的术语，没人用它来甄别那些把超自然幻想保持在最低水平的大型而体面的宗派。自第二次世界大战以来，这些宗派的聚会出席人数增加了三分之一。它们发展兴旺。事实证明，它们也达到了顶峰。

第四部分

大爆炸：20 世纪六七十年代

我们恐怕是历史上第一批能够让幻想变得如此生动、如此有说服力、如此‘现实’的国民，以至于我们能够活在幻想之中。

——丹尼尔·布尔斯廷（Daniel Boorstin），

《图像：美国伪事件指南》（*The Image: A Guide to Pseudo-Events in America*）（1961）

如果说妄想症能够带来一些慰藉甚至信仰，那么也存在一种反向妄想症，在患者的世界里，任何事物都不与其他事物发生联系，这是我们中少有人能够长时间忍受的。

——托马斯·品钦（Thomas Pynchon），

《万有引力之虹》（*Gravity's Rainbow*）（1973）

一个多世纪以来，纽约的伍德斯托克一直是艺术家、乌托邦主义者和放浪不羁的文化人定居的地方。1932 年《纽约时报》的一篇文章告诉大家，在这个小镇上，“每个人都非常重视艺术”。刚录了几张唱片的鲍勃·迪伦（Bob Dylan）就搬到了那里。当然，到了 1969 年，当 40 万名年轻人参加伍德斯托克音乐节时，这个小镇就变得非常出名了，尽管音乐节实际上办在离小镇 100 千米之外的地方。到了第二年，“伍德斯托克一代”（The Woodstock Generation）成了美国青年的通用代称。1973 年，作为一名大学新生，我去伍德斯托克镇看望了我的哥哥。他是个摇滚音乐家，带着他的乐队从中西部搬到那里，就是因为……**这是伍德斯托克**。

40 年后的一个星期六，我又去了一次，应邀做了一场关于 20 世纪 60 年代的讲座。那天早上的大多数听众比我年长，他们可能仍然认为自己是“伍德斯托克一代”的成员。在问答环节中，一位留着胡须的白发男子恳切地问我，为什么他们想象中的革命在社会和文化的许多领域都获得了胜利——民权、女权、同性恋权益、环境保护、性、毒品、摇滚、天然食品和医药，以及数百万的老人可以像他这样穿着牛仔裤并蓄着长发——却偏偏在经济领域败给了自由市场的理念？

我沉默许久。人们点点头，耸耸肩，叹了口气。

我突然灵光一现，向人们阐述了我的顿悟，结果把房间里的每个人都搞得情绪低落。我迟疑地向人们解释自己意识到的一点：自20世纪60年代和70年代初的巨变以来，美国在政治、经济、文化和社会方面发生的一切，并不是矛盾不一的；无论好坏，一切都是一个自洽整体的一部分。

在伍德斯托克的影响下，我们大多数人对20世纪60年代的理解是有选择性的，是精心过滤的结果，以此取悦奉承一方而让另一方感到惊骇。《美国的绿化》(*The Greening of America*)一书的作者查尔斯·赖克(Charles Reich)最近说，左翼人士“仍然对60年代的价值观深信不疑”。他们只注意20世纪60年代的自由遗产，并将其定义为进步。而政治和文化方面的右翼人士仍然在妖魔化1963年到1973年之间的10年，认为这是他们所厌恶的一切的根源。

事实上，左派和右派分别热爱和憎恨的大多数事物，是在1967年左右铸成的同一枚硬币的正反面。确实，我们称之为“反主流文化”的所有思想都在20世纪六七十年代登上了文化舞台，但我们并没有真正意识到，同时登场的还有极端基督教、全面爆发的阴谋论、自由至上主义、无拘无束的贪婪等等。任何事都能大行其道，意味着**任何事**确实大行其道。

反体制者与当权者之间默默达成了一笔大交易。从那以后，个人将获得前所未有的许可，去放纵自我表达和享乐主义的冲动。但作为回报，资本家也将不受束缚，自由放任他们的动物性，在监管、税收或社会责难方面受到的限制越来越少。“做你自己的事”和“人人为己”异曲同工。如果感觉良好，那就去做吧：对一些人来说，这将意味着抽大麻和看色情片，而对另一些人来说，这意味着反对适度的枪支管制，付给自己的薪水是付给员工的400倍。

法律上的平等在20世纪60年代确实取得了进步。但是，在平等的扩展之外，在成文法之外，还有另一种更基本的美国主义：每个人都变得更加自由，可以随心所欲地成为或相信**任何事物**。个人主义观念最终压倒了所有与之竞争的理念。这种观念与美国本身一样古老，是不受限的自由和对幸福的追求：*相信梦想，不信任权威，做自己的事，找到自己的真理*。在美国，从20世纪60年代末开始，平等不仅意味着**法律**应该平等地对待每个人，也意味着**你**对任何事情**的信念**都和其他任何人的一样正确。随着绝对宽容的原则在我们的文化中成为公理，被内化为我们心理的一部分——*我所信之物为真，是因为我希望并感觉它为真*——个人主义变成了猖獗的唯我论。

这大概是一种保守的观点，但这里说的“保守”与现在通常说的“保守”并不是同一个概念。20世纪60年代助长了一种影响深远的“信你心之所向”的思潮，这种思潮对政治右派的推动远比对左派更甚，而且远远超出了政治的范畴。20世纪60年代的美国授予了**每个人**让自己的怪异旗帜飘扬的许可证——超级自私的安·兰德们和新纪元运动的萨满们，基要派、福音派和灵恩派，山达基教徒、顺势疗法医师、怪力乱神者和学术相对主义者，左翼和右翼阴谋论者，战争重演者和被撒旦或外星人绑架者，色情成瘾者、赌徒和枪支爱好者。*做你自己的事*。我们认识论和本体论的防御堤坝被炸得粉碎，此后再也没有修复过。*不要信任权威*。非虚构幻想不再像过去那样被压抑或被过滤出主流文化。*找到你自己的真理*。从今以后，现实将成为你——不可侵犯的个人、自主的美国人、自己宗教的祭司、自己故事的作者——所希望成为的一切。

在这个建立于几乎无所不包的启蒙原则之上的国家里，在几个世纪以来的美国特殊条件的塑造下——我们作为逐梦者的开端，我们的新教思维习惯，我们极端的民粹主义、个人主义和主观性，甚至我们身处的空间本身——数量空前的公民永久拒绝了理性和理智。

在 20 世纪中叶，全球经历了漫长的后启蒙时代，理性思维似乎在与魔幻思维的竞争中取得了胜利。现代化的文化似乎正在稳步而不可逆转地抛弃对超自然和其他不可能事物的信仰。《神圣的帷幕》（*The Sacred Canopy*）是一位极具声望的宗教社会学家写于 1967 年的一本书，它肯定了宗教在智识上的共识。西方宗教为现代性铺平道路之后，先进的现代性如今终于扼杀了宗教。“基督教，”他写道，“一直是自己的掘墓人。”

但在美国则不然，那里的新教之火仍在熊熊燃烧。甚至对于那些发现自己已经无法相信《圣经》故事（或相关的“同人小说”）的人来说，也突然有了额外的新方法来填补“后上帝时代”留下的幻想空白。现代美国人对自由和富足的梦想也包括了空前丰富的**选择**。因此在 20 世纪 60 年代，几种截然不同的反主流文化，不管是左派、右派还是非政治性的文化，不管是高雅还是通俗文化，它们都不约而同地渴望拥抱非理性，渴望让世界重新变得魔幻，渴望相信秘密宏大蓝图的存在，这些反主流文化在多条战线上发起了反击，既与美国的理性主义堡垒对抗，又与其他反主流文化彼此对抗。它们中的大多数都取得了胜利，其余的也至少发展壮大，没有输掉战争。

第 22 章

大爆炸：嬉皮士

在很多方面，我对于 20 世纪 60 年代对美国社会和文化的永久性重组既不反对也不感到惋惜。只是，60 年代除了为人们所熟知的好处之外，还带来了一些未被计算的代价。

当我第一次与我的一个姐姐和她的两个女友一起服用迷幻药酶斯卡灵时，离我 17 岁生日还有两个月。在高中剩下的时间和大学的头几年里，我大概服用过十几次 LSD（麦角酸二乙基酰胺）致幻剂。每当药物的效力减退，我总能意识到我所经历的神乎其神的洞察力和超自然的情节都是幻觉，但通过服用致幻剂而获得的数百个转瞬即逝的幻觉和直觉的确改变了我，削弱了我青春期的那些脆弱的确信，让我明白了感知的不稳定性和神秘体验的触手可及。

我蓄了长发，读了艾伦·瓦特（Alan Watts）的书，学习了“超验冥想”（Transcendental Meditation），还反复阅读了一本叫作《走向新美国的运动：漫长革命的开端（一本拼贴集）—— 一本什么？》［*The Movement Toward a New America: The Beginnings of a Long Revolution (A Collage) – A What?*］的书。我和几个朋友买了一辆旧校车，开着它一起南下去了墨西哥，然后去了拉斯维加斯（我们有些人在那里嗑药），又去了迪士尼乐园（我们又有更多些人在那里嗑药）和“大苏尔”。在大学里，我以为只有象棋棋子和机器人一样的学生才会诚惶诚恐地去上每一节课。

从成百上千的老一辈“垮掉派”中，诞生了成千上万的“披头族”（beatniks）。但到了20世纪六七十年代，整个婴儿潮的一代人都长大了。突然之间，美国的青少年人数比以往任何时候都多，并且有**远比过去更大**比例的年轻人在大学校园里共同生活，加上社会的繁荣昌盛，大众媒体把新一轮的“青年震荡”反馈给年轻人，还有那场把青少年征召入伍的不断升级的战争。* 美国的波希米亚式理念不断推出、交互并**升级**，从焦虑的“垮掉派”时期的试运行版本，到20世纪60年代在大众市场广泛传播的正式应用程序，它已经与不断扩大的梦幻工业中心完全兼容。

***

1962年，人们开始使用“嬉皮士”（hippies）一词，披头士乐队首支单曲大获成功，肯·凯西（Ken Kesey）出版了《飞越疯人院》（*One Flew Over the Cuckoo's Nest*），哈佛大学心理学教师蒂莫西·利里（Timothy Leary）向学生们分发裸盖菇素和LSD。在旧金山以南3个小时车程的地方，“大苏尔”美不胜收的海岸峭壁上，一对年轻的斯坦福大学心理学毕业生——其中一个是凯鲁亚克和金斯堡的朋友——创建了一所学校和智库，以一个很早以前生活在这

---

* 1963年，越南有1.6万名美国士兵和海军陆战队成员，其中122人死在战场；1968年，美国的海外部署达到54万人，其中16 592人被杀。

里的印第安小部落的名字命名。

创始人之一在40年后回忆道：

> 在1968年，伊莎兰（Esalen）是青年反叛的旋风中心。就像麦加之于伊斯兰文化，伊莎兰也是文化中心地带之一。伊莎兰是成千上万年轻人前来朝圣的中心，他们对超验性、突破意识、致幻剂、性革命、偶遇、拥有敏感的心灵、发现自己的身体、瑜伽感兴趣——所有这些东西最初都是通过伊莎兰渗透到文化中的。到了1966—1968年，伊莎兰产生了世界范围的影响。当时，很多人来到这里寻找……灵丹妙药。

这并没有言过其实。20世纪70年代被称为“新纪元”的所有事物，基本上都是在伊莎兰学院（Esalen Institute）开创、发展或推广的。伊莎兰是一种新型美国宗教的母会，适合那些自认为不喜欢教会或宗教，但仍然想要相信超自然力量的人。就像1636年波士顿的安妮·哈钦森、1801年甘蔗岭的复兴运动者和1906年洛杉矶的五旬节派信徒一样，他们希望通过强烈地**感受**和**体验**神圣的灵来确认他们的信仰。“在这个地方，”伊莎兰的网站如今宣称，“奇迹不仅仅会发生，而且时刻都在发生。”

伊莎兰开展并推广了对心理学、医学和哲学的大规模革新，这背后的推动力是对科学和理性的怀疑，以及对魔幻思维（还有按摩、热水浴、性爱和热水浴中的性爱）的信奉。按照他们自己的话来说，伊莎兰是一个非宗教的新宗教总部，也是一个几乎没有科学的“科学”总部。它的理念是不加甄别地全盘接纳所有的治疗方法和对现实的理解，特别是那些来自亚洲或美洲原住民或其他地域的巫术传统。无形的能量、前世今生、星体投射，管它是什么，越奇异、越玄妙、越难以证伪越好。

德国心理治疗师弗里茨·佩尔斯（Fritz Perls）曾是威廉·赖希的病人和弟子，战后移居美国，并在20世纪60年代伊始移居到加利福尼亚州和伊莎兰。为了替代在精神病学领域居于主流的弗洛伊德模式——谈话、回忆事件、分析——他和妻子开发了“格式塔疗法”（Gestalt therapy）。佩尔斯的方法只关注病人的**感知**而不下判断。在伊莎兰，佩尔斯将他的方法提炼为四句话，那就是著名的“格式塔祷文”：

> 我做我的事，你做你的事。我在这个世界上不是为了实现你的期望，你在这个世界上也不是为了实现我的期望。你是你，我是我，如果我们偶然相遇，那十分美好。如果没有，那也没办法。*

挺好。但是在美国——这个原本就**建立在**主观性陡坡之上的国家——这种新信条促进了文化与社会往“炮制你自己的真理”的方向急剧下滑。

在伊莎兰成立之前不久，它的主要创办人精神崩溃，被强行送进了一家私人精神病院，在那里住了一年。他新成立的这所学院信

* 值得说明的是，几十年前新教神学家莱因霍尔德·尼布尔所写的“宁静祷文”（Serenity Prayer）与“格式塔祷文”虽然表面上有些相似，但存在很大的不同。前者旨在习得理性分辨的能力，接受无法变更的事实但改变力所能及的事物，并且拥有“区分这两者的智慧”。相比之下，佩尔斯的20世纪60年代祷文把每个人都送到了他或她为自己定制的现实之中。

奉一种激进的观点，即精神错乱和其他精神疾病都是所谓的正常世界强加给怪人和梦想家的标签，它们主要是胁迫和控制的工具，而根本不是真正的医学症状。当然了，这就是肯·凯西的畅销小说《飞越疯人院》背后的大观念。（1964年夏天，在他传奇的洲际原始嬉皮士巴士之旅中，有一站便是伊莎兰，他在那里举办了一场名为“与肯·凯西一同旅行”的研讨会。）

在精神病学专业内部，这一观点有两个颇具影响力的支持者，他们都在20世纪60年代发表了反正统的宣言——R. D. 莱恩（R. D. Laing）[《分裂的自我：理智与疯狂的存在主义研究》（*The Divided Self: An Existential Study in Sanity and Madness*）]和托马斯·萨斯（Thomas Szasz）[《精神疾病的迷思》（*The Myth of Mental Illness*）]。“疯癫，”莱恩在伊莎兰刚创立时写道，“是潜在的解放和更新。”精神错乱和精神分裂“或许是一种自然进程，我们却不允许它们发生”，“它们是一种启蒙仪式”，一种“天然疗法，能够治愈我们被异化的可怕状态，而我们把这种状态称为正常”。伊莎兰的创始人是莱恩的忠实粉丝，这使得学院为这种思想提供了温床，即疯狂只是另一种感知现实的方式，而且往往是更好的方式。

这些来自左翼人士莱恩、自由至上主义者萨斯和伊莎兰的左翼自由至上主义者的早期批评很有影响力，产生了一些不良后果。萨斯反对**任何**非自愿的心理干预，并与《飞越疯人院》中的描绘一同为美国精神卫生设施的灾难性破坏铺平了道路。从更广泛的意义上来说，他们使一种观点得以流行并受到重视，即大部分科学都是险恶的阴谋，是由专制统治策划出来用于压迫人民的。萨斯和莱恩都表示，精神疾病是“一种理论而非事实”，这成了如今通用的基本论点，不论是神创论者，还是气候变化否认者，还是反疫苗癔症患者，他们为了自己所信奉的事物都宁愿忽视科学。这位将伊莎兰称作“青年反叛的旋风中心”的资深人士还说，学院的创始人“庇护了20世纪60年代最疯狂的人物”，还在20世纪70年代“招来了一群宣扬救世主邪教的江湖骗子”。

除了伊莎兰这个主要源头，红极一时的美国非基督教魔幻思维还有其他来源。简·罗伯茨（Jane Roberts）是最重要而又最不为人知的人物之一。就像山达基教的创始人一样，她原本是一名科幻和奇幻小说作家，后来则开始声称自己的小说是真实的。搬到纽约州西部后，罗伯茨在1963年有了一次顿悟的经历：“激进、新鲜的念头如雪崩般一下子涌入我的脑海……就好像物理世界实际上如纸巾般纤薄，其中隐藏了无数个维度的现实，而我则被丢进这张薄纸，发出巨大的撕裂声。”通过一块灵应牌（Ouija board），她发现了一位超自然的存在，名叫塞思（Seth）。她相信自己转述了塞思的话，并由她的丈夫记录下来——她在芬格湖群（Finger Lakes）南端接受了神的启示，就像约瑟夫·史密斯和通灵的福克斯姐妹一个世纪前在湖区北端所做的那样。“我们在生活中所看到的，”她说，“其实只是反映了我们所思、所感、所信的物理图像。”换句话说，你创造自己的现实——这将成为新纪元神学的核心教义之一。她说，她后来出版的几本书的作者实际上都是塞思。罗伯茨的文笔体现了典型的新纪元文化：由物理学衍生出的伪科学，对有关意识的理念含糊其词，嘲笑经验主义现实。她在其中一本书中写道：

我们在正常生活中认识的自我，只是其他的源自我在三维世界里的实现，而我们其实是从源自我中获得能量和生命的。源自我的现实不能被我们作为生物的机制所容纳，尽管它正在通过我们当下的个性被持续地表达出来……

塞思的书可能是我自己的意识在另一个维度的产物，而那个维度并不关注我们这个现实。另外还有一些因素是我们的话语无法传达的。塞思是一个伟大的超自然存在，他比任何“事实”都更加真实。

***

你知道年轻人的那副样子对吗？他们总以为世界围绕着他们转，好像他们才是唯一真正**了解**世界的人；在他们的额叶——理智和理性的神经中枢——完全成熟起来之前，他们尤其容易产生幻想。在20世纪60年代，全世界都和着年轻人的节拍，**确实**好像在围绕着他们转。世界肯定了他们作为青春期少年的自尊，让他们对自己的重要性信以为真，使他们觉得瞬间的转变和轻松的革命似乎是可行的。几乎一夜之间，美国把全部注意力转向年轻人，以及他们相信、想象和希望的一切。

如果说1962年是“60年代”全面展开的时候，那么1969年则是新学说及其重要性被成年人真正记录在案的一年。理智和理性**结束了**。反主流文化的热情让卫道士们感到震惊，包括那些还没意识到又一次“大觉醒”正在到来的宗教人士。新的宗教浪潮风起云涌，所有的信徒皆为祭司，他们“别无选择，只能沿着这条路一直走到圣城……这座位于技术官僚政治之外的圣城……这座新耶路撒冷”。

这句话来自1969年伍德斯托克音乐节3周后出版的《反文化的形成：对技术官僚社会及其年轻反对派的反思》(*The Making of a Counter Culture: Reflections on the Technocratic Society and Its Youthful Opposition*)。作者是西奥多·罗萨克（Theodore Roszak），是旧金山湾区（Bay Area）的一位35岁的教授，他自此创造了“反文化”(counterculture)这个词。罗萨克是一位有思想深度的历史和文学专家，他花了270页，以基本上理智而理性的论述，夸耀年轻一代对专业知识、对理性以及对“一切被我们的文化珍视为‘理智’和‘现实’的东西”的“勇敢”拒绝。毕竟，所谓的专家要“从国家和(或)企业那里领工资”。他在书中标题为“客观意识的迷思”（The Myth of Objective Consciousness)的一章提出，科学实际上只是一种国教，科学家不过是我们文化中的巫师——只是他讨厌前者（“坏魔法师”)而喜爱后者（“好魔法师”)。“为了创造出一种能使非知识阶层……成为决定真与善的权威的新文化，”他写道，“就必须颠覆科学世界观，连同它所信奉的那种自我中心并诉诸理性的固有意识模式。”但是还是谢谢啦，科学技术，因为它们创造了“经济安稳……这让一些（年轻人)感到是理所当然的”，因为“我们拥有电脑化的富足经济，并不需要他们的辛勤劳作”。哦，巨石糖果山上的电脑化富足！

他抨击了以前的美国幻想家——“神智学家、基要主义者、唯灵论者、地平说支持者、神秘学家和撒旦教徒”——但在同一句话中，他转而颂扬当前的幻想家，欢迎“对科学和技术价值激进的拒绝……这些价值如此接近我们社会的中心，而不是处于微不足道的边缘……那些选择理性的人阴沉地警告我们，任凭理智被情感的洪流淹没是何等可怕的事”。

1969 年夏天，41 岁的芝加哥大学社会学家（兼天主教神父）安德鲁·格里利（Andrew Greeley）提醒《纽约时报杂志》（*The New York Times Magazine*）的读者，除了青年反叛的常见标志（长发、性、毒品、音乐、抗议）之外，校园里真正令人震惊的变化是反理性主义的兴起和神圣事物的回归——“神秘主义和魔法”、神秘学、降神会，以及对《圣经·启示录》津津乐道的各种邪教。他最近在教室黑板上用粉笔画了一张统计表，他的一个学生惊恐地说：“格里利先生，我想你是个经验主义者。”麻省理工学院的一位宗教学者践行过佛教、印度教和伊斯兰教神秘主义，并与蒂莫西·利里一起服用过迷幻药，他向格里利描述了他的一次研讨课：“我记不清麻省理工学院学生所要讨论话题的具体发展过程，但大致如此：《西藏度亡经》（*Tibetan Book of the Dead*）对死亡与转世之间的假设状态的指南、占星术、灵体、气场、不明飞行物、塔罗牌、超心理学、巫术和魔法。当然，还有这一切背后的迷幻药。”一名深受震撼的学生向格里利惊叹，他那些神神道道的同学“的确相信他们所说的是**真的**”，并且他采访过的所有学生都“坚决拒绝把任何真正**相信**任何事情的人斥为愚蠢”。

3 个月后，就在伍德斯托克结束后不久，《纽约时报杂志》发表了另一位中年知识分子对这一“青年骚乱”的看法，在他看来，这是一个“历史转折点”。保罗·古德曼（Paul Goodman）是个反文化教父，他写了一本 1960 年的畅销书《荒唐的成长》（*Growing Up Absurd*），就是那种解释当今年轻人出了什么问题的书，他还与弗里茨·佩尔斯合著了《格式塔疗法》（*Gestalt Therapy*）。他把新信仰的激增看作一场“新的宗教改革”，带有反体制的愤怒和正当的形而上学确定性，而这些都曾重塑基督教世界，并促使极端新教徒在美国建立他们想象中的乌托邦。他认为，20 世纪 60 年代的年轻一代“不是像我过去以为的那样，由他们的道德、政治意愿和常识所定义”，而是由他们的“宗教”和他们“蔑视理性”的本能反应所定义的。

回想一下乔纳森·爱德华兹，那位耶鲁大学毕业的 40 多岁的牧师，在 18 世纪 40 年代看到并激发了那“照亮年轻人心灵的一道闪电”。在 1970 年来临之际的纽黑文（New Haven），一位 41 岁的耶鲁大学教授正在完成他关于新青年反文化的书。查尔斯·赖克是前最高法院书记员，现在在耶鲁法学院这个美国理性主义大本营之一评上了终身教授。和年轻人在一起的生活让他在中年时顿悟，并且背叛了理性。1966 年，他开始教授一门名为“个体在美国”的研讨课程，书单上列有凯西和诺曼·梅勒（Norman Mailer）的小说。他受到时代的感染，决定在伯克利度过次年夏天，也就是“爱之夏”。

他在加州给一位朋友写信说：“在这里，学生们的气氛是极度反智的，但人们不禁钦佩他们的一些价值观……星期天，公园里到处都是美景和声音……那里有电音乐队……名字叫‘老大哥和控股公司’（Big Brother and the Holding Company）和‘感恩至死’（The Grateful Dead）。”在回纽黑文的路上，他突然间接受了这些孩子们的价值观。他在耶鲁开的课大受欢迎，吸引了成百上千的本科生。

就在他 1970 年的著作出版之前，《纽约客》用 70 个版面发表了其中的三分之一，这是该杂志有史以来刊登的最长节选。《美国的绿化》成了美国最畅销的书，在《纽约时报》的畅销书榜上停留了一年多。这本书获得的关注有多大、有多疯狂？当时，《今日秀》（*Today*）节目急切想要跟上潮流，赖克却拒绝出镜，于是他们赶忙请来了耶鲁大学一位善于与媒体打交道的左翼驻校牧师，来谈论他的同事。

我在16岁的时候，买了这本书卖出的200万册中的一册。如今重读一遍并回忆我当时有多喜欢它，让我想起自己年轻时的愚蠢。赖克不知羞耻、不加批判地把我这样的年轻人迷得神魂颠倒。《美国的绿化》可能是主流社会为迎合新一代青年的虚荣和自义搞出的最大动作。出现在此书护封上的第一句话是："一场革命正在到来……这是属于新一代的革命。"

除了完美的出版时机和一流的走红保证，这本书的基本理论框架很简单，完美地取悦了年轻读者。美国"意识"分为三种类型，每一种"都构成一个人对现实的感知……他的'头脑'，他的生活方式"。拥有"第一类意识"的人是自力更生的老派个人主义者，他们已经被新的"企业化国家"淘汰了——实际上，孩子们，这些人就是你的祖父母。拥有"第二类意识"的人是体制内谨小慎微、墨守成规的男男女女，他们的理性主义是"企业化国家"暴政设下的陷阱——这些人其实就是你的父母。另外还有"第三类意识"，它"在美国青年中初露锋芒"，"在越来越广泛的青年群体中迅速传播，并在不同程度上传播到了更为年长的人中间"。

如果你反对越南战争，穿着便装，抽着大麻，你几乎肯定属于第三类。"皱巴巴的牛仔裤和粗布夹克"是"对富裕社会外表的……有意识的拒绝"。打钩。"一些年长人士对蓄长发的激烈反应表明，他们感觉自己所建构和信奉的整个现实受到了威胁。"打钩。"在一个把公民限制在封闭思想体系内的社会……大麻是革命的创造者，是真理的精华素。”打钩！

换句话说，你仅仅凭着年轻、随性、不守纪律，就开辟了一个新的乌托邦。“生活方式的选择并不是无关紧要的，它是新觉醒的核心。”太棒了。这就像一个聪明、酷炫、成功的叔叔向你保证，是的，你的父母**就是**悲惨的伪君子，而你却拥有革命精神和英雄气概，因为，你知道，你通过直觉就**懂得了**其中的道理。

赖克称赞这些拥有“第三类意识”的新一代的穿衣打扮“欢乐而幽默”，但他的书绝对没有幽默感，因为它是对“此刻这种极度的贫瘠、极暗的黑夜和极大的危险”做出的回应。阴谋论盛行，赖克便买了帐。既然“企业化国家”在社会的其他不公正之上“又增加了去人性化和压迫”，“那么它就可能会摧毁一切意义，榨干生命中的一切欢乐”。

赖克的魔幻思维主要涉及革命将如何展开。在造就了新一代的长发超级个人主义者——他们执意相信自己的直觉并找到自己的真理——之后，“美国企业化国家现在正在实现任何革命者自己都无法实现的事……这台机器已经开始自我毁灭”。一旦每个人都穿着“李维斯”牛仔裤嗑着药，“旧……形式就会被席卷而走。”

当然，梦想中的那场不可避免、迫在眉睫而又皆大欢喜的大灾难并没有发生。这台机器没有自我毁灭。不过，尽管赖克的书中有很多傻里傻气的东西，他却说对了一半。美国人的思想正在发生划时代的变化，而且“据众人所知，这是不可逆的……我们没有可能返回先前的意识”。他一厢情愿的错误在于，他相信一旦新的思潮冲垮了防御堤坝，所有的水只会流往同一个方向，并缔造出一个和平、协同、美好的新一代大陆乌托邦，人们的心灵和思想就都能变得和他一样，整个美国也就都能变得伯克利化和佛蒙特州化了。然而，“第三类意识”只是这场大海啸所塑造的后理性、后事实、万事皆可的美国的早期版本。赖克的信仰与200年前启蒙理性主义者充满希望的谬误正好相反：杰斐逊和他的同伴们曾假定，一旦获得了完全的思想自由，大多数人就会走上理性的道路。多么美好的愿望。

***

20世纪70年代初，我兄弟姐妹中的两个成为一个名叫马荷罗基上师（Guru Maharaj Ji）的年轻印度人的信徒，他领导了一个有数万名追随者的大型运动“神光使命”（Divine Light Mission）。他被称为“完美大师”和“宇宙之主”，他教授的冥想技巧被称为“完美知识”。他的追随者相信他即将开辟一个辉煌的新时代，我的兄弟姐妹在20多岁的时候都致力于实现他的使命。

1973年，马荷罗基上师在写给追随者们（其中很多人将他奉为神明）的信中写道：“今年，人类历史上最神圣、最重要的事件将发生在美国……这不只是你我的节日。这是整个世界，也许是整个宇宙的节日。”因此，那年万圣节后的一周，我的父母从奥马哈乘飞机到休斯敦，参加了“新千年1973”（Millennium ’73）庆典，这是一个为期3天的活动，在休斯敦阿斯托洛圆顶运动场（Astrodome）为马荷罗基上师的追随者举办。他们中的一些人相信，这座形似飞碟的体育场将在那个周末起飞，从地球升空。

我的父母坐在一片专门为信奉者的父母保留的区域。伦尼·戴维斯（Rennie Davis）——他从反战名人转变成为马荷罗基上师的使徒——宣布说："老实说，每个人很快都会知道，所有时代的各个宗教都在等待的那个人实际上已经到来了。"他们聆听着大师的教诲，大师戴着宝石王冠，坐在10米高的有机玻璃舞台上的宝座上，向狂热的追随者们布道。我爸爸妈妈觉得这一切都很奇怪。然而，如果他们在奥马哈的朋友即便自称相信各种不可思议的事情——红海分离、童女生子、耶稣复活、基督的血和身体——也仍然是他们的朋友，为什么他们不能也包容自己孩子奇异的新信仰呢？

***

当时，正统世界惊慌失措的震惊反应是可以理解的，因为一切都变化得太快了。通过大麻的使用情况，我们可以很好地跟踪转变发生的速度。1965年，不到100万名美国人吸过大麻；1972年，这个数字是2 400万。1967年，只有5 %的美国大学生吸大麻；四年后，吸大麻的大学生占多数，三分之一的人每天都在嗑药。

大约在我20岁的时候，我有几次在没有嗑药的情况下也产生了幻觉，从那之后，除了大麻之外，我基本不再使用违禁毒品。我们都知道毒品会让你变得疯疯癫癫。我认为，我们的文化对于精神类药物突然间发生的热情接纳，很有可能协助了美国向梦幻之地的转变。迷幻药和大麻显然模糊了现实和幻想之间的界限，使人们更容易相信各种错觉和想象中的联系都是真实的。3 200万名在世的美国人使用过迷幻药；如果他们是一种宗教的成员，那么它将是这个国家的第二大宗教。终生使用大麻者在美国人口中所占比例是北欧人的两倍、三倍或四倍。对许多人来说，药物激发幻想的功效超出了几分钟或几个小时，渗透到了日常思想中，而且并不总是起到积极的作用。

***

我认为，对20世纪60年代最出色的第一手叙述是汤姆·沃尔夫（Tom Wolfe）的著作《插电酷甜迷幻实验》（*The Electric Kool-Aid Acid Test*），该书描写了凯西和他的“快乐恶搞团”（Merry Pranksters）一边嗑药一边探险的旅程。8年后的20世纪70年代中期，随着主观性和享乐主义的大爆炸在美国时空中激发出了新的元素和能量，沃尔夫记录了更大的转变。他在《纽约》（*New York*）杂志上写的一篇文章至今为人们所铭记，因为他创造了一个新名词：“‘我’十年”（The Me Decade），这个流行语至今仍被用来形容20世纪70年代新兴的自我提升方案所特有的那种煽情的自恋。尽管沃尔夫确实用了1.2万词中的大部分来谈论“埃哈德式自我实现训练”（Erhard Seminars Training，简称est）一类的进修班活动，但文章的完整标题是《“我”十年和“第三次大觉醒运动”》（The “Me” Decade and the Third Great Awakening）。也就是说，沃尔夫一直关注格里利和古德曼在1969年发现的深层连续性，即当时在美国被引爆的是一场多方面的精神错乱，而这一复杂的转变有着特定的美国来源和前因。

正如他所写的，20世纪60年代后期，“‘超感官知觉’（ESP）或‘通灵现象’（psychic phenomena）运动在当时的新兴宗教氛围中

迅速发展起来”，因为

> 信奉“超感官知觉”的人一直相信，这个世界被另一层秩序掌管，这层秩序偶尔会通过心灵感应……心灵致动、去物质化等现象……显露出来。从这一点出发，只需一小步就可以推断出一种假设，即所有人都拥有一种与物理能量世界平行的“意识能量”，并且这种神秘的能量可以将宇宙统一起来（就像上帝用光统一宇宙那样）……甚至连“飞碟教”在这时也开始显露出他们的宗教属性。相信飞碟的人的确相信存在另一层秩序……听凭其他行星或太阳系中拥有宇宙飞船的高级生物的指挥……
>
> （由此我们进入了）美国历史上最伟大的个人主义时代！所有规则都被打破了！……“第三次大觉醒运动”会走向何方——谁敢说？我们只知道，宗教的大潮有着自己的前进动力。

我还记得玄幻信仰在20世纪70年代成为绝对主流时的情景。例如，我记得我母亲买了畅销书《植物的秘密生活》（*The Secret Life of Plants*）回来读，这本书认为植物是有感情的，是“物理学和形而上学结合时的伴娘”。这本书声称，植物的惊人真相被美国食品药品监督管理局和农业综合企业隐瞒下来。我妈妈并不相信这个阴谋，但她确实开始和她的榕树说话，好像它们是宠物一样。《纽约时报》在《植物的秘密生活》的周日书评中，将这本书作为又一个证据，说明“不可思议之事正在告别它的低贱地位”。

确实，主流出版商和媒体机构都在竭力把幻想作品宣传和推销成非虚构作品。1975年，年轻骗子、弯勺术兼读心术表演者尤里·盖勒（Uri Geller）出版了一本畅销自传。雷蒙德·穆迪（Raymond Moody）出版了《生命之后的生命》（*Life After Life*），这个哲学博士在书中讲述了有过濒死体验的几十个人的逸事，作为来世存在的第一手证据。穆迪断然宣称："指责这些故事可能是捏造的说法是完全站不住脚的。"这本书卖出了数百万册；不久，国际濒死研究协会（International Association for Near-Death Studies）成立，并在耶鲁大学举行了第一次会议。

在20世纪的前60年里，随着医学在与伪科学的战斗中取得胜利，顺势疗法的普及程度有所下降。但随着不可思议之事突然告别了它的低贱地位，顺势疗法也从濒死体验中重获新生，先是在加州和太平洋西北地区复苏，然后扩散到各处。20世纪70年代，美国顺势疗法安慰剂的销售增长了10倍以上。

真正的科学家也陷入了神秘主义。1965年，一位化学家在为美国航空航天局（NASA）的"维京号"火星探测任务设计生命探测仪器的过程中，获得了一个启示：他确信，整个地球，包括大气层、森林、海洋和生物，是一个完整的有机体，被完美而神秘地塑造成了可以产生生命的状态。他把这叫作"盖亚假说"（the Gaia hypothesis），"盖亚"一名源自希腊神话，是他为"这种生物"所取的名字。他与一位微生物学家一起扩展了这个理念，发表了一些科学论文，然后在20世纪70年代通过牛津大学出版社出版了一本很受欢迎的书，名为《盖亚：地球生命新观》（*Gaia: A New Look at*

Life on Earth）。[*] 他写道，盖亚“现在通过我们觉醒，并产生了自我意识”，如此等等。盖亚的主要编年史学家称，一种“有关目的或设计的气息……笼罩着盖亚假说”，这种气息导致假说的开创者倾尽余生试图“剔除盖亚中最粗糙……的冗余部分”。但是，这一理念的流行为更多一厢情愿而又令人生疑的看法的泛滥打开了闸门，其中就包括改良过的新版神创论——智慧设计论。

---

* 美国航空航天局的这位科学家是詹姆斯·洛夫洛克（James Lovelock）。他的朋友威廉·戈尔丁（William Golding），《蝇王》（*Lord of the Flies*）的作者，想出了盖亚这个名字。1965 年，洛夫洛克在航天局有个年轻同事叫卡尔·萨根（Carl Sagan），他没有接受盖亚的理念，后来还写了一本区分科学和伪科学的优秀入门书，叫作《魔鬼出没的世界》（*The Demon-Haunted World*）。在洛夫洛克灵光乍现的时候，萨根正要与他的妻子琳恩（Lynn）离婚，而琳恩就是那位与洛夫洛克在“盖亚假说”上合作的生物学家。

第 23 章

大爆炸：知识分子

在大学里，我的一项作业是阅读威廉·詹姆斯的著作，我们的主教学楼就是以这位医生、哲学家和美国心理学创始人的名字命名的。我了解到，人到中年的詹姆斯，虽然依赖笑气和佩奥特碱来获得一时之快，也有过辉煌而诗意的见解。他在 1902 年出版的《宗教经验种种》(*The Varieties of Religious Experience*)一书中写道：

> 我们正常的清醒意识，也就是我们所说的理性意识，只是意识的一种特殊类型，而在理性意识的周围，在与之仅有极薄的帷幔相隔的地方，潜藏着各种完全不同的意识形式……回顾我自己的经历，它们都汇聚成一种洞见，我不得不赋予它某种形而上学的意义。它的基调始终是和解。就好像世界上给我们带来困难和麻烦的一切对立的矛盾和冲突，都融为一个整体……我觉得这一定有着什么意义……凡有耳可听的，就应当听；对我来说，对现实的鲜活感知，只来自人为的神秘心态。

詹姆斯自始至终都是经验主义者和理性主义者，但他意识到截然不同的、完全主观的感知模式具有诱惑力和意义。我意识到，他在19世纪90年代就发现了存在的流动性，而这种流动性在20世纪70年代迅速成为一种日常法则，成为现代美国人理所当然的思维方式，不管他们是否处在嗑药的兴奋状态下。我有我的真理，你有你的真理，我们每个人都有自己的真理。

在20世纪上半叶，美国的传统主义者（如保守基督徒）因为理性主义和现代性成为主流、重塑思想并撼动一切而感到绝望。但在“二战”后，学术界也对理性产生了疑虑。德国哲学家西奥多·阿多诺（Theodor Adorno）和马克斯·霍克海默（Max Horkheimer）逃离纳粹后定居美国（住在最时髦的西洛杉矶地区）。他们于1947写就了一部巨著，探讨启蒙运动的失败。理智和理性导致了对效率、实用性和技术的过分关注和着迷。“启蒙运动的计划，”他们写道，“是世界的祛魅（disenchantment）。它想破除神话，用知识推翻幻想……然而，完全被启蒙后的地球却闪耀着灾难的胜利。”灾难包括当时的纳粹计划。

在20世纪60年代，大批学者做出了类似的转变，背离了他们以往所熟知的理智和理性主义。许多思想先驱深思熟虑，他们的著作也为战后的自满情绪提供了良好的解药。问题在于，这些学者所产生影响的性质和范围恰好显露于20世纪60年代，而在那个年代，所有的前提和模型似乎都可以被自由取用。也就是说，他们在学界启发了许多不成熟和扭曲的追随者，而这些人的主张渗透到了整个世界。

简而言之，这种主张认为：所有的信仰和对真理的趋近——无论是科学、寓言还是宗教——都只是人们为了满足自己的需要或兴趣而设计的故事。现实本身就是一种社会建构，是一个社会或部落的成员常被说服去相信的一系列有用或一厢情愿的神话。虚构和非虚构之间的界限是变动的，或者可能根本不存在。迷信、魔幻思维和妄想，任何一种都可能与西方理性和科学创造的所谓真理一样合理。重点是：信不信随便你，因为它们几乎一样真、一样假。

这套思想演变出了两个基本的种类：理论和应用。哲学家和社会学家在他们的办公室里思考，心理学家和人类学家则通过田野调查关注民间情况。

这一切真正开始于20世纪60年代初。1961年，法国哲学家米歇尔·福柯（Michel Foucault）出版了《疯癫与文明》（*Madness and Civilization*），呼应了人们对精神疾病的概念新产生的怀疑；到了20世纪70年代，他主张理性本身就是一种胁迫性的“真理统治”（regime of truth），是一种另类的压迫。福柯对理性的怀疑深入且广泛地渗透至美国学术界。第二年，加州大学伯克利分校年轻的科学史教授托马斯·库恩（Thomas Kuhn）出版了一本开创性的书，名为《科学革命的结构》（*The Structure of Scientific Revolutions*）。就像对精神病学提出质疑的精神病学家萨斯和莱恩一样，库恩自己接受过物理学的专业训练。他的书不像两位反精神病学家的书那么具有争议性；他著作的视野更为开阔，既是大众畅销书，又是当代知识界最具影响力的书之一。此书在那个时代的问世助长了人们对科学和科学家的新的怀疑，进而助长了人们对理性——由精英、主流和当权者所定义的理性——的怀疑。

在库恩之前，科学史被理解为一个不断逼近存在本质的稳定进程，这是通过观察、实验以及科学家们对彼此工作和传统观念的批判实现的。但库恩认为，科学革命——认识到地球绕着太阳公转，或者亚原子粒子与更大物体遵循着不同的运作规律——并不仅仅是更优证据累积而成的结果。其实，“常规科学”就像是由无人驾驶飞机进行的“扫尾工作”，通过计算细节来支持现有理论（这与神学家理清宗教主要信条的细节没有什么不同），直到有个哥白尼或爱因斯坦式的人物提出对现实本质的全新猜想，远超出现有证据的范畴（这好像马丁·路德判定天主教错了）。如果有足够多的科学家决定同意新的理论，并通过观察和实验大体证实了这一点，那么就会发生“范式转变”（paradigm shift），每个人都改变主意，直到再度出现太多无法解释的新事实，必须构想出下一套革命性的修正。

这是迷人、刺激而又振奋人心的想法，但这一重大思想传播到公众的理解中后，引发了一场大众化的范式转变，使科学看起来更加不确定、不完备，因为它的驱动力与其说是对事实的冷静审视，还不如说是……纯粹的**信仰**。库恩像是拉开幕布的小狗托托，露出了藏在幕后的奥兹国的巫师：难道说，我们伟大而又富有影响力的科学家只是些迷惑人的骗子，他们的权力只来自说服别人**相信**他们的能力？

与此同时，在 1966 年的社会学领域，两位 30 多岁的教授出版了《现实的社会构建》（*The Social Construction of Reality*），这是他们的领域内最有影响力的著作之一。他们解释说，不仅理智、疯狂和科学真理是有些可疑的人为捏造，**其他一切都是**。部落或社会的统治者不仅规定了习俗和法律，还主宰了每个人的感知，定义了现实本身。为了建造包罗万象的舞台布景以容纳所有人，统治者首先使用了原始神话，然后是更为精致复杂的宗教，最后是作为“极端步骤”的现代科学。“现实”？“知识”？彼得·伯格（Peter Berger）和托马斯·卢克曼（Thomas Luckman）写道：“如果我们想做到一丝不苟，那么我们每次使用上述两个术语时，都得加上引号。”“在西藏僧侣眼里‘真实’的东西，对美国商人来说就未必是‘真实’的。”

当我 18 岁第一次读到这些时，我**非常喜欢**这种吓人的话。那是 20 世纪 60 年代，所以这种新的范式让所有人都感到醍醐灌顶，不仅仅是青少年。这本书的出版时机恰到好处，它成了学术界和其他领域的奠基性著作。这似乎是至深的真理：**没有什么**是绝对、永远真实的。如果现实仅仅是权力制定规则的结果，那么每个人不是都有能力——不，是每个人都有**义务**——去构建自己的现实吗？

加州大学伯克利分校的哲学教授保罗·费耶阿本德（Paul Feyerabend）是更极端的学者，他倡导所有真理都是平等的，他的个性也更为极端，更具 20 世纪 60 年代的特征。在《科学革命的结构》的序言中，库恩感谢了他“影响深远、举足轻重”的贡献。费耶阿本德是奥地利裔移民，他一直对周围世界的四分五裂漠不关心，甚至对此感到兴奋。纳粹占领奥地利时，他还是个十几岁的孩子，但对他来说，“占领和随后的战争是一种不便，不是道德问题”。他成为纳粹国防军的中尉，指挥坦克和步兵。他在 30 出头时来到伯克利，获得了终身教职，然后转变成了一名典型的“60 年代人”。经验证据和理性主义对非理性的主观信念没有任何影响。“我明白了，”他在一本叫《告别理性》（*Farewell to Reason*）的回忆录中写道，“到目前为止，我向我多少有些老练的听众讲述的复杂论点和精彩故事，可能只是痴人说梦，反映了一小撮人的自负，他们不过是成功地用自己的想法奴役了他人。为什么该由我来告诉人们什么是事实，以及如何思考？”他接受了新兴学院思潮中隐含的相对主义，并明确地表达了这一点，以庆祝这场混乱。*

他最著名的一本书是出版于 1975 年的《反对方法：无政府主义知识论纲要》(*Against Method: Outline of an Anarchistic Theory of Knowledge*)。此书宣称，理性主义“是对上帝圣言能力之信仰的一种世俗化形式”，而科学则是一种“特殊的迷信”。这本书再版时，神创论者正在寻求立法，想要在美国公立学校的生物课上教授《创世记》。费耶阿本德站出来表示赞成，把神创论者比作伽利略。

他坚持认为，科学不过是另一种信仰形式，而理性的圣殿必须**占有**科学，这却使得“科学……更加混乱、更加主观”。神话、启示、占星、巫术，**什么都行**，因为对于任何试图理解存在本质的人来说，“在人类发展的**所有**阶段和**所有**情况下都可以被捍卫的……只有**一个**原则。这个原则就是：任何事情都可以”。

更进一步来说，现代理性所诋毁和羞辱的那些魔幻的信念往往是**更加优越**的。他认为，对于没有科学技术的人来说，“不会有去月球的集体旅行，但是每个个体却可以不顾他们的灵魂和理智面临的巨大危险，从一个领域上升到一个又一个其他领域，直到他们

---

* 19 世纪和 20 世纪的美国从欧洲的德语区都引进了些什么人？费耶阿本德、《现实的社会构建》的作者们，以及威廉·赖希都来自奥地利。麦斯默术、颅相学、水疗法、顺势疗法和专利药物“微生物杀手”的发明者，以及战后的启蒙运动仇恨者阿多诺、霍克海默和伊莎兰的弗里茨·佩尔斯都是德国人。埃里希·冯·丹尼肯（Erich von Däniken）——在 20 世纪 70 年代普及了“远古外星人”理论的骗子——是德裔瑞士人，赫尔曼·黑塞（Hermann Hesse）也是，后者充满东方灵性色彩的小说在 20 世纪 60 年代被蒂莫西·利里和他的同伴发现。

最终与上帝面对面，沐浴在他的光辉中，而其他人则变成动物，又变回人类”。这不仅仅是诗意的幻想。费耶阿本德写道：“伏都教（Voodoo）有可靠的物质基础，但还没有被充分理解。对伏都教表现形式的研究可以用来丰富甚至修正我们的生理学知识。”他的确相信他所写的，还寻找萨满来治疗他的各种疾病，包括最终令他丧命的脑瘤。

与此同时，在人类学领域，“传统”文化奇异而魔幻的信仰是一个主要课题，而新的范式几乎完全占领了人类学——不要评判，不要质疑，不要趾高气扬地摆出教授的姿态。考虑到当时的情况，这是可以理解的：殖民主义结束了，人们对美洲原住民曾遭遇的种族灭绝供认不讳，美国在第三世界大肆开战。我们凭什么可以翻着白眼，否认这些人所相信的？20世纪60年代，人类学界的大部分研究认为，神谕、占卜、咒语和巫术物品不仅应当得到尊重，而且应当被视为与理性和科学同等。如果对现实的所有理解都是社会建构的，那么尼日利亚卡拉巴里部落居民的世界观就不见得比教授们的更武断，或者更需要信心。

1967年，一位杰出的人类学家发表了一篇极具影响力的论文，清楚地阐述了这一点。科学和萨满教都在寻求“表面复杂性背后的简单性，以及潜伏在表面混乱之下的秩序”；两者都“将日常世界的现象描述为隐秘、潜在的现实的彰显……从而弥补了日常常识的理性论证在解释、预测和实践方面的缺陷”。一方讲述关于大爆炸、亚原子粒子、重力和微生物的故事，而另一方则讲述关于诸神、水族人、诅咒和魔咒的故事。我们这些理性主义的外行人相信科学家告诉我们的不可理解的事情，这与第三世界持有魔幻思维的人相信他们的巫师并无二致。我们对自然和超自然的严格区分是错谬的。一切都是好的，不过我们的理论往往更差。

1968 年，加州大学出版社出版了一名加州大学洛杉矶分校人类学学生的硕士学位论文，他去亚利桑那州对西南印第安人的药用植物进行了田野调查。在尤马（Yuma）的公共汽车站，学生卡洛斯·卡斯塔尼达（Carlos Castaneda）遇到了一个叫唐望·马图斯（Don Juan Matus）的老家伙，后来知道他是托尔特克族（Toltec）的巫师。马图斯喂给卡斯塔尼达各种迷幻药——曼陀罗、佩奥特碱、裸盖菇素——并告诉卡斯塔尼达，他会揭示“一个智者所通晓的所有秘密”。在毒品的影响下，卡斯塔尼达说他变成了一只乌鸦，与郊狼交谈，与幽灵沟通。这篇硕士论文成了《巫士唐望的教诲：亚基知觉秘境之旅》（*The Teachings of Don Juan: A Yaqui Way of Knowledge*），在随后的 1971 年和 1972 年，又有两本关于唐望的畅销书相继问世。那时，每一个紧跟时代步伐的年轻美国人都必须知道这些书。随后又有更多的系列作品出版，人们购买了几千万册。* 玛格丽特·米德（Margaret Mead），在他之前开了先河的明星人类学家，曾在 20 世纪二三十年代报道所谓的原始人生活，以此说服她的美国同胞，性行为是自然的，不应该带来罪疚感。到了 20 世纪六七十年代，在米德的热情支持下，卡斯塔尼达又一次报道了所谓的原始人生活，以此说服美国人，魔法是真实的。

在《纽约时报》周日版对这三本书的评论中，一名重要的年轻

---

* 20 世纪 60 年代初，卡斯塔尼达在出版第一本关于唐望的书之前，曾在伊莎兰闲逛。他最终出版了十几本书，表面上看来都是非虚构作品。在这些书中，他成了一名巫师，并游历于其他宇宙。他还招募了一些加州大学洛杉矶分校人类学专业的女研究生，称作“女巫”，并在他的余生与她们在大学附近的一所房子里领导了一个邪教组织。

人类学家称它们是“人类学这门科学所产生的最佳著作之一”，部分原因是卡斯塔尼达揭示了“他与标准化西方现实的个人斗争，这种现实的奴役阻止他毫无偏见地接受唐望的教诲”。这位老人并不只是凭空**想象**一只狗对佩奥特碱作用下的卡斯塔尼达说他是“被拣选的人”，事实上，这位教授说，“这是真实发生的事”。此外，人类学的重点不再是“发现其他人的**世界观**”，而是“了解……这个世界的真实面貌”。

我们的20世纪60年代学术殿堂之旅始于精神病学，经历了哲学、历史学、社会学和人类学，现在终于又回到心理学。早在20世纪三四十年代，杜克大学一名由植物学转行的心理学家就将超心理学（parapsychology）设立为美国的一门学科，致力于证明心灵感应、心灵致动、千里眼、转世和鬼魂真实存在。他成立了超心理学协会（Parapsychological Association），并在20世纪60年代末（在玛格丽特·米德的鼓励下）被美国科学促进协会（American Association for the Advancement of Science，简称AAAS）认证为附属机构。他的一个年轻门徒是加州大学的心理学家查尔斯·塔特（Charles Tart）。塔特第一次成名是因为1968年的一次实验，据他记载，一个“经常有自发性灵魂出窍体验的年轻女性”——不是“**声称有**”这些体验，而是“**有**”——在实验室里连上脑电图仪（EEG）睡了4个晚上。她的任务是在睡着的时候，把她的精神或灵魂送出体外，读出塔特写在床边一张纸上的一个5位数字。他报告说她成功了。

其他科学家认为这个实验纯属捏造，但塔特在加州大学戴维斯分校获得了终身教职，并倾注他的整个学术生涯去证明，对客观性的追求都是骗人的，魔法才是真的。在他1972年发表于《科学》

（*Science*）期刊的一篇离奇的论文中，他抱怨自己在嗑药时获得的知识“几乎完全被科学界的既有体制拒绝”。他不仅希望科学界能认真对待“狂喜、密契、其他‘维度’、被提、美以及对时空的超越”，他还明确地致力于**亲身获得**这些体验。“一个完美的科学理论可以建立在没有物理存在基础的数据之上。”他坚持说。科学方法的规则必须修改。塔特认为，要在新时代做一名心理学家，研究人员应该“在数据收集的时候”和“在数据整理和理论化的过程中”**处于**他所研究的变异意识状态（altered state of consciousness）下——也就是在嗑药、妄想或被圣灵充满的状态下。塔特承认，自己的新研究范式给“同感效证”（consensual validation）带来了问题，因为“只有在同一（变异状态）下的观察者才能彼此充分沟通”。

塔特推广了“**公认的现实导向**”（consensus reality orientation）这个术语，用来称呼你我不过是叫作“现实”的东西。1970 年前后，“**公认的现实**”成为学术界的固定跨学科术语。后来，他放弃了中立性的伪装，开始将其称为“公认的**恍惚**”——致力于理智和理性的人是上当受骗的人，而这不包括他和他的小团体。他的文章继续出现在正规科学期刊和《牛津心理学词典》（*Oxford Dictionary of Psychology*）上。

超心理学在四处建立起学术的桥头堡。20 世纪 60 年代末，加州大学洛杉矶分校成立了一个实验室，创办者当过演员，也是编剧，她出版了一本关于自己的迷幻药经历的畅销书。20 世纪 70 年代，普林斯顿大学建立了“异常工程研究”（Engineering Anomalies Research）实验室，专门证明超自然现象是真实的。在“水瓶座时代”，虚构十分值钱。

***

就连深受20世纪60年代年轻左翼人士喜爱的保罗·古德曼，也在1969年对他的学生们大吃一惊。他写道："没有知识，只有知识的社会学。他们把那种思想真正学到了家……即学术研究是为了统治阶级的利益而被资助进行的，以至于他们不相信存在单纯的真理。"从那以后，美国右派一直在坚持不懈地谴责相对主义的传播。这是因为右派关注的是相对主义最明显、最直接的起源和影响。右派憎恨相对主义，因其削弱了各种受人敬重、让人舒适的主流思想——某些（根据种族和性别区分而来的）既得权利、审美观念，以及形而上学和道德方面的确定性。保守人士也对远离传统理性的学术界和傲慢自大的年轻人感到震惊，于是把两种现象混为一谈。在他们眼中，大门内外是同一群乱哄哄、毛茸茸的放浪野蛮人。

但是，一旦知识界主流彻底接受了这样的观念，即存在许多同等合理的现实和真理，一旦大门和守门人的概念不仅在校园里，而且在整个文化中都丧失了地位，**所有**野蛮人的说法都可以被认真对待。保守派指出，放任一切的相对主义并没有被隔离在校园里，他们在这一点上是正确的。但当这种风潮传遍美国时，它也助长了**右派**的极端基督教和随之而来的癫狂——在持枪权利上的狂热、"黑色直升机"阴谋论、对气候变化的否认等等。"有用的白痴"（useful idiot）一词最初用来谴责自由派不经意间为极左真信徒的利益服务。然而在如今这种情况下，后现代知识分子——后实证主义者、后结构主义者、社会建构主义者、后经验主义者、认识论相对主义者、认知相对主义者、描述相对主义者——却成了为美国右翼服务的“有用的白痴”。“现实有着众所周知的自由派偏见。”斯蒂芬·科尔伯特在2006年的一次模仿秀中如是说，以此嘲讽当今右翼以信仰压倒事实的冲动。尽管双方都没有意识到这一点，但大量的左翼精英派和右翼民粹派只不过是穿着不同制服的队友——他们同属于梦幻之地。

第 24 章

大爆炸：基督徒

我仍旧记得六年级结束前的某一天，我放学回到家时，瞥见了最新一期《时代》周刊封面，上面没有照片，只有纯黑色背景上醒目的红色字母：**上帝已死吗？**我当时没有读这期杂志，但是这让我感到高兴。中上阶层美国价值观的官方出版物终于认可了聪明人已经知道，却因为礼貌而不便公之于众的事：在现代世界，宗教的保质期已到。

那篇 1966 年的报道由一位虔诚的罗马天主教徒写成，他后来成了我在《时代》周刊的编辑。这是一篇伤感、理性而又在智识上很敏锐的文章，以 5 800 词论述了现代世界中的形而上学。论述的前提是：当理性主义和世俗主义毫不留情地席卷整个西方世界，宗教要想繁荣发展，唯一的途径是不断容纳理性和智识上的不同观点。这篇文章只有一次提到了基要主义，对基要主义这种颇有影响力且越来越魔幻的反文化潮流的兴起只字未提。“现如今，就连基要主义者都不会因为天文学家的最新宇宙学理论而感到不安，”他断言，“就连虔诚的信徒都持实证主义观点。”关于《时代》周刊的一个笑话是，任何潮流如果登上了封面，那么它的顶峰一定已经过去了。《上帝已死吗？》成了短视的主流媒体最大的谎言之一。就在一年之后，《时代》周刊刊登了一则关于“嬉皮士”的封面故事——这样一来，那篇充满权威的《上帝已死吗？》就太奇怪了，因为它完全没有把神秘主义和魔幻思维的兴起考虑进去。《上帝已死吗？》对20世纪60年代只是一笔带过：“在寻找意义的途中，一些信徒在绝望之中转向了精神病学、禅宗或毒品。”

如今人们对20世纪60年代的标准概念集中在青年、抗争和享乐主义上。我们还记得那些**怪异**灵性潮流的大爆发——从国际克里希纳意识协会（Hare Krishnas），到查尔斯·曼森（Charles Manson）的追随者，再到70年代琼斯镇（Jonestown）的集体自杀事件——但是所有这些都在那疯狂的年代潮起潮落，现在已经不重要了。难道不是吗？现在的冥想和瑜伽不再对具体的**信仰**有所要求。20世纪60年代的真正烙印不是性、毒品、摇滚乐和对超自然的非理性信仰。在有关20世纪60年代的流行观念中，这个时期爆发的影响最为深远的宗教狂热——美国极端基督教——却被排除在了那个年代的遗产之外。

20世纪60年代末，尤其是在加州，在数量不断激增的嬉皮士中，有一小部分人是年轻的基督教福音使者：他们把自己称作“耶稣运动”（Jesus Movement）或“耶稣人”（Jesus People），又被其他人称作“耶稣怪胎”（Jesus freaks）。学园传道会（The Campus Crusade for Christ）在伯克利组织了一次“福音闪电战”，称耶稣为“世界上最伟大的革命家”。当时有个“基督教世界解放阵线”（Christian World Liberation Front），还有个“耶稣基督光明与力量集团”（Jesus Christ Light and Power Company）。“一开始，几乎所有的‘耶稣人’都是年轻的迷幻药罐子，”汤姆·沃尔夫写道，“他们发誓戒了毒……但仍然想要灵性狂喜的感觉……他们在基要主义福音派‘神棍’基督教中发现了这些，而在10年前看来，这一派基督教在美国完全不可能复兴。”尽管如此，这似乎是真正的60年代中的一个奇怪的附带事件。

福音派和基要派在20世纪80年代的膨胀超出了以往任何时代，成为政治和文化右翼的代名词，当时，没有人记得基督教曾经在催生了伊莎兰和伍德斯托克的20世纪60年代复兴和疯狂过。日益壮大的基督徒群体大多数在外表和言谈方面不那么“60年代”，但他们也感觉到了那种无拘无束的自由，可以去放弃理智，相信任何自己想要相信的事物。他们中的一些人恐惧多于盼望，另一些人则焕发着魔力而非妄想；一些人被狂喜的体验所支配，另一些人则被极端的教条所控制。所有这些构成了一种反文化，从暗潮涌动的美国后理性海洋之中浮出水面。

许多美国基督徒像嬉皮士和新左派一样，也开始在文化、政治和存在的方方面面感受到来自当权者的不可容忍的压迫。自20世纪初以来，美国基要派一直沉浸在被异教徒精英迫害的感觉中，但到了60年代，无神论暴政变成了官方行为。1962年和1963年，最高法院在两个案件中裁定——两个案件都只有一名异议者——公立学校进行有组织的祈祷或《圣经》阅读是违宪的；1968年，最高法院最终裁定——这次是一致通过——各州不能禁止教授进化论。直到20世纪60年代，按字面意义理解《圣经》的人（比如白人至上主义者）才被禁止把他们的信仰强加给周围的每一个人。在这场法律之战中败下阵来，使他们的“60年代”精神错乱更加严重。因此，这个时代对美国极端基督教来说，最终成了一种奇怪的双赢。一方面，新兴的“万事皆可”模式的各种表现形式，如嬉皮士、渎神和性开放，让他们感到震惊，激起了他们的强烈反弹，使他们更加热衷于“传统”。另一方面，“万事皆可”模式**也使**他们对魔幻事物的信仰得以传播，并变得更加极端。

***

自美国人发明五旬节派以来，这种教派缓慢增长，但仍是一种边缘宗教，只有不到 200 万名委身的美国信徒——直到 20 世纪 60 年代，当时**所有**奇异又刺激的边缘宗教自由发展，并开始超越主流教派。“今天的年轻人纯粹是渴望异象，”五旬节派最重要的领袖之一大卫·杜普莱西斯（David du Plessis）在 20 世纪 60 年代说，“所以他们求助于 LSD 去体验迷幻的感觉。”他的宗教让人们体验到逼真而又震撼的幻觉。与那些偶尔见证神迹的早期基督徒不同，人们现在可以随时随地体验魔法，就像嗑药一样。美国人的丰富生活永无止境。

20 世纪 60 年代，五旬节派电视布道家奥罗尔·罗伯茨开始［在 NBC（美国全国广播公司）在伯班克的演播室］制作并（在数百个电视台）定期播出有著名演员加盟的黄金时段特辑。他还出现在约翰尼·卡森（Johnny Carson）和默夫·格里芬（Merv Griffin）的节目，以及《 贻笑大方 》（*Laugh-In*）和《 嘻嘀 》（*Hee-Haw*）中。他已经成为主流，但仍然是个十足的疯子：除了说方言这种主要的精神错乱之外，他还声称他的事工让死人复活，以及耶稣曾亲自向他显现，命令他建立一个医疗中心，还有一次，命令他治愈癌症。

五旬节派这个“**品牌**”仍然带有下等人、乡巴佬、贫民窟的包袱，其他新教徒瞧不起“**那帮人**”。但从20世纪60年代开始，这种恶名就不再与五旬节派奇异的信仰和实践挂钩了。1960年复活节星期日，在属于中产阶级的圣费尔南多谷（San Fernando Valley），一家大型圣公会教会的牧师——不是什么不入流的宗派，是**圣公会**——向他的会众宣布，他拥有说方言的属灵恩赐。这是全国性的新闻，一家传统派的圣公会杂志发表了一篇激动人心的社论：“说方言不再只是街对面某个古怪教派的现象。它就在我们中间，实践者都是些声誉良好的神职人员和平信徒。”这篇高教会派（high-church）社论猜测，也许，“上帝选择了这个时候来炸毁……‘圣公会的一本正经’（Episcopalian respectabilianism）”。

一本正经的詹姆斯·派克（James Pike）是美国最著名的神职人员之一。多年来，他一直担任哥伦比亚大学宗教学系主任，并在ABC电视网主持每周一次的谈话节目，现在是北加利福尼亚颇具战斗精神的自由派圣公会主教。对于自己所在的湾区有十分之一的牧师在说方言的现象，他十分警觉，于是他委托人撰写了一份官方报告。报告发现，这种方言狂热“在精神病学家看来似曾相识”，迷惑了那些过度拘泥于《圣经》字面意义的人。派克主教自己因为没有拘泥于《圣经》字面意义而陷入麻烦——他把童女生子称为“原始神话”，并说他“不相信耶稣升入了天堂”。最终，他迫使圣公会信徒以异端的罪名对他进行审判，而这反过来又迫使教会宣布异端的概念“已经过时了”。

换句话说，他是一个有理智的伟人——直到他失去理智。20世纪60年代全面爆发时，居住在旧金山这个火山口的中年派克主教没能抵制住诱惑。他与菲利普·K. 迪克（Philip K. Dick）成了亲密的朋友。迪克是出色的科幻小说作家，在他的作品中，现实总是亦真亦假、变幻莫测。作为迷幻药和安非他命爱好者的迪克，越来越难以区分生活中的幻想和现实。派克也亲自试验了致幻剂。他和他的情妇（迪克妻子的继母）相信他们在公寓里目睹了心灵致动事件。1967 年，她在那里服安眠药自杀；3 个月后，派克在一次电视直播的降神仪式中试图用灵媒联系他死去的儿子。1969 年，派克在犹大旷野——就是撒旦曾试图让耶稣证明自己有超能力并投奔黑暗一方的那个荒野——与他新的第三任妻子进行异象探索时，迷路死了。

但是让我们回到他最初谴责的方言。这种现象开始发生在所有的主流新教教会中。杜普莱西斯把 LSD 视为通向方言之路，他后来被称为“五旬节先生”，作为将方言传播到其他各大宗派的普世教会使者。学者和宗教类作家启用了“新五旬节派”（neo-Pentecostalism）一词，但这样一个廉价的术语永远不会流行起来，因为它仍然包含 P 开头的那个词。一个主流教会牧师与一个多年来一直说方言的公关主管一起制订了解决方案。他宣称，席卷教会的日常魔幻，是一场“灵恩的复兴”（charismatic renewal）。

“圣灵的恩赐”（charismata）是一个晦涩的宗教术语，用来指上帝偶尔会赋予某些人的超自然力量，所以它在神学上是完全说得通的。但更妙的是，“魅力超凡”（charismatic）* 刚刚成为描述那些天生就富有感召力的人的惯用形容词，比如说肯尼迪总统。五旬节派开始把自己重新包装成一种无宗派新教，自称为“灵恩派基督教”

---

* 英语中的“charismatic”这一形容词有多重含义，既可指世俗意义上的“魅力超凡”，又可指宗教意义上的“蒙受神恩”。——译者注

（charismatic Christianity）。1967年，一些罗马天主教神学教师开始讲方言，于是灵恩派天主教诞生了。然而，灵恩派也创建了他们自己的新教会和新教派，因为这就是美国人的风格。最重要的一些早期灵恩派教会和宗派始于南加州。

1965年，一位牧师离开了麦艾梅在洛杉矶创立的五旬节派分支，在离迪士尼乐园不远的奥兰治县建立了自己的教会。他的"加略山教会"（Calvary Chapel）专门针对年轻人。"我们这一代人，"他的女婿是婴儿潮一代人，最近在继承了创始人的牧职后解释道，"可以在加略山教会找到共鸣。你可以身穿冲浪裤、T恤衫和人字拖，手拿《圣经》去教堂。"此外，每次讲道之后都有一段固定的"余韵"时间，人们可以说方言。加略山教会的礼拜仪式大受欢迎，创始人不得不买一个马戏团帐篷来容纳人群。

很快，每周有7 000名灵恩派信徒参加礼拜，教堂也开始撒种，在全国各地冒出了数百所分会。按照美国新教的传统，这些新出现的教会实际上是特许经营、共享品牌的，所有共享的品牌包括教会的名称、时髦的音乐，以及对于上帝仍然赋予普通百姓神奇超能力的信念。加略山教会这个大型宗派创建于20世纪60年代，它坚称自己是无宗派的——就好像同时期的一些美国政客开始坚称自己是反政府的一样。

加略山教会的一粒种子在附近奥兰治县的一个更光鲜的小镇发了芽。它的牧师温约翰（John Wimber）不仅**专门针对**南加州那些不爱去教会的年轻婴儿潮一代人，他还是他们的酷哥哥，一个留着胡须的摇滚键盘手，在成为福音派和新五旬节派信徒之前，他曾与"正直兄弟"（The Righteous Brothers）组合一起演奏，还是一名贵格会牧师。事实上，对于更加保守的加略山教会创始人来说，他显得过于随意和不教条了。于是，温约翰从加略山教会分裂出去，与一个灵恩派基督教团体结盟，该团体在圣莫尼卡（Santa Monica）海滩上举行摇滚乐敬拜仪式。（鲍勃·迪伦在那里认识了耶稣。）温约翰成了“属灵之父”，他似乎能奇迹般地治愈病人……让健康人狂喜到崩溃……把魔鬼从被附体之人身上赶走。教会被称为“葡萄园”（The Vineyard），温约翰则作为“神迹奇事先生”被人们熟知，他掌管着教会迅速发展的全国连锁加盟。“葡萄园”，多么出色的“后60年代”品牌包装：不仅是《圣经》中多次提到的意象，还别致、天然、高档，充满加州范儿。

因为葡萄园和加略山教会都在蓬勃发展，又因为他们既没有自称五旬节派，也没有**沉迷于**方言，所以他们使得传统教会里的基督徒更容易接纳灵恩派模式。*我哭，我笑，我跪下，或者说预言，或者说方言，我的背痛消失了，路上突然不堵车了，这一切都是上帝和耶稣为我而做的——我觉得这是真的，因此这就是真的。*美国基督教比以往任何时候都吸纳了更多的魔幻现实主义和特效。到了20世纪70年代末，就连葛培理也为说方言开了绿灯。

20世纪60年代末和70年代，基督教不同派别信徒之间的差异反映了新兴波希米亚式群体之间的差异。灵恩派就像嬉皮士和新纪元人士一样，体验着灵性狂喜，看到各种神迹奇事，要求教会里允许酷炫的音乐和穿着。基要派就像新左派，是思想偏狭的狂热分子，专注于争论教义，憎恨不义的人，等待最后的战斗。灵恩派在基督教中就相当于1970年左右的那几百万名嬉皮士，他们并不反对激进派对腐朽世界的批评，但最终对爱与和平，以及厉害的事物更感兴趣。

***

基要派现在称自己为“保守福音派”，变本加厉地以字面意义解读《圣经》，把天堂和地狱视作与迪士尼乐园和拉斯维加斯一样真实的地方，相信世界末日和耶稣的再临。由于那是20世纪60年代，这种教条将会变得更加惊人。

从斯科普斯审判到20世纪60年代，甚至连许多福音派信徒都在科学问题上给科学发现留出了空间：《创世记》开篇中的每一“天”都持续了极为漫长的时期，地球的年龄已有数十亿年，动植物和人类都是逐渐产生的，上帝使用了化学和生物学作为他的创造手段。但在1961年，一对顽固分子—— 一名基要派神学院圣经教师和一名土木工程学教授——出版了《创世记大洪水：圣经记载及其科学意义》(*Genesis Flood: The Biblical Record and Its Scientific Implications*)。两位作者分别毕业于普林斯顿大学和莱斯大学，他们的书有500多页，因此这看起来还挺一本正经。《创世记大洪水》几乎以一己之力从基督教思想史的垃圾箱里翻出了神创论——就在同时，学术界主流开始宣称科学不一定是真理的仲裁者。那位工程学教授于1963年与他人联合成立了“创世研究协会”(Creation Research Society)，并于20世纪70年代初成立了“创世研究院”(Institute for Creation Research)。因此，神创论最令人难以置信的一种理解方式——6 000年前，上帝在常规的6天时间里创造了一切——现在拥有了由(披着)科学(外衣的)博士领导的制度化运动。在一代人的时间里，神创论将成为美国基督教正统的一部分。

在神创论和其他问题上，强硬的福音派开始在保守福音派各宗派中重新确立其至高无上的地位。最守旧的路德宗大型分支之一，密苏里路德会（Lutheran Church–Missouri Synod），再次承诺坚持信奉《圣经》中的**一切**都是确凿的事实。在 1965 年的大会上，它不顾一位理性的大会主席的反对，宣布它“坚信《约拿书》上记载的事件确实发生了”，约拿是被一只“真实的鲸鱼”吞食的一个“真实的人”，直到他的祈祷说服上帝，让鲸鱼把他吐了出来。它最负盛名的神学院的校长解释说，不，约拿的故事就像《圣经》里的很多内容一样，它是一个寓言，而不是事实的记载。会议主席和神学院校长都被清洗了，强硬派接管了密苏里路德会。

《创世记要义》（*The Message of Genesis*）与《创世记大洪水》出版于同一年，作者是一位美南浸信会圣经学者，美南浸信会的出版社出版了该书。作者的要旨是，《创世记》**几乎**全部是真的，但开篇著名的几章——上帝创造天地，亚当、夏娃和伊甸园中的蛇——都是神话，是上帝的默示，但不是严格的事实。另外，诺亚所经历的大洪水并没有覆盖整个地球。站在 21 世纪回顾过去，这种合理的解释在当时的福音派看来也是合理的，这真是令人惊奇。

但温和派开始失去控制。在一阵骚动之后，写了《创世记要义》的教授被他所在的神学院开除了，而美南浸信会的官方教义做了有史以来第一次修订——现在的教义提到了地狱和末日，并对确定耶稣再临的日期持开放态度。他们选出了一位会长，他宣扬撒旦的敌基督会在耶稣归来之前接管世界。

圈外人并没有意识到当时正在发生的事情的规模和范围。1968 年，当最高法院最终裁定各州不能宣布进化论为非法时，他们认为自己只是在进行后续的司法清理，因为原始基督教事实上已经消亡。

多数人轻蔑地表示，“只有阿肯色州和密西西比州的成文法律中还有‘反进化法’或‘猴子法’”，而且没有人根据阿肯色州的法律被起诉，因此这些神创论的法律“在这些州更多是一种奇闻逸事，而不是不可或缺的生活现实”。

对于20世纪中叶自信而又自满的当权者来说，这看起来连冰山一角都算不上，更别说它的真实面目了：这是一座惊人的高峰，耸立在从美国深处拔地而起的山脉之上，构成了新兴的梦幻之地大陆的一部分。与此同时，其他的基督教另类现实机构也像一连串群岛，从黑暗中浮现出来。

20世纪60年代，随着娱乐越来越成为美国日常生活的一部分，旧时那种周日早晨批量放送的准普世宗教电视节目变得无比乏味。与此同时，娱乐性最强的宗教自然而然地繁荣发展，并最终占据主导地位。福音派、五旬节派和地狱烈火式的基要派在本质上比主流新教和天主教更接近娱乐业：高能的布道家、魔幻的闹剧、超级英雄和超级反派、惊人的特效、夸张的结局。基督教广播网（Christian Broadcasting Network，简称CBN）成立于20世纪60年代，由31岁的美南浸信会牧师帕特·罗伯逊（Pat Robertson）创建。罗伯逊是耶鲁大学法学院毕业生，还是美国参议员的儿子。1966年，CBN推出了他们的旗舰节目——一档两小时的综艺与神迹节目，名为《700俱乐部》（*The 700 Club*），并且很快就有罗伯逊出场。该剧的第一位明星是五旬节派牧师吉姆·巴克（Jim Bakker），他与妻子塔米·费伊（Tammy Faye）共同主持了节目，并迅速成为五旬节派创建的另一家电视网络——三一广播网（Trinity Broadcasting Network，简称TBN）——的主力。

***

对许多美国人来说，20 世纪 60 年代和 70 年代初在许多方面都仿佛临近深渊边缘。这种感觉直接助长了新教对哈米吉多顿和世界末日的重新关注。1967 年，牛津大学出版社再版了《司可福串珠圣经》(*The Scofield Reference Bible*)，这是自 20 世纪初首版以来的第一个新版本——这是一本普通《圣经》，只不过在字里行间的注释中宣讲了 6 000 岁的地球，以及即将来临的世界末日和被提。这部带有强烈倾向性的改进版美国《圣经》，可以说是在 20 世纪 60 年代重生了。

从 1970 年开始，你甚至不用再为《以西结书》《但以理书》《启示录》中令人困惑的语句而烦恼。《消失的伟大地球》(*The Late, Great Planet Earth*)以通俗浅显的解读取代了古老、隐晦而诗意的散文，此书以激动人心的预言为重点，穿插着易于理解的经文片段。作者是一位四处游历的得克萨斯州福音派信徒，名叫哈尔·林赛(Hal Lindsey)。这本书的标题让人感觉到他在解释迫在眉睫的世界末日时的愉悦心态。在推销他的《圣经》解密工具箱时，林赛了解他所处的新时代。开篇的引言似乎会削弱他整部作品的权威性："'我们相信我们想要相信的一切。'——德摩斯梯尼"林赛从一开始就主张你应该相信他的书，因为现今的人们相信各种各样疯狂的神秘事物。"占星术正在经历有史以来最大的繁荣……嬉皮士音乐剧《毛发》(*Hair*)的剧组人员中就有自己的御用占星家……《圣经》做出了奇妙的宣告；但它们并不比当今那些占星师、先知和预言家的说法更令人吃惊。"

随着阴谋论的突然兴起，《消失的伟大地球》打算揭露邪恶的**终极**阴谋的细节——撒旦、敌基督、假先知以及他们的爪牙们如何在体面伪装之下占领世界。例如，《圣经》中多处可见而又令人迷惑的“歌革”指什么？显然是指苏联。那么“从海里上来的十角七头的兽”呢？新建立的欧洲经济共同体！（尽管在1970年它只有6个成员国。）此外，欧洲经济共同体是根据《**罗马**条约》建立的——当然，在《启示录》中，“大淫妇”巴比伦**就是指**罗马！类似的例子还有很多。《消失的伟大地球》是整个10年间最畅销的（所谓）非虚构类图书，在新千年到来之前余下的时间里，它继续以每年100万册的速度售出。它的模板像是填空题，足够灵活，可以随时纳入所有新出现的撒旦代理人——中国！伊朗！疫苗！奥巴马！教皇方济各！“伊斯兰国”！

对于林赛和美国福音派信徒来说，1948年以色列的建国是预言实现的确凿证据。在末日的事件发生之前，犹太人必须回归以色列。他们已经这样做了！1967年，当末日的狂热在美国升温，以色列人打败了入侵的阿拉伯军队，**夺回了耶路撒冷**——“他们要倒在刀下，”《路加福音》第21章24节曾如是说，“耶路撒冷要被外邦人践踏。”* 20世纪六七十年代，随着中东在现实世界的末日边缘摇摇欲坠，这种特殊的幻想大规模复兴和爆发。

随着基督教癔症新模式的兴起，美国人对理性、朦胧的主日礼拜形式失去了兴趣。美南浸信会在1965年左右成为美国最大的宗派，不断壮大。长老会中的极端幻想派分裂出去，成立了自己的宗派并

* 此句后面紧跟的一句是：“……直到外邦人的日期满了。”——译者注

发展起来。到 20 世纪 60 年代末，大多数美国新教徒都是福音派信徒。在 1960 年，五旬节派中最大的宗派“神召会”（Assemblies of God）有 50.8 万名美国成员；到了 20 世纪 70 年代末，它在美国的成员和“拥护者”（adherents）总数已经增加到 260 万。开创了异想型基督教的伟大先锋们——“后期圣徒教会”——在 20 世纪发展缓慢，但摩门教徒在六七十年代同样经历了春天，美国成员人数几乎增加了两倍。事实上，他们作为个体极为积极正常的外表——如此快乐、勤奋、清醒、正直，如此**与“60 年代”格格不入**——也成了荒诞信仰正常化的另一种途径。

通过参与国家政治，福音派基督徒终于一劳永逸地使所有人都注意到他们的攀升。而且他们在一开始并不等同于共和党政治。在美国，“政客们在总统竞选中借助狂热、非理性、神神道道的宗教的奇异景象始于……1976 年，”汤姆·沃尔夫在 1976 年秋天写道，“这种现象的传播者是吉米·卡特（Jimmy Carter）……他浑身闪耀着神秘的宗教光辉。卡特其实是一位浸信会福音派信徒，他最近刚刚‘重生得救’，‘接受耶稣基督为我个人的救主’——也就是说，他信的是那种传道人猛捶讲台、‘阿门’声此起彼伏、马大姐妹在雅马哈电子琴上用十指笨拙地敲击着 C 大调和弦、带有南方土特产气息的差传浸信会。”这是一个重大时刻。在现代社会，总统候选人不得不将他们的古怪宗教**轻描淡写**，比如乔治·罗姆尼（George Romney）的摩门教和肯尼迪的天主教，但是卡特的福音派信仰帮助他赢得了胜利。

1978 年，在他作为总统参与的第二次全美祈祷早餐会上，他说：“‘重生’这个词（如今）在许多并不熟悉其含义的美国人的意识中留下了生动的印象。”的确如此。10 年前，如果一个总统像卡特那样行事——事实上，如果任何一个有名望或有权势的非传道人如此虔诚地公开自己的信仰——大多数人都会感到不舒服。

大约在同一时间，罗伯逊和杰里·福尔韦尔（Jerry Falwell）走上了右翼政治路线以及他们严格的宗教路线，新闻媒体也开始报道他们。20 世纪 70 年代，他们各自建立了自己的大学，维真大学（Regent University）和自由大学（Liberty University），就像奥罗尔·罗伯茨在 20 世纪 60 年代所做的那样。与那些厚脸皮的后来者不同的是，美国最为著名、最受爱戴的福音派人士葛培理避免了对理性和科学的过度抵触，总是与信仰各异的大政治家友好相处。尽管葛培理的基本宗教信仰与罗伯逊和福尔韦尔没有太大不同，但相比之下，他现在显得更加温和而主流。

300 年来，美国基督教的总体趋势一直是朝着温和的方向发展，这是一条向理性弯曲的长弧。清教徒驱逐了安妮·哈钦森。卫理公会信徒平静下来，变得普通。摩门教徒被隔离在沙漠中，五旬节派信徒在山谷和贫民窟里。神创论和末日时间表成了笑话。20 世纪中叶的美国宗教就像电视节目，不失体面而又平淡无奇。

但是在 20 世纪六七十年代以及之后，超自然信仰加剧、扩散，并获得了永久的牵引力。这一次，美国离经叛道的魔幻思维极端分子取得了前所未有的胜利。过去那些关于原始过去（神创论）的错谬思想突然有了数量巨大的坚定拥护者，而过去那些关于既定未来（末日）的疯狂想法也一样。很多人相信，现在就像是耶稣时代那样魔幻的过去——方言、信仰治疗、来自天堂的个人启示——这种信念也在疯狂传播。

第 25 章

大爆炸：政治、政府和阴谋

在合理范围内，相信或猜测某些更高权力和意图的存在是可以的；在某种程度上，想象另类现实是可以的；偶尔体验一下精神错乱的狂喜也是可以的。理性主义是必不可少的——但同时，它也可以被过分地拔高和加深。20 世纪 60 年代初，对某种超理性主义抽象的狂热支配了美国领导人。当冷战和越南战争达到了可怕的顶峰，这种狂热来得正是时候，让美国人心灵中的理性本身沾上了永久的污点。

数字时代与核时代之父、数学家约翰·冯·诺伊曼（John von Neumann）在纳粹上台前离开德国，前往美国。他在年轻时就创立了博弈论，把人类的决策提炼为基本、纯粹的数学要素。他参与了原子弹的制造，并选择了计划焚毁的日本城市，他似乎对此毫不在意，也没有因此受到谴责。20 世纪 60 年代，美国和苏联都装备了数百个核弹发射器和上千个百万吨级的核弹头，每一方都有能力摧毁对方的数百个城市，而我们的中央国防战略则被简化为冯·诺伊曼精心缔造的博弈论概念：如果理性的玩家一相信，理性的玩家二无论受到多大规模的攻击，都会保留灾难性反击的能力，那么玩家一永远不会首先进攻。这完全合乎逻辑。然而，核化的“博弈”可能带来的负面影响是数亿人的死亡。人们对冯·诺伊曼玩笑般的缩略词——“相互保证毁灭”（Mutual Assured Destruction），简称“疯狂”（MAD）——感到震惊。

肯尼迪总统在竞选活动中大肆利用美国人认为自己的核导弹不如苏联的想法——这全是想象。他选择了一个漫画式的现代理性技术官僚做他的国防部长：哈佛大学 MBA（工商管理硕士）、前会计学教授、福特汽车公司总裁罗伯特·斯特兰奇·麦克纳马拉（Robert Strange McNamara）。麦克纳马拉沉迷于“系统分析”，这是一种计算机化的全新方法，冯·诺伊曼在数学方面的成果使其成为可能。据声称，系统分析可以通过将复杂的问题——特别是军事问题——简化为定量数据来解决这些问题。麦克纳马拉众多精明的助理秘书之中最重要的一位是兰德公司（RAND Corporation）的资深人士，兰德公司是开创性的战后智库，也是系统分析的源头。问题是，经过处理的数据和方程使系统分析**看起来**像是纯粹的科学，那些自信聪明的工作人员和他们的客户一定认为这是一种完美的超理性。

兰德公司最知名的人物是赫尔曼·卡恩（Herman Kahn），他也是鼓吹核战争并不可怕的最有影响力的人。卡恩是麦克纳马拉国防部的顾问，当时美国正准备对东南亚进行军事干预。麦克纳马拉和卡恩设想通过向五角大楼的新神器 PPBS——规划计划预算系统（Planning, Programming and Budgeting System）——输入变量，就能在越南击败共产主义，这使得发动和赢得现代战争看起来就像是设计和制造新改进的福特汽车一样。“越南战争，”赖克在《美国的绿化》中写道，“代表了逻辑走向幻想极端的一种疯狂。”他说得没错。

道德演算并不能被简化成数学演算，更何况这群最优秀、最聪明的人所践行的经验主义还经常是错误和虚假的。敌方阵亡人数统计仅仅是战争中的一个作用十分有限的指标，但它很诱人，因为它是可量化的，而且在这种情况下被夸大了。此外，美国这些掌权的理性主义者们没有或者未能意识到，越南战争是被情感和理性方面的双重因素驱动的，是被他们对共产主义夸大的恐惧和对美国超级大国声誉的关注驱动的。

与此同时，兰德公司复兴了战争游戏，使其成为军事领袖管理现实世界战争的一种方式。但这不再是那些摆弄船舶飞机小模型的愚蠢的古董游戏——现在有了计算机和博弈理论，有天才的数学作为基础。现在，对于还没有发生的战争，人们可以提前想象、计划并且“战斗”。这种无感情状态使一切看起来更加理性了。赫尔曼·卡恩的一位传记作者称，他的兰德版系统分析相当于“推想型捏造”，让“卡恩的科学变成了科幻”。战争游戏是20世纪60年代另一款引人入胜的美国特色产品，它把有趣的虚构和真实的事物混为一谈。

***

一种逻辑被战争制造者推向了幻想的极端，另一种逻辑则被战争反对者带到了幻想的极端。随着越南战争的升级和加剧，反理性主义在20世纪60年代开花结果。“一次又一次，”学生激进分子兼反战领袖汤姆·海登（Tom Hayden）在很久以后写道，“问题被归结为：在一个虚幻的时代，什么才是现实？”反体制派的臆想一如既往，以可怖或是极乐的形式出现——就像有些基督徒是前千禧年论者（premillennialists），指望**此刻**就来一场暴力的末日决战大清洗，而有些人是后千禧年论者（postmillennialists），想象着世界的和平救赎。

这两种反文化人士都出现在了“反抗战争制造者，向五角大楼进发”的游行中——1967 年秋天，当战争接近激烈的顶峰时，在华盛顿特区发生了引人注目的抗议活动。44 岁的诺曼·梅勒在他记述这些场景的《夜幕下的大军》（*The Armies of the Night*）一书中写道：“那一代人相信迷幻药，相信女巫，相信原始知识，相信纵欲狂欢，相信革命，现在整个一代嗑药者似乎突然告别了他们想象中可以轻松实现的天堂。”他描述了游行的口号（“‘出去，魔鬼，出去，回到黑暗中去，你们这些撒旦的差役’”），讲到数百名抗议者围成一圈，打算“组成一个强大到足以把五角大楼升空 90 米的驱魔圈”。他们希望这座建筑会“变成橙色并振动，直到所有的有害排放物都逃离这个悬浮体。到那时，越南战争就会结束”。

在现代社会，纯粹快乐的幻想往往是非政治性的，较黑暗的幻想则是政治性的——这就是嬉皮士和新左派之间的区别。到了 20 世纪 60 年代末，很多左翼狂热分子都在践行着极端魔幻思维。在这个十年开始的时候，他们还不是这样的。1962 年，一个叫作“民主社会学生会”（Students for a Democratic Society）的小型校园组织通过了由 22 岁的汤姆·海登起草的成立文件。这则宣言亲切而又合理，谴责了不平等和贫困，以及“在美国生活中广泛存在的种族主义”，承认了工业自动化潜在的好处和坏处，并宣称他们自己“基本上反对共产主义制度”。

然后，**砰嘭**，大爆炸发生了。一切的一切都变得可信。理智被抛弃了。反乌托邦和乌托邦幻想看上去都是合理的。梅勒曾说，新左派感到“黑人的战斗精神是对他们的一种谴责”，他们是“一些疯狂的中产阶级孩子……对末日充满了渴望”。“民主社会学生会”成了新左派机构的**代表**，并且在1969年，其中最具有末日情结和感召力的派系——他们自称“气象员”——分裂了出去，博得了所有人的关注。这个组织的成员相信，他们和其他年轻美国白人通过与黑人造反分子结盟，将成为一场新内战的先锋。他们发表了声明，宣称“需要将武装斗争作为革命的唯一道路”，以及“毒品是我们的武器之一……枪和大麻在地下青年那里统一起来”。然后他们开始制造和引爆炸弹。有些爆炸事件引起了人们的广泛关注。例如1970年在纽约警察总部、1971年在美国国会大厦、1972年在五角大楼。在1969年和1970年间，美国极左翼**平均每周**至少引爆10枚炸弹。1973年，十几名年轻的空想革命家在加州组成了“共生解放军”（Symbionese Liberation Army），宣布他们“处在黑人和少数族裔的领导下”，尽管成员除一人之外全都是白人。他们谋杀了奥克兰一所黑人学校的负责人，然后绑架了媒体大亨的女继承人帕蒂·赫斯特（Patty Hearst）——后者变成了“共生解放军”故事中的一名同志和一个角色，化名为塔尼亚（Tania），并和他们在一起待了一年半，抢劫银行、驾车逃亡、枪击商店。当然，放在现今，若是有地下军事组织在全国各地引爆数百枚炸弹并抢劫银行，美国将会为之疯狂、着迷，不会再谈论除此之外的任何话题，或许还会戒严。当时的爆炸事件很少成为全国性的新闻，因为一个理智和理性的当权机构仍然对媒体的话语负责，决心帮助美国人保持理智和理性。沃尔夫写道："长远来看，历史学家们完全有可能把整个新左派的经历看作一起披着半军事装备和游击战话语外衣的宗教事件，而非政治事件。"

变得精神错乱的不仅仅是政治极端分子。20 世纪 70 年代，美国中央情报局（CIA）和国防情报局（Defense Intelligence Agency）制订了臭名昭著的"星门计划"（Project Star Gate），来研究他们是否能够通过"超感官知觉"收集情报和进行间谍活动。* 甚至在"气象员"说服自己是美国越共之前，联邦调查局、中央情报局、各大军事情报机构以及城市警察局官员就已经说服自己，反战示威者和校园左派统统是危险的好战分子，并且扩大了监视、渗透和丑化这些组织的秘密计划。而这一切又进一步证实了新左翼先前就存在的妄想症，助长了他们狂热的革命幻想。这是一种共生的恶性循环，是惊恐、越权的政府幻想家与惊恐、越权的反政府幻想家之间的对抗。

***

极右翼幻想在 20 世纪 60 年代也有其辉煌时刻。参议员麦卡锡去世后，他的一位富有的支持者罗伯特·韦尔奇（Robert Welch）创立了"约翰·伯奇协会"（John Birch Society）。韦尔奇说，共和党和民主党的内阁中都有"自觉、蓄意献身于苏联阴谋的特工"，他

---

* 查尔斯·塔特，发明了"公认的恍惚"这一术语的教授，是"星门计划"的一名顾问。斯坦福研究所（Stanford Research Institute）的超心理学家也是顾问，他们声称在 20 世纪 70 年代证实了江湖骗子尤里·盖勒的灵异弯勺术。

们决心建立"一个世界性的警察国家，受克里姆林宫专制而残酷的统治"。20 世纪 60 年代初，约翰·伯奇协会开始受到全国媒体的广泛关注。它在数十个州的分会招募了成千上万名会员，并在全国各地开设了"美国意见"（American Opinion）书店和"阅览室"。韦尔奇 1961 年宣称，联邦政府现在有"50% ~ 70%"的共产主义成分，并且"处于共产党的操控之下"。显然，学术界、基金会和新闻媒体都已经被渗透，但是用韦尔奇的话来讲，美国医学协会和美国商会也都是"亲共人士"（comsymps）。

这一阴谋论后来的适用范围远远不限于那些为苏联和中国利益服务的美国共产党员和亲共人士。根据约翰·伯奇协会的新立场，共产主义只是一个全球性总体阴谋的一部分，是一个"国际黑帮集团"策划更大密谋使用的工具。这可以追溯到 18 世纪的欧洲光明会——因此，约翰·伯奇协会是那种妄想癖百年来在美国的第一次复兴。为简单起见，韦尔奇在 1966 年写道："让我们把这个统治集团简称为'内部人士'（Insiders）。"毫无疑问，过去半个世纪里所有的社会主义创新都是他们的所作所为，包括"中央银行、分级个人所得税"，以及新生的"医疗保险巨兽"，同时，也正是他们促成了向美国供水添加氟化物的举措和公民权利的扩张。在种族融合议题上，协会的头号大敌是最高法院的首席法官，协会在"弹劾厄尔·沃伦（Earl Warren）"的广告牌上将他妖魔化——我至今仍记得童年时见过的这些广告牌，有些上面还有南方邦联的旗帜。沃伦是前共和党州长和副总统候选人，被艾森豪威尔总统任命为首席法官。而说到艾森豪威尔，韦尔奇有"一大堆广泛、明确的详细证据"，因此他“毫无疑问”地知道，艾克（Ike）* 这个“二战”期间的欧洲盟军指挥官、被美化的两届共和党总统不仅是共产党员的“走狗”，而且还“蓄意地接受并遵守共产党的命令，自觉地为共产主义阴谋服务了一辈子”。这是疯狂的虚构。

约翰·伯奇协会的非凡崛起发生在 20 世纪 60 年代**初期**，那时理性的势力还没有失去控制，因此该协会可以被有效地边缘化。主流媒体尽了自己的一分力量。《纽约时报》的一则头条新闻直率地称约翰·伯奇协会成员为“半地下极端分子”，对《时代》周刊而言，他们就像“一个讨人嫌的喜剧笑话”，《洛杉矶时报》发表了一系列连载调查和一篇头版社论谴责他们，但最为关键有力的拒绝来自右翼当权者。保守主义运动的领袖——那时他们刚崭露头角，仍然是真正的保守派——担心这些吵闹的疯子可能会毁掉他们在 1964 年总统提名和选举中的机会。

1962 年，保守主义运动的两位最重要的知识分子，威廉·F. 巴克利和拉塞尔·柯克（Russcll Kirk，巴克利的同事，专栏作家）在棕榈滩见了他们的准候选人，亚利桑那州参议员巴里·戈德华特（Barry Goldwater）。“菲尼克斯城里每两个人中就有一个，”忧心忡忡的戈德华特夸张地告诉他们，“是约翰·伯奇协会的成员。我说的不是被共产主义阴谋闹得心魂不宁的果农或瘾君子，我说的是那些高级别、担任要务的人。”他们决心打倒韦尔奇和约翰·伯奇协会。“我只想说，”柯克提议，“那家伙疯了，应该被关起来。”在下一期《国家评论》（*National Review*）中，巴克利写了一篇 5 000

---

* 艾克（Ike）即艾森豪威尔的昵称。——译者注

词的热门文章：有这样一个“对时事的看法离常识……相去甚远”的领导人，“约翰·伯奇协会是怎么成为一个有影响力的政治工具的？”在给杂志的一封信中，戈德华特也一再谴责“那些远离现实的观点”。

大功告成。基于现实的保守主义运动和共和党领袖带头宣布，约翰·伯奇协会已经越了界，不能再作为一名正式玩家参与国家政治话语。根据盖洛普的民意调查，在3年之内，对约翰·伯奇协会持负面看法的美国人从少数变成了多数，就连罗纳德·里根在1965年竞选加州州长时，也称他们是“不入流的疯子”。

但是，正是因为约翰·伯奇协会的组织和品牌信誉扫地，真正相信共产主义者、自由派和精英阶层参与策划了一场全球阴谋的人并没有停止相信这种疯狂的幻觉，而且相信的人越来越多。我的父母不太喜欢阴谋论，但他们是戈德华特的支持者，还拥有一册亲戈德华特的檄文《这是选择，不是附和》（*A Choice Not an Echo*），这本书卖出了数百万册，作者是菲莉斯·施拉夫利（Phyllis Schlafly）。她写道：“大多数被认为是‘意外’或‘巧合’的事情，实际上是人类计划的结果。”同年，圣路易斯郊区一个名叫约翰·斯托默（John Stormer）的人——多么合适的名字——自行出版了《没有人敢称之为叛国》（*None Dare Call It Treason*），解释了联邦政府、媒体和美国的整个非营利行业如何被叛国的走狗和同谋主宰。斯托默是密苏里州共和党的领袖。他问道：“是否存在一个致力于毁灭美国的阴谋计划，能够同时解释清楚外国援助、计划的通货膨胀、缔约权的歪曲和裁军？”这是一个设问句。《没有人敢称之为叛国》在第一年就卖出了200万册，在20世纪60年代剩余的时间里每年卖出100万册。它为1972年出版的另一本畅销书《没有人敢称之为阴谋》(*None Dare Call It Conspiracy*)铺平了道路。"阴谋家们都来自最高的社会阶层，"作者解释说，"他们腰缠万贯，受过高等教育，非常有文化。"阴谋背后的势力有"内部人士"、洛克菲勒家族、罗斯柴尔德家族、"学术界和大众传播媒体的精英们"，还有光明会——他们意图建立一个"世界最高政府"。为这本书撰写腰封推荐的其中一人，就是艾森豪威尔政府中那位带领第一次内阁会议祈祷的摩门教徒。《没有人敢称之为阴谋》卖出了500万册。

***

1963年约翰·肯尼迪遇刺后，这种以狂暴而又缜密的猜疑去理解世界的方式开始蔓延到各个政治派别。达拉斯暗杀事件不可能只是一个发了疯的失败者用邮购来的步枪一手制造的，对吧？这肯定是共产党、中央情报局、约翰·伯奇协会、黑手党、寡头政治家或某个阴谋集团安排好的，对吧？美国人思维的转变并没有立即引起足够的重视。理查德·霍夫施塔特(Richard Hofstadter)影响深远的著作《美国政治的偏执风格》(*The Paranoid Style in American Politics*)出版于总统遇刺一年多以后，作者在书中仅用了两句话和一个脚注提及此事，并评述道："在美国……对肯尼迪遇刺的阴谋论解释没有什么市场。"精心编造妄想已经成了约翰·伯奇派极右翼的条件反射，但因为那些人非常看不起肯尼迪，所以他们没有动机相信一个暗杀阴谋。左派还需要一点时间来赶上。

1964年，一名左派作家出版了美国第一本关于肯尼迪遇刺阴谋的书，声称得克萨斯州的一名石油工人是幕后策划者，此后很快就有许多书认为，官方政府调查——由首席法官厄尔·沃伦这位极右翼人士的眼中钉主持——忽视了隐藏的阴谋。其中一本书是左派律师马克·莱恩（Mark Lane）的《仓促的判决》（*Rush to Judgment*），此书曾位居《纽约时报》畅销书榜6个月。1967年，新奥尔良一名古怪的地区检察官指控一名当地商人参与了所谓同性恋右翼分子暗杀肯尼迪的阴谋——“一次纳粹行动，支持者包括得克萨斯州的一些石油业百万富翁”，中央情报局、联邦调查局和鲍比·肯尼迪（Bobby Kennedy）也是掩盖这一行动的同谋。NBC的电视新闻播出了质疑这一理论的调查之后，这名地区检察官表示，这部纪录片是“思想控制”之作，显然是由NBC的母公司RCA（美国无线电公司）委托拍摄的，作为“前十大国防承包商之一”，该公司“负隅顽抗，因为我们正在揭露他们的恶作剧”。关于肯尼迪遇刺的惊天大阴谋成了美国的一种大众观念。

因此，越来越多的美国人成为条件反射性的阴谋论者。托马斯·品钦（Thomas Pynchon）的《万有引力之虹》（*Gravity's Rainbow*）是一部错综复杂、包罗万象的幻想小说，内容涉及军国主义者、光明会和大麻之间的相互联系以及妄想症思维的可信性，它获得了1974年的国家图书奖。20世纪60年代初，好莱坞推出了政界阴谋惊悚片《五月中的七天》（*Seven Days in May*）和《满洲候选人》（*The Manchurian Candidate*）；到了20世纪70年代，阴谋成为好莱坞一种标准的精巧剧情预设——《唐人街》（*Chinatown*）、《窃听大阴谋》（*The Conversation*）、《视差》（*The Parallax View*）和《秃鹰七十二小时》（*Three Days of the Condor*）在同两年里问世。当然，当时的现实生活使这样的故事看上去完全合理。联邦调查局和情报机构对左翼团体的渗透刚刚被揭露，水门事件的曝光和掩盖是真正由白宫策划的犯罪阴谋。

从 20 世纪 60 年代起，对万能阴谋的笃信重新流行起来，开始传播和发展，作为一个入侵物种永久地在美国精神世界占有了一席之地——就像一种新型超级野葛藤，在各地蓬勃生长，而不仅仅是在南方的湿热地区。几十年之内，这种信念——一个可憎的精英网络暗中企图建立邪恶的全球政权统治世界——从疯狂的右派走向了主流。妄想式阴谋论在左翼群体中不会传播得那么广泛或深入，但双方都有越来越多的人相信，一个特别强大的阴谋集团秘密管理着美国，那是一个包含了国际组织、智囊团、大企业和政治家的黑暗阴谋。

右翼和左翼的阴谋论者表面上是彼此为敌的两个阵营，却成了实际上的盟友。这就像是持相对主义立场的教授们为否认科学的基督徒提供了支持，以及 20 世纪 60 年代的反精神病学狂热同时吸引了左翼和右翼（还有山达基教徒）。在左翼人士加入之前，阴谋论更像是现代右翼的一种习惯。但是，相信联邦政府秘密地为持不同政见者设立拘留营的这种阴谋，在 20 世纪 70 年代首先出现在偏执的左派身上，后来才成为右派的妄想。

事实上，这种左右派结盟成了 20 世纪六七十年代的一个主题。例如，现代在家教育（homeschooling）运动在基要派基督徒和伍德斯托克派中都有了各自的版本。前者试图将儿童置于由家庭和教会构成的圣经小天地，减少他们接触外面世界理念的机会。在左派波希米亚式的环境中，父母认定他们的孩子在这个世界上不是为了达到别人的期望，孩子们应该永远专注于做自己的喜欢的事，考试和评分会把他们变成这个企业化国家中的机器人。20 世纪 70 年代，法院和州立法机构开始决定，好吧，随你的便，做你自己的事，不管是基督徒，还是嬉皮士，一切都行，学校不是必选项。

退回到自给自足、与世隔绝的乡村生活，脱离水电气网，起初在 20 世纪 60 年代是嬉皮士的玩法，后来在 70 年代则成为右翼引以为傲的风潮。返乡运动（back-to-the-Land movement）以《全球目录》（*Whole Earth Catalog*）作为官方年鉴和纪念项目，与农业乌托邦的梦想共同推进。（1970 年前后的一两年里，我就像是一个十几岁的沃尔特·米蒂，做着自己的全球梦。）生存主义（survivalism）也是如此，但又有所不同。两者都把自己视作通晓内情、自力更生的平凡英雄，逃离都市企业与政府的喧嚣之地，因为它腐朽、堕落，并且堕落还在继续。他们中的一派更像是新英格兰城镇会议中的超验主义者，另一派更像是枪法极好的爱达荷州荒野的山民。一派更接近充满希望的基督教后千禧年论者，想要建立一个新的伊甸园；另一派更接近前千禧年论者，力图在充满暴力的末日确保自己的救赎。但两派都被长久以来的怀旧情绪深深影响。这种对一个更纯洁、更田园的美国的向往，是他们从这座梦幻工业中心习得的梦想。

"拥枪狂人"（gun nut）在 20 世纪 60 年代成为一个短语，因为直到那时，拥枪狂人才开始真正存在，他们同时出现在极右翼和极左翼。约翰·伯奇协会、马尔科姆·X（Malcolm X）和黑豹党（Black Panthers）是我们的第一批现代持枪权利至上论者。黑豹党的自我定位是一个全副武装、管理良好的民兵组织，随时准备保卫奥克兰黑人社区、对抗警察，这很快促成了加州的一项法律，由一位共和党人背书，由里根州长签署，规定在公共场所携带装载弹药的枪支为非法。25 岁的黑豹党创始人之一休伊·牛顿（Huey Newton）谴责这是“解除美国人武装的阴谋”的一部分。

直到肯尼迪兄弟和马丁·路德·金遇刺之后，限制枪支的销售和使用才成为一个突出的政治问题。已经颁布或被严肃提出的枪支管制法律并不多。1968 年，国会通过枪支管理条例时，全国步枪协会（National Rifle Association，简称 NRA）的执行副主席写道：“整体上来说，这项措施似乎是美国的体育运动爱好者可以接受的。”1968 年和 1972 年的共和党竞选纲领支持枪支管制。尼克松总统的演讲稿撰写人威廉·萨菲尔（William Safire）回忆说，总统告诉他“枪支是可憎的”，如果可以的话，他会取缔手枪。然而，暴力犯罪在 10 年内增加了两倍。20 世纪 70 年代末，一群丧心病狂的人掌控了全国步枪协会，用第二修正案的后半部分“人民持有和携带武器的权利不可侵犯”取代了协会之前的座右铭“枪械安全教育、枪法训练、射击娱乐”。10 年内，共和党的官方立场 180 度大翻转，开始反对任何联邦枪支登记。

换句话说，幻想开始与理性对立。在几十个月的时间里，三位国家级的政治家被枪杀。每一次暗杀都有令人信服的解释：三个枪手都被自己的幻想所驱使，去刺杀一位著名政治家。而且每次都有合理的政治反应：对枪支所有权实施轻微管制的立法。但是，暗杀事件的受害者本来就是令人兴奋、受人爱戴的名人，而惊人的杀戮让他们看起来更像是虚构人物了。其中的一名刺客自己也被暗杀：在被警方拘留期间，他被一个行为可疑的人在电视直播过程中杀害。随后，两种幻想成了美国人思维中根深蒂固的观念：阴谋是潜藏于存在之下的关键机制，不受限制的枪支所有权是维护个人自由不可替代的象征和手段。

***

美国人开始觉得自己有权相信任何事情，可以随意把虚构和现实混为一谈。我敢肯定，UFO（不明飞行物）报告前所未有的激增并不是外星人出现次数越来越多的证据，而是美国人的轻信和魔幻思维突然松绑的征兆。**我们想要**相信外星人的存在，所以我们就信了。然而，20 世纪 60 年代开始的 UFO 狂潮不仅有趣，而且还具有历史意义，因为一个错综复杂的故事网络正在被精心编织，报告不仅描述了目击和着陆，还涉及绑架、政府的掩盖以及与星际生物的秘密联盟。这些真诚的信念为美国人肆无忌惮的阴谋论思维埋下了更多的种子，到了 20、21 世纪之交，这种思维将会变得更加猖獗，而且严重有害。

正如我已经说过的那样，一种固有观念往往有充满恐惧和充满希望的两个版本。对于这种突然兴起的对天外来客的信仰，情况也是如此。20 世纪六七十年代之交，人们对外星人的看法趋于乐观，例如，杰克·尼科尔森（Jack Nicholson）在《逍遥骑士》（*Easy Rider*）中的角色在第一次嗑药后真挚地描述道："两周前我们在墨西哥——我们看到他们有 40 人在列队飞行。他们现在在世界各地都有基地。政府知道关于他们的一切……但这些领导人决定压制这一信息……因此，现在金星人正在以顾问的身份会见各界人士。"在这部 20 世纪 60 年代末的经典电影中，这个场景既以**惊人**的方式揭示了现实，又是一个喜剧时刻，是对逐渐成形的美国信条的总结。在《逍遥骑士》上映的同年，在佐治亚州南部，一个晚上，一位名叫吉米·卡特的失败的州长候选人看到天空中有一团月亮大小的白光或绿光在移动，它"没有固定形态"，"越来越近"，停了下来，变成蓝色，然后变成红色，接着又变成白色，最后消失了。

第一个大型非虚构外星人绑架故事也出现在同一时间。在一本畅销书中，一对新罕布什尔州夫妇讲述了他们在深夜驾驶雪佛兰轿车时自认为发生在他们身上的一幕。他们看到天空中有一个明亮的物体，于是那位妻子——她本来就是个 UFO 爱好者——认为这是一艘宇宙飞船。她开始做被外星人绑架的噩梦，两年多后，他俩都经历了催眠。他们关于实施绑架的外星人及其航天器的详细描述不甚一致，并随着时间的推移而发生变化。丈夫被催眠后对外星人的描述，与前不久在 ABC 播出的科幻剧《迷离档案》(*The Outer Limits*)中出现的外星人有着惊人的相似之处。此后，催眠成了那些自认为被绑架的人回忆所谓经历的标准方式。夫妇俩的故事也为绑架情节设立了标准格式：人形生物将你带上飞船，用心灵感应和英语口语与你交流，对你进行体格检查，把长针插入你的体内，然后放你走。

这对夫妇无疑是真诚的信徒。而真诚轻信的人也是十足的傻瓜。20 世纪 60 年代末，埃里希·冯·丹尼肯这个曾被定罪的小偷和贪污犯决定还要占尽可能多美国人的便宜。《众神的战车》(*Chariots of the Gods?*)认为几千年前外星人来过地球，帮助人类建造了埃及金字塔、英国巨石阵和复活节岛上的巨型人像。那本书和它的许多部续集卖出了数千万册，而根据《众神的战车》拍摄的纪录片在

20世纪70年代初获得了巨大的票房收入。美国人已经为相信冯·丹尼肯的幻想做好了准备，而这种程度的准备是20世纪60年代的巨变之前根本无法想象的。当然，10年前的NBC也不会在黄金时段播出一部以此为基础的时长一小时的纪录片。既然我已经说到了这里：要不是经历了20世纪60年代和70年代的一半，我们是绝不可能把总统职位给某些奇怪的家伙的，比如那名看到一个巨型变色发光飞碟在他身边盘旋的重生基督徒。

第 26 章

大爆炸：生活在娱乐之地

在前 4 章里，我们谈到美国人将各种不可靠、不现实之事视为千真万确事实的倾向如何愈演愈烈。这一章的内容则是那些**本应该**就是虚构的领域里发生的事——电影、小说、迪士尼世界、《龙与地下城》(*Dungeons and Dragons*)、战争重演、流行文化。这一章也会讲到，在 20 世纪六七十年代，我们如何开始大规模地扩展幻想与日常现实**结合**的区域——把市中心和郊区变得更像迪士尼乐园，把餐馆主题化，把整容手术、赌博和色情等许多行为正常化，把美国生活变成独特的虚实混合体。没有什么是真的，披头士乐队 1967 年发行的第一首迷幻歌曲指导了整整一代人。我的观点是，当现实这个概念本身的定义在科学、社会科学、宗教和政治等众多领域突然变得有待商榷时，这种极度的动荡与所有那些由迅猛发展的梦幻工业中心制造和销售的非现实产生了协同作用。

20 世纪 60 年代期间，我们继续大规模迁往郊区，以实现怀旧的田园梦想。在美国历史上，还是第一次有那么多美国人成为郊区居民，而且他们正在成为大多数。1970 年时，95 % 的家庭拥有电视，其中大部分都是彩电，这使得盒子里的世界更加逼真。我们每个人都在花越来越多的时间看电视，比大多数发达国家的人都要多出很多倍（现在仍然如此）。

这个十年开始的时候，美国电视业发明了一种让虚构冒充成现实的新形式：喜剧大多是在没有观众的情况下拍摄的，但几乎每一部情景喜剧的音轨中都有欢笑人群的录音。我们观看的**内容**也突然发生了变化。在最初的十几年里，黄金时段的电视节目或多或少地致力于描绘现实——《托佩尔奇遇记》（*Topper*）这部关于鬼魂的情景喜剧是一个令人难忘的例外。但是这个不成文的定律在20世纪60年代初被废除了——《阴阳魔界》（*The Twilight Zone*）、《迷离档案》（*The Outer Limits*）、《摩登原始人》（*The Flintstones*）、《杰森一家》（*The Jetsons*）——随之而来的是超自然现象及其他奇异事物的泛滥。在短短三季的时间里，三家电视网首映了《家有仙妻》（*Bewitched*）、《太空仙女恋》（*I Dream of Jeannie*）、《我的汽车妈妈》（*My Mother the Car*）、《黑暗阴影》（*Dark Shadows*）、《修女飞飞》（*The Flying Nun*）、《吉利根岛》（*Gilligan's Island*）、《幽灵与未亡人》（*The Ghost and Mrs. Muir*）、《火星叔叔马丁》（*My Favorite Martian*）、《我的活人玩偶》（*My Living Doll*）、《时间隧道》（*The Time Tunnel*）和《蝙蝠侠》（*Batman*）。还有《顽童合唱团》（*The Monkees*），一部关于一个虚构乐队的情景喜剧，后来这个乐队竟在现实世界成真，并且大获成功。

奇幻小说突然渗透到流行文化中。1965年我刚上六年级的时候，我清楚地记得自己当时认识的一半青少年——包括我的两个姐姐——都不约而同地感到有必要购买、阅读和膜拜一位名叫托尔金（J.R.R. Tolkien）的英国老作家最近再版发行的4部小说。为什么这些几十年前首版的晦涩读物突然在美国年轻人中间成了畅销书？因为我们还年轻，也因为那是20世纪60年代。美国婴儿潮一代就像狗听到犬笛一样注意到了另类现实的存在，而《霍比特人》和《魔戒》还是有仁慈的长胡子魔法智者出场的超自然故事；不久前我们才刚刚停止相信圣诞老人，不再阅读有关小熊维尼的书。就像赫尔曼·黑塞的亚洲风神秘主义故事一样，《霍比特人》和《魔戒》为那些不怎么热衷宗教的人提供了一种感受灵性激荡的方式，在20世纪60年代的举国复魅（reenchantment）狂欢中占据了一席之地。

十几年后，我清楚地回想起自己意识到幻想将会**统治**流行文化的那一刻。大多数美国人都花钱去观看的第一部《星球大战》（*Star Wars*）由于诸多原因获得了划时代的成功。而其中一个原因是，它不仅仅是科幻，它的核心是一种**灵性幻想**——“原力”（the Force）这种能量场可以将物理学转化为玄学，反之亦然，它赋予了绝地武士心灵感应和心灵致动的能力。新纪元运动的各种相关概念刚刚被纳入主流，1977年是向地球上最虔诚的富裕国家引入普世新神秘主义的最佳时机。“原力”是非常美国化的理念，它是一种灵修学，同时又高度**务实**，是一种能让你赢得战斗、获得**成功**的宗教。我记得自己当时一边走出电影院一边在想，“原力”是第一种让我感到亲切的信仰。

《星球大战》和托尔金的世界分别设定在遥远的未来和遥远的过去，因此两者都不能与美国人与日俱增的相信现世幻想的倾向无缝对接。然后，《第三类接触》（*Close Encounters of the Third Kind*）出现了，影片以高度现实主义的手法，把外星人在20世纪的来访描绘成如同基督再临一样深沉而荣耀的事件。在过去的10年里，我们恣意无度的信仰——不仅相信UFO，还相信政府的掩盖和关于救世主的预言——使我们很容易就喜爱并**相信**《第三类接触》。(斯皮尔伯格很快就要制作另一部关于外星生物的极受欢迎的影片，这个外星人是从恶毒的美国政府手中营救出来的。)"奇怪的是，"菲利普·K. 迪克在《第三类接触》上映后马上写道，"在某种程度上，许多出现在'科幻'名目下的事物都是真实的。我想，它们可能也并不一定完全是真的。我们并没有真的被来自另一个恒星系统的生物入侵……电影的作者从未打算让我们相信它。还是说，他们的确有这样的打算？"这是有史以来最卖座的电影之一，流行文化反映和激活了我们关于当代世界的奇幻信仰。

在过去，好莱坞没有给耶稣基督太多的银幕时间，但随着超字面主义基督教的复兴——这种信仰把前所未有的关注集中在耶稣身上——我们的梦幻工业中心以空前的热情投入其中。有一些影视作品以耶稣作为**主角**，比如《万世流芳》(*The Greatest Story Ever Told*)这种纯粹的传记片，还有 NBC 的小型连续剧《拿撒勒的耶稣》(*Jesus of Nazareth*)。1969 年至 1974 年间，两部关于弥赛亚的[《万世巨星》(*Jesus Christ Superstar*)与《福音》(*Godspell*)]和一部关于《创世记》的[《约瑟的神奇彩衣》(*Joseph and the Amazing Technicolor Dreamcoat*)]大型音乐剧在百老汇上演，后来均改编为电影。当然，所有这些都属于快乐的幻想和历史剧。那时还有尚未开发的市场，即将情境设定在当今美国的基督教恐怖幻想："撒旦在人间"是一个新的好莱坞题材，无论是以附身[如《驱魔人》(*The Exorcist*)]的形式，还是以人类妇女生下撒旦之子[如《罗斯玛丽的婴儿》(*Rosemary's Baby*)、《凶兆》(*The Omen*)]的形式。奇异的超自然信仰被正常化了。

***

迪士尼乐园成了一处标志性的游览胜地，美国文化被完美地浓缩到了位于南加州的65公顷土地上。幻想被呈现得无限逼真，历史和日常现实也被改进和粉饰，两者无缝融合，一切都在迪士尼这位严厉而慈爱的至高创造者的监督之下。截至1970年，大约40 %的美国人都曾在那里欢度时光。1967年，迪士尼公司开始建造迪士尼世界（Disney World）——在美国另一个传说中的天堂州，位于一片阳光明媚的空旷地带，面积是迪士尼乐园的100倍。

迪士尼效应最初只体现为旅游业界竞相仿效抄袭成功先行者的现象。在美国人对“美国小镇大街”和“边疆乐园”（Frontierland）有了初步体验之后，“活历史”（living history）博物馆开始在各处批量出现，以至于1970年在老斯特布里奇村（Old Sturbridge Village），它们成立了自己的协会。（美国现在有将近1000个这样的地方。）美国国家公园管理局（National Park Service）的园林管理员开始穿上古装来讲解历史，20世纪70年代，他们更进一步，假装成历史人物与游客交谈——“实践第一人称”（doing first person）。

出于模糊虚实界限的需要，活历史产业中的人们开始关注他们所谓的模拟真实性（authenticity）。于是，活历史蓬勃发展，获得了学术认可，不再只是旅游陷阱，还成了“实验考古学”和“模拟实验”的中心。1967年，一位研究美国殖民时代的杰出考古学家成了“普力矛斯种植园”（Plimoth Plantation）的助理总监——这座从无到有建起的种植园重现了朝圣先辈的村庄。不久，“普力矛斯”的所有“讲解员”都开始扮演朝圣先辈的角色，用符合史实的英格兰地方方言讲 17 世纪的英语，而且从不会脱离角色。正如负责的教授所说，他们"实际上就是在建造房屋和附属建筑……他们还以历史上的方式做饭甚至用餐"，而且"在田里干活时把自己搞得蓬头垢面"。他们是 P. T. 巴纳姆的高学历传人，但是对他那套骗人的把戏毫无兴趣。

在各地，活历史这种虚构变得越来越写实，虚与实交融得越来越彻底。娱乐业的需求往往占上风。20 世纪 70 年代，新教皇若望·保禄二世（John Paul II）访问美国时，他在艾奥瓦州中部着陆。在那里，他告诉聚集在户外的数十万人，"如果没有访问……像这样的农村社区"，他"穿越美国的教牧之旅就不可能完整"。而那个农村社区实际上是一座活历史主题公园，那里有一个仿造的 18 世纪印第安农场、一个仿造的 19 世纪农场和城镇，以及一个仿造的 20 世纪早期农场。这一刻对于梦幻之地来说意义非凡，就好像七神信仰的总主教从维斯特洛大陆来到中土访问一样。*

随着一切逐渐演变成娱乐，美国更多地方成了私人定制的迷你迪士尼乐园。美国内战百年纪念在一个完美的时刻为一种非凡新爱好的诞生提供了完美的借口。1961 年的一个夏日周末，在华盛顿特区以东一个小时车程的弗吉尼亚州某地——100 年前的牛奔河战役（Battle of Bull Run）中，这里曾有数千人阵亡或重伤，数百人被俘——几千名身着内战服装的人在 30 摄氏度的高温下假装打打杀杀，还抓获了俘虏。在这些装扮成 19 世纪 60 年代模样的"过家家"

---

* 维斯特洛大陆（Westeros）和七神信仰（Faith of the Seven）均为美国作家乔治·R. R. 马丁（George R. R. Martin）的奇幻小说系列《冰与火之歌》（*A Song of Ice and Fire*）中的地理和宗教背景设定。中土（Middle Earth）为托尔金的《霍比特人》和《魔戒》系列的故事发生地。——译者注

士兵中，有 2 200 名是 20 世纪 60 年代的真士兵，他们是从国民警卫队借调过来的。并非巧合的是，在马纳萨斯（Manassas）的战斗重演中，南方邦联军胜利的呐喊获得了来自 5 万名观众的大声欢呼。随后又出现了更多的内战重演。这种新型草根舞台剧重现了百年来人们关于南方“命定败局”的幻想。

不久，成千上万的美国人——几乎都是美国白人男性——加入了仿真的南方邦联**骑兵**连和北方联邦炮兵团，经常来到室外，全副武装，假装杀人和死亡。这就好像是在玩装扮游戏，只不过是男性版的装扮游戏。与那些俗不可耐的半吊子外行（farbs）不同的是，他们中间最敬业的那些人被称为“硬核真实派”（hardcore authentics）、“针脚计数派”（stitch counters）和“衣线纳粹党”（thread Nazis），因为他们坚持用与 19 世纪 60 年代一样的大炮、布料、纽扣、靴子、眼镜、发型、铅笔和食物，以求在全沉浸式事件（total immersion events）中体现出完美的还原（impressions）。在虚拟战争中，一个假士兵最强烈地感觉到真实性的时刻，历史重演玩家称之为“历史穿越感”（period rush）——这本身就是 20 世纪 60 年代的仿古用词。

很快，人们发现模拟其他时期——最终扩展到任何时期——其他种类的事件也能带来历史穿越感。波希米亚风格的大型变种出现在加州，由年轻女性创造。第一届文艺复兴节（Renaissance fair）——或使用中古英语的拼法“faire”——于 1963 年在洛杉矶举行，由一名 31 岁的女性与她的艺术家丈夫一起策划举办，目的是给本地的帕西菲卡（Pacifica）公共广播电台筹款。在一个周末，成千上万的人来到他们位于劳雷尔峡谷（Laurel Canyon）的后院，假装这里是16世纪英格兰的海滨小镇。创始人说："这次集会使我们忆起更单纯的时代，那时我们与自然和大地的距离更近。"集会采用了"幻想统领之地"（Where Fantasies Rule）作为主题句。然后它向西迁移到了一个小时车程开外的"派拉蒙电影农场"（Paramount Movie Ranch），在那里，制作水准很高的伪历史舞台布景使幻想看起来更真实。（迷幻药无疑也有帮助。）到了20世纪70年代，又有其他十几个演出策划人开始在全国各地举办文艺复兴节。最初的那位创始人成了梦幻工业中心里非营利性旅游景点的顾问，如"殖民时期的威廉斯堡"（Colonial Williamsburg）。

在北面的伯克利，加州大学的一名大四学生在1966年毕业时举办了一场精心设计的中世纪欧洲主题服装派对和"比武大会"（tournament），几十个科幻奇幻迷参加了这次活动。* 他们身着自制的长衫、战袍和坎肩，手持大刀、盾牌、长弓和长矛，进行"战斗"，然后沿着电报大街（Telegraph Avenue）行进，"抗议20世纪"。他们决定每年重复一次这个活动，并成立了"创造性复古协会"（Society for Creative Anachronism），它成了一个全国性的协会，有多个"王国"和成千上万的成员。

从20世纪70年代初开始，又有数百万名美国年轻人沉迷于在中世纪晚期的魔幻版本中战斗和探险——但是始终在室内进行，并且衣着普通——他们都拥有了"龙与地下城"。你可以扮演一个特定的角色（德鲁伊、野蛮人、圣骑士、魔法师）。角色扮演是心理

---

* 活动的主持人黛安娜·帕克森（Diana Paxson）成了成功的奇幻作家。她也写非虚构奇幻作品，如《学习如尼文：咒语、仪式、占卜、魔法中的如尼文使用完全指南》（*Taking Up the Runes: A Complete Guide to Using Runes in Spells, Rituals, Divination, and Magic*）。

治疗师和教育工作者使用过的一种技巧，直到20世纪60年代，“**角色扮演**”（role-play）才成了一个动词。《龙与地下城》的发明者是年轻的战争游戏玩家。随着兰德公司和五角大楼对战争游戏的重振和完善，普通美国人的战争游戏也开始激增。围坐在明尼阿波利斯起居室桌前的人们觉得他们自己的军事幻想更加刺激逼真了，这种感觉甚至在他们像真正的将军那样使用电脑之前就开始了。

20世纪60年代，美国人的自我虚构趋于疯狂，美国摩托车黑帮突然引起了人们的注意。他们是自成一派、全情投入的历史重演迷。他们再现了狂野西部的亡命之徒，而不是内战时期的士兵，他们把马匹换作摩托车，使用多姿多彩的廉价小说称谓（“地狱天使”“大盗”）给自己的团伙命名，有一套模仿坏蛋的特殊服装和扮相，还制造致命的酒吧斗殴。当“地狱天使”机车俱乐部成为品牌明星时，他们自然而然地跟感恩至死乐队和滚石乐队混到一起——这些明星乐手们也扮演着嗑药的不法之徒。“地狱天使”并不是当时唯一一群拿生活模仿艺术的美国罪犯：直到1969年一名小说家兼剧作家**发明**了黑手党术语“教父”之后，真正的黑手党才开始称呼老板为“教父”，并开始商议令人无法拒绝的条件。

高度自觉的同人小说是20世纪60年代的又一项发明，它允许小说的消费者**进入**小说的世界。同人小说的热潮是从《星际迷航》（*Star Trek*）开始的。1966年，在该剧播出第一季期间，美国年轻人开始出版自制的杂志，其中包括他们关于“企业号”（*Enterprise*）和星际联邦的原创故事。4年后，在最初的系列剧被取消后，这样的杂志已有几十种，很快还出现了更多。契科夫（Chekov）、麦考伊（McCoy）、史考特（Scotty）和史波克（Spock）真的与这些杂志通了信——好吧，是那些演员，但这**仍然**令人兴奋——并在粉丝大会上穿着戏服现身。在他们的故事中，年轻爱好者们把一些英明神武、受人爱戴、非常年轻的新角色写了进去——也就是说，他们把自己写成虚构人物，在23世纪与《星际迷航》中的角色一同历险（有时还发生性爱）。这成了所有同人小说流派的惯用手法。

在那之前，没有成群结队的人住在他们自己的私人迪士尼乐园里，也没有人把自己融入熟悉的小说中，与世界分享他们的故事。漫展（Comic-Cons）还不存在。第一次漫展是在1970年的南加州举行的，当时，几百个漫画和科幻爱好者在圣迭戈一家建于1910年的酒店的地下室见面，酒店充满了怀旧气息——这家酒店刚开业时就散发着伪怀旧气息，因为它是以芝加哥世博会推广的仿古典风格建造的。

***

1967年，年轻的汤姆·斯托帕德（Tom Stoppard）获得了突破性的成功，《罗森克兰茨与吉尔登斯特恩已死》（*Rosencrantz and Guildenstern Are Dead*）是一部关于演员扮演的角色扮演演员的角色的精彩戏剧，也是一个有趣又混乱的虚实混合体。斯托帕德知道自己做着全新、重要的事。“我有一种感觉，”他当时说，“如今几乎每个人都在努力把自己与一个外在形象匹配起来，就好像他在屏幕上看到自己一样。”

正是如此。这就是我所说的娱乐大爆炸的核心，它波及日常生活和每个人对现实的理解。你消费某个文化产品时，它不过是一项娱乐，电影会结束，书会读完，你会走出主题公园，切换回现实，然后生活恢复日常。但从20世纪六七十年代开始，更多的日常生活被日常虚构所替代——每个人都乐意把这些妙趣横生、博人眼球的事物当作是真实、正常的，不需要停下来对它产生怀疑。“根据一种全新的观念，名人本身就是自成一体的娱乐，”加布勒在《生活这部电影》中写道，“所有名人都属于一个阶层，这个阶层的职责就是吸引和保持公众的注意力，不管是因为他们做了什么，还是什么都没做。”始于20世纪初的以名人为中心的新闻媒体大部分都依然肮脏粗鄙。自从人们在20世纪50年代发现美国青少年是一个充斥着幻想狂和名人狂的独特群体，《16》和《虎韵》(*Tiger Beat*)等新杂志便应运而生，目的是让孩子们感受到与名人的亲近——女孩可以参加比赛，赢得与歌手和演员约会的机会。然后，那些体面的媒体也不再抵制对名人的迷恋。自《国家探秘者》(*National Enquirer*)在短短几年内发行量翻了两番，达到几百万份之后，1974年，时代公司(Time Inc.)制造了又一次非凡的成功，创立了《人物》(*People*)杂志，而《纽约时报》——没错就是《时报》！——创办了明星八卦杂志《我们》(*Us*)。所有大型媒体公司都调整了他们自尊的界限，跳进了泥潭，这让所有美国人都觉得，过度了解和关心光鲜陌生人的生活是完全可以接受的事了。

***

“美国小镇大街”的天才之处在于，迪士尼构思和建造了一个电影或舞台布景式的大型公共空间，但是没有看得见的后台，于是它成了包罗万象的室内外布景，任何人每天都可以在那里居住 12 小时。迪士尼乐园的创造并没有仅限于迪士尼乐园，甚至没有仅限于博物馆和主题公园。1966 年，继模拟旧时美国小镇的“美国小镇大街”之后，一个更为光鲜亮丽、更具国际氛围的 19 世纪都会闹市区仿制品诞生了，占地 1.2 公顷，名为“新奥尔良广场”（New Orleans Square）。它们成了大型商场建筑商和设计师的实际模仿对象，也成了美国大部分其他领域现实生活的模型。在迪士尼乐园开业几个月后，劳斯公司（The Rouse Company）于巴尔的摩成立，这是一家房地产开发公司——但这就像是只把沃尔特·迪士尼叫作游乐园运营商一样。除了迪士尼，没有第二个美国人比詹姆斯·劳斯（James Rouse）在重塑美国形象——也就是说，把美国“迪士尼化”——方面扮演更重要的角色。在很大程度上，是他发明了购物中心（并创造了这个词），并且毫无疑问的是，是他发明了美食广场（并创造了这个词）。在劳斯公司（和迪士尼乐园）之前，我们所熟知的美国购物中心——容纳了个体设计师和业主的大型公共空间，封闭的城市广场——几乎是不存在的。

沃尔特·迪士尼是劳斯富有远见的偶像和朋友。1963 年，劳斯在哈佛大学的年度城市设计会议上发表演讲时说：“我有一个观点，可能会让聪明的听众感到有些震惊：当前美国最伟大的城市设计作品是迪士尼乐园。想想迪士尼乐园，想想它如何实现它的目的，以及它对人们的意义，更重要的是，它对发展进程的意义。你会发现，它是美国城市设计中的杰出作品……它确实是划时代的创造。”

那时，劳斯已经在巴尔的摩边缘的一个废弃乡村俱乐部的基础上建立了一座新的小镇，名为“十字钥匙”（Cross Keys），因为他想“给这个城市注入一些小镇和乡村的氛围与节奏”。他在一个世纪后重新演绎了奥姆斯特德和沃克斯的郊区原型——在芝加哥郊外建造的仿制新英格兰乡村。“美国小镇大街”是对沃尔特·迪士尼儿时的密苏里小镇的怀旧式模拟，劳斯从中受到启发，再造了他成长时的老式东海岸小镇。此外还有更多：1967 年，劳斯公司在巴尔的摩和华盛顿之间的郊野开辟了第一座老式“村庄”，然后在 20 世纪 70 年代又建了 7 个，这些村庄后来构成了哥伦比亚这座新城市。

与此同时，那些最严肃的建筑界明日之星们正在重新发现历史，创造了第一批“后现代”建筑，这些建筑有古典风格的柱子、倾斜的屋顶、山墙、色彩斑斓的漆面，有的具有卡通风格，有的则是逼真的复制品——就像迪士尼乐园和迪士尼世界。那么，为什么不也怀旧地修改一下**现有的**大城市市区呢？他们在 20 世纪 70 年代决定，为何不能把波士顿一座 200 年历史的废墟点缀上富有魔力的怀旧尘埃，把昆西市场（Quincy Market）和法纳尔大楼（Faneuil Hall）变成一个殖民时代主题的购物中心？那么曼哈顿的南街海港（South Street Seaport）呢？两者都是劳斯的项目。因此，“节日市集”（festival marketplace）成了快速复兴美国城市的新中产阶级模式——濒死或萎缩的城市器官和肢体复活成了想象中的自己。“**主题化**”（themed）正在成为创造美国所有新地点和新空间的标准方案。

我出生时，餐饮业既不是全国性的生意，也没有主题化。随着郊区实现了重现怀旧小镇的美国梦，迪士尼破解了主题化的商业密码，这种情况发生了变化。有些主题沉迷于地域怀旧，比如各种老西部牛排馆，首先是“伯南扎与庞德罗莎”（Bonanza and Ponderosa）[名称来自大受欢迎的电视剧《伯南扎的牛仔》（*Bonanza*）]，然后是“长角牛“（LongHorn）和“澳拜客”（Outback），还有以老南方为主题的连锁餐馆“饼干桶老乡村杂货店”（Cracker Barrel Old Country Store）。再后来的餐馆可以取材于任何一种幻想——儿童文学［“海滋客”（Long John Silver）］、《花花公子》［“猫头鹰餐厅”（Hooters）］、充满了电子版拟人动物的卡通世界［“查克芝士”（Chuck E. Cheese），其创始人受了迪士尼乐园之旅的启发］，或者一个小丑［麦当劳乐园的罗纳德·麦当劳（Ronald McDonald）］。20 世纪 60 年代期间，麦当劳的创始人多次表示，他的公司“并不属于**汉堡包**行业，而是属于**娱乐业**”。*

***

与快餐不同，赌博和性并不是美国独有的追求。但两者显然都深受幻想的驱使，并且在我们的大部分历史中，两者都被认为是不正经的。后来，两者的可及性与文化表现形式都发生了根本性的变化。

美国历史上，大多数地方都取缔了赌博业。但是，在“万事皆可”的 20 世纪 60 年代，全国都给幻想开了绿灯，于是各州政府相继决定通过发行彩票来加入这个梦幻工业中心——首先是 1964 年的新罕布什尔州，然后是纽约州和新泽西州，1975 年又多了 10 个州，最终几乎每个州都开始发行彩票。顺便说一句，彩票是赌博最奇幻

---

* 雷蒙德·克罗克（Raymond Kroc）年轻时，曾与过去和未来的梦幻之地有过值得注意的交集。据说一位颅相学专家在他 4 岁时对他进行了检查，并预测雷蒙德会在餐饮业工作。第一次世界大战期间，在他 15 岁的时候，他为了参军谎报了自己的年龄，在红十字会救护队当司机。一年后，16 岁的沃尔特·迪士尼也为了身着同样制服的同一工作，谎报了自己的年龄。

的形式，比任何赌场游戏赢钱的概率都要低。彩票业的业务目标，就是把低得可笑的中奖概率推销给持有魔幻思维的人。更重要的是，政府办的彩票还做了特别的调整，以利用幻想心理。刮刮卡——四个数都对，我差一点就中了！——实际上是在欺骗投注者持续购买，而销售电脑生成的彩票则给人以掌控随机概率的错觉。

在人类历史的大部分时间里，性都是虚与实的混合体，但在美国，这一点突然之间变得极其明显。异性性行为最常见也最无药可治的潜在负面后果就是生育，这一直抑制着幻想的充分实现。（如果一小部分战争重演玩家在模拟战争中使用了实弹，"活历史"就不会那么受欢迎了。）但是一旦出现一种空前有效的避孕方法——口服避孕药在 1965 年已经普及——异性性行为就发生了巨大的变化。人们可以更自由地进行更频繁、更富有想象力的性活动，不再会被怀孕的可能性这种幻想终结者扫了兴致。可靠的避孕方法也意味着人们可以和更多对自己产生一时吸引的人发生性关系，并且不那么严肃地对待性爱，就像幻想自己迷住了某位小说或电影人物的白日梦那样随意。当性的结果变得不那么重大时，它就可能变得不那么"真实"，而更像是令人兴奋的虚构作品。

与此同时，"罪恶的快感"（guilty pleasure）成了一个矛盾修辞，一种总是完全基于幻想的性行为——单人自慰——也开始去污名化。《时尚》（*Cosmopolitan*）杂志在 1965 年由海伦·格利·布朗（Helen Gurley Brown）接手后，经常刊登关于自慰的文章。俚语"黄色书刊"（stroke book）出现了。1969 年，《波特诺伊的怨诉》（*Portnoy*'s *Complaint*）——以一名自慰成瘾者作为主人公的小说——在美国畅销了 3 个月。波特诺伊十分坦率地承认，他的性欲被娱乐业打上了深深的烙印："我也想成为黛比·雷诺兹（Debbie Reynolds）的男朋友——这是我内心的埃迪·费希尔（Eddie Fisher）在说话。"而且，他还意识到："对于每一个渴望着黛比的埃迪，都有一个渴望着埃迪的黛比——都有一个渴望着阿瑟·米勒的玛丽莲·梦露。"菲利普·罗斯（Philip Roth）在出版《波特诺伊的怨诉》时35岁，他明白自己的走红是处于历史核心的时代精神转变的结果："到了20世纪60年代的最后一年，非理性和极端事物方面的国民教育大获成功，"他随后写道，"尽管《波特诺伊的怨诉》对日常性痴迷的揭露毫无趣味……但是这样的作品突然被划入了可以容忍的范围。"

花花公子企业是有史以来第一家建立在自慰基础上的大型商业机构，它早在20世纪50年代就为色情作品在美国的主流化奠定了基石，但直到60年代末和70年代初，梦幻工业中心里的"成人区"才真正发展起来。电影业诞生之初，就有了色情电影这个虚实结合产生的突变异种——（糟糕的）演员在（愚蠢的）虚构故事中扮演角色，并且**确实**在做爱和吮吸。然而，当时大多数人很少甚至从未看过这些影片。就像烈性甜酒或沙丁鱼，色情电影是一种特殊癖好。当时让色情片开始得到接纳的露骨电影几乎根本不是色情片，而是一部甜美而又文艺腔的瑞典黑白片，名为《我好奇之黄》[*I Am Curious (Yellow)*]，1969年在美国上映时被新闻媒体广泛报道。到了1972年，《花花公子》杂志每月售出700万份，美国每10个成年及青少年男性就有一本。而对于女性来说，《火焰与花朵》（*The Flame and the Flower*）（1972）卖出了200多万册，把"言情小说"变成了一种包含露骨性爱描写的极其畅销的体裁。1972年和1973年上映的硬色情电影《深喉》（*Deep Throat*）、《绿门之后》

（*Behind the Green Door*）和《琼斯小姐内心的魔鬼》（*The Devil in Miss Jones*）获得了全国媒体的大肆报道，卖出了数千万张电影票。《巴黎最后的探戈》（*Last Tango in Paris*）是由大型电影公司发行的严肃剧情片，由马龙·白兰度（Marlon Brando）主演了一个肛交强奸犯，这部电影1973年在美国的票房收入排名第七。色情已经被正式宣布为正常。不久之后，新技术将会使它无处不在，这是美国另一个与生活界限模糊并改变了生活的虚构领域，它为性爱提供了新的模式。

试图让自己看起来更年轻、更性感并不是大多数美国女性突然开始染发的唯一原因，但这是主要原因。染发只是一种小小的虚构，像是一句无关紧要的假话，而不是真正的谎言。但这方面戏剧性的文化变迁是一个显著的标准，可以衡量现实生活中人们对虚构的接纳程度。当我还是个孩子的时候，很少会遇到一个50多岁年纪而头发还不是灰色或白色的女人。到了我大学毕业的时候，很难再见到一个50岁到70岁之间的女人头发不是金色、棕色、黑色或红色的。1956年伊卡璐（Clairol）出售第一批家用染发产品时，或许每15个美国女性中有一个染发。到了1970年，三分之二的女性都染发。大家一起假装女人的头发不再变白。这是新范式在美容界的表达方式，对此我们很快就不再觉得奇怪。*

20世纪60年代以前，整容手术极为罕见。从第一次世界大战期间现代整形外科兴起后直到20世纪50年代，整形外科医生所做

---

* 我们也不曾想过，为什么这个时期我们的食物突然变得色彩异常丰富：在20世纪60年代和70年代初，美国普通人消费的食用色素——成吨的红40号、黄5号、蓝1号——增加了一倍多，增长量比以前或以后任何可比的时期都要大。

的都是修复车祸、火灾、战争造成的伤口，以及唇裂等先天性问题。没有经历过某种可怕不幸的人不会要求外科医生对他们的脸和身体进行再造，使他们看起来更漂亮、更性感或更年轻。绝大多数整形外科医生会拒绝这样的要求。但到后来，一直为人所不齿的整容手术却兴起了。部分原因是新技术的发展——1962 年出现了硅胶隆胸术，一切都在这一年改变了——但这主要体现的是一种新思维，通常是魔幻思维。据一位纽约业界先驱说，20 世纪 60 年代他刚开始从业时，曼哈顿只有 8 名整形外科医生。1967 年，美国美容整形外科学会（American Society for Aesthetic Plastic Surgery，简称 ASAPS）成立，此后在 1969 年，美国美容外科医生协会（American Association of Cosmetic Surgeons）成立。

在 ASAPS 会长们口中，范式转变就像一场公民权利革命。“在那之前，”其中一位说，“整容对于任何训练有素的整形外科医生来说都不是正经的追求，而且大多是秘密进行的。”一位在纽波特比奇（Newport Beach）行医的 ASAPS 前会长称，20 世纪 60 年代，“整形手术的重点仅限于修复重建……整容手术是‘地下’的”，但少数英雄“很有勇气和远见”，愿意把假胸、更紧致的面部或更小巧的鼻子出售给任何可以负担得起的公民。

我的一个朋友——整形外科医生杰伊·阿瑟·詹森（Jay Arthur Jensen）——20 世纪 70 年代开始在耶鲁大学接受医学教育，现在在加州大学洛杉矶分校任教，并在圣莫尼卡行医。“病人（确实）会发展出一种幻想，”他告诉我，“我给一个长相不那么好看的女人做了面部提拉手术。我想这至少是她第二次做面部提拉。我做完手术后，她冲我尖叫，说她看起来‘不如索菲娅·罗兰那么好看’。她坚持认为我可以改变这种状况。病人们在幻想——他们想象自己会变成一个不同的人，或者会拥有不同的生活。”

手术改造的面部和身体以及人工着色的头发给年轻人带来了错觉。就在婴儿潮一代进入成年期之际，这些事物变得广为人知——并非巧合的是，婴儿潮一代是第一批即使年事已高也拒绝放弃年轻人特权的人。从20世纪70年代开始，成年人可以随心所欲地以从前仅限于少年儿童领域的方式行事和消费。

新一轮关于永远年轻的举国幻想开始了。

不管你多大了，你都可以继续穿得像个孩子。你可以继续玩滑板，继续听摇滚乐和吸大麻，继续沉迷于越来越美味的冰激凌和饼干，继续看卡通片和漫画改编的电影，阅读漫画书，继续去迪士尼乐园。1969年，西奥多·罗萨克在《反文化的形成》一书中指出并批判“商业世界正精心编织一种完全基于娱乐和游戏的青春期文化”，但他未能看出，新的反文化范式会完美、有力、永久地融入这种青春期文化。

正是在20世纪60年代，我们第一次了解到自己的“**内在孩童**”（inner child），得知我们每个人都应该满足他或她的愿望，并追求成为更加天真的成年人。这是来自那个时代最真诚、最持久的收获之一，几乎所有的精神治疗和通俗心理学流派都是从伊莎兰及类似机构衍生出来的。*如果感觉良好，那就去行吧*：这句格言是几乎没过完童年的美国人发明的，它使得“内在孩童”的概念切实可行，尽管这句话很快就不流行了，但这种风气依然存在。

有太多的婴儿潮一代人选择留在梦幻岛（Neverland），继续相信他们应当永远尽情玩耍，永远不会变得像爸爸妈妈一样，而不是从鲍勃·迪伦 1973 年的颂歌《永远年轻》(*Forever Young*)中吸取正确的教训——“成长为正直的人”和“永远勇敢无畏”。《彼得潘》(*Peter Pan*)中设立的法则——“所有的孩子，除了一个以外，都会长大”——只不过是又一个压迫性的不公平过时规则，即将被人们摒弃。

***

20 世纪 70 年代，科幻作家菲利普·迪克去世前不久，搬到了离迪士尼乐园几千米远的奥兰治县的一套公寓里。其中的讽刺意味并没有被他忽略。在那里，他完美地总结了他对美国社会文化转型的恐惧，真实和虚幻正变得难以区分。“我们有模仿真相的虚构，也有模仿虚构的真相。我们正经历一种危险的重叠，危险的模糊，而且很可能不是故意的。事实上，这正是问题的一部分。”他说得实在太好了，所以我要大段引用他的话：

> 问题是真实存在的，而不仅仅是一个智力游戏。因为今天我们生活在一个媒体、政府、大公司、宗教团体、政治团体制造伪现实的社会中——并且存在可以将这些虚假世界直接传递到读者、观众、听众头脑中的电子硬件设备……
>
> 而且这是一种惊人的力量：它能够创造完整的宇宙，心灵的宇宙。我本该知道。我也做着这样的事情。创造宇宙就是我的工作……
>
> 我认为，定义何为真实是一个严肃的话题，甚至是一个生

死攸关的话题。而这个问题还包含着另一个话题，即对真实人性的定义。因为伪现实的轰炸很快就开始产生不真实的人，伪造的人，就像从四面八方向他们袭来的信息一样虚假……假现实会创造假人。或者，假人会生产假现实，然后把它们卖给其他人，最终把其他人也变成自己的赝品。因此我们最后的结局是，假人发明假现实，然后把它们贩卖给其他假人。这只是迪士尼乐园的扩大版。

第五部分

梦幻之地崛起：从 20 世纪 80 年代到世纪之交

是啊，呃，这就像，怎么说呢，就像是，你的**看法**吧，伙计。

——“督爷”（The Dude），

《谋杀绿脚趾》（*The Big Lebowski*）（1998）

什么是真实？你如何定义“真实”？

——墨菲斯（Morpheus），

《黑客帝国》（*The Matrix*）（1999）

但真实与否真的重要吗？这个国家难道不就是为了逃避这个问题才建立的吗？

——卡尔·奥韦·克瑙斯高（Karl Ove Knausgård），

刊于《纽约时报》（2015）

看起来，一切已经大致恢复了正常。我们熬过 20 世纪 60 年代后期和 70 年代的余波，幸存了下来。民权似乎不再是个问题了，越南的那场可怕的战争结束了，青年人也不再继续坚称成年人一无是处了，因为他们自己变成了成年人。革命并未出现。性、毒品和摇滚乐成了日常生活的一部分。从 20 世纪 80 年代开始，热爱美国、赚钱、组建家庭也不再是不合潮流的观念了。再加上：哇，**电脑**，然后是互联网。一切都很好。

那种文化和政治均处于动荡和混乱之中的感觉不复存在。**一切都变了**，然而，暂时平静下来的我们完全忽略了，梦幻之地继续崛起和蔓延，成了这个国家的新常态。在 1969 年或 1974 年看起来怪异惊人的事物，现在变得平淡无奇、无处不在了。我们的国家仿佛一个温泉浴池，里面的水越来越热，但是我们这些咿咿呀呀唱着歌的快乐的青蛙，却丝毫没有察觉。

极端宗教和准宗教的信仰与实践，无论是基督教、新纪元运动还是其他，非但没有消退，反而不断发展和壮大——而且如今都显得很平常了。

相对主义理念认为，任何事物都不比其他事物更真实或更正确。这种观念在学术界变得根深蒂固——或者可以说，它已经获得了终身教职。但这一现象并不仅限于象牙塔之内。知识分子的新愿景既是病症也是病因，主观主义的浓烟如今笼罩在整个美国精神世界的上空。20 世纪 60 年代之后，真理是相对的，批判和迫害画上了等号，个人自由变得绝对，每个人都有权利根据自己的意愿去选择相信或不相信。在许多领域，意见和事实之间的差别土崩瓦解。

保守派精英以缜密严谨的卫道士自居，抵抗着相对主义的猛攻。其成员却选择性地忽视了**他们内部**的乌合之众，那些被“信你所想信”这一美国极端新模式所充分动员的反动草根。反体制的相对主义最初在左翼爆发，却给**所有人**开具了许可——尤其是极右翼和深陷于基督教狂热中的人。

新的极端个人主义将触角伸向了生活方式选择之外的地方。“寻找你自己的真理，做你自己的事”这个说法不再只意味着嗑药或看色情片了，现在也意味着抵制无宗教信仰的公立教育，以及拥有尽可能多各种类型的枪支。它还意味着美国重新开始信奉市场，这种信念在有些人心中不亚于宗教信仰。

对各种规模宏大的秘密阴谋的确信也在蓬勃生长，这些阴谋论有些不太可能，有些荒谬绝伦，笃信的人群也从离奇古怪的边缘少数派蔓延到主流社会。

更多美国人声称自己有过千奇百怪的恐怖和冒险经历，或被撒旦教徒虐待，或被外星人绑架，他们的说法逐渐受到重视。体制内的一部分人——心理学家、精神病学家、学术界、宗教界、执法部门——鼓励人们相信，各种臆想出来的精神创伤都是真实的。

看上去，美国不像 1970 年前后那么怪异和疯狂了，但那只是因为我们对怪异和疯狂早已不再**留意**。我们对每一种变态和异常行为都轻描淡写。正如文化批评家尼尔·波兹曼（Neil Postman）在 1985 年哀叹电视媒体以娱乐代替了有意义的公共话语时所言，我们正处在“娱乐至死”的过程之中。

第 27 章

让虚构更真实，让现实更虚幻

并不夸张地说，在 20 世纪八九十年代这段时期里，我们的国家变成了一个主题公园，从东海岸到西海岸，全天 24 小时开放。娱乐和生活之间原本存在的边界被彻底拆除了。美国对异装式虚构上了瘾——我所指的内容很多，既包括造新如旧或异域风情的建筑物，也包括在漫展和“火人节”（Burning Man）上装扮成虚构人物的那些“宅人”。赌场突然间变得无处不在。痴迷名人的新闻媒体肆意生长。电视真人秀诞生了。

想一想摔角吧——既专业又虚假的那一类。这项活动突然间成了一个巨大而典型的美国文化现象和产业。在我看来，所有的职业体育都紧邻梦幻之地。每一场 NFL（美国职业橄榄球联盟）或 NBA（美国职业篮球联赛）比赛都是一个通过电视转播的冒险故事，按照已经严格界定好的体裁规则进行演绎——只是演员们即兴发挥，结局事先未知，富有娱乐性的场面和现实生活相融交错。巨星们无限接近现实版的超级英雄。

职业摔角（pro wrestling）兴起于 20 世纪的头 20 年，那是娱乐业的大好时光。当时它有众多的竞争对手，除了棒球和拳击等占据优势地位的体育项目，还有戏剧及新生的电影和广播。职业摔角消解了体育与演艺之间的区别：真人进行着实体竞技，但角色、动作和结果却都来自事先编排或即兴发挥的虚构剧情。20 世纪 30 年代，理智的美国公众觉察到并且拒绝了这种虚假，职业摔角走向没落。

由于新的电视媒体需要内容来播送，因此职业摔角在 20 世纪 50 年代经历了短暂的复兴。所有的电视网都开始播放职业摔角比赛了。加利福尼亚体育委员会正式同意继续假称职业摔角是真实竞技。如果人们宁愿相信一个娱乐性的谎言，那也是他们作为美国人的权利。1957 年的比赛吸引了多年来最大规模的人群来到麦迪逊广场花园。一天晚上，一对"英雄"和"恶棍"选手在比赛结束后仍然继续"战斗"，观众们开始为结果争吵。500 个纽约人发生骚乱，彼此挥拳，互扔瓶子。《纽约时报》满腹狐疑地报道："许多摔角迷相信，摔角是一种真实的竞赛——技巧与力量的竞赛。"但这听起来就像是一曲挽歌，职业摔角的造假仍然是个根本性的问题。它是一个小众市场；随着电视媒体变得日益繁荣体面，电视网扔下了摔角，去开发新的热点。在我的青少年时期，也就是 20 世纪六七十年代，职业摔角是一种荒谬廉价的劣质产品，每个人都认为它很快会走到被遗忘的境地。

到 20 世纪 80 年代的时候，情况变了。有线电视节目出现了，它比无线电视更加恬不知耻地贩卖**一切**。自由市场说了算，无线电视网络感受到了来自有线电视的威胁，便抛弃了过去将幻想作为现实输出时良心的自责，开始重新播放摔角节目。自由放任经济的新时代也允许建立一种实际存在的垄断，于是世界摔角联盟（World Wrestling Federation）成立了，此后转变为今天的世界摔角娱乐

（WWE）。商人文思·麦克马洪（Vince McMahon）具有出色的洞察力，他认识到美国的巴纳姆式传统在重申自己的立场：真假之别不再是重点了，因为——研究该领域的一位学者如此写道——摔角的观众早已习惯了“在观看摔角时既信又不信”。所以到了20世纪80年代，世界摔角联盟和其他主办方终于不用再重复以前的弥天大谎了。在过去，摔角组织总是冠冕堂皇地坚称摔角是真实竞技，现在它终于可以不再伪装了，因为“真”和“假”是相对的，因为没有人真正在乎了。

在不到10年的时间里，职业摔角的产值从每年几千万美元迅速蹿升到每年5亿美元，观众群体也从以前那些游手好闲的蓝领小无赖扩展到了中产阶级、全家老小，以及大学生们。这是一项离经叛道的活动，一个**充满乐趣**的骗局。摔角选手生活中真实和虚构的部分现在也被任意地混合在一起了。在职业摔角比赛中，真实打斗偶然发生也在所难免，这种脱离剧本的即兴动作被称为“**真摔**”（shoot），这个词本来是从前的嘉年华活动中用来描述步枪在射击场瞄准靶心的术语。摔角比赛中的例行造假工作则被直截了当地称为“**假打**”（work）。20世纪80年代，世界摔角联盟的制作人发明了一个新的说法，叫“**假打真摔**”（worked shoot）。一位历史学家（兼奇幻小说家）解释说，他们开始在节目中纳入“摔角选手个人生活中的真实事件，作为故事的一部分去讲述……酗酒、出轨、童年创伤、违法乱纪，这些来自现实中的元素都被融入了幻想”。

对于我们最近的文化转型还有更加贴切的比喻吗？美国成了“假打真摔”的天下。

世界摔角联盟的一位律师在20世纪80年代游说，要求对职业摔角放松管制——他们要说服政府，这不是一项真正的运动，尽管一个世纪以来，他们一直假装这是一项真正的运动。这位律师在20世纪90年代被选入参议院，两次竞选美国总统。里克·桑托勒姆（Rick Santorum）假惺惺地为职业摔角辩护，称其为一种“道德剧”，是“我们文化中的一种非精英型产品，经过自身的不懈努力，跟上了好莱坞和纽约那些挑战极限的人的步伐，生存了下来”。桑托勒姆最近一次寻求共和党提名是在2016年，这一次他败给了摔角世界里的一个大人物。现任美国总统特朗普在进入政界之前，曾经在他所拥有的赌场内举办并赞助WWE赛事，他本人还登上过WWE的擂台，假装对麦克马洪进行掌掴和背摔，并最终正式入选WWE名人堂。

说唱（rap）和嘻哈（hip-hop）音乐是20世纪60年代以来的流行文化产生的极少数全新风格之一，其核心特征也正是这种娱乐性虚构和现实生活的融合。嘻哈风生水起的时间和职业摔角复兴的时间正好吻合，这可不是巧合：匪帮说唱（gangsta rap）其实就是标准的“假打真摔”。说唱歌曲的内容和音乐家的公众形象都是他们真实生活的高度美化版本。Eazy-E、Ice-T和声名狼藉先生（Biggie Smalls）的确是在不太平的街区里长大的，他们也的确曾经是（未成年）黑帮成员。一些说唱歌手也真的对同行恨之入骨，艺人赚了钱之后确实挥金如土，他们出门时带枪，有时也会开枪，声名狼藉先生和图派克（Tupac）都是被暗杀的［一个在洛杉矶的奇迹一英里（Miracle Mile），另一个在拉斯维加斯大道（Las Vegas Boulevard）上］。他们的口号是“**保持真实**”（Keep it real），但这一切同时完全就是一场表演。虚构和现实被揉进了同一个神奇的烤芝士三明治，粉丝们乐于忘记这两者的区别，艺人有时候也是一样。Jay-Z 之类的嘻哈巨星俨然现代梦幻之地的野牛比尔。

与此同时，更多美国人对更多名人有了更多了解，因为专注于名人八卦的新闻和准新闻在 20 世纪 80 年代以后扩大了整整一个数量级。这种新闻变得更加浮华、越发正当，比如《名利场》（*Vanity Fair*）；电视上每天都有，几乎无处可逃，比如《今夜娱乐》（*Entertainment Tonight*），然后是《号外》（*Extra*），再然后还有《走进好莱坞》（*Access Hollywood*）。我们又一次遇到了前所未有的情况。一个人现在可以每天花好几个小时去消费一个多媒体新闻套餐，这套餐里只有演艺界人士的信息和照片。20 世纪 90 年代的《优家画报》（*InStyle*）杂志更进一步发展了明星文化，以满足人们与社会名流**称兄道弟**并拥有共同生活方式的幻想，这是时代公司的又一个成功的发明：整本杂志就是一整套事无巨细的指南——**你**也可以使用麦当娜正在使用的漱口水，买到莎朗·斯通正在穿的内衣，拥有凯文·科斯特纳家里的那种床单，散发出和詹妮弗·安妮斯顿一样的香水味。而到了 20、21 世纪之交，幻想的大饼又翻过面来烧了，每周出炉一次，由《我们》杂志无码奉上：狗仔队的照片里仍然满是名人，但却是他们不光彩的素颜状态和他们做着世俗琐事的样子。这些在以前是不能公布的，现在却被重塑为一种让小人物自感野鸡变凤凰的途径："名人巨星——他们其实和我们一样！"

喂养这些体型愈发庞大的名人媒体，自然需要更多的名人作为食材。真人秀电视节目就在这个最合适的时机出现了。其实它以前被发明过两次，从电视业发展初期的《偷拍》（*Candid Camera*）到"大爆炸"时期，但那时并没有人注意到。1971 年的《一个美国家庭》(*An American Family*)是一部具有开创意义、扣人心弦的系列纪录片，拍摄时间超过 7 个月，内容是圣巴巴拉(Santa Barbara)一个富裕家庭的解体过程。对于电视台高管来说，这不是一时兴起的照搬取巧，而是独一无二的创作，是一个尚不存在的类型的雏形。它太高雅了：一部由 PBS(美国公共电视网)播出的悲伤纪录片，只有 12 集，制作却耗时两年。它又太粗俗了：那个时候，以榨取普通人私密日常现实生活为基础的体裁会让人觉得**恶心**，某种结合了纪录片和游戏节目的半虚构杂交在当时也是不可想象的。但在一代人过后的 20 世纪 90 年代，当电视媒体已经完全巴纳姆化的时候，这突然间看起来像一个天才的想法。MTV(全球音乐电视网)制作了《真实世界》(*The Real World*)，1999 年和 2000 年的时候又有了《幸存者》(*Survivor*)和《老大哥》(*Big Brother*)。这些节目有时会设立奖项，但人们赢得的主要是一点点名气。真人秀的名字虽然有“**真人**”二字，但它从一开始就由引人入胜的噱头、精心设计的阵容、不一定严格照本宣科的编剧组成，而表演成分是确定的。将大多没有什么才华的普通人转化成为明星，这成了一种电视节目类型，之后更是成了一大产业。电视媒体也被改变了。

***

职业篮球、橄榄球和“摔角”通过重新发明自我而一发不可收，变成了恢宏盛大、敢作敢为的**当代**娱乐形式，棒球则另辟蹊径。棒球更像曾经的美国体育运动。大多数选手仍然是白人。比赛和从前一样节奏悠闲。换句话说，棒球上空的怀旧气息比其他任何一种运动都多。1992 年，那份对旧时光的怀念终于在日渐衰败沉郁的老巴尔的摩得到了释放——卡姆登球场（Camden Yards），为巴尔的摩金莺队（Orioles）建造的全新棒球场，从设计到建造都还原了老式棒球场的模样和感觉。变变变：只要你眯着眼睛看，这就是重返 1951 年！卡姆登球场立刻受到大家的钟爱。其他的球队和城市竞相拷贝它。

卡姆登球场的诞生是必然的。因为在 20 世纪八九十年代，美国建筑已经彻底被后现代主义占领了。新造的摩天大楼、购物中心、住宅区无不需要复制或借鉴其他时代或其他大陆的样式。一些建筑师声称自己厌恶这种充满怀旧和虚构气息的新潮流，并假想自己英勇地逆流而上。然而，大多数这些“现代派”抵抗者所设计的建筑，只不过是带来**另外**一个旧时代的气息而已。玻璃与钢混结构的欧式怀旧替代了木材和砖石搭建的美式复古，“明日世界”（Tomorrowland）替代了“美国小镇大街”和“新奥尔良广场”。这种变化让那些见多识广的观察家感到不同寻常。“我们感知现实的方式已经发生了转变，”伟大的建筑评论家埃达·路易丝·赫克斯特布尔（Ada Louise Huxtable）在 1992 年写道，“这转变无处不在，已经从根本上改变了我们对艺术和人生的基本假设……选择性的幻想取代了现实……引领它的是一种大获成功、利润惊人的全新美国现象：将环境改造成为主题性的娱乐。”

正如前文所描述的，第二次世界大战后美国的郊区化发展是将房地产拖入梦幻工业中心的第一步，然后是郊区连锁餐馆的主题化，零售业紧随其后，接着就是被以怀旧风格改头换面的市中心。此后，其他行业的精明高管纷纷发现，在美国，**他们的**业务也可以被理解为娱乐业。1999年，一位著名的管理学顾问出版了一本关于“经济娱乐化”的书，他认为金融业、汽车业及其他行业也加入了电影、电视、音乐和出版行业的队伍，开始销售富有感染力的虚构了。这看起来已经是不言而喻的真相了。

“当你推销一辆车的时候，”某家汽车公司的CEO（首席执行官）终于承认，“你推销的不是用途，而是梦想。”的确，美国汽车工业在这个时代的标志性胜利，就是成功地销售一种硕大的玩具，让人们（尤其是男性）想象自己是强悍、性感、独立的勇士，随时可以闯入未知之地进行一场冒险。20世纪80年代初，SUV（运动型多用途汽车）的市场占有率接近零；到了1999年，市场占有率增长到了19%。这些看着“二战”系列剧《战斗》（*Combat!*）、《北非沙漠行动》（*The Rat Patrol*）和《百战天龙》（*MacGyver*）长大的成年人现在真的开上吉普车了（还有福特征服者以及——我自己的车——路虎），假装自己是军人或牛仔，每一天都是。

赌博的幻想生意也做得越来越大。各州政府接管这一有关数字的勾当（也就是说，彩票）后，赌博越来越像幻想。20世纪90年代，美国各州勾结起来，建立了国家级的彩票业联盟，使幻想指数持续提高；“强力球”（Powerball）和“百万大博彩”（Mega Millions）怂恿人们去做关于更多财富的更加不切实际的梦。最终，**大多数美国人**成了购买彩票的常客。这个国家最穷的三分之一国民——恐怕不是魔幻思维最少的群体——买了一半的彩票。

美国各州通过使赌场合法化，在幻想的生意上加倍下注。赌场是一种被精心设计制造的幻境，其目的就是抗拒平凡的现实——这里没有时钟，看不到外面的世界，却有大量的酒精。在20世纪的大部分时间里，这个产业只在遥远的内华达州沙漠里滋润地生存——然后也出现在了新泽西州。但是到了 1987 年，当美国最高法院裁定印第安人保留地享受赌博法豁免权之后，各州都认为没有理由拒绝**白人**商家一同从国民的痴心妄想中渔利。20 世纪 90 年代，美国半数的州都已将赌场合法化了。某些州的立法机构只允许赌博在一种独特的双重幻想体系之下进行：赌场必须**在水体上**运营，仿佛这样就可以不污染这个州的土地了。所以这些赌场开设在装修成古旧风格的演艺船上，并且船只必须下水航行，以维持这种幻想的设定。但没过多久，它们就被准许靠岸经营了，到了最后，它们甚至已经不再需要那些用于充数的船长和船员。尽管赌场已经遍布全国，但美国人似乎愈发渴望在内华达州拥有更为彻底的沉浸式体验，就好像信徒对于去耶路撒冷或麦加朝圣的向往。拉斯维加斯变成了一个主题公园式的城市，充斥着大型模拟风格的赌场酒店，让人仿佛置身古埃及［卢克索酒店（The Luxor）］、中世纪的英格兰［石中剑酒店（The Excalibur）］、17 世纪的加勒比海［金银岛酒店（Treasure Island）］、文艺复兴时期的意大利［威尼斯人酒店（The Venetian）］、当代法国［巴黎酒店（Paris Las Vegas）］和纽约［纽约–纽约酒店（New York-New York）］，游客人数也随之增加了两倍。

20 世纪 90 年代，在内华达州的另一端，又一个成人幻想主题公园建成了，它雅致而又另类，一年运行一周，那就是“火人节”。在梦幻之地的家谱里，火人节的根源可以追溯到 19 世纪晚期（最早的世界博览会），主干生长于 20 世纪 60 年代（迷幻药、行为艺术表演、嬉皮士野外聚会、伍德斯托克、奇装异服、自然和原始崇拜），毗连的茎秆则从 20 世纪 80 年代（实境动作角色扮演游戏）和

90年代（动漫真人秀）中汲取养分。自“火人节”创立以来，放荡不羁的幻想家们每年都聚集在一起，每次都有多达2.5万名甚至更多的人在距离里诺（Reno）几小时车程的荒漠中度过为期一周的时间，他们在一个直径2.5千米的半圆形区域里露营，并将此处称作黑岩城（Black Rock City）。他们每次都为自己的世外桃源总共花费近一亿美元。他们装扮成独角兽、鸟类、美人鱼、艺伎、夜总会歌女、时间旅行者、蝴蝶，或者随便什么东西，或者干脆赤身裸体。他们穿梭徜徉于华丽又奇幻的建筑物——洛可可式的多边形、房子一样大的家具、树木一样大的闪光花朵，还有桥梁、小木屋和香格里拉寺庙。在火人节，他们还穿越了魔镜——也就是说，穿越了LED（发光二极管）显示屏——住进了艾泽拉斯（Azeroth）*、塔图因星（Tatooine）**，或是《疯狂的麦克斯》（*Mad Max*）的后末日世界里经过粉丝虚构的**较好**部分。

不久以前，美国的成年人从来都不会穿上戏装，更不会将其作为一年一度的仪式。当我二十出头的女儿们为万圣节装扮感到无比困扰的时候，她们被我所讲述的过去震惊了。这场变化是近年来才发生的，并且只是新兴社交礼仪的又一种小小的表现而已。20世纪80年代期间，旧金山和纽约刚刚出柜的同性恋者发明了万圣节游行，此后，万圣节装扮成了美国各处异性恋成年人的惯例。

但为什么万圣节只能是短短的一天？为什么成年人对虚构**真实性**的坚守不能在叙事上更加精巧完善？实境动作角色扮演游戏（live action role-playing，简称LARP）应运而生。它让人们在现实世界

* 艾泽拉斯是游戏《魔兽争霸》系列中的地名。——译者注

** 塔图因星是电影《星球大战》系列中的一颗虚构的沙漠行星。——译者注

中表演故事角色，有时一场游戏可以持续好几天。据说，LARP 的创始人是曼哈顿的一名年轻演员，他喜欢和朋友们在嗑药之后伴着烛光大声朗读《魔戒》。后来他们的活动升级了，在其中一人父母家的农场里进行了一场霍比特人大战，这便成了 LARP 的原始版。LARP 很快就从一类体裁变成了一种媒介，从一种特定游戏变成了一个平台。最初的 LARP 都是格斗类游戏，玩家使用的武器是用胶带缠裹着泡沫材料的木棍，然后，越来越多的玩家放弃了打斗的形式。每一种可能的设定和环境都可以生成 LARP——从旧西部、黑色侦探片到少女神探南希·德鲁（Nancy Drew），从人工智能或僵尸所主宰的未来场景，到基于 H. P. 洛夫克拉夫特（H. P. Lovecraft）或尼古拉·特斯拉（Nikola Tesla）的虚构历史，都能成为主题。

LARP 的要点之一是保持入戏状态，玩家要在连续几小时甚至几天的时间里当一个虚构人物。LARP 圈对现实生活有个专用蔑称——“俗世”（mundania），从不参与 LARP 的人被称作“俗人”（mundies），就像“哈利·波特”（Harry Potter）系列里的“麻瓜”（muggles）一样。20 世纪 90 年代，北欧派 LARP 来到了美国，这为那些渴望进一步模糊真实自我和虚拟自我之间界限的玩家带来了福音。* 它瞧不上格斗和魔法之类孩子气的玩意儿，走的是更加现实主义的路线，玩家在此可以真正体验他们所说的“渗透”（bleed）——让角色占据他们的心灵，以角色的身份做梦，忽略真与假，忘记始与终。

* 梦幻之地的小岛几乎无处不在，这一座在北欧大张旗鼓地浮出水面。根据《时代》周刊的报道，2% 的丹麦人参与 LARP。但是，它仍是由美国人在美国的土地上发明的。

第 28 章

永葆青春："我们是孩子"综合征

我之前说过，从婴儿潮一代开始，美国人陷入了永葆青春的幻想，中年人身穿万圣节服饰或参加火人节就是其具体表现。当婴儿潮一代还**的确是**孩子时，**"各个年龄段的孩子"**（kids of all ages）这个甜腻腻的短语就出现了。但这个说法大行其道则是在 20 世纪八九十年代，当时，美国成年人开始玩起电子游戏和梦幻体育（fantasy sports），像孩子那样穿着打扮，甚至通过做手术让自己看起来更像孩子。这之前的美国成年人从不如此，这之后的美国成年人全都如此。这就是我所说的"我们是孩子"综合征（Kids "R" Us Syndrome），它成了一种永久性流行病，有人症状较轻，有人早已病危。

婴儿潮一代一成年，漫画书读者和超级英雄电影观众（3 部超人系列电影和 4 部蝙蝠侠系列电影都还只是开端）中的成年人就占了一半。结果，这两种类型的娱乐都因此得以蓬勃发展。电子游戏和电脑游戏从一文不名蹿升为产值数十亿美元的产业，不仅是因为技术越发强大，虚拟世界的真实感让人越发难以抗拒、如临其境，更是因为到了 20 世纪末的时候，大部分购买游戏机、卡带和光盘的人都不再需要向父母索要零花钱了——玩家的平均年龄已经超过了30。电子游戏原本是卖给男孩的，好让他们假装自己是动作片里的成年英雄，然而没过多久，想要假装自己像孩子一样玩耍的成年男人却成了主要买家。

我在家只玩过一款电子游戏，在好几个星期、好几个月的时间里花费了很多很多小时，才熟练起来，那款游戏是第一代《007 黄金眼》（*GoldenEye 007*），在 20 世纪 90 年代推出，一推出我就买了。《007 黄金眼》是所谓的自由漫步式第一人称射击游戏，换句话说，我就是詹姆斯·邦德，找人去杀。我很喜欢这个游戏。我喜欢复杂的现实主义三维渲染和游戏配乐。我也喜欢自己身处游戏世界之中时被改变的状态，它让我**真实地**感到害怕（肾上腺素），也让我**真实地**感觉自己像邦德一样机敏（多巴胺），这是读小说或看电影时通常得不到的感受。我是和我的女儿们一起玩的，那时她们一个 7 岁、一个 9 岁，我们轮流扮演不同的角色。两年后我洗手不干了，因为科伦拜校园枪击事件让我们父女之间相互射杀的快乐不那么强烈了。

收集和交易棒球卡原本是标准的儿童爱好，在 20 世纪 80 年代也变成一件成年人的事了。在同一时间，模拟职业棒球大联盟（Rotisserie League Baseball）出现了，它成了梦幻体育的原型。到 1988 年，美国已有 50 万名梦幻体育玩家。一年花几百个小时的时间去操控一种精心设计的虚拟比赛——我是球队老板，随意买卖球员——这在从前只有孩子才做得出来。

随着互联网的发展，梦幻体育彻底产业化，这是一种新型的全国性虚拟娱乐活动，三分之一甚至更多的美国男性将身陷其中。梦幻体育体现了梦幻之地的两个反复出现的根本特征。它是一种**超现实主义**虚构，游戏基于真实运动员每周的实际赛场表现、多年来积累的统计数据，以及虚拟资产的自由市场。它也是**超个人主义**的：每一个假想的“老板”都拥有一支虚拟球队，队员的个人表现至关重要，真实球队的真实输赢结果反倒与此无关。

狂热的玩家可能陷入完全的幻觉。有个关于模拟棒球联盟的纪录片［名字就叫《梦幻之地》（*Fantasyland*）］的主角是一名金融分析师，他计划与“他的”的美国职业棒球大联盟球员在真实世界里见见面。“我认为球员们在看到自己老板的面孔时确实会更加努力，”在影片中最悲伤的一幕，他说，“当他们知道谁是背后的主宰，谁在发号施令的时候。”真正的球队老板自然也会鼓励那些臆想的球队老板继续这种孩童般的痴迷。

当我还是孩子的时候，我收集棒球卡，并且很可能会热衷于梦幻体育。当我还是孩子的时候，我还在20世纪60年代后期连续3年参加一个**主题**夏令营——“西班牙夏令营”。在那里，我们有了西班牙语名字，说西班牙语，吃西班牙菜，学习踢足球，还和附近的俄罗斯、德国和法国夏令营的孩子们组织了模拟奥运会，同场竞技。为**成年人**设计的主题式梦幻夏令营在20世纪80年代也开始出现，到了90年代末，几乎每一个体育领域的每一支职业运动队都会邀请成年人每天花费数千美元，假装自己是职业运动员。与名人在想象中越接近越好，于是，各个明星纷纷推出自己的产品，从“迈克尔·乔丹（Michael Jordan）梦幻营”到“多萝西·哈米尔（Dorothy Hamill）花样滑冰梦幻营”。“旧金山巨人队梦幻营”甚至还衍生出了一个“体育媒体梦幻营”，让热爱体育却不擅长运动的人前来花钱假装自己是体育播音员和摄影师。这种玩法不可避免地蔓延到了其他光鲜的领域，总数过千的各种梦幻营如今已成为梦幻工业中心里自成一体的一小部分。其中一个例子是为期五天的“好莱坞电视明星梦幻营”，在此期间，“你将身处浮华城的中心”，拥有“你自己的更衣室、剧组专用椅、化妆师……写有你的名字和角色名字的摄制日程表……一场新闻媒体专访，就像你最喜欢的明星平时所做的那样……一张专业摄影大片，将会印上你个人专属的业界杂志封面”，还有一个“颁奖典礼”。只需支付一万美元，“你就不再只是和真正的电视演员擦肩而过了，你会成为其中之一！”

20 世纪 80 年代，严肃艺术家也突然开始全面接纳“仿制童年”这个新模式，出现了基斯·哈林（Keith Haring）的笔记本涂鸦、辛迪·舍曼（Cindy Sherman）的鬼屋装扮照片，如此等等。杰夫·孔斯（Jeff Koons）将成为最著名、最成功的在世艺术家。他广为人知的作品包括 1988 年的一组为永远年轻的迈克尔·杰克逊（Michael Jackson）和他的黑猩猩泡泡（Bubbles）而作的真人大小的雕像，“小狗”（Puppy）——一只用鲜花制成的 13 米高小猎犬，史上最大、最美、最可爱的动物毛茸玩具，以及“气球狗”（Balloon Dogs）——用镜面抛光不锈钢制成的儿童派对玩具完美复制品，高达 3.7 米，其中一个卖到了 5 900 万美元。《纽约》杂志的一篇人物传略说，“童年的理念就是孔斯的一切”，他正在进行一场永不停歇的“孩童式神秘主义奇事的方式表演”，从未走出这个角色。

观看《星球大战》系列电影，玩《007 黄金眼》射击游戏，管理一支虚拟 NFL 橄榄球队，参加反恐梦幻营，享受儿童艺术：即使我们拒绝认为自己的行为举止像孩子，不承认自己是在假装年轻，我们也肯定知道自己正在消费幻想和虚构。但在不知不觉当中，我们也开始在世俗日常生活中，在饮食、着装、工作和交谈中，表现出“我们是孩子”综合征的迹象。

当班杰瑞公司（Ben & Jerry's）在1991年推出巧克力豆曲奇饼冰激凌时，只有刚开始几次吃的时候会感觉这像是一种幼稚的放纵。成年人穿着印有体育明星姓名和球衣号码的“斯他达”（Starter）牌运动衫和外套时，并不认为自己是青少年模仿者。在女性群体中，“性感女学生”模式成为时尚：及膝长袜、格呢短裙、紧身毛衣、双肩背包。我认识的一名专业人士开始背一款“好奇猴乔治”（Curious George）背包，另一名专业人士则从她女儿常穿的童装品牌“汉娜·安德森”（Hanna Andersson）产品目录中为自己选购衣服。为什么成年人开始在公共场合穿运动服？为什么办公室里的西装和领带被休闲裤、牛仔裤和POLO衫取代了？因为我们的母亲再也不管我们穿什么了。谁不愿意整天穿着游戏服呢？在那些最新最酷的办公室里，尤其是在加州，老板和员工不只是**穿得**像孩子，他们还真的在办公区域摆放了玩具、设置了游戏：弹弹环（Slinky）和蛋头先生（Mr. Potato Head），桌上足球（Foosball）和《光晕》（*Halo*）。我平生第一次被人问及“你觉得新工作**好玩**吗？”是在20世纪90年代。后来，这成了美国工作满意度调查表中的一个标准问题。

***

好吧，你说，这些又能有什么**真正的害处**呢？除了让人们越来越纵容幻想渗入现实生活之外。

嗯，“我们是孩子”综合征确实有一个极端、骇人又悲惨的受害者，那就是迈克尔·杰克逊。就在他快要步入中年的时候，他建造了“梦幻庄园”（Neverland Ranch），他自己的私人梦幻夏令营。他有一辆牵引着仿古车厢的蒸汽机车，在一条和迪士尼乐园同款（但是更长一些）的窄轨铁道上运行，而那座山寨版维多利亚式砖砌火车站，实际上就是原样照搬了“美国小镇大街”街头的火车站。园中有过山车、碰碰车、爱畜动物园、带船轮的树屋、绳索桥，还有一家所有糖果都免费的糖果店。他让众多真正的孩子进入这所庄园，当然，当成年人告诫他不要和这些孩子睡觉的时候，他会哭。他会尿湿裤子和地板。他在这里与他的黑猩猩一起生活，它就睡在他身边的婴儿床里，参加他的录音活动，跟随他一起旅行。

当然，杰克逊对年轻容貌**不切实际**的极度渴望，也驱使他对整容手术走火入魔。在20世纪90年代的某段时间里，据说他每隔几个月就要进行一次手术——这绝非巧合，整容手术确实在当时开始风靡。整容手术的主要目的是让人看起来更年轻——若不是为了更年轻，就是为了更像电影、电视和杂志上的幻想人物。在5年内，女性隆胸手术的数量增至从前的3倍，最后，每25名美国女性中就有一人在乳房中植入硅胶袋或盐水袋。*

与此同时，含有幻想性爱内容的图像突然间随处可见，这足以令人震惊。家庭影像播放机以及之后的有线电视和互联网出现后，色情变得无所不在。但这个又是怎样使成年人变得更像孩子的呢？

---

* 这个估计来自“538”网站（*FiveThirty-Eight*）。除了乳房切除术后重建的情形之外，现在每年有大约25万名美国女性接受假体隆胸术，包括几千名18岁以下的女孩。另外，每年还有14.9万名女性进行乳房上提手术，这一数字比20世纪90年代增加了7倍。

首先，在过去，对色情这项爱好追求得最为热切的大多是十几岁的男孩子。但是色情的正常化也影响了女性的行为。在色情供应量饱和的初期，最为极端的阴毛去除术开始流行，我不认为这是一个巧合。我认为色情事实上诱导了女性将自己装扮得更接近影像中的女人——外观异常年轻，甚至没到青春期。到了 2000 年，用于私处脱毛的巴西蜜蜡成了《欲望都市》(*Sex and the City*)中重要的情节设置。一位得克萨斯大学的社会学家研究了《花花公子》杂志创刊后 50 年间每一期的中间插页。20 世纪 90 年代初期，其中三分之二的主流色情幻想人物仍然拥有看起来茂密而自然的阴毛；10 年后，只有不到 10% 还有，高达四分之一的人是无毛的。很快，大多数美国女性尝试或坚持去除自己所有的阴毛。美容外科医生开始实施阴唇整形手术，使女性私处看起来更加整洁、平滑，更像孩子。南加州的一位医生还发明了最极端的一种版本，完全移除小阴唇——他的网站美其名曰“‘芭比’……阴唇整形术”。

美国人开始声称并且一厢情愿地相信，年龄可以用“X 就是新的 Y”格式的约整数表示——30 岁是新的 20 岁，40 岁是新的 30 岁，50 岁是新的 40 岁，等等。然而，在许多方面，他们全都成了新的 20 岁，新的 15 岁。“适合年龄段”(age-appropriate)曾经是一个专门用于判断玩具、读物、电影或活动是否适合儿童的术语。现在它的使用方式被颠倒了，并且滑稽的是，只和成年人性伙伴的年龄有关；否则，成年人就根本没有“不适合年龄段”的文化或生活口味了。因为我们已经真的开始相信，我们就是各个年龄段的孩子。

第 29 章

里根时代和数字时代的到来

20 世纪 60 年代初，当婴儿潮一代还是孩子时，法律开始宣告白人至上论的终结。结果，一些南方白人开始展示南方邦联的符号，南方各州更改了本州州旗，将这些符号纳入其中。这与一个世纪前发生的事遥相呼应，那就是南方人在战败之后对“迪克西”和“命定败局”的歌颂缅怀。南北战争后，历史学家开始将 1861 年之前的几十年称为“战前时代”（antebellum era）——对很多南方白人而言，这个词本身就意味着关于一个完美的老南方的幻想。“antebellum”是个拉丁词，意为“战争之前”——“战争”指的是任何战争。而 20 世纪 60 年代的战争之后——越南战争、“黑人叛乱”和反主流文化大爆炸之后——很多美国人将 20 世纪四五十年代以及 60 年代早期这段时间神化成了又一个令自己扼腕叹息的“战前时代”。

共和党人看到了迎合这种自我怜悯、自我美化的极度怀旧倾向的机会，他们启用了所谓的“南方战略”（Southern Strategy），打算将这些从前一直是民主党人的南方白人转化为共和党人。这个方案很快就奏效了。20 世纪 60 年代末，身为南方人的历史学家保罗·加斯顿在撰写《新南方信条》一书时，展现出他对正在发生的社会和文化转变的惊人敏锐。正如人们预期的那样，在美国内战之后，很多旧有的“地域差别减弱了”。但从没有人想到，自20世纪60年代以来，这会成为一个双向的过程——北方和西部的白人也开始感觉自己像南方人一样，这些焦虑恼恨的失败者从未如此在乎自己的种族。如加斯顿所言，这是“种族问题的国家化”——黑人权力运动（Black Power movement）、黑人暴乱和城市犯罪率的飙升使美国白人感到自己被四下围困，他们舒适的生活方式受到了威胁，他们的白皮肤再也不是贵宾通行证了。加斯顿从一开始就觉察到，这是“南方长期以来所特有的悲怆、挫败和缺憾感对整个美国生活经验的渗透”。

一群来自华盛顿和纽约的自由派局外人好管闲事，毁掉了一个黄金时代。从前，沉湎于对逝去黄金时代的怀念本是南方白人的习惯，现在却日渐成了所有美国白人的习惯。因此，共和党的南方战略也可以国家化了。当罗纳德·里根第一次竞选总统时，他向人们普及了“福利女王”（welfare queen）这个新词——这一影响深远的脸谱化修辞仅仅基于一起刑事案件，夸大了福利欺诈的普遍性，让许多人相信主要是黑人在福利方面揩政府的油。在越南，美国刚刚输掉了战争，这让南方以外的美国人第一次强烈地感受到了“败局命定”的苦痛。

1980年，里根再次参选，这次他的财政大计是通过削减税率扩大经济，从而最终增加税收收入。这个主意被他的主要共和党对手当众嘲笑，称之为“巫术经济学”（voodoo economics），认为这是一厢情愿的魔幻思维。但是几个月后，当里根邀请乔治·H. W. 布什（George H. W. Bush）做他的副总统候选人的时候，布什否认了自己先前的“巫术”一说。作为总统，里根并没有严格遵守巫术路线。他的确大幅削减部分税率，但他也增加了另一些税率，并堵住了许多漏洞，以防止赤字进一步扩大。政府并没有收缩。

虽然里根已经明智地回到现实，但是他的众多忠实右翼信徒仍然全心保持着对巫术的信念。对他们来说，20 世纪六七十年代的极端个人主义解放产生了一种对于市场经济的原教旨主义信仰，这使得他们坚决、本能地反对政府为了市场运作更加完善、公平所做的任何干预，以及绝大部分的征税。如果新兴的超级资本主义**对你来说**正合适，就算你对市场并没有狂热的意识形态信仰，从前被人认为不过是自私的品性现在也可以披上正义的外衣。“**贪婪是好事**。”虚构人物戈登·盖柯（Gordon Gekko）在 1987 年宣称。但是如今，现实世界的人们也坚称，他们赚钱的欲望和技能不仅在整体上有用，而且还让他们中的每个个体都显得高尚。电影《华尔街》（*Wall Street*）上映后的次年，里根以史上罕见的压倒性多数票成功连任总统。

噢，罗纳德·里根，可爱、精明、耀眼、出世、快乐、辉煌的罗纳德·里根。总统政治与政务的娱乐化始于更早的一代，是在 20 世纪 60 年代随约翰·肯尼迪起步的。肯尼迪就像一位电影明星，一个虚构人物。他年轻而又潇洒，风趣而又性感。他是战斗英雄，好莱坞还曾拍摄了一部名为《PT109 鱼雷艇》（*PT 109*）的电影来歌颂他的事迹，当时身为总统的他还亲自指点了此片的制作。他出身名门的迷人妻子更加年轻，在成为第一夫人时只有 31 岁。而他的女友之一则确实是电影明星——玛丽莲·梦露，终极的性幻想对象。但是，肯尼迪那极具青春活力的形象其实是个虚构，是个谎言，是个展示给公众的幻影：他身患骨质疏松症和艾迪生病等多种疾病，长期服用抗焦虑药物、止痛药、安眠药和兴奋剂。

肯尼迪即将当选时，诺曼·梅勒写道："美国政治如今也将成为美国最受欢迎的电影、美国王牌肥皂剧、美国畅销书。"美国政府和演艺界之间向来壁垒森严，直到肯尼迪出现。他的父亲拥有一家电影制片厂，肯尼迪不光与好莱坞人士呼朋唤友，还同意在麦迪逊广场花园登上舞台，接受情妇玛丽莲为他献上的风流小夜曲《生日快乐，总统先生》（Happy Birthday, Mr. President）。"在美国，"伟大的电台主持人让·谢泼德（Jean Shepherd）在谈到肯尼迪时说，"一切都变成了演艺事业。"

他的遇刺就像是一部小说或电影中令人难以置信的悲惨结局。当时，一部关于亚瑟王年轻时代的百老汇音乐剧刚刚上演不久，于是他的遗孀立即将他46个月的总统生涯重塑为一个虚构概念——卡美洛（Camelot）。有几年，肯尼迪曾试图利用电视和梦幻工业中心的其他领域，将自己打造成镜头感十足的卡里·格兰特（Cary Grant），可惜壮志未酬；而在他去世后没几天，梦幻工业中心却利用他造就了史上最引人瞩目的电视节目，让他成了明星。

在肯尼迪之后，总统的演艺性质更突出了。20世纪80年代，美国蒸蒸日上，朝着完全版梦幻之地发展，我们为里根的到来做好了前所未有的充分准备。"对罗纳德·里根来说，"他的白宫通讯联络办公室主任帕特·布坎南（Pat Buchanan）表示，"有神话传说的世界是个真实的世界。他经常到访那个世界，并且在那里过得很愉快。"布坎南此话意在赞许。

即使以虚构作品的标准看，里根的故事也实在巧合太多，反讽也用力过猛了。大萧条时期，里根大学毕业后就直接进入新兴的梦幻工业中心工作。在得梅因（Des Moines）广播电台，他经常假装自己正在芝加哥的瑞格利球场（Wrigley Field），仅依靠现场实时电报发来的文字描述，对收音机听众播报小熊队赛事“实况”。他去了好莱坞，获得了他的第一个电影角色——扮演一名电台播音员。“二战”期间，他在军队中担任过一名军官——不过，是在美国陆军航空队的第一电影部队（First Motion Picture Unit），驻扎于伯班克和卡尔弗城（Culver City）。在那里，他扮演了电影《从军乐》（*This Is the Army*）中的一个下士，这个角色在片中出演了一场名叫《从军乐》的音乐剧。

里根在电影中扮演虚构角色的事业看起来马马虎虎，但他此后却通过在现实生活和电视新闻中扮演政治家，成了超级明星。起初，他当上了加利福尼亚州的州长。他在 1980 年大获全胜的总统竞选中所陈述的一些具体政策，与他对于一个更单纯、更快乐、更具爱国主义气息的老派美国的朦胧愿景完全相符，而这个愿景又与当时好莱坞、建筑业以及其他领域转向怀旧形式与主题的文化趋势不谋而合。在度假期间，身为总统的里根头戴牛仔帽，在南加州自家牧场上骑马。他和他的团队杜撰了一套精彩的幻想叙事，以他作为令人信服的主角。他们比以往任何一届总统的竞选智囊都走得更远，专门为电视娱乐的需要精心策划和打造了他作为总统的演出。

里根作为幻想家也有其可爱的一面，特别是他将电影融入现实生活的多个实例，例如，他曾表示五角大楼的大部分预算都给了“服装部”（wardrobe）。还有一个有关“二战”时期轰炸机机组成员的故事，常被他作为美国式英勇气概的代表反复讲述。故事中，机组的 B-17 飞机正在坠落，被吓坏了的炮手无法发射，他的长官安慰他说："没关系，小伙子，我们会一起飞下去。" 这段对话确实发生在第二次世界大战期间，不过是在一部名叫《飞行之翼》(*Wing and a Prayer*)的电影里，片中一位演员对另一位说："放轻松，我们会一起飞。" 里根任总统期间还有好几次——其中一次甚至是在与以色列总理会谈时——自称在"二战"结束前夕被派到欧洲去拍摄关于集中营的影片；这是从未发生过的事。

在警告国会不要增税时，他引用了克林特·伊斯特伍德（Clint Eastwood）的新片《肮脏的哈里》(*Dirty Harry*)中的台词："来啊，成全我吧！" 几个月后，美国和黎巴嫩为释放真主党劫持的飞机乘客人质而进行谈判。"天哪，" 里根总统说，"我昨晚看到兰博了" ——就是《第一滴血 2》(*Rambo: First Blood Part II*)中的兰博—— "现在我知道下一次该怎么办了。"《星球大战》是当时刚上映的终极好莱坞大片，既史无前例，又无比老套，就像里根一样！片中的典故被他反复引用。在第一部《星球大战》的片头滚动字幕中，坏人被描述为"邪恶的银河帝国"。就在《绝地归来》(*Return of the Jedi*)上映之前，里根总统发表了一次演说，将苏联称为"邪恶帝国"。* 他宣布即将开发可击落苏联核导弹的技术后，那听起来不太真实的技术被人称为"星球大战"，而里根对此表示："原力与我们同在。"

---

* 里根是在奥兰多对美国福音派协会（National Association of Evangelicals）发表他的"邪恶帝国"演说的，一小时以前他还在迪士尼世界。"我刚才看了一个节目——我不知道该怎么称呼它——一场表演，一场盛会……在电影中的某一刻，马克·吐温谈到美国时说：'我们向着 20 世纪腾飞，乘着发明的翅膀和变幻的风。'" 他看的节目是迪士尼的《美国大冒险》(*The American Adventure*)，里面有个电子仿真的马克·吐温，说着真正的马克·吐温从未说过的话。

南希·里根（Nancy Reagan）也当过演员，作为第一夫人的她曾在情景喜剧《细路仔》（*Diff'rent Strokes*）和黄金时段肥皂剧《豪门恩怨》（*Dynasty*）中扮演“南希·里根”。她比丈夫年轻10岁，却看起来一直都像是他的大脑，冷静而又忧虑，完全立足现实。但是后来，人们发现她居然雇了个占星师来安排里根的重要行程和会议。“她觉得与占星师交流并没有什么问题。”里根夫人的发言人在谈到占星师时说。这个占星师称：“‘空军一号’只有得到许可之后才可以起飞。（南希）为诸多政务安排时间，包括与米哈伊尔·戈尔巴乔夫的首脑会议、与卡特和蒙代尔的总统辩论……以及总统所有出国访问、新闻发布会和国情咨文演说的时间。”乔治·H. W. 布什在其副总统任期快要结束时，才得知这一巫术行动的存在：“上帝啊，我压根儿不知道。”

如果一位美国总统认为《圣经》的末世预言很快就会实现，就不那么可爱了。里根并不是一个经常去教会的人，但至少从20世纪60年代后期起，他就一直热衷于将基督教中的那些有关末日预言的信息与时事关联起来。“显然，历史上从未像现在这样，”他在1968年说道，“如此多的预言在一个相对较短的时间段内一一实现。”这和他竞选总统之前的言论是一致的——他反复说：“我们可能是亲历世界末日的一代人。”当穆阿迈尔·卡扎菲（Muammar Gaddafi）在20世纪70年代掌控利比亚时，里根认为：“这是世界末日即将到来的标志。有史以来第一次，末世决战和基督再临的一切先决条件都已就位。不会很远了。先知以西结说，火焰和硫黄将如雨般降在上帝子民的仇敌身上。那肯定意味着他们将会被核武器摧毁。过去人们闻所未闻的核武器，现在已经存在了。”

他甚至在身居白宫时也不停地谈论末世预言。10年前，如果一位总统这样讲话，那将会令全国感到震惊和尴尬，但现在不会了。

“你知道，”在谈到中东局势时，里根总统对美国以色列公共事务委员会（American Israel Public Affairs Committee，简称AIPAC）的负责人说，“我查考了《旧约》中你们古代先知的预言与世界末日的征兆，我在想——是不是我们这一代人就要亲眼看见它的到来。我不清楚你最近是否留意这些预言，但是，相信我，它们肯定是在描述我们正在经历的这个时代。”

在1984年的最后一次总统竞选辩论中，可能我们有些人之前没有注意到，他那一套又来了。主持人问他是否“在内心深处真的相信，我们正在走向《圣经》中所描述的世界末日”。他回答，是的。基于“与那些同样关注此事的人所进行的哲学讨论”，他的确“多年以来一直”认真对待“有关世界末日来临征兆之类的《圣经》预言，一些神学家在过去十几年的时间里也的确相信预言共同指向末日，他们都认为这是真实的”。

对于那些倾向于相信预言**必定**在共同指向世界末日的到来，以及诸如此类说法的美国人来说，这位欢快的美国总统刚刚确认了他们的信念，并且还会一次又一次地确认。两周后的大选中，里根赢得了49个州的选票。

除了成问题的古怪信仰主流化之外，总统政治与梦幻工业中心也在其他方面更进一步地融合。1992年，当比尔·克林顿（Bill Clinton）圆满完成民主党的提名时，他在一个深夜脱口秀节目中戴着雷朋徒步旅行者太阳镜（Ray-Ban Wayfarers）登上舞台，用萨克斯管演奏了《伤心旅店》（Heart-break Hotel）。这是一个值得纪念的时刻，总统竞选活动演变成了首席艺人试镜，而两年后在 MTV 电视网，他又奠定了新的里程碑。在回答年轻观众的问题时，美国总统告诉一名 17 岁的女孩，他穿的“通常是三角内裤”，而不是平脚短裤。

1998 年初，当我们刚刚得知克林顿在椭圆形办公室享受了来自女实习生的性服务时，根据民意调查结果显示，他的人气**飙升**。有些人仍旧认为政治是娱乐业之外的一个自治领域，只有这些人还会对此感到困惑不解。美国政治就发生在电视里；这是一部电视连续剧，一个真人秀节目，在电视里充斥着真人秀节目之前就已经存在。用令人浮想联翩的新鲜剧情支线拉高一部现有系列剧的收视率，这是电视编剧的惯用噱头。观众们已经开始觉得《克林顿政府》这个节目有些无聊了，而莫妮卡·莱温斯基（Monica Lewinsky）这段小插曲的展开，以及对它的欲盖弥彰，让人们又重新有了兴致。福克斯新闻台（Fox News）和微软全国广播公司（MSNBC）当时都是新兴企业，而政治作为演艺节目中一个制作成本低廉的新分类，只有在娱乐性强的时候才能吸引观众。当严肃的记者质问克林顿是否与实习生发生了婚外性关系的时候，公众并没有那么恐慌，他们反倒又好奇又激动。

在克林顿一家即将入驻华府的时候，右翼设法废除了联邦通信委员会的“公平原则”（Fairness Doctrine），这一准则的制定原本是为了避免广播和电视节目在意识形态方面一边倒的倾向。在此之前，重量级的保守派舆论媒体主要包括两份杂志——威廉·巴克利的《国家评论》双周刊和《美国观察家》（*American Spectator*）月刊，两者发行量都很小。但是由于“公平原则”的缺位，拉什·林博（Rush Limbaugh）的全国右翼广播节目在 1988 年推出之后便得以自由生长，其他类似的节目也迅速出现，在克林顿第一任期结束时，福克斯新闻台也问世了。

旧有的联邦广播规则是否应该废止？也许是，也许不是，但无论如何，有线电视让它们显得前途未卜，互联网则让它们彻底失去意义。无论如何，当华盛顿的守门人决定抛弃监管的大门时，这就是一个关键时刻，从实际和象征意义上来说都是如此。在 20 世纪的大部分时间里，国家级的新闻媒体一直都自认为有责任去追求和呈现**绝对**真相的粗略近似值，而不是去鼓吹**某种**真相，更不用说虚构了。

"公平原则"不复存在，一种新型美国式自由放任主义正式登场。如果在我们的多数大众传媒中流传着越来越多错误和荒谬的言论，那这就是自由的代价。如果某个坏脾气的新闻评论员如今可以用前所未有的尺度不断煽动追随者们的怒火，让他们因为身为暴民而感觉兴致盎然，那就只能这样了。

拉什·林博在密苏里南部一户政治人脉很广的律师家庭中长大，很早便进入演艺界。他在从十几岁到二十几岁的那些年里，当过电台音乐节目主持人拉斯提·夏普（Rusty Sharpe），然后是电台音乐节目主持人杰夫·克里斯蒂（Jeff Christie），后来才改做电台谈话节目，并开始使用自己的真实姓名。他那长达 3 小时的知名每日脱口秀把一种社会政治另类现实带给为数众多的全国听众。过去你只能偶尔依靠一本杂志或一份时事简讯来证实你对世界的粗糙看法，而现在你却有了覆盖全国的电台谈话节目每天连续几小时的重复灌输。

林博的电台节目迅猛发展，1992 年，电视制作人罗杰·艾尔斯（Roger Ailes）为他设立了一个联播电视节目。次年，就在艾尔斯成为 CNBC（消费者新闻与商业频道）总裁之后，我正在为《时代》周刊撰写一篇有关电台脱口秀的封面故事，其中也涉及林博。我还没来得及与这两个人取得联系，艾尔斯就突然打电话给我，为了这篇尚未出炉的文章对我大吼大叫："如果我派一个 CNBC 的摄制组跟踪拍摄你家孩子放学回家的过程，你会感觉如何？"我的女儿们当时分别是 6 岁和 4 岁。"哇，"我回答说，"我相信杰克·韦尔奇（Jack Welch）"——通用电气公司的 CEO，后来该公司收购了 NBC——"若得知他新上任的新闻主管正在计划偷偷跟踪一名记者的孩子，一定会非常感兴趣的。"我想我能听到那边传来的喘息声。"你是在**威胁**我吗？"艾尔斯对着电话大声喊道。两年后，当 NBC 新闻雇其他人来创建并推出自己的有线频道时，艾尔斯投奔了鲁珀特·默多克（Rupert Murdoch），开设了福克斯新闻台，并一直运营到 2017 年他临终之际。

福克斯新闻台让林博电台脱口秀版本的世界观进入了全国电视节目，它将简明平实的新闻与稍带新闻特征的评论混为一体。它让观众以前所未有的方式体验到一种无休止的沉浸式宣传。这个新频道的标志性口号是一种后现代式的右翼圈内笑话：由于其他**以客观自居**的国家级新闻媒体实则不公正、不平衡地偏袒自由派，因此，福克斯新闻将是"公正而平衡"的。当新的右翼多媒体中心在电台和电视领域逐步建立，居住在白宫的却是一对毕业于耶鲁大学且与好莱坞联系紧密的自由派雅皮士万人迷——当政治信息娱乐业进入世界摔角联盟一般的时代，他们成了完美的反面角色。

对美国人来说，这又是新情况。现代电子化大众传媒是20世纪生活经验的标志之一，是民主社会的重要组成部分——它向美国人展现了大家一致公认的事实。在美国的早先几个世纪，派系纷争、壁垒分明、更为狭隘的公共言论是常态，如今，掌控了电视和广播的新闻机构却正在为重回那个阶段创造条件。从某种意义上说，日益不受管制的新技术使我们得以穿越时光、回到过去。

***

再说说互联网。在20世纪80年代，互联网出现之前，新闻组（Usenet）是一种结合了电子邮件和社交媒体的系统。1994年，第一封垃圾邮件被发送，每个新闻组用户都看得见："提醒全球人类：耶稣基督即将再临。"在接下来的一两年里，大众知道了万维网（World Wide Web）。梦幻之地及其所有领土现在都有了完善的基础设施，可以进行指数级的扩张了。

变化的速度和幅度都让人目瞪口呆。在20世纪90年代初期，互联网还是一种鲜为人知的极客（geek）爱好，只有不到2%的美国人使用它；不到10年之后，2002年，大多数美国人都上网了。美国长期存在的动态平衡——正常思维与魔幻思维之间，理性与梦想之间，现实与虚幻之间，审慎与疯狂之间的动态平衡——在20世纪六七十年代过后被永久性地打破了。互联网一出现，我们便走上了一条去往某个目的地却始终找不到合适出口的信息高速公路。

网络出现以前，荒诞的思想和彻底的谎言无法传播得如此之快、如此之广，所以理性和理智更容易占据上风。网络出现以前，要通过数百名专职激进分子长期不懈的努力，才可以使一种另类现实得以制度化——美国基要派基督徒正是以这样的方式，花了数十年时间建立了他们自己的高校、协会、杂志和电台。而在数字时代，梦幻之地版图里的每个部落、领地、公国、地区——任何一个拥有电脑和网络连接的狂人——都在转瞬间获得了前所未有的捷径去教导、激怒和动员追随者，招募更多的信徒。

是的，我们都知道数字通信具有卓越的价值和益处。现在你我接触到信息、思想、文化产品和他人的机会多得惊人。我们每个人的口袋里此刻都同时装有图书馆、留声机、收音机、电影院和电视机，以及邮局、印刷机、电报机、照相机、摄像机、录音棚、导航系统和广播电视台。先进技术与魔法已经难分彼此。

我不知道会不会有一种有效或合宜的方式，让互联网中所有好的部分发挥功用，并尽量减少坏的部分。靠政府的法令？靠某种自发性群众活动去激活我们节制温和的隐性美国基因，就像丹麦人的“詹代法则”（Law of Jante）？我们是一群践行民粹式民主的个人主义者，所以太多的民主和个人主义终将是我们步入歧途的方向。

不管怎样，互联网搜索的方式是为20世纪90年代设计的，也就是说，信息和信念的流动、兴起和衰落的方式是极端民主的。在互联网上，任何事实声明、信念或理论的重要性完全取决于数十亿搜索者的个人偏好。每次点击链接，一年万亿次，实际上都是一次投票，将**某种版本**的真相推向搜索结果的顶端，因为每一次对这个页面的访问都会增加该页面的重要性。

煽动人心的谎言往往在持续不断的投票中占据优势，渐渐变得不证自明。几乎搜索任何“另类”理论或信仰时都会看到，真信徒自己的网页网站链接远远多于立场公正客观或对其表示质疑的网页网站链接，而且前者往往会占满搜索结果的前几页。例如，从 20 世纪 90 年代开始，阴谋论者认为凝结尾迹（contrails）——飞机喷气发动机排气口处形成的细长水汽云——是含有剧毒的化学物质，是政府秘密测试武器、毒害公民或减缓气候变化的一种方式，还将其改名为“化学凝结尾气”（chemtrails）。当我在谷歌（Google）上搜索“化学凝结尾气的证据”时，搜索结果第一页有 9 个链接，最前面的 7 个都在“证实”这个不存在的阴谋。当我搜索“政府掩盖地外文明”时，搜索结果前 3 页中只有一个链接指向了**没有**拥护这一阴谋理论的页面。康奈尔大学一位心理学家有个被广泛报道的实验结果声称人们可以通过心灵感应预知未来，此后，一组来自宾夕法尼亚大学和另外 3 所大学的心理学家将此实验重复做了 7 次，没有发现任何证据支持这种预知理论。当我搜索这两篇论文，《感知未来》和《纠正过去》，更为可疑也更为刺激的前者是后者搜索结果数量的 7 倍。

网络出现以前，要想找到或是偶尔发现那些冒充确凿真相的虚假或疯狂的信息并非易事。有了网络以后，正如雪城大学教授迈克尔·巴肯（Michael Barkun）在 2003 年的著作《阴谋论文化》（*The Culture of Conspiracy*）中所言，“伪科学、政治阴谋论、神秘学等特定主题的领域再也不会彼此孤立了”，实际上：

> 它们是相互关联的。例如，若有人去搜索有关不明飞行物的信息，很快便可以找到有关反重力、免费能源、亚特兰蒂斯研究、癌症治疗偏方以及阴谋论的资料……

这种混合的后果是，一个人进入这样的信息系统去寻找自己感兴趣的内容时，很快就会接触到关于各类主题的受到污染的信息。因此，了解到一种被污染知识的人，也会发现其他领域的被污染知识。这种联系意味着，受到污染的知识不再是一些彼此不相关的理念，而是一个统一的领域，一种另类的世界观。

***

种种看似不相关的理念被它们那种“大揭秘”式的极端主义经由电波和网络，通过超自然现象、新纪元文化、基督教、右翼和左翼政治等各领域的排列组合连接在一起。它们形成了战略同盟，异种繁殖，杂交培育。一个会引向另外一个。思维方式相互关联，集结成群。相信一种幻想往往会导致相信其他的幻想。指挥这支大军中超自然现象研发部的将领，曾经从20世纪70年代末开始独自尝试浮空术、隐身术、穿墙术、念力驱云术，后来他成了“9·11”恐怖袭击事件的阴谋信徒（truther），坚信被劫持的飞机并没有撞倒世贸中心双子塔和撞上五角大楼。这不是一起公然的荒唐事件与另外一起公然的荒唐事件的简单并存。例如，占美国大学生三分之一的“有宗教倾向”（spiritual）的群体中，有70%的人也相信“转基因食品对我们的健康有害”这一未被证实的说法，而在同样占据三分之一比例的“非宗教”（secular）群体中，大部分人都知道转基因食品是安全的。*

* 此处数据来自2013年“三一学院美国宗教认同调查”（Trinity College American Religious Identifcation Survey）。

学术研究表明，宗教信仰会导致人们认为诸事都不会随机发生，世间没有任何意外。正如最近耶鲁大学的一些认知科学研究结果所言，“个体对宗教和超自然现象的明确信仰”是他们“对生活事件之意义的特殊感知”，以及他们“从能动、目的和设计的角度看待世界”的倾向的主要驱动力。好几个世纪以来，美国人都相信有一位无形无体、全知全能的规划者在引导和激励这个国家，相信他和他的同伴们无时无刻不从高天之上观察和操纵我们。从 20 世纪 60 年代开始，这种本土的宗教性助长了我们对地外文明的特殊兴趣，也使我们像第三世界国家的人那样倾向于相信阴谋论。

耶鲁的研究人员还发现，笃信宿命、宗教或类似事物的人群包含了一个庞大的子集——“高度偏执人群”，他们“痴迷于了解他人隐藏的动机”。基于多年的调查，在一篇题为《阴谋论和大众舆论的偏执风格》（Conspiracy Theories and the Paranoid Style(s) of Mass Opinion）的论文中，芝加哥大学两位政治学家证实了这一美国特有的联系。他们的结论是，“支持阴谋论的可能性可以被清楚地预测”，这是由我们特殊的基督教文化所衍生出的两种国民性格关键特征所决定的。其一是倾向于“将无法解释或异乎寻常的事件归因于不可见、有意识的力量”，其二是偏爱“以耸人听闻的叙事解读重大事件，尤其是那些将历史与普遍善恶之争关联起来的叙事”。事实上，他们发现阴谋论信仰的最大驱动因素就是对末世预言的信念。相信鬼魂和精神疗法等现象也与“相信五种特定阴谋论”显著相关。换言之，在美国，超自然信仰就是通往阴谋论信仰的大门。

无论个体的阴谋论信仰是否与宗教信仰并存，两者在心理学意义上是类似的：一种阴谋论可以被修正、被完善或是被进一步确认，但是它可能永远无法被证伪到令真信徒心服口服的程度。阴谋家们可怕的终极制裁马上就会发生，但是一直都没有真正到来——就如同始终都在快速逼近的世界末日。就像基督徒坚信进化论是一个骗子理论，同时也坚信上帝在几千年前创造了人类，阴谋论者既轻信（那些不可能的秘密计划），又怀疑（混乱而又乏味、并非黑白分明的真相）。阴谋论者经常嘲笑反对他们理论的观点，称其为阴谋家们炮制的谣言，正如有些基督徒认为进化论的说法是魔鬼的工作。

一些虚幻信念会导致另外一些截然不同的虚幻信念——研究人员和实验人员反复证实了这种“弹球效应”。一旦人们愿意认定某种理论是正确的，他们就会轻易对另外一种理论卸下防御。在一篇发表于 2013 年的关于阴谋论信徒的论文中，一个德国社会心理学家团队总结了他们的研究。他们发现：

> 这种倾向甚至会发展到使人相信彼此矛盾的不同阴谋论，以及纯属虚构的阴谋论。因此，那些认为戴安娜王妃伪造了自己的死亡的人，也更有可能认为她是被谋杀的；那些相信……肯尼迪是一个有组织阴谋的受害者的人……也更有可能相信红牛能量饮料的成功背后有一个阴谋——其实这是为一项社会心理学研究而特意开发的阴谋论。

***

本书主线之一是探讨美国生活中的诸多方面是如何演变成各种形式的娱乐的。从 1980 年到 20 世纪末，这种趋势在政治和政治话语中到达了临界点。首先，一个好莱坞明星通过模糊虚实界限并将其发扬光大，成了一位受人爱戴的总统。然后，电台脱口秀和电视新闻节目变成了政治化的娱乐生意。最后，互联网出现了，让错误的信念变得更真伪莫辨、更有感染力，数百万迷迷糊糊的美国人在它所制造的梦幻瀑布中畅游。为什么参议员丹尼尔·帕特里克·莫伊尼汉（Daniel Patrick Moynihan）在20世纪八九十年代反复强调，人们有权发表自己的观点，但无权发明自己的事实？因为在那之前，对美国来说这似乎不是一个严重的问题。

随着互联网的发展，我们的思想市场比以往任何时候都更博大、更自由，这是真的。托马斯·杰斐逊曾说，他“宁愿面对过多的自由带来的不便，也不愿面对较少的自由带来的不便”——这一切都会好起来的，因为在新生的美国，“理性可以去自由对抗”各种各样的“错误观念”。然而，我倾向于认为，如果他和我们其他的民主先辈们复生，他们会发现自己把事态看得太乐观了。理性仍然可以自由地与非理性抗争，但互联网向所有非理性和错误的支持者赋权，给他们提供装备，使他们强大到从前无法想象的程度。尤其是对于一个有我们这样的历史和习性的民族，其负面影响——疯狂的思想和错误的信念得以增殖和强化，彻底陷入谵妄的社群得以形成，亦幻亦真的平行宇宙得以建构，谎言具备了病毒一般的感染力——看起来至少与其正面影响的深远程度相当。

第 30 章

千年之交的美国宗教

20 世纪 60 年代，我还是青少年，我的大多数朋友都是经常去教会做礼拜的基督徒，并且他们全都是天主教徒或主流新教徒，即圣公会、路德宗、长老会、卫理公会和公理会信徒。我从未听说有人“重生”，也从未见到耶和华见证人（Jehovah's Witness）或基督复临安息日会的信徒。在我哥哥和一个五旬节派背景的女孩结婚之前，我甚至都没听说过这个词。

那时，所有这些传统“靠谱”宗派的成员数都达到了顶峰。到了 20 世纪 70 年代，它们全部萎缩，而且一发不可收拾。主流教会的状况很像晚间电视新闻节目。主流教会的成员和晚间新闻的观众人数在同一时期达到了峰值，此后都出于类似的原因缩减了大约一半。圣公会、卫理公会以及其他宗派突然显得太过冷静严肃、温和寡淡、精英主义，特别是当那么多令人兴奋的其他选项纷纷出现的时候：新兴的灵恩派和基要派教会之于美国基督教，就像哗众取宠的两小时地方台节目、电台脱口秀和福克斯之于主流电视网新闻节目。正如汤姆 · 沃尔夫在 20 世纪 70 年代所形容的，有些人想要“多一点‘哈利路亚！’……‘赞美神！’……嚎叫、异象、‘神棍’

式的狂热，以及其他非理性甚至反理性的举动”。没过多久，这些人的数量就达到主流新教徒人数的两到三倍了。

20 世纪八九十年代是这些另类教派和宗派持续繁荣的时期——比如老一点的美南浸信会和神召会，20 世纪六七十年代成立的加略山教会和葡萄园，以及那些野蛮生长的初创宗派。许多这样的教会都拥有为数可观的信众，于是我们创造了一个词——“**巨型堂会**”（megachurch）——来描述它们，它们的数量在 1990 年之后的 20 年里增长了至少 10 倍。“神棍”式的行为和信仰，例如说方言和信仰治疗等等，在福音派各宗派中疯狂传播。20 世纪 60 年代以后创立的大多数新教教会都在增长，而建于 1900 年之前的教会中则有四分之三都不再增长。

有了新花样的基督教信仰也开始驾驭新奇的娱乐技术。有线电视推出后，20 世纪 80 年代中期，40% 的美国人经常观看宗教类节目，而**宗教类节目**现在则基本上意味着那些爱炫耀的福音派、基要派、五旬节派和灵恩派传道人。罗伯逊在 CBN 播出的《700 俱乐部》拥有 700 万观众，是今天福克斯新闻台最受欢迎的黄金时段节目收视群体的 3 倍。CBN 以及质量更糟糕的三一广播网一直是两大巨头，两者都是不断增加的无宗派教会和教派的平台，这些教会和教派中有许多**只存在于**电子化的虚拟世界。

那么，我们现在的信仰状况如何，又是怎样体现的呢？

不确定自己是否相信上帝或不去教会的人群比例增加了，这一点引起了很多关注。六分之一的美国人说他们“没有具体的宗教信仰”。皮尤研究中心（Pew Research Center）将这些人与不可知论者和无神论者归进了一类，但这是有误导性的。“没有具体的宗教信仰”并不是怀疑的代名词。其中大多数人仍然相信上帝，并且有数量相当的人对此是“绝对确定”的。

诚然，与10年前相比，现在声称自己不相信上帝的美国人的数量是那时的两倍。但考虑一下实际数字：不可知论者和无神论者的总和所占的比例从“极小”（2007年的4%）上升到了“非常小”（2014年的7%）。这些都是在欠发达国家才会出现的百分比。如果这是美国世俗化的证据，那么我们现在的世俗化程度也就跟……土耳其差不多。

在美国，对虚幻事物的信仰似乎是可以替代的。个人不太会为了理性而放弃宗教幻想，而是会寻找更适合自己特殊癖好与轻信程度的**其他**幻想——有时是加入新教会，有时是参与无组织的运动，有时则是量身定制整套的灵性或世俗虚构体系。**排斥**体制内神学的人**更有可能**相信新纪元文化的魔力。根据皮尤研究中心的结果，约三分之一没有任何教派归属的人相信“水晶……等物体含有灵性能量”，或是他们曾与死者沟通。此外，“宗教和神秘体验如今在不属于任何教派的人群中变得更为普遍，甚至比20世纪60年代时此类体验在所有人群中还要常见”。

女性比男性更有可能说自己“有宗教倾向”，而自称“不可知论者”或“无神论者”的人有三分之二是男性。因此，男性非宗教人士就需要去别处满足他们信仰不真实事物的需求——例如，各种子虚乌有的阴谋的忠实信徒中，绝大多数是男性。在美国，总有足够多的品牌可以满足所有人，无论是对幻想还是对其他事物的需求。如果你不喜欢可口可乐，总会有百事可乐；如果你不要零度可口可乐，那么还有完美百事（Pepsi Perfect）或爵士百事（Pepsi Jazz）的草莓奶油苏打水。

但此刻我们谈论的是原味可口可乐一般的经典宗教——上帝。美国人仍然显得十分与众不同。如果你认为相信某种含混不明的“宇宙精神”（universal spirit）就代表相信上帝的话，那么我们当中至少有九成的人相信上帝。此外，80% 的美国人说他们**从不怀疑**上帝的存在。如果我们暂时不考虑那些更可疑的有神论者——那些声称相信但又允许怀疑的人，以及那些认为上帝是“一种非人格化力量”的人——我们当中还是有大约一半的人“绝对确信”上帝是“一个可以与人建立关系的有位格的存在”。大概就是这同一半的人，说他们经常会“得到具体祷告祈求的明确回应”，这一半的人也“绝对确信”天堂的存在，他们还“完全同意”，“今天仍然有神迹发生，就像在古时候一样”。

没错，我们拥有多元文化。然而，信仰特定宗教传统却不崇拜耶稣的人——美国犹太教徒、佛教徒、印度教徒、穆斯林等等加在一起——占总人口的比例才不到 6%。

我们仍然有超过 70% 的人口是基督徒，其中 70% 是新教徒。*人们倾向于以一种二分的方式谈论新教徒，他们要么属于福音派，要么属于主流教会，而那些“有历史的黑人教会”则被放置一旁。如果你对宗教派别归属的政治含义感兴趣，你会觉得这也无妨。但是，要想了解宗教作为宗教本身的细节，这样归类就太过简单化了。更确切地说，我们应该把美国的新教看作一张有 4 个高度交叠的圆

* 以上 7 段文字中的数据均来自 2014 年“皮尤宗教与公共生活论坛宗教形势研究”（Religious Landscape Study by the Pew Forum on Religion & Public Life），调查报告基于对 3.5 万名美国人的采访结果。

圈的韦恩图，那 4 个圆圈分别是福音派、基要派、灵恩派和主流派。

如今已经没有多少人**自称**是基要派了。自从一个世纪前的反现代基督徒创造了这个词后，“基要派”就带上了些许污点。到 20 世纪中叶，像葛培理这样精明的大众营销高手都开始重新启用旧时的术语“福音派”。如今，绝大多数新教徒都自称是福音派，就像所有美国人都自称是中产阶级一样。保守福音派（曾经的基要派）信徒相信，上帝在公元前 4000 年左右一并创造了万物，也相信罗马天主教徒终将堕入地狱，其他福音派信徒则认为，上帝有可能在数十亿年前创造了地球，非新教立场的基督徒也有可能进入天堂。正如美国从一开始就存在的宗派争端一样，在这两种倾向的差异中，性情扮演了至少与信条同等重要的角色。宗教历史学家乔治·马斯登说过一句著名的话：“所谓基要派信徒，就是为某些事情怒气冲冲的福音派信徒。”

在这些教会里，许多神职人员都自称为“企业家牧师”（pastorpreneurs）。* 这让我想起了手工精酿啤酒行业。业内有各类不同风格的产品（印度淡色麦芽啤酒、棕色麦芽啤酒、帝国世涛啤酒，还有十余种其他类型），也有不同规模的酿酒厂，年产量从几千桶到数百万桶不等。但是，各种各样无宗派立场的教会就像手工精酿啤酒商一样，都十分强调手工工艺品牌的价值——强健、本真、反对大公司——不管它们有多相似，或规模变得多大。加略山教会和葡萄园教会就相当于啤酒品牌“内华达山脉”（Sierra Nevada）和“塞缪尔·亚当斯”（Samuel Adams）。在过去的几十年里，美南浸

---

* 安妮·哈钦森，因为自称直接受到上帝的启示并能够与圣灵交通而被清教徒流放的清教徒，是美国最早的灵恩派基督教“企业家牧师”。

信会和联合卫理公会（United Methodists）等传统大宗派的信仰变得更像基要派了——这就像百威英博啤酒集团和英国南非米勒酿酒公司现在也出售类似于自酿酒酒吧和地区酿酒厂风格的产品。

福音派替代和吞并**基要派**的方法，**灵恩派**对**五旬节派**也用过。五旬节派现在只是一款守旧的灵恩派信仰。新造的词语使得灵性狂热爆发和神迹特技表演——自发的叫喊、颤抖和哭泣，直接听见上帝的话语，与圣灵交流以使自己可以变得富有、治愈疾病、驱魔或说方言——在某些基督徒眼里成了可以接受的事，他们一度将五旬节派与低端商品市场上的乡巴佬白人和贫民区黑人联系在一起。五旬节派信徒或多或少是基要主义的灵恩派，他们**坚持要**说方言；而对于其他灵恩派信徒来说，方言只是与圣灵交流的一种方式而已。灵恩派基督教——无论是这个名称本身还是其宽松的教义——都给了那些体面的人们在整个神迹奇事自助餐中尽情饕餮的许可。尤其是体面的白人。15个最大的新教宗派中有7个是非裔美国人组成的宗派，而**三分之二**的黑人新教徒都属于五旬节派或其他灵恩派，他们相信方言和信仰治疗是真实可信的。* 事实上，黑人教会在有“灵恩派”这个词以前，就发明了灵恩派基督教信仰。

***

直到不久之前，许多基要派基督徒仍然对摩门教徒抱有真切的厌恶，认为他们是异端。我认为，这种抵触得以平息，并不完全是

---

* 此处数据来自2008年巴纳集团（Barna Group）的调查。

因为普世主义情谊的涌现，而是因为新教徒自己的信仰和行为变得太奇特，摩门教徒的奇特也就不算什么了。事实上，在许多方面，福音派在过去的半个世纪里都在趋近于摩门教，而前者自己尚未意识到这一点。拒绝进化论，为世界末日做后勤准备工作，坚信耶稣和天使们正在直接干预人们的日常生活——在以上各方面，摩门教徒都远远走在了新教徒的前面。神学差异已经没什么可大惊小怪的了。

那么，现在把我们之中多达半数的新教徒（以及摩门教徒和希腊东正教徒）放在一边，另外两个超过美国总人口 1% 的有组织宗教情况如何呢？疯狂的信仰和行为在罗马天主教徒和犹太教徒当中是否普遍？*

五分之一的美国人自称是天主教徒。罗马天主教在任何意义上都应算是主流，它以稳定的教阶制度塑造和实施教义与行为。从这个意义上看，美国其实正在进行一场 400 年之久的自然实验，用以测试在具备或缺乏一个强大的中央组织的情况下，宗教会如何发展。换句话说，美国的天主教徒比新教徒更倾向于立足现实的一个重要原因是，远在梵蒂冈的终身制牧长一直在控制局势，压制和修剪着信仰的不良分支。

只有四分之一的美国天主教徒认为《圣经》是上帝的真实话语，而如此相信的新教徒则高达一半。** 事实上，天主教对《圣经》的解释从一开始就比较合乎理性，早在现代科学提出任何挑战性的问

---

* 我在本书中没有详细讨论伊斯兰教信仰。但是，若以虔信程度和对超自然事物的信仰作为最基本的衡量标准来看——如对至高神的存在的确信，按照字面意思解经的倾向，等等——美国穆斯林非常接近福音派基督徒。

** 此处数据来自 2014 年综合社会调查（General Social Survey）。

题之前就是如此，并且他们也一直坚持如此。1600年前，圣奥古斯丁就教导大家——大体的意思就是——不要犯傻。当写到《创世记》时，他说："那么，我们是不是可以说，当上帝说'要有光'的时候，他是从那混沌无形的造物之间——不管它到底是什么——发出了人耳可以听见的声音？快把这样的荒谬逐出我们的思想吧。"1996年，保守派教皇在生命如何运作和人类如何产生的问题上强烈支持了科学界的共识。若望·保禄二世曾宣称，考虑到"各个不同学科领域的发现"，"进化论并不只是假说"。教皇方济各在2014年也说过："当我们读到《创世记》中的创世时，我们很容易想象上帝是一个魔术师，用一根魔杖就完成了一切。但事实并非如此。"*

天主教官方教义中关于圣餐的教导认为，"代表基督身体和血的饼和酒，并不只是象征"，它们"确实是基督的身体和血"。这是天主教比大多数美国新教徒的教义更拘泥于古怪字面含义的仅有方面。然而，37%的常去参加弥撒的美国天主教敬虔信徒承认他们并不真的相信这一点。**

然而，理性和守旧的持重并没有多大的市场。教会中唯一真正增长的领域是灵恩派天主教。"在灵恩派大复兴之初，"教皇方济各在一次聚会上说，"我对灵恩派并无好感——我还曾说他们看起来就像一所桑巴舞学校。我过去不赞同他们的祷告方式，也不赞成他们带来的很多新东西。"但现在呢？尽管去吧！"我开始理解灵恩派复兴给教会带来的益处了。"

---

* 另一方面，天主教徒仍然捍卫教会在17世纪时因为日心说的主张而对伽利略进行的迫害。准官方立场的美国网站"天主教的答案"（*Catholic Answers*）解释说："他的问题在于，他并不只是将其作为一种科学理论，而是宣称它是真理。"

** 此处数据来自2011年《天主教国家纪事报》（*National Catholic Reporter*）所做的调查。

教皇在美国的神职人员如今容许了灵恩派天主教，就像几个世纪前在美洲的传教士们容许了原住民归信者将些许异教元素融入基督教崇拜仪式。超过三分之一的美国天主教徒，包括大多数西班牙裔天主教徒，现在都是灵恩派了。但只有12%的非西班牙裔白人天主教徒是灵恩派；就像白人占绝大多数的美南浸信会和主流新教一样，他们还没有完全屈服于这股激流。

至于美国犹太人——我还需要再详细说明他们的宗教信仰是多么理性吗？他们对天堂问题的焦虑少之又少（尽管相信有来世的信众比例自20世纪70年代以来翻了一番），他们中认为弥赛亚即将来临的人也是寥寥无几（尽管这极小的人数也有所增长）。在轻信超自然事物方面，美国犹太人很幸运地没有被同化。这不仅仅是因为更高的受教育程度使犹太人更为理性，尽管这种关联显而易见：每10个基督教福音派、基要派和灵恩派信徒中，只有一到两个读到大学毕业，而每10名犹太人中就有6名从大学毕业。绝大多数新教徒都是基要派、福音派或灵恩派；而仅有六分之一左右的犹太人是正统犹太教、极端正统犹太教，或与一个具有新纪元色彩的小分支“复兴派”（Renewalist）有关联。美国犹太教没有步入疯狂。

第 31 章

更加疯狂的基督教种种：信仰与实践

我在这里所说的“疯狂”并不是指相信来世。几乎所有的美国基督徒都相信天堂（85%）和地狱（70%）是真实存在的地方。我指的主要是大多数新教徒，也就是至少四分之一的美国人，他们确信“《圣经》是上帝的真实话语……应当逐字逐句地以字面意义去理解”。还有更多的基督徒，也就是超过三分之一的美国人，相信上帝时常赐予他们及其灵恩派同伴们神奇的能力——方言、医病、赶鬼等等。* 我认为很有必要了解这些奇特信仰和实践的种种细节，以及它们对美国文化的影响有多广、多深。我也发现它们非常有吸引力。

***

20 世纪 60 年代时曾有个值得新闻报道的事件：当时，葛培理发出了千禧年预言，像一个神奇八号球（Magic 8-Ball）** 一样宣称，

---

* 此处数据来自 2014 年皮尤研究中心的调查和全国舆论研究中心（NORC）的综合社会调查。

** 神奇八号球是一种用于占卜的小玩具，产生于 20 世纪 50 年代。——译者注

“种种迹象显示……现今就是《圣经》中所描述的末后的日子”，最后的决战和耶稣的再临都“近在眼前”。然而，到了20世纪80年代，当里根总统和他的政府成员反复宣扬《圣经》中的末世预言时，甚至都没能引起多大骚动。于是，一直在大肆宣扬这种说法的福音派和基要派神职人员突然间就不再显得那么疯疯癫癫了。葛培理终于有机会把有关末日的信仰放在核心位置了：他在1984年出版了一本畅销书，题为《蹄声渐近：天启骑士》（*Approaching Hoofbeats: Horsemen of the Apocalypse*）。

这是美国文化的一次历史性转变。自19世纪早期以来的衰落和停滞之后，书本中“世界末日”（apocalypse）、“大灾难”（tribulation）和“耶稣再临”（Second Coming）这些字眼出现的次数显著增加了。就在一代人的时间里，相信世界末日迫在眉睫和耶稣将于近期再临，对很多美国人来说不再是难为情的事了。发生在以色列和中东地区的每一场新的战争或每一个关于战争的谣言，都会让基督教狂热分子倍感兴奋。他们如饥似渴地消费着有关当地的新闻报道——那可是耶稣曾经生活、施行神迹和受死的地方，是犹太人遭遇流亡又终于回归的地方，是三大宗教列队备战的地方。预言正在应验！每一次战斗的爆发在许多美国基督徒的眼中都像是一场大地震的前震，也就是哈米吉多顿的最后决战——顺便说一下，真的有哈米吉多顿这个地方，距离特拉维夫只有一个小时的车程。

到1990年，解释和强化这一时事政治另类现实的一系列书出版了，比如《末日手册》（*The Last Days Handbook*）和《即将到来的敌基督》（*The Coming Antichrist*）。1990年至1991年，伊拉克入侵科威特之后，一位曾管理达拉斯神学院（Dallas Theological Seminary）

的福音派神学家——他也是末日与“被提”领域公认的前沿专家——欣喜若狂，不能自已。（基督教）美国已经做好准备，要把伊拉克赶出去！（穆斯林）伊拉克人用导弹攻击以色列的犹太人！他立刻再版了自己的书《哈米吉多顿、石油和中东危机》（*Armageddon, Oil, and the Middle East Crisis*）。“我从未见过人们对预言产生如此浓厚的兴趣，”他说，“而且我身在其中已经很长时间了。”

然而，在千年交替之时，普及基督教末世预言的绝佳工具其实是描绘近未来角色的**虚构**作品。这是一个以《圣经》叙事为基础的虚构未来，而许多美国人都认为这属于非虚构作品。海湾战争之后，《末世迷踪》（*Left Behind: A Novel of the Earth*'s *Last Days*）问世，书中设想了美国基督徒在最为骇人的大灾难发生前被提的场景，而反基督人士（和一些基督徒）则被留在地球上体验人间地狱，以及此后真正的地狱。小说的作者之一和代言人是毕业于鲍勃琼斯大学的蒂姆·莱希（Tim LaHaye），身为美南浸信会牧师的他同时也是创世研究院的联合创始人和杰里·福尔韦尔的顾问。接下来的12年里，十几册续集和前传相继推出，一同面世的还有一部名为《末世迷踪：孩子们》（*Left Behind: The Kids*）的青少年系列。这些系列作品卖出了7 500万册。*

新教徒的千禧年信仰有很多不同的版本，时间设定和细节有差异，但基本的情节和人物相同。这是一部符合好莱坞三幕式经典结构套路的戏剧：正面人物的背景铺垫（过去），可怕的反派角色和

* 蒂姆·莱希这位梦幻之地巨子后来隐退到一个叫兰乔米拉（Rancho Mirage）的地方，他到90岁时头发还是不可思议的深褐色，他的脸也被整容手术完全重塑。2016年，人们说他“毕业去了天堂”。

重重阻碍（现在），充满特技效果的激烈战斗和正面人物最后的胜利（不久的将来）。无论他们的教会是否正式认可，这个剧本现在是大多数美国新教徒信仰的核心。例如，美南浸信会的教义会避免描述太多关于末后之事（Last Things）的细节，但大多数美南浸信会会友就像一般福音派和基要派信徒那样，相信世界末日业已开始或即将到来，敌基督将是一个真实的人，他会通过某种邪恶的宗教集结起世上诸国的力量，在最后的七年大灾难时期，幸运的基督徒会在救世主回归争战之前被提离去。而且大多数人也确信，接下来的千禧年将会是梦境般完美的一千年，就在我们所生活的地球上发生，耶稣会真真切切地坐在王座上，掌管一切。

在美南浸信会和福音派其他宗派的信徒中也有少数人认为，敌基督和千禧年都是隐喻，被提是个凭空想象的附加项目，现在的以色列国也不是《圣经》中的以色列的再生版本。分歧很明显。例如，美国最大的路德宗教会告诫自己的信徒，不要“屈从于……对‘末期征兆’的狂热关注”，但也不应“由于错误地以为基督再临并非迫在眉睫，就在灵性上陷入松弛”。

然而，在外人看来，这些分歧只不过是对微小差别的自恋。根据皮尤研究中心的调查，58% 的福音派信徒相信耶稣会在 2050 年之前再临。（**所有**美国人中只有 17% 认为，耶稣肯定**不会**在接下来的 33 年里再来。）在今天的美国，对耶稣再临的期待显然要比过去 300 年中的任何时候都更普遍、更体面，其广泛程度也远远超过第三世界以外的任何地方。

***

自我的童年时代以来，美国基督徒对不远的未来的看法发生了巨大的转变，他们对遥远的过去的看法也是一样。《纽约时报》的一名记者在1972年时满怀希望地写道："绝大多数基要派信徒对进化论采取了更开明的立场……甚至那些坚决认为应当照字面意思解释《圣经》的人……似乎也不乐意让自己的观点在学校里被教授。"以上这两种心态没有持续很久。20世纪80年代初，亚拉巴马州、路易斯安那州和阿肯色州都通过了"平衡对待"(balanced treatment)法，要求教师在公立学校课堂上为神创论和进化生物学设置相同的教学时间。1987年最高法院宣布此类法律违宪之后，聪明的神创论者们重新启用了一个19世纪的短语"**智慧设计**"(intelligent design)，以此为他们的信仰重新命名。我们并没有说地球以及所有生物的设计者都是上帝——我们说的只是一个无名的、全能的超自然存在。

到了20世纪90年代，神创论变得备受尊重。某些州的共和党政党平台开始呼吁在公立学校内教授"神创科学"(creation science)。过去，不教授进化生物学的基督教院校很难或根本不可能通过高等教育认证，但在20世纪80年代，他们有了自己的认证机构，机构要求将"《圣经》的无误性和史实性"以及"非进化创造的上帝之工"作为事实来教授。1991年，布什政府给予了那些神创论立场的高校认证机构充分的官方承认。智慧设计论者在西雅图设立了一个崭新的权威总部，名为"发现研究所"(Discovery Institute)，该机构是一个智库和倡导团体，致力于"推翻唯物主义世界观令人窒息的统治地位”——说的是科学——并“用符合基督教和有神论信仰的科学取而代之”。其创始人招募了一名前美国参议员和前微软首席运营官加入他的董事会，比尔及梅琳达·盖茨基金会（Bill and Melinda Gates Foundation）为发现研究所提供了数百万美元的资助。

在几千年或几十亿年前曾有某种奇迹发生，没有人能反驳这一点。人类的灵魂与人类的大脑是可以区分的吗？谁能肯定？关于未来可能发生的超自然事件，我们将拭目以待。但是，对于可观察、可检测并且有大量证据存在的事物——地球的诞生、生命的出现和进化——科学已经探讨了这些领域，并且有了一定的确定性。

***

然而，大多数美国人并不赞同。我们大致分成三派：也许三分之一的人相信与上帝无关的生物学，不到三分之一的人认为上帝可能多花了些时间，利用进化的形式创造了生物，还有至少三分之一的人确信“人类和其他生物从一开始时就是现在这个样子”。总体来说，我们对科学的怀疑**越来越多**。密歇根州立大学的一项调查研究发现，自20世纪90年代以来，表示“对进化论不确定”的超级开放、取中间立场的美国人人数已经**增加了两倍**。福音派信徒（和摩门教徒）中只有不到四分之一的人相信进化论。*

大多数福音派人士相信，人类和其他生物从一开始就是以现

* 该数据来自2014年皮尤调查。

今的形式存在的。* 但在新教徒中间，由于受误导的程度不同，他们又分为两大基本阵营。所谓的“年老地球创造论”（old-Earth creationism）试图调和科学事实与《创世记》，认为地球在46亿年前被创造，之后又过了45.99亿年，人类才出现。而“年轻地球创造论”（young-Earth creationism）则直截了当地否定科学，声称地球、人类以及其余的一切都是在几千年前才产生的。在非主流新教教会里，超过三分之二的牧师都是年轻地球创造论者。**

无论如何，口味和浓度各异、从古怪到超级古怪都有的神创论，在美国已经完全被规范化和制度化了。其中最疯狂的人群发明了一种精密复杂的新型伪科学。有一些创造论观点的科研论文，看起来和读起来就像是真正的学术论文，作者都是高学历的科学家，如“陨石的放射性同位素测年法”声称可以解释为何45亿岁的岩石实际上并没有那么古老：“通过Pb–Pb、U–Pb和Pb–Pb校正的等时线定年方法而得出的4.55 ~ 4.57 Ga*** 的陨石“年龄”有可能不是它们真正的实时年龄，根据合乎《圣经》的范式计算，它们的实时年龄只有6 000年左右。”他们的机构授予生物学、地质学和地球物理学专业的硕士和博士学位。几十所学院和大学都设有严格意义上的神创论课程。

发现研究所并没有**坚守**6 000岁地球的理念，但也小心翼翼地不去排斥它。在其制作精良的网站“进化论新闻与观点”（*Evolution News and Views*）上，他们经常贬低天体生物学，即在银河系其他地

* 数据来自2014年皮尤调查。
** 数据来自2012年巴纳集团调查。
*** Ga是地质学中的常用时间单位，1Ga相当于10亿年。

方寻找类地行星和分子的研究。“有组织的科学渴望发现地外生命，”因为它“长久以来一直坚信生命是偶然开始的”，“认为地球上的生命实际上独一无二的想法是不受欢迎的，因为这可能意味着某种智慧设计的源头在其中起了作用”。该研究所毕业于哈佛大学的创始人兼负责人解释了为什么如此多的美国人排斥生物学，这一点不同于其他发达国家的民众：我们“对达尔文主义持怀疑态度的人比例相当高”，是因为“这个国家公民的独立是出了名的，他们不愿意被任何领域的意识形态精英控制”。

***

其他种类的极端信仰则更少依据《圣经》、更加随心所欲，人们会谈论上帝、耶稣和撒旦如何在今晚或下个月插手这个世界以及人们的生活。像往常一样，这些故事都有两个版本，一个是吓人的恐怖故事，另一个是美妙的童话故事。

相信恐怖故事的基督徒坚持认为，具体的灾难和事故是上帝针对具体的罪孽所施行的集体惩罚。17 世纪时，清教徒有时会说，这就是他们遭印第安人攻击和感染天花的原因。20 世纪晚期，17 世纪的“施行报应之神”的思想再次成为标准。生于 1930 年的帕特·罗伯逊仍然是最著名的恐怖故事大王，他总是认为受害者应自负其责。* 2015 年，上帝让股票价格下跌 3%，是因为政府资助了计划生

* 罗伯逊也并不总是沉迷于毁灭与黑暗。“帕特是如何挤出时间和精力来主持一个每日播出的全国性电视节目，领导一个世界性的基督教事工……与此同时还作为政治家周游世界的呢？”他的 CBN 网站解释道：秘诀在于“帕特研发的……一种抗衰老蛋白质奶昔”。此外，帕特的“抗衰老蛋白质薄饼”也有功劳，CBN 说它可以预防动脉斑块以及乳腺癌、子宫癌和前列腺癌。

育；他降下卡特里娜飓风，是作为对法律允许堕胎的惩罚；上帝在2012年给美国中西部带来龙卷风，因为他没有听到足够的祷告；而他在2010年用一场大地震杀死了10万名海地人，是因为他们的祖先“与魔鬼达成了协议”。“9·11”事件是上帝对美国女权主义、同性恋、言论自由和异教信仰的惩罚——讽刺的是，在“9·11”事件中劫持飞机的穆斯林幻想家对此很可能完全同意。

然后，还有那些讲述快乐童话故事的牧师们，尤其是灵恩派，他们告诉信徒，祈祷会给他们带来财富，就在今生今世、此时此地。随着狂躁的物质主义追求自20世纪80年代以来在美国重新抬头，这种现象变得前所未有地露骨、普遍而又体面。

清教徒把经济上的成功看作一种可能来自上帝的信号——如果他让你变得富有，也许你就是一个“可见的圣徒”，已经被拣选，可以获得永恒的生命。但在当代美国，因果关系已经转换了。能够给人带来成功的不再仅仅是乏味的新教工作伦理。美国的“我是赢家”式个人主义思想消灭了对预定论的信仰，满怀希望的基督徒们认为祈祷可以直接带来高额的净资产。这是一种调和两种不可调和的美国性情的方式——一方面有极度虔诚的信仰，另一方面又拒绝相信成功不由个人决定。解决方案是：**你可以说服**上帝来让你变得富有。

20世纪二三十年代，非裔美国人牧师“迪万教父”（Father Divine）和“甜蜜老爸格雷斯”（Sweet Daddy Grace）通过宣扬为致富祷告而致富，他们那奢华的生活方式似乎证明了这么做行得通。20世纪五六十年代，正当南方白人音乐家和制作人把黑人音乐改造成摇滚乐，南方白人五旬节派牧师也在将超自然主义致富学打造成一种跨界现象。五旬节派信仰被重塑为一种黑人和白人工人阶级的宗教，致力于魔法，例如通过神迹来医治疾病。而通过祷告致富，就相当于通过神迹来医治贫穷。贝勒大学（Baylor University）神学家罗杰·奥尔森（Roger Olson）于20世纪五六十年代的五旬节派教会背景中长大，他说，几十年来，五旬节派之中“癫狂的边缘群体……承诺说有信心的祷告会带来健康和财富上的祝福……几乎等同于祷告让人们的牙齿缝里都塞满黄金”。五旬节派电视名人奥罗尔·罗伯茨在20世纪50年代出版了《上帝的成功与富裕之道》（*God's Formula for Success and Prosperity*），与此同时，一个名叫肯尼思·科普兰（Kenneth Copeland）的年轻歌手推出了一首猫王风格的热门金曲。科普兰认识了上帝，于是去刚刚在塔尔萨（Tulsa）成立的奥罗尔罗伯茨大学（Oral Roberts University）读书，还当上了奥罗尔的汽车司机和私人飞机驾驶员，并最终成为20世纪80年代的“成功神学”（prosperity gospel）教父。

成功神学传道人使用的关键经文是《马可福音》第11章24节中耶稣所说的一句话：“凡你们祷告祈求的，无论是什么，只要信是得着的，就必得着。”当然，讽刺而又荒谬的是，他们没有提及就在之前没几行所描述的场景——耶稣做出了激进的反商业主义之举，谴责圣殿里兑换银钱的人和做买卖的人，掀翻了他们的桌子。奥尔森说，成功神学牧师们所宣扬的那种祈祷观“把上帝变成了一台宇宙级老虎机，把救恩变成了一种以自我为中心的物质祝福的满足”。美国花了一个世纪的时间才让圣诞老人成为圣诞节的主角，因为他**不是**一个宗教人物，不过成年人可以心照不宣地**假装**他是真的；新兴的成功神学则使上帝变成圣诞老人，成年基督徒们也的确相信他真实存在。

科普兰在八十高龄之际仍然经营着他的无宗派基督教多媒体帝国，在沃斯堡（Fort Worth）附近的肯尼思·科普兰机场周边有数百个附属堂会。成功神学超级巨星乔尔·欧斯汀（Joel Osteen）也曾在奥罗尔罗伯茨大学就读，但他是**现代版**专业幻想贩子的典型代表：50多岁的"年轻人"，体型匀称、容貌英俊、穿着时髦、永远微笑，看起来性情和蔼、善于言辞，一个在世俗意义上也魅力四射的灵恩派基督徒，随时可以上黄金时段的电视节目。我都快要被他迷住了。他领导着美国最大的教会，每周都有4万人在休斯敦火箭队曾经的比赛场地里参加聚会，现场充斥着特效烟雾——如他的前灯光总监所说，每一场仪式都要看起来"像颁奖典礼一样"。欧斯汀的第一本书《活出美好》(*Your Best Life Now*)(2004)在《纽约时报》畅销书排行榜上停留了4年。从那以后，他又出版了几十本书，其中包括最近的新作《你能，你会：8个成功者必备特质》(*You Can, You Will: 8 Undeniable Qualities of a Winner*)。

他就像个新版的葛培理。葛培理通过将信仰大众化并将愤怒搁置一旁而使福音派基督教成为主流，欧斯汀则更进一步。他避免卷入政治问题，但他曾进行公开祷告的场合不仅包括美国参众两院，还包括得克萨斯州一位（女同性恋）民主党市长和一位（右翼）共和党州长的就职典礼。他很少谈论地狱。

"我被归入了成功神学派，我一直认为这不公平，"欧斯汀说，"这意味着你只谈论金钱……但我从不会宣讲你求什么就得什么——比如'我想要5辆凯迪拉克'。"不是这样的，不过："我的确相信……上帝想要我们成功。"所以，"当你做出大胆的祷告时，这是向上帝显明：‘上帝啊，我信任你。’而如果你的祷告渺小而平凡，你的生活就会渺小而平凡”，因为上帝会发现你是个失败者。“我认为上帝通过出版这本书并赐予我很多钱，给我带来了祝福。”

“积极宣告”（positive confessions）是灵恩派用于表达特定愿望的行话——更好的工作、成功的交易、美好的假期、5 辆凯迪拉克——以便通过上帝的干预获得它们。在欧斯汀的教会，你可以学会“合乎《圣经》的积极宣告——我们鼓励你每一天都针对自己的生活做出这样的宣告”，以“积累财富……并同时遵循《圣经》中的财务原则”。宣告使用的经文时常被他以伪装的圣经式语言改述，或断章取义到完全扭曲原意的地步。积极宣告中有几句祷文取自《圣经·箴言》——“上帝所赐的福使人富足”，“上帝在我的道上走，使我承受货财，并充满我的府库”——却忽略了前面几句经文，那些词句清楚地表明，这里所说的财富显然**不是**指金钱。欧斯汀的姐姐帮助他管理教会，她曾说：“如果你从《创世记》一直读到《启示录》……每个信实地服侍上帝的人，上帝都会在经济方面祝福他们。”

那关于耶稣又怎么讲呢？他并没有“在经济方面被祝福”，反而经常因为爱护穷人而被富人所憎恨。当我在欧斯汀的网站上搜索《马可福音》第 10 章 21 节（“去变卖你所有的，分给穷人，就必有财宝在天上”），或《马太福音》第 6 章 24 节（“一个人不能侍奉两个主……你们不能又侍奉上帝，又侍奉玛门”*）和第 19 章 24 节（“骆驼穿过针的眼，比财主进神的国还容易呢”），或《雅各书》

---

* “玛门”是“财利”的意思。——译者注

第 5 章严厉的开头段中的任何一句（“你们这些富足人哪，应当哭泣、号啕！因为将有苦难临到你们身上”），搜索结果是“无搜索结果”。

“上帝将欲望放在你们的心里，”欧斯汀说，“拥有一个漂亮的家并没有什么错。”每当采访者问他，对财富和成功的专注如何能与耶稣的教导协调一致时，他都会动用稻草人论证，以一种非同寻常的信息纪律做出始终如一的回答。2013 年，他告诉凯蒂·库里克（Katie Couric）：“有一种传统说，如果你要成为一名基督徒，你就应该恪守清贫。但我不信这个。”他在 2015 年接受波士顿公共电台采访时又说：“有一种传统说，如果你要成为一名基督徒，你就应该恪守清贫。但我不信这个。”据说他的净资产已达 5 000 万美元。

***

哪怕是在上帝的帮助下，我们通常都需要花些时间才能变得富有。但是，灵恩派相信并实践速效魔法，相信惊人的超自然事件**此时此刻**就在发生，美好的事与惊悚的事都有。

欧斯汀的教会活动对每次到场的一万多人来说，总是鼓舞人心、令人痴迷的。但是他明白，像他年轻时的五旬节派那样公开说方言，可能会激起公众对灵恩派的猎奇之心。他和他的信徒确实说方言；他们只是很谨慎，不会在电视摄像机前说。在一份入门级的指南课程里，教会宣称：“你会习得一门超自然语言，获得一种超自然力量。来和我们一起学习……说方言的 5 个步骤吧。”欧斯汀希望人们**每天**都说方言——自己对自己说。“你可能觉得它听起来很奇怪，”这本由他姐姐写作的指南解释说，“但是，请任由那超自然语言从你口中倾吐而出吧。”这是一套只有上帝才能破译的密码。教材还说，在比较罕见的情形下，“圣灵通过使信徒说方言来向会众传达信息”。这就需要有人解密——根据欧斯汀的教导，公共场合的方言“总是伴随着翻译方言的恩赐”，当时某个在场的人会神奇而又轻易地拥有这样的能力。“这不是直译，而是解释。”

当欧斯汀讨论撒旦时，“黑暗之君”似乎并没有那么可怕，而更像是一个讨人嫌的抱怨狂。撒旦“给你带来忧愁、焦虑和恐惧的想法”，他“希望你放弃、退出，这样他就能在你的生命中得胜”。所以，如果“我们把撒旦从我们的思想中赶出去，一切都会迎刃而解”。

欧斯汀的父亲是著名的五旬节派牧师，他首创了为金钱祷告的理念，但同时也十分关注与撒旦的斗争，就好像末日决战已在进行。他“赶鬼驱魔”，告诫信徒要对“天空属灵气的恶魔”发起“属灵争战”（spiritual warfare）。这种老派的做法现在也在蓬勃发展，而且，认为撒旦和恶魔真实存在的并不只有灵恩派和五旬节派。在20世纪90年代以来的调查中，有一半到四分之三的美国人都说他们相信魔鬼或者“人有可能被恶魔附身”。在2009年针对基督徒的一次细致的调查中，超过三分之一的人认为撒旦是“一个活生生的存在”。*

---

* 此处数据来自哈里斯（1998年）、《新闻周刊》（*Newsweek*）（2000年）、福克斯新闻（2003年）、盖洛普（2007年）、巴纳集团（2009年）和公共政策民调基金会（2012年）所做的调查。“我……相信魔鬼的存在，”2013年，身为天主教徒的最高法院大法官安东宁·斯卡利亚（Antonin Scalia）在接受《纽约》杂志采访时告诉珍妮弗·西尼尔（Jennifer Senior），“你现在看我的神情就好像我是个怪胎……我的上帝！……这可是福音书里有记载的啊！你所在的圈子离美国的主流社会实在太远，才会对别人相信魔鬼大惊小怪！”

“属灵争战”，即系统性地与恶魔进行斗争，是又一个古老的基督教概念，在美国本已几近消失，却在20世纪60年代起死回生，并于八九十年代大规模流行。现在，这个生机勃勃的理念在美国基督教的阴暗面遍地开花。一名重视属灵争战的新教徒，往往是为某些事情怒气冲冲的福音派或灵恩派信徒。他们称呼自己对抗撒旦时火药味十足的高声祷告为“暴力的代祷”（violent intercession）。

他们的关注点集中在四部福音书中关于“被鬼附身”并被耶稣医治之人的片段——这些人碰巧是瞎子、哑巴或疯子，因此被认为是受诅咒的。（当然，根据约翰的记载，疯狂的耶稣在大众眼中也像是一个“被鬼附身”的人。）微观层面的属灵战士则试图赶走他们的家人、朋友和熟人中间的恶魔。这是成千上万的美国牧师和他们数以百万计的信徒的基督教信仰，他们祷告、争夺、呼喊、吟唱，以将魔鬼从受苦之人的身上驱除。根据皮尤调查，美国每9个成年人中就有1个（共计2 500万到3 000万名美国人）确信自己“经历过或目睹过魔鬼或邪灵被从一个人身上驱逐出去的场景”。

那么基督徒怎样才能知道自己是否拥有进行这项工作所需的第六感和魔力呢？他们会做个小测试！也就是说，他们会列一份属灵恩赐的清单。测试有很多版本，但都基于同一个原始版本，也就是“瓦格纳修订版霍茨问卷”（Wagner-Modified Houts Questionnaire）。这里面包含了100多条关于侍奉资质和技能的表述。人们在每一项上为自己打分，分值范围从0分到3分。* 例如：

* 有许多不同种类的“属灵恩赐”。这个测试的主创者之一在他的一本书中表示歉意，说他无法可靠地确定哪些人会成为好的基督教殉道者：“尽管多次尝试，但我还没有找到一种合宜的方式来测试殉道的恩赐。”

“通过上帝，我曾揭示未来将会发生的具体事件。”

“我能够奉主之名成功地恢复盲人的视力。”

“我曾用一种自己从未学过的语言将上帝的即时信息传达给了他的子民。”

“我可以辨别一个说方言的人是否在伪装。”

“我曾真切地听到恶魔大声说话。”

“我曾与邪灵交谈，他们服从了我。”

碰巧的是，上述某些非凡的能力也出现在另一片宗教梦幻之地的某个清单里。根据梵蒂冈官方的驱魔手册，“用未知的语言说话”和预测未来都是——是的，你没看错——被魔鬼附身的迹象。*

“瓦格纳修订版霍茨问卷”的那位瓦格纳是 C. 彼得·瓦格纳（C. Peter Wagner），生于 1930 年，他是灵恩派万神殿中的一个主要人物，也是对抗撒旦的争战中的一名得意将领。瓦格纳是位于帕萨迪纳（Pasadena）的富勒神学院（Fuller Theological Seminary）的教授，他在这所重要的美国福音派院校里遇到了温约翰，一位留着胡须的嬉皮士传道人。温约翰当时正在发起葡萄园运动（见第 24 章）。** 现在美国大约有 600 间葡萄园教会。四分之三的成员会说方言，大多数人自称经历过神迹医治。*** 他们也相信魔鬼就在

---

* 教皇方济各很重视撒旦，这对于他越发倾向灵恩派的一面和他主张极端正统派拉丁弥撒的另一面来说，都很合适。“魔鬼是存在的，”方济各说，“即使人们被引导去相信魔鬼只是一个神话、一个人物、一个理念——恶的理念。”根据《华盛顿邮报》（*The Washington Post*）的报道，“梵蒂冈城的一名高级主教”说：“教皇方济各从未停止谈论撒旦。始终如此。”

** 一个能行医治神迹的人在快 60 岁的时候得了癌症和急性心脏病，之后遭遇中风，63 岁时因脑出血突然倒地去世，这怎么解释呢？

*** 唐纳德·米勒（Donald Miller）：《重塑美国新教：新千年的基督教》（*Reinventing American Protestantism: Christianity in the New Millennium*）（1999）。

我们中间。

然而，葡萄园的会众是以主流新教徒的冷静面貌示人的：白人比例极高，爱留胡子，很多是民主党人，停车场上满是欧洲汽车。他们主要聚集在北部和西部，而不是老南方。神职人员穿着普通的衣服。10 年前，葡萄园打破了福音派的常规，开始允许女性成为牧师，其中有好几位在教会管理阶层中有所攀升。他们看起来很**和气**，并且对非宗教人士来说更容易接近。

因此，和气的斯坦福大学人类学家塔尼娅·鲁尔曼（Tanya Luhrmann）——一个在神体一位论派教会背景长大的婴儿潮一代人，让他们成了她 2012 年的著作《与上帝会谈》（*When God Talks Back*）中的主角，该书以十分友好的态度探讨了福音派。她花了好几年的时间参加两间葡萄园教会的聚会，把握了那种让想象成真的魔幻思维，这种思维模式让人们自认为超越了一厢情愿的信念，真正地**感觉到**神奇的魔力，**明白了**确凿的真理。这“更像是学会**做**一些事，而非仅仅**想**一些事……人们以某种方式训练自己的头脑，将自己精神世界的一部分体验为上帝的同在……上帝愿意成为你的朋友”，然后，“上帝会回应你，通过他在你心灵中放置的思想和意象，以及他在你身体里制造的感觉来回应你”。她遇到过一些与耶稣进行“约会之夜”的人，在晚餐时多留一个座位，和耶稣聊天。他们会问耶稣，自己应该去哪里理发，或者请他搞定“某所大学的录取，某种疾病的痊愈——甚至是某款红色敞篷车”。

我听到一位葡萄园牧师在关于属灵争战的布道中说，仅仅因为**其他**一些基督教魔鬼学家是“怪咖”，并不意味着魔鬼不是真实的。德卢斯葡萄园教会（Vineyard Church of Duluth）在一份名为《应对魔鬼》（*Dealing with the Demonic*）的指南中解释道："我们不要求你必须成为了解撒旦的专家，痴迷于对他行事方式的研究，或是在每一丛灌木后面寻找藏身的恶魔。"对啊，挺好。然而，"一旦你知道，这事实上可能是魔鬼的活动时"，你就要开始进行释放的工作："奉耶稣的名祷告，因为魔鬼厌恶我们这么做……如果人们能做到这一点，魔鬼将会在10分钟内安静快速地离开，而这正是我们所做的大部分释放事工所获得的结果。"如果驱魔的过程不是那么容易，书中还有一个"疑难解答"部分。问题有可能出现在，你那些被鬼附身的朋友听到了属撒旦的声音在他们脑海中说："这是个骗局，这太荒谬了，这些东西都不是真的。"根据鲁尔曼的说法，她身边那些芝加哥和帕洛阿尔托（Palo Alto）的葡萄园信众"会发现自己走进餐馆就嗅到了魔鬼的气息，然后必须通过祷告驱逐他们"。要知道，这些还都只是温和、主流的灵恩派人士啊。

如今所谓的战略性属灵争战（Strategic Level Spiritual Warfare），即通过祷告并借助上帝的力量击败属撒旦的陌生人和机构，在美国已经消失了几个世纪。这些属灵战士所关注的《圣经》段落，即《以弗所书》第6章12节，直到最近才变得通俗易懂："要穿戴上帝所赐的全副军装……因我们并不是与属血气的争战，乃是与那些执政的、掌权的、管辖这幽暗世界的，以及天空属灵气的恶魔争战。"对信徒来说，与魔鬼争战的劝勉并不是个比喻。他们忽略了"并不是与属血气的争战"这些词句，而把注意力集中在了"天空属灵气的恶魔"上，对他们来说，这意味着某些身居高位的具体人物（教皇、总统、婚姻平权的支持者）是撒旦在地上的代理人。* 而这就相当于给他们自己的政治观点和文化品味颁发了来自上帝的反撒旦出版许可证。

争战开始之前，首先要对某个地区进行“属灵绘图”（spiritual mapping），以便“代祷者”（intercessors）清楚地知道应当将祷告的火力集中在当地哪些属撒旦的“掌权有能者”（strongmen）和“地域性邪灵”（territorial spirits）身上，从而“捆绑”（bind）他们。这些“魔鬼热点”（demonic hotspots）非常容易找到：计划生育诊所、摩门教圣殿、天主教堂、共济会集会处、冥想中心、LGBTQ（性少数群体）聚会点、脱衣舞俱乐部，以及出售塔罗牌或捕梦网的店铺。

属灵争战也可以在极端战略性的层面上进行，例如，瓦格纳关注的重点是整个日本。在NPR（美国国家公共电台）的《新鲜空气》（*Fresh Air*）节目中，瓦格纳声称撒旦亲自招募了明仁天皇作为“黑暗权势”的代表。特里·格罗斯（Terry Gross）问，那么撒旦的代表们是否也“在美国存在并活动”，美国的政治家们是否已经被鬼附身了。“当然是了，”他回答说，“不过，我们更喜欢用‘被折磨’（afflicted）这个词，或是专业术语‘被妖魔化’（demonized）。”

随着灵恩派的习俗变得越来越受欢迎和被接纳，那些只坚信令人难以置信的神学理论的福音派便处于守势了。灵恩派是安妮·哈钦森的狂妄传人，在他们眼中，其他的基督徒对手就像是当代清教

---

* 《以弗所书》的大多数译本都更清楚地表明，超自然的邪恶势力并不存在于地上——不是在白宫或梵蒂冈那样的“高处”（high places），而是“在天上”（in the heavens）或“天空中”（heavenly realms）。因此，这就进一步显示出拘泥于《圣经》字面意义的愚蠢：当一段经文历经了从古希伯来语到古希腊语，再到古拉丁语，再到新拉丁语，再到中古英语，最后才到现代英语的翻译过程之后，有些人认为其含义清晰明显，另一些人则不会。

徒一样。基要派牧师约翰·麦克阿瑟（John MacArthur）在圣费尔南多谷有一家大型教会，并且主持一个全国性的每日广播节目。他宣称，灵恩派人士在“看起来醉态百出……仆倒、翻滚、狂笑、吠叫、喃喃自语或不知所云的时候”，并不是在与圣灵交通：“这些情感体验、离奇体验和邪魔体验……异象、启示、来自天上的声音、通过超自然方式传达的来自圣灵的信息、异梦、方言、预言、灵魂出窍的经历、游历天堂的经历、恩膏、神迹：所有这些统统是假象，统统是谎言。”不仅如此，所有那些灵恩派的恶作剧都是**撒旦的工作**，他的“军团已经控制了”福音派。

这似乎是老派最后的绝望残喘。福音派最有影响力的出版物《今日基督教》（*Christianity Today*）杂志在2015年宣布：“灵恩派和五旬节派已经赢得了礼拜战争。”美南浸信会曾是最重要的抵抗力量，但即使是它也投降了。牧师迈克·赫卡比（Mike Huckabee）在竞选美国总统之前曾是阿肯色州浸信会主席，他说：“我们希望变得更‘五旬节浸信会’（Bapticostal）一点儿。”那是浸信会和五旬节派的全新混合体。“如果你在全国各地对美南浸信会教会进行调查，”美南浸信会官方指出，“只有极少数会接受目前在灵恩派教会普遍存在的那些行为。”但实际上，在不到10年前，他们的媒体部门就**已经**对本宗派的神职人员进行了调查，其中有足足一半的人说他们相信说方言是真实的，只要是私下进行就可以接受。2015年，教会做出了更多的让步，决定让他们的宣教士在海外时用假想的外语说话，以便“向外族文化传播福音”。

第 32 章

美国对无神论文明世界：为何我们如此与众不同?

“**与众不同**”（exceptional）有两种不同的含义，“极不寻常”和“出类拔萃”。美国两者皆是。这本书描述的是我们的一系列与众不同之处。我们和那二三十个“先进”国家非常不同，而它们在许多方面和我们都很像——就是那些经济发达且不在波斯湾一带的国家，那些主要位于欧洲或者由欧洲人所创建的社会，过去我们称之为文明世界或“第一世界”，现在又叫北方世界（Global North）。

美国人发明、制造并统治着梦幻工业中心，专注于混合现实和虚构，直到二者变得难以区分。世界各地的人都通过外科手术来让自己改头换面，但按人均计算，我们的整容手术数量排第三位（仅次于哥伦比亚和韩国），我们的隆胸手术数量（仅次于委内瑞拉和巴西）是加拿大和英国的两倍。其他发达国家也有一些影响力渐增的政治运动由奇特的阴谋论信仰和重回过去的愿望所驱动，但我们直接通过国家政府来实践此类信仰和愿望。其他发达国家的人也都有迷信观念，并且实践各种宗教和准宗教信仰，但是美国人发明并升级了所有最夸张的新品种。其他富裕国家的大多数信徒也是对主流无关痛痒的少数人群或安静而真诚的传统主义者，例如仍然坚持参加弥撒和进行告解的那些虔诚的意大利人和波兰人。

美国与众不同的一大原因，不可否认，就是我们的宗教狂热，也正是它让我们开始探究这个问题。在这方面与我们最为接近的有两个发达国家，一个是以色列这个宗教至上的国家，另一个是韩国，它仅用了两三代人的时间，便从最贫穷的国家之一跻身最富有国家的行列，这也使得魔幻和迷信的残余显得不足为奇。正是由于美国，今日的韩国才得以存在，许多韩国人才得以成为美国特色的新教徒。一位曾在洛杉矶亲历五旬节派诞生的宣教士在首尔建立了一所早期教会，之后在 20 世纪 50 年代，一位美国随军牧师又将好几批五旬节派宣教士带入韩国，在当地创建了更多的教会。* 今天，大约有十分之一的韩国人是五旬节派或灵恩派信徒，这在发达国家和东亚都是极高的比例——但仍以相当的差距居于美国之后。

我们一直在这方面与众不同。在托克维尔被这里的宗教热情震撼的一个世纪之后，一位记者问纽约的天主教红衣主教，是否美国人比欧洲人更虔诚。他小心地回答道："我们当然不会比他们差。"当时，新成立的苏联正在激进地推行世俗化的生活，后来也尝试以同样的方式对待东欧。** 但其他现代欧洲国家的人都已经自愿放弃基督教和超自然主义了，用不着无神论的共产主义政权来推动。根据 1968 年的盖洛普民意测验，只有 5% 到 14% 的斯堪的纳维亚人说

* 韩国人极度热衷于整容手术，这也在一定程度上和美国军方有关。朝鲜战争之后不久，美国海军陆战队的首席整形外科医生除了修补战争带来的创痕之外，还为当地引进了眼睑整形术，这使得亚洲人的眼皮看起来更像西方人。他后来写道："这里的的确确是整形外科医生的天堂。"

** 众所周知，马克思曾称宗教是人民的鸦片，当列宁创立苏联时，他也赞同这个说法，说宗教是用于麻痹工人阶级的。但是这两个人都没有去过美国，也并没有看到，对于美国人来说，宗教更像是兴奋剂和致幻剂，而不像是令人麻痹的鸦片。

他们每周都去教会，而当时有 43% 的美国人这么做。自那以后，欧洲大部分地区的人对宗教信仰的投入程度持续直线下降。例如，在 1985 年的英国，三分之一的人说他们没有任何宗教信仰；到 2012 年，这个比例达到了一半。与地球上其他现代人不同的是，我们却在迫不及待地转身冲向魔法和神迹，将一些传统教会变得疯狂，把业已疯狂的教会填得更满，再创造出各种各样疯狂的新教会。

最宽松的宗教热情衡量标准并不需要被测量者拥有某种特定的信仰。“宗教在你的生活中非常重要吗？”是皮尤在对几十个国家的问卷调查中设置的问题之一。调查结果排名最高的是非洲、伊斯兰和拉丁美洲国家以及印度和菲律宾，在这些地区，61% 至 97% 的人认为宗教在他们的生活中非常重要。在发达国家，这项百分比的范围在 11%（法国）到 33%（英国）之间——当然，除了高达 59% 的美国，这一数值居于土耳其和黎巴嫩之间。

一次又一次的结果都是一样，无论问题是怎样提出，或在哪里提出。

大多数美国人告诉皮尤，他们每天都会祷告；在其他发达国家里，这个比例是十分之一或五分之一。其余发达国家中有大约一半的人从不祷告，而只有九分之一的美国人承认他们从不祷告。*

由国际研究机构益普索（Ipsos）在 2011 年调查的 23 个国家的公民中，只有 3 个国家——印度尼西亚、南非和土耳其——的被调查者比美国人更加相信天堂和地狱。我们也比墨西哥人、巴西人和沙特阿拉伯人都更加坚信来世。大多数美国人都认为魔鬼在某种意

* 数据来自 2008 年皮尤调查、2012 年全球独立网络 / 盖洛普国际（WIN/Gallup International）调查。

义上是真实的，而在其他几乎所有主要宗教是基督教的国家里，哪怕是在菲律宾，相信魔鬼的人都是少数。

《圣经》是不是“上帝的真实话语……应当逐字逐句地按照字面意思理解”？尽管超过四分之一的美国人这么想，但是在其他发达国家，如此相信的人的数量范围仅在 4% 到 10% 之间。* 上帝是否一开始就将人类创造为成品的样式？在被问及是否接受进化论的 34 个发达国家的人群中，美国排名倒数第二，仅超过土耳其。** 另外一份根据在进化论方面所持观点对 20 多个国家进行的排行中，比美国人对进化论的怀疑程度更高的仅有南非、巴西和三个伊斯兰国家的人群。***

尽管目前美国是世界上最大的**实物商品**进口国，但我们已经成为世界上最大的幻想产品净出口国。在过去的一个世纪里，我们创造、定义并主宰了一个不断扩张并日益全球化的文化产业——从广告到电影，再到音乐、电视和电子游戏。除了流光溢彩的流行文化幻想外，我们在出口令人兴奋的奇幻**宗教**方面也取得了非凡的成就。市场是第三世界，并且我们正在使其趋于饱和。一个世纪前，美国人刚刚发明五旬节派的时候，信仰五旬节派和灵恩派的地球人还不到千分之一。如今，这一比例是 10%，是从前的 100 倍，超过 5 亿名基督徒——包括世界上大部分新教徒——相信自己经常说一种既神秘又神圣的语言，能通过按手医治疾病，听

---

* 数据来自 1998 年国际社会调查项目（International Social Survey Programme，简称 ISSP）调查和 2014 年综合社会调查。

** 数据来自 2006 年密歇根州立大学的乔恩·D. 米勒（Jon D. Miller）所进行的元分析。

*** 数据来自 2013 年皮尤调查。

到上帝亲自说话。* 自20世纪60年代以来，多亏了我们，三分之一的中美洲人成了灵恩派和五旬节派的新教徒。** 美国原本一直是首屈一指的现代化国家、务实的国家、解决问题的国家，这个国家曾激发并推动世界上其他地区摒弃残存的民间习俗，选择理性、明智的社会生活构建方式。生活和历史总是充满了讽刺，而这恐怕是最大的讽刺。

***

为什么我们如此特殊？为什么美国人不断地发明新的宗教并保持如此之多的信仰，而其他富裕国家的人们从不接受或是早已放弃这些宗教和信仰？

资本主义欧洲、加拿大和澳大利亚的新教徒继续按照马克斯·韦伯的社会学所预言的趋势行事——保留工作伦理，但是大体上卸掉了宗教的辅助轮。为什么在美国，我们不仅坚持我们的立国宗教所推崇的勤勉、爱财和个人主义，还紧紧抓住那些魔幻信仰不放？***

一些标准的学术解释在目前看来似乎是正确的，但它们都受到特定学科的视野和工具的限制。人们也倾向于建构一些能够迎合美国人的解释。法学家关注《宪法》，尤其是《第一修正案》——不允许政府对宗教横加干预，这让宗教得以繁荣，并吸引了来自其他

* 数据来自2011年皮尤调查。
** 数据来自世界基督教数据库（World Christian Database）、2013年和2014年皮尤调查。
*** 其他新教国家都保留了实用的宗教遗产，抛弃了其他部分。

地方的受迫害的信徒。一些历史学家将美国的特殊性归因于我们的拓疆历史，在边疆，荒野中的居民挣脱了社会控制的锁链，他们更倾向于也更加自由地追逐他们的新宗教之梦。他们可以这么做，他们也的确这么做了。

但是，对于超自然信仰的持久和过分程度，或者在过去的一个世纪里——尤其是在最近半个世纪里——我们如此极端地背离常规的原因，我所看到的这些都不能给出一个令人信服的解释。他们并没有把我们的宗教和灵性放在更大的背景中去考量，即美国人本来就倾向于自认为很特别，偏爱魔幻思维。他们并没有意识到我们的宗教和我们对现实轻浮无常的把握、天马行空的主观愿望、美国伟大的**无奇不有**之间存在的联系。他们尽量显得礼貌。

欧洲人在与新教绑定之前，已经拥有高度发达的地区性和民族性文化与社会；美国则是由新教极端分子参与**创造**的，他们的建国理想就是一个新教社会。美国学者们已接受了美国例外论的其中一重含义——我们是被独特的建国环境所塑造的。“美国人所处的条件，”托克维尔在《论美国的民主》中写道，“是……极不寻常的。”他所指的是美国的清教主义、商业主义、宗教自由、个人主义，“上千种特殊因素”。

学院派对当今带有右翼色彩的美国例外论持抵制态度，这种论调认为美国优于所有其他国家，肩负着上帝赋予的使命。他们也反对例外论的第三种含义，即人类行为的某种法则在此处并不适用——宗教学者们坚信，宗教行为的解释一定是普世通用的。

关于美国宗教信仰特殊性的最新学术共识是一种经济理论。他们说，任何形式的宗教都是市场上的产品，我们独特的自由市场主义滋生了更多的供给，因此也就创造了更多的需求。人类除了对物质生存和安全的普遍需求之外，还需要对自己的存在做出解释，即世界为何、如何成为今天的样子。宗教的卖家提供了各种解释。一开始，宗教一般是由政府垄断的，北美殖民地就是这样，马萨诸塞州由清教徒垄断，南方由英国国教会垄断。这种最初的两强垄断被废除，政府也禁止了官方教会之后，卫理公会、浸信会、摩门教信徒及其他宗教企业家们纷纷涌入市场。与此同时，欧洲国家保留了政府资助的宗教，无论是新教还是天主教——所以，从经济学的意义上讲，这些教会变成了懒惰的垄断者。* 而在美国，根据市场理论拥护者的说法，每一种宗教都需要与其他宗教竞争，以获得并留住顾客。美国人面对如此丰富奇妙的选择，无法止住购买欲。我们如此虔诚和我们如此肥胖的原理是一样的。

不可否认，这有一定道理。但我认为这与事实整体还是相去甚远。你也知道，在一个手握锤子的人眼里，所有的东西看起来都像是钉子。这些相信理性选择的经济学家习惯于计算投入产出比和解方程式，他们的理论始于一种预设，即每个人都会衡量这种或那种神学的成本与收益，并选择结果最优的那一种，人们选择相信被提、说方言或六千岁的地球，方式就和选择汽车品牌、色情产品类型和薯片口味一样。

一些理性选择理论家的结论是，因为我们长期以来都有这样一个宗教自由市场，而美国基督教现在如此趋于福音派和灵恩派，所

* 顺便说一句，认为当代美国完全没有国家教会的这种预设不是完全正确的。按照自由市场理论家的逻辑，宗教在美国享有的税收豁免权——这也算一种形式的政府补贴——难道不也会让每一个美国教会的领袖都变得自满和懒惰吗？

以宗教本身就“想要”更原始、更神奇、更惊人。正如两位主要理论家所写的那样，新的教派兴起，“以取代那些失去了超自然意识的衰败的宗派”。但是为什么这只在美国（和第三世界）发生呢？其中一位作者写道：“我们立场的核心理念是……假如面对美国风格的教会，欧洲人也会做出和美国人同样的反应。”但如果欧洲和其他富裕开放的国家有这么多未开发的市场机会，为什么我们的宗教企业家没有在国外开设更多美国风格的教会呢？事实上，欧洲、加拿大和其他地方也都有灵恩派和五旬节派教会，只是数量很少而已。并不是因为像挪威国教会那样的衰败教会是顽固的垄断者，而是因为，在除了美国以外的发达国家里，**这样的产品卖不出去**。

此外，如果处于垄断地位的国教会阻碍宗教狂热，那么天主教国家的教会出席和祷告的比例如此之高，伊斯兰教国家的宗教热情如此强盛，这又如何解释呢？如果政府管制的缺位才能使宗教之火自由燃烧，那又如何解释天主教在共产主义波兰强有力的持续生长，或者摩门教徒在他们艰难的初创时期所取得的成功呢？

另一种为美国例外论辩解的办法，是将美国和世界比作一个苹果和一堆橙子。1966年出版的《现实的社会构建》的合著者彼得·伯格曾将“传统宗教对现实之解释的合理性普遍崩溃”视作理所当然的趋势。当事实证明那些宣称宗教已死的报道言之过早的时候，他变节了：“‘世俗化理论’本质上是错误的”，他在20世纪90年代期间判定，因为“在当今世界……人们的宗教狂热一如既往，在某些地方甚至到了前所未有的程度”。他修正后的观点使不相信宗教的欧洲成了全球唯一的例外。但是，显然不仅仅是欧洲——加拿大、澳大利亚、新西兰、日本和包括中国在内的整个现代世界都已经世俗化了。这个观点将所有国家视为一个大型数据库，而不是将几十个经济发达国家和150个欠发达国家分别考虑，因而忽略了其中那个刺眼而有趣的反常分子：美国是个怪胎。

经济学家对一个经济学专业领域的难题也没有给出太多的答案：纵观各个国家，几乎在世界各处，繁荣和安全感都与宗教信仰负相关——除了美国。哈佛大学的皮帕·诺里斯（Pippa Norris）和密歇根大学的罗纳德·英格尔哈特（Ronald Inglehart）这两位政治学家在《神圣与世俗：世界宗教与政治》（*Sacred and Secular: Religion and Politics Worldwide*）中称："在弱势群体中，特别是在贫穷国家和失败国家中，宗教热情最为强烈。而在富裕国家中，宗教实践、价值和信仰的系统性削弱已在最为优越的社会阶层中发生。"

大多数研究这个问题的学者正因为是学者，需要恪守学术规则并压抑有倾向性的猜测和直觉，便排除了不确定因素，即我们独特而又多样的美国式轻信，而它正是本书的主题。

托克维尔笔下的19世纪30年代美国人原型只有在"他的宗教……偶尔召唤他，使他转眼向天堂投去漫不经心的匆匆一瞥"之时，才会停止疯狂的制造和买卖，去想一想不切实际的事物。而在接下来的两个世纪，当我们走出新世界的丛林和边疆，清除障碍并安顿下来，当生活变得越来越容易（对于过去几十年来最不幸的群体中的许多人来说，越来越阴郁），我们曾经那转向天堂的偶尔一瞥定格成了恒久而疯狂的凝视。

第 33 章

基督教以外的魔幻世界，宗教以外的精神信仰

从有风险投资支持的清教徒，到卫理公会、浸信会和基督教科学会信徒，从 L. 罗恩·哈伯德到基督教广播网，再到今天不计其数的无宗派教会，美国宗教一直颇具企业家精神。我这么说并不是指它是不真诚的，或是被江湖骗子操纵的。我的意思只是：美国宗教空想家们一直在建立独立的企业，以自认为合适的方式分销和推广他们的各路魔法。

因此，我所说的新纪元运动尽管由无数不同的大小公司（以及非营利机构）组成，也仍然构成美国宗教的一部分。正如我们的新教，它也是一种分享神秘主义和超自然主义信仰和态度的运动，是一套追求真理、幸福、自我完善和成功的基础本体论。正如我们的新教，它也是兼收并蓄的，具备不同程度的主观、经验和教条色彩，有成百上千不同宗派的初创组织、教派、实践、倾向和先知。即使它已经体制化，也依然自认为是反体制的。新纪元**既是**口香糖，**又是**薄荷糖，**既是**梦幻工业中心的一部分，**又是**一种松散的宗教信仰。

与大多数标准宗教不同的是，新纪元并没有一个统一的至高存在、救世主或创世神话，而这就意味着它可以与基督教、犹太教和

其他正规宗教并存和杂交。尽管一些基督徒常年对奥普拉们和迪帕克·乔普拉（Deepak Chopra）们发动边境战争，称他们为敌基督的先遣部队，但事实上，新纪元与传统宗教之间仍然存在相当的共同基础。美国的普世主义口头禅曾经是“我们都崇拜同一位上帝”。在梦幻之地，这本质上相当于“我们没有人坚持理性”。

“新纪元”这个词带有贬义的成见，所以信徒们很少这么称呼自己，就像清教徒和震颤派拒绝被定义为清教徒和震颤派，更晚近些的基要派也拒绝自称为基要派一样。很多人声称自己“有精神信仰，无宗教信仰”（spiritual but not religious）。就像那些并非常年怒气冲冲的福音派信徒，或是虽然相信超自然力量但并不总是被魔鬼困扰的灵恩派信徒一样，新纪元信众主要是在追求个人幸福。在《宗教的解释：宗教思想的进化起源》（*Religion Explained: The Evolutionary Origins of Religious Thought*）一书中，华盛顿大学的人类学家和心理学家帕斯卡尔·博耶（Pascal Boyer）指出，大多数宗教的主要关注点并不是为当下提供幸福和对未来提供保障。他写道：“在人们的生活相当危险、很不愉快的那些地区，找不到任何予人现世慰藉保障的宗教，情形恰恰相反。有少数几种宗教系统明显旨在提供一种令人安适的世界观，其中之一就是新纪元神秘主义。值得注意的是，这些安慰人心、激励自我的观念都是在历史上最安定、最富裕的社会中出现并传播的。”事实上，美国所有 19 世纪以来兴起的新纪元先驱——顺势疗法、颅相学、水疗法、新思想运动、招魂术、超验主义、基督教科学会、神智学——完美地记录了我们从一个粗野贫穷的创业国度转变为一个繁荣安定的国家的进程。

***

20世纪八九十年代，每款都与一个特定的无形身体脉轮（chakra）相关的神奇愈疗水晶成了一种现象。非基督教的信仰治疗，例如灵气疗法（Reiki），成了一种现象。与亡者灵魂的沟通也再次成了一种现象。和过去那种与死去亲属交流的传统招魂术不同，现今的知名通灵师一般并不太会被你已故的乔治叔叔附身，而是成为一些**纯属虚构的名人**的代言人，例如塞思和蓝慕沙（Ramtha）。华盛顿州的一个名叫朱迪丝·达琳·汉普顿（Judith Darlene Hampton）的女人将自己改名为朱迪·泽布拉·奈特（Judy Zebra Knight），简称杰西奈（JZ Knight），并通过假装蓝慕沙发表言论而致富和出名。蓝慕沙是石器时代的武士，来自传说中的利莫里亚（Lemuria）大陆，在与传说中的亚特兰蒂斯大陆打了一场仗并由此征服了世界上大多数地区之后，他成了一位无所不知的半神（demigod）。杰西奈吸引了大量的粉丝，其中还包括雪莉·麦克莱恩（Shirley MacLaine）。

“谐波汇聚”（harmonic convergence）也成了一种现象。1987年夏天，在两天的时间里，一名来自科罗拉多州博尔德（Boulder）的迷幻空想家组织各地的人聚会，参与他所谓的“全球同步冥想”（Globally Synchronized Meditation），大获成功，这场活动旨在抵消不良振动，使地球免于失控。他是根据他所理解的古代美洲印第安人日历来选定此事的时间的。世界**没有**在1987年毁灭，因此谐波汇聚一定是起了作用；因此，梦幻之地境内一片专注于玛雅与阿兹特克神话和宇宙论的封地开始全面启动和发展。

20世纪90年代，体面而光鲜的大规模新纪元反体制运动开始了。已故的简·罗伯茨和她的宇宙实体塞思被重新包装，现在她成了受人尊敬的人物，地位几乎就要赶上约瑟夫·史密斯和天使摩罗乃了。玛丽安·威廉森（Marianne Williamson）是新纪元传教士中的新兴超级巨星，她推广了另一本出版于20世纪70年代、由“通灵纪实”而来的灵性揭秘著作——《奇迹课程》（*A Course in Miracles*）。该书的匿名作者是哥伦比亚大学的心理学教授，声称书中的1 333页内容都是耶稣亲自向她口授的记录，直到她在20世纪80年代去世之后，人们才得知她是谁。她的基本理念就像从玛丽·贝克·埃迪到罗伯茨的这些先辈们一样，认为物理存在是一种集体幻觉——“大梦境”。在威廉森的支持下，这本书最终大卖。* 迪帕克·乔普拉曾是一名杰出的内分泌学家，30多岁的时候，他转行去做了“诸神的医生”，服务于超验冥想组织。并且在1989年以智者、作者、讲师和保健品营销人员的身份挂起了自己的营业招牌。

这种哲学从它的各种渊源中成形，现在已有了自己的基本教义：理性主义大多是错误的，神秘主义感受应该凌驾于科学理解之上，现实是一种幻觉，人们可以根据自身需求来重塑它。引发后来诸多乱象的源头——20世纪60年代的相对主义——起初是作为一种与当权者斗争的手段而兴起的，致力于揭露那些占据统治地位的骗子。但是现在，它成了一种激动人心的手段，帮助你通过**成为**自己的小宇宙里“占据统治地位的骗子”来获得快乐和成功。“不仅对客观现实的解释是主观的，”乔普拉说，“客观现实本身就是我们

---

* 威廉森曾经在梦幻之地总动员的精彩瞬间中出场：就在1991年万圣节前夕，在迈克尔·杰克逊的梦幻庄园里，她主持了伊丽莎白·泰勒的第八次婚礼，这次泰勒嫁给了自己在兰乔米拉的贝蒂·福特中心（Betty Ford Center）接受康复治疗时遇到的一个男人。婚礼现场有上百名安保人员以及南希·里根的特勤局小分队，人数几乎超过了参加婚礼的宾客。

主观创造的一种现实观。”

乔普拉和威廉森究竟是如何变得这么引人注目、这么有影响力的？他们是在 1992 年和 1993 年被奥普拉·温弗里（Oprah Winfrey）钦定的。温弗里的每日秀节目从 20 世纪 80 年代中期开始在全国播出。20 世纪 90 年代期间，有 1 200 万到 1 300 万名忠实粉丝每天坚持观看。从 2000 年开始，通过她的杂志《O》，追随者的数量又增加了数百万。在传统宗教和政治之外，奥普拉·温弗里为魔幻思维、新纪元文化等事物提供了国家级的平台和信誉，这一点上，其他任何一个美国人都无法与之匹敌。在她所统领的广袤疆土中，她相当于科顿·马瑟、约翰·卫斯理、杨百翰（Brigham Young）和葛培理，她是第一任新纪元教皇。如果说罗纳德·里根是他的梦幻之地领土的第一任国王，那么奥普拉·温弗里就是她的世界的女王。我相信她和里根一样，是真诚而又杰出的巴纳姆式推销员，贩卖着自己的梦幻世界。

她是一个包罗万象的幻想推销员——地外的、魔鬼的、医学的、灵异的，兼容各路灵修学，有时也有基督教。当一个坐在观众席中的基督徒用“新纪元”描述她时，温弗里被激怒了。“我不是什么‘新纪元’，”她说，“我讨厌这种称呼。我只是想打开一扇门……也许我能成为将人们引向上帝的一束光，不管那叫什么。我看不到树上的精灵，我也不会坐在摆着水晶球的房间里。”也许这两件事她确实不做，但她是极具声望的新纪元信仰、实践和秘方的倡导者，是好几任总统的精英友人团成员，5 位总统上过她的节目。（葛培理并不说方言，但他能够接受自己的基督徒朋友们这么做。）奥普拉风格的新纪元与美国基督教具有一系列特殊共性——迷信、自利，以及拒绝相信随机性。“我的生活中没有所谓幸运，”她说，“绝对没有。有很多的恩典、很多的祝福、很多神圣的命定。但是我不相信运气。”

威廉森、乔普拉以及大多数极负盛名的先知和教派领袖，都应感谢温弗里帮助他们获得事业上的成功。例如，她所钟爱的埃克哈特·托利（Eckhart Tolle）——其作品《当下的力量》（*The Power of Now*）和《新世界》（*A New Earth*）卖出了几百万册——就是个成功的反理性斗士。“思考已经成为一种疾病”，它应该被感受“你的身体的内在能量场”所取代。他们两人在2008年举办了一系列在线视频研讨会。

新纪元运动既然如此“美国”，如此高度民主和去中心化，它便容纳了许多部圣书。目前流传最广、影响最大的一部名叫《秘密》（*The Secret*），10年前刚一出版便被温弗里大力推崇，奉为正典。“在我的节目中，我已经连续多年讨论这本书，”温弗里在《奥普拉脱口秀》（*The Oprah Winfrey Show*）中说，“只是我从来不把它叫作‘秘密’。”

《秘密》最近的前身是20世纪50年代出版的《积极思考的力量》，在那时候，一本热销的超自然成功学指南仍需打基督教信仰的旗号。诺曼·文森特·皮尔牧师的书中有几百处提及上帝，还有几十处谈到耶稣。而朗达·拜恩（Rhonda Byrne）在《秘密》一书中只提到了耶稣一次，并称之为成功神学的创始人。她声称，《圣经》中所有的主要人物，包括耶稣，“不仅是成功神学的导师，而且自己就是百万富翁，他们的生活方式比现在许多百万富翁所能想象的更为富足”。

《秘密》这本书以美国的基要信仰——个人主义、超自然主义以及对**信念本身**的信念——为基础，剥去了中间人和大部分的虔诚包装，包括上帝、耶稣、美德、努力工作的回报、死后才会拥有的极乐，所剩下的只有“吸引力法则”：如果你对一样东西足够**渴望**，那么你就能拥有它。信念就是一切。《秘密》中的极端版魔幻思维远远超越了它的前辈。它太惊人了，对它进行戏仿几乎是不可能的。它在《纽约时报》非虚构类畅销书榜单的榜首位置停留了 3 年，销量约为 2 000 万册。它的续集［《力量》(*The Power*)、《魔力》(*The Magic*)］又卖出了几百万册。

“了解这个知识，就没有你做不到的事，”书中如此承诺，“不论你是谁，不论你身在何处，你所想要的一切，这个秘密都能给你。”因为这是一个**科学事实**。

> “吸引力法则”是一种自然规律。它就像万有引力定律一样不偏不倚……
>
> 你若不用持续的思想进行召唤，就不会有任何事物进入你的生命……
>
> 在你要求、相信并知道你已在不可见的世界里拥有它的那一刻，整个宇宙都会挪移，把它带到可见的世界里来。你的所行、所言和所思，都必须像正在接收它一样。为什么？宇宙是一面镜子，而“吸引力法则”正在将你主要的思想反射给你……
>
> 宇宙能瞬间显现你所想要的事物。任何你所经历的时间延宕，都是因为你尚未达到足够相信的地步。

需要说明的是，她所主要谈论的不是心灵上的满足，而是事物、实物、情人、金钱。“任何人没有足够金钱的唯一原因是，他们的思想阻碍了金钱的到来……你的任务不是去解决金钱会‘如何’到来的问题，而是去要求……至于细节，就交给宇宙去处理吧。”她警告说，理性主义可以抵消魔法——事实上，超越个人能力范围去认知真实世界是有问题的。“当我发现这个秘密的时候，我决定不再看新闻或读报纸了，因为它们不能给我带来良好的感受。”

就在《秘密》问世之际，住在它周围的常客们开始对 2012 年的事情议论纷纷。人们说，古代中美洲人曾预言，人类的存在状态将会在 2012 年……经历一次转变。这个癔症的根源出现在 20 世纪 60 年代晚期——来自一名耶鲁大学人类学家的一点点随意的猜测。“有一种说法，”他在谈到玛雅人有关历法系统的观念时表示，当目前这个为期 5 125 年的时期结束时，“世界末日将会到来，把世界上堕落的人类和一切造物全都带走……我们现有的宇宙也会毁灭。”经过计算，这显然指的就是 2012 年 12 月 21 日，这让新纪元宗教制造商们异常兴奋：现在他们终于有了自己的古老预言，这预言为他们自己的梦想提供了依据——比如不远将来的世界末日，以及奇妙的超自然后续剧情。与基督教的预言类似，这一流派的末日信仰也有自己荒谬的字面主义释经史，随之而来的还有关于崩溃是否会在圆满结局之前到来的争论，以及关于具体发生时间的佯装理性的烦琐探讨。

我敢肯定，温弗里在 2011 年结束了每日播出的《奥普拉脱口秀》这件事只是一个巧合。在最后一集的前一个月，她第一百万次采访了雪莉·麦克莱恩，并且询问了关于 2012 年的问题：“我们人类将会发生什么？”

“我们正在进入‘银河对齐’的状态，”麦克莱恩解释说，“这是两万六千年来第一次——**三万六千年**——是**两万六千**年，抱歉……我们的太阳系将与银河系中心连成一线。这会带来极其强烈的电磁频率——”

“**振动**。”温弗里插话道。

“……**振动**，”麦克莱恩说，“还有重力牵引。所以天气变成这样。这对意识有什么作用？这对我们的现实感有什么影响？”她认为，这正是人们感到匆忙和压力的原因。

温弗里问她的观众们是否同意：“你们都感受到了吗？”他们的确感受到了。

“所以我说的东西并没有那么遥远。这实际上已经在发生了，奥普拉。”麦克莱恩继续说，并解释了占星术如何证明当下距超自然转折点的发生还剩下正好620天。“这是两万六千年来分点岁差的终结……新开端的临界点。我认为这种**压力**，这种心灵感应，我们都感受得到的精神**压力**，是因为你的内在灵魂正在告诉你：‘赶快行动起来。’”

当世界平安无事地通过这个“临界点”时，笃信2012玛雅末日预言的人们认为古老的预言一定是被曲解和误读了。经过好几个世纪后，相信末日预言的美国基督徒们已经意识到，设定具体的日期不是个好主意。对于他们这些仍然是游戏新手的新纪元同伴来说，2012年是个学习的机会。的确，正如某些基督徒一听到任何坏消息就将其作为末世预言的证据，新纪元千禧年论者仍然认为全球变暖和恐怖主义是“玛雅末日”的前兆。正如相信预言的新教徒，他们也**深知**一个荣耀辉煌的新时代必将到来。这是丹尼尔·平奇贝克（Daniel Pinchbeck）的观点，他是个新纪元传教士，著有《2012：羽蛇神的回归》（*2012: The Return of Quetzalcoatl*），他还提前写好了一篇很有感染力的文章，大意是“哎哟，不好意思”，以备在 2012 年 12 月 21 日当天推出。平奇贝克说，不要失去信心，因为我们都能看得见，“越来越多的人正在意识到……理性主义、经验主义世界观……已经快要过期了”。

第 34 章

前沿巫医：医术的复魅

试图体验心灵的安宁或感受与神圣秩序的和谐没太大问题。然而，将魔幻思维与医学和生理学混为一谈，就有问题了。替代医学刚刚兴起时曾是嬉皮士的爱好，过了一代人的时间，它已经成为无处不在的主流了。像我谈论过的许多现象一样，它是由怀旧情绪和对专家不信任的反体制心态驱动的，具有准宗教性质的基础，并且自带快乐和不幸的两种版本。

并且由奥普拉·温弗里为您奉上。

2004 年，一位非常英俊的心脏外科医生——他很杰出但是不太知名——出现在奥普拉的节目中，他想要推广一本替代医学的著作。他的名字本身——**奥兹博士**（Dr. Oz）！——哪怕作为一部喜剧小说中的人名都有些太夸张了。从哈佛大学本科毕业后，迈哈迈特·奥兹（Mehmet Oz）获得了宾夕法尼亚大学的医学博士和工商管理硕士学位，后来成为一名顶尖的执业医生，同时兼任哥伦比亚大学心脏外科学教授和纽约长老会医院心血管研究所所长。时机就是一切——哥伦比亚大学在 20 世纪 90 年代刚刚建立了自己的替代与补充医学中心，年轻的奥兹博士就来报到了。

不久，他带着一名“能量治疗师”进入手术室，并请一位记者观看，这位治疗师在奥兹博士做手术时，按手在病人身上。根据奥兹博士的说法——他还与一位灵气疗法大师结了婚——当他切开患者的心脏时，这样的治疗师能够把握到患者身上无法通过科学探测到的“能量”，并在必要时引导它们。*《纽约客》的科学记者迈克尔·斯佩克特（Michael Specter）告诉奥兹，他没有见过任何证据能够表明灵气疗法的功效，奥兹表示同意：“没错，如果你说的单单是数据的话。”在梦幻之地，“单单是数据”这种词就像是“主流”“体制”“共识”“理性”“事实”，它们意味着“精英主义”、“狭隘”和“对颠覆性的真理视而不见”。“医学是一种非常具有宗教意味的体验，”奥兹告诉斯佩克特，然后直接引用了一句来自相对主义60年代的金句，“我有我的宗教，你有你的。”

在《奥普拉脱口秀》上第一次露面之后，他又来了五六十次，基本上都穿着外科手术服。2009年，温弗里的公司推出了《奥兹医生秀》（*The Dr. Oz Show*），在这个节目中，他推广奇迹神水、顺势疗法、臆想能量，以及能与死者交流的通灵者。他频繁使用“**奇迹**”和“**魔法**”这两个词。从罗望子中提取的一种保健品“可能是一种魔法成分，可以让你无须节食和锻炼即可减肥”。绿色咖啡豆——即使“你可能认为魔力是虚幻的”——**确实是**一种“魔力减肥疗法”，一种“能快速燃烧脂肪的奇迹药丸。这非常激动人心。这可是大新闻”。他还鼓动观众相信，疫苗会导致自闭症和其他疾

* 奥兹的治疗师现在的从业地点在加利福尼亚州的马林县（Marin County），她相信自己有能力“带领人们在早年隐藏的家庭创伤中找到他们疾病和痛苦的根源，直至深究到器官、组织乃至细胞的层面，以观察它们如何应对所遭受的打击，并对其进行重组”。

病——在他之前，温弗里在她的节目中也说过同样的话。在《英国医学期刊》（*The BMJ*）所进行的一项研究中，一组经验丰富的证据审查专家分析了奥兹博士提出的建议——他们随机选取了80条来自2013年节目中的建议。调查人员发现，有合理证据支持的不足一半。

美国最著名的医生，被奥普拉·温弗里冠名为“美国大夫”的人，竟是一个虚假产品的贩卖商。

我要说明一点：并非所有替代保健领域的说法和疗法都是骗人的。其中有一些值得尊重。医生**有可能**成为傲慢的既得利益者。制药行业本身**确实是**追求利润最大化的。有时，医学也**的确被**强大的企业利益导向所扭曲（吸烟：癌症）。

对于注重预防、适当饮食、运动和整体健康以及疾病诊疗的医疗保健，我持完全支持的态度。

我甚至自己也花了一点时间在新纪元海洋的浅滩上跋涉。我有时会吞服紫锥菊胶囊，这是一种美洲印第安人的医用草药，因为我读过一些科学研究报告，说它可以帮助预防感冒和减轻流感症状。我断断续续练习瑜伽。几年前，我开始每天冥想。现在也有大量的科学文献显示，冥想能够对人的日常感知做出积极的改变。“这些驾驭意识的技能并没有什么魔幻、超凡或超验之处。”杰出的神经科学家克里斯托夫·科克（Christof Koch）写道。

尽管如此，在读到吉尔伯特·塞尔迪斯早在1928年对1900年前后的美国新纪元运动的拆台时，我无法不感到自己被人揭穿。当时35岁的他写道：“那么，瑜伽……和其他形式的东方神秘主义对美国人的吸引力在哪里？”也许是因为“我们在大肆攫取和占有之后，产生了厌腻感，便希望摆脱自身的种种累赘……于是，神秘主义就成了我们逃离自己的物质主义哲学影响力的方式。”可是……事实并非如此。恰恰相反，塞尔迪斯说，美国上层人士最初对瑜伽和类似活动的青睐“实际上不过是为了舒缓易怒的神经”。

> 这些人丝毫没有脱俗避世的打算。瑜伽对他们来说是一种远离刺激和保留愉悦的神秘主义路径。这是一场煞费苦心的伪装游戏，在这游戏中，聒噪的人们进入沉默，烦乱的人们佯作专注。克己的光环弥漫于他们想象中的自我……他们在某种神秘的灵性中独处片刻之后，便回过头去以更优雅的呼吸节奏征服世界。

不管怎样，美国投奔非科学医学的态度转向十分极端，现在看来也很可能是永久性的。一个很大的问题是，“补充与替代”（complementary and alternative）这一名头所及的范围太广了，随着上百种几近有效的操作方式和治疗手段居于流行前沿，上千种冒牌医术也纷纷被合法化。20 年前，《新英格兰医学期刊》（*The New England Journal of Medicine*）的一篇社论对替代医学日益增长的声誉表示出极大不屑，批评它“在很大程度上忽视了生物学机制”和“蔑视现代科学”，并且呼吁“科学界应该停止让替代医学免费搭便车了”。

说得不错。在学术界、媒体、政府以及商业的共同作用下，我们同时生活在两个世界里，一个是由科学引领的奇妙当下，另一个是前科学时代的旧日重演，机器人手术、3D 打印仿生耳和假冒民间偏方共存。

一个世纪前，国会通过了《纯净食品与药品法》，这是第一部监管医药行业并且基本上宣布假冒专利药品非法的联邦法律。这似乎为美国的医疗骗术敲响了丧钟，但骗子只是转入地下发展而已，他们在20世纪60年代末和70年代的风云变幻之后卷土重来。1991年，联邦政府在美国国立卫生研究院（National Institutes of Health）设立了“非常规医学办公室”（Office of Unconventional Medicine）。这一略带蔑视色彩的名字很快就改成了“替代医学办公室”（Office of Alternative Medicine）（迪帕克·乔普拉担任顾问）。1998年，它成了国立卫生研究院的一个正式研究机构“国立补充与替代医学中心”（National Center for Complementary and Alternative Medicine），后来又去掉了“替代”这个词，变成了“国立补充与整合卫生中心”（National Center for Complementary and Integrative Health）。这个奇特的机构是民主党参议员汤姆·哈金（Tom Harkin）的作品，他的个人经历激励了这项工作——一种名为“蜂息敏”（Aller Bee-Gone）的蜂花粉药丸治愈了他的过敏症。该中心已经拨款数十亿美元，用于资助顺势疗法和远程灵性疗愈等研究项目。

哈金在2014年退休前曾任参议院卫生委员会主席，他在最后一届任期内脾气有些暴躁，因为他认为这个由他亲手创立的机构**太过于**遵循科学、重视实证了。“建立这个中心的目的之一，”他在参议院听证会上抱怨说，“就是为了调查和验证替代方法。坦白地说，我必须公开承认它没能达到这个目标。坦白地说，我认为在这个中心和作为它前身的办公室里，我们过分关注对事物的推翻否定，探究和认可却太少。”哈金还在20世纪90年代与三分之二的参议院议员共同发起了一项议案，后来正式成为法律。它取消了美国食品药品监督管理局对保健品的管制，不仅包括维生素，也包括草药和其他植物制剂、激素制剂，以及**各种**天然物质。法律的起草者是犹他州的共和党资深参议员奥林·哈奇（Orrin Hatch）。并非巧合的是，美国的营养保健品行业主要集中在犹他州，那也是摩门教徒聚集的地方。20 世纪 90 年代联邦政府解除管制时，美国人每年购买价值 90 亿美元的保健品；现在，美国人每年花费大约 400 亿美元。

替代保健超级巨星安德鲁·韦尔（Andrew Weil）在亚利桑那大学医学院有自己的整合医学中心，还有一个规模不小的师资队伍，其中还有一个灵气疗法大师兼草药医师兼芳香疗法专家。韦尔是哈佛大学毕业的医学博士，他提供合乎情理的健康建议，也说些关于魔法能量的胡话。和常春藤盟校培养出来的奥兹一样，他也是很难被质疑的。他的医学中心和杜克大学的医学中心还组建了一个名校医学中心联盟，集结了此类对伪科学持开放态度的分部作为盟友，其中包括斯坦福大学、半数常春藤盟校及其他几十所高校中的相关部门。

大多数替代疗法和药物都没有得到科学证实。它们有时的确缓解了患者的疼痛或焦虑，但是相信科学的人嘲笑说这仅仅是一种安慰剂效应，一种世俗意义上的信仰治疗。因此，那些想要得到科学认可的信徒改变策略，打响了一场全新、盛大的品牌重塑战役：好吧，没错，这就是一种安慰剂效应——现在安慰剂疗法和安慰剂研究已经是一门正规学科了。他们获得了哈佛大学的认可，那里已经开设了一个“安慰剂研究与治疗关系项目”（Program in Placebo Studies and the Therapeutic Encounter）。（当我第一次听说这事时，我真以为是开玩笑的。）该项目的创始人兼负责人拥有一个东亚研究专业的学士学位和另一个传统医学方向的含混不明的中国学位；在成为哈佛医学教授之前，他曾是一名针灸师。如果说安慰剂有时能减轻疼痛和焦虑之类的问题，那确实没错。但这些全都是**主观症状**，它们有时可以通过心理上的方法治愈，正是因为它们就是心理上的体验。

问题在于，当人们往这个方向走得更远，就会想象和宣传各种不存在的“身心治疗效果”（mind-body healing effects）。如果安慰剂能让你心情平静、精神振奋，还能缓解疼痛，那为什么它不能**治愈疾病**呢？这就是盲目乐观了。负责编辑“基于科学的医学”（*Science-Based Medicine*）网站的一位外科肿瘤学家表示，他“尚未发现任何一项提供严肃客观证据的研究，可以证明安慰剂能够改变‘硬性’客观结果，例如使癌症患者存活”。

主张利用安慰剂效应的观点，就像主张摩门教的成立前提、与耶稣的对话或超自然经历是否“真实”无关紧要的观点一样；就像许多人认为，只要他们支持的人所说的话**给人的感觉**是真的，那么他是否撒谎就无所谓。《秘密》的作者也这么解释她的“吸引力法则”——这种改变人生的幻想绝对不是幻想，但就算真是，那又怎样？“安慰剂效应是吸引力法则的一个生动例子。如果一个病人真的相信这颗药片是一种有效的治疗方法，他就会感受到他所相信的，然后被治愈。”

每年都有数百万美国人花费几十亿美元使用顺势疗法治疗他们的哮喘、抑郁症、偏头痛、过敏、关节炎和高血压——最常见的10种疾病里的6种——也许他们确实经历了安慰剂效应，并且**感到**好转。但是他们中的一些人并没有得到可靠的诊断，也没有使用可以真正治愈他们的药物。

史蒂夫·乔布斯所罹患的胰腺癌是相对有希望治愈的类型，也许及时的手术治疗会使他活得更长，也许不能。无论如何，据他的传记作者沃尔特·艾萨克森（Walter Isaacson）说，在几乎一整年的时间里，乔布斯都在求助于“果汁……针灸……草药疗法……他在网上找到的治疗方法……一位通灵巫师”，如此等等。艾萨克森说：“我想他可能觉得，如果你不想让某件事物存在，你可以动用魔幻思维使它离开。”每当我看到邻居们在全食超市（Whole Foods Market）里翻阅月刊杂志《医生对你隐瞒了什么》（*What Doctors Don't Tell You*），或是由一位获得了“草药医师”（master herbalist，简称M.H.）这一研究生学位的作者所著的《草药医学、康复与癌症》（*Herbal Medicine, Healing, and Cancer*），每当我看到他们在过道里浏览琳琅满目的顺势疗法保健品和承诺“优化造血功能”的万能药，每当我看到他们购买昂贵的无麸质零食，尽管只有极少数人有医学上的理由需要无麸质饮食，我就会想起史蒂夫·乔布斯。

第 35 章

主流社会对梦幻之地的推波助澜：墙头草、犬儒派与真信徒

迈克尔·巴肯在《阴谋论文化》一书中提出，尽管可信与荒谬的信仰主张之间那古老而清晰的分界线在 20 世纪末渐渐消失，当权者依然“用各种手段”维持着基本的真假界限，他们会“阻止大众接触最具影响、最有人气的信息渠道，禁止某些理念获得制度上的奖励和资助，丑化那些边缘化的观点以及持有这类观点的人”。

任何社会中的当权者其实都会试图以这些方式维持和谐与秩序，但它们听起来有点邪恶，也不够美国：阻断信息渠道、禁止机构赞助、丑化某些观点及持有这些观点的人、将知识污名化。这就是为何“精英”在这个国家总是一个贬义词，而现在“主流”一词也变得如此。这也是为何在过去几十年中，掌管划分真假界限之大权的阶层中有如此之多的人不得不向种种胡言乱语让步。

在互联网时代以前的信息系统中，信息的准确性和可信度主要是由专家和特定的决策者来判定的。这样的系统有自满、盲目、势利和偏执等严重缺陷和诸多恼人之处。但是，这些门槛和守门人也成功地将最糟糕的谬论抵挡在我们的主流以外。

在宗教领域，正如我所描述的，传统主流新教的严重失势主要

是因为新宗派的兴起。在世俗世界中，情况却有所不同。学术界、媒体、政府和政界的那些原本应当负责辨别真假的守门人中，更多的人主动选择了弃明投暗，自愿向门外的野蛮人投降。这是一件极具讽刺意味的事：这些体制内的主流精英人士本来是梦幻之地嗤之以鼻的对象，而今却对梦幻之地的发展和巩固起到了至关重要的作用。

其中有些投降分子是放任而又包容的"墙头草"（Squishies），他们在智识上或性格上都不愿意污名化那些理当承受污名的知识主张——也就是不愿意实实在在地告诉人们，这些都是狗屁。有些人是"犬儒派"（Cynics），他们是被知名度、影响力或金钱方面的强烈渴望所驱动的用户或经理人。还有些人则是"真信徒"（Believers），他们费尽心机争取到了守门人的地位。另有些墙头草和犬儒派只是不再有兴趣去与不断壮大的真信徒群体抗争了。

***

早在相对主义兴起使区分真伪和虚实变成一件不礼貌的事情之前，大学校园里就有了大量的墙头草。20 世纪八九十年代，一些法国知识分子的研究——他们那看似精辟而又晦涩难明的文风正是吸引美国人的部分原因——让知识分子很难抗拒相对主义。米歇尔·福柯在对疯癫的理念进行批判之后就成了知识界的超级巨星，而他的对手让·鲍德里亚（Jean Baudrillard）则因为走得更远而成了美国知识分子中的名人，他宣称理性主义只是压迫者手中的工具，它已不再是理解世界的有效方式，毫无意义且注定失败。换句话说，正如他在 1986 年所写的，“理论的秘密”——他的整个知识体系现在被简单地称为“理论”——“就是真相并不存在”。

尽管他展现了欧洲知识分子自我嘲弄的特色——隐晦的行话、浮夸的言辞、目空一切的轻蔑——然而在他 1981 年的著作《拟像与仿真》(*Simulacra and Simulation*)中，他确实说到了点子上：他创造了“**超真实**”(hyperreality)这个词来描述当代美国生活（以及其他美国化的地方）。鲍德里亚认为，我所说的梦幻工业中心的制成品看起来似乎比现实更真实，并扭曲了人们的态度和行为。

在 20 世纪八九十年代的大学里，最坚定的相对主义者认为所有的知识——尤其是科学——仅仅是为自身服务的观点或神话，这些相对主义者创造了自己的学科和分支学科，就像新教宗派一样门类繁多。教授们开始自豪地以相对主义者**自居**。社会学相对主义的两位主要人物写道：“对相对主义者来说，认为某些标准或信念符合真正的普遍理性，与那些仅被局部性地接受的观点截然不同——这种观念没有任何意义。”他们宣称，理想方式是“对真理和谎言、理性和非理性持不偏不倚的公正态度”。

他们近乎病态地坚信，没有哪种看法优于其他任何一种，许多此类学者成了名副其实的真信徒。也有些人是犬儒派。“黑人其实也像白人一样明白，”罗格斯大学非洲文化研究专业的一位教授在 2014 年发表于《沙龙》(*Salon*)网络杂志的文章中写道，“理性应该被当作一种策略去使用，而不是当作一种规则去遵守。”但是在人文和社会科学领域，在时髦的后现代主义领域之外，更多的人是不做任何评判的墙头草。在**我们的**特权集团以内，理性所及的程度对**我们**来说也许还可以接受，但是我们不能指望别人也这样做。

这些观念在大学校园里成为标准，并被到目前为止的三代毕业生带入了社会，通过数以千万计的受过高等教育的美国人，它们渗入了大众的思想。抨击魔幻思维与其他非理性行为和思想变得不合时宜。那些理应在捍卫理性的持久战中成为骨干力量的美国人——大学教授和他们所塑造的头脑——反倒成了梦幻之地的推动者。

一切都好，学术界认定。

暴怒的基督教？没问题。

站在最顶端的是塔尼娅·鲁尔曼，在灵恩派群体中度过4年时光的斯坦福大学人类学家。她承认并赞许了无奇不有的学院派和无奇不有的基督徒之间的虫洞。她在《与上帝会谈》中写道："这种新兴宗教热情的趣味与悖谬对基督徒所产生的影响，正如后现代主义那种疑惑重重、自我觉察、妙趣横生的知性风格对知识分子所产生的影响。这使得他们可以在隐喻和字面之间来回游移。"她**想要**怀疑现实。["我**想要**相信"——《X档案》(*The X-Files*)里的穆德探员在提到脑海中的神秘声音时如此说。]至于那些相信上帝或耶稣会与自己交谈的基督徒，鲁尔曼说，他们"并不一定"犯有"知觉错误"，因为——同义反复警告——"一个人感受超自然事物的能力……与他愿意在眼见物质世界之外看到更多东西的意愿有关系"。

鲁尔曼在20世纪80年代开始她的职业生涯时就已经懂得入乡随俗了。她的第一本书《巫术信仰》(*Persuasions of the Witch's Craft*)讲述了自己曾与"研习所谓魔法的受过教育的白人"共度时光的经历。在研究过程中的某一时刻，她"开始感觉到我的血管中有某种能力在流动——是真正感觉到了，而不是想象。我的身体变热了……我想歌唱。然后我的背包里冒出了缕缕烟雾，那里面有我的自行车灯。其中一个正在熔化”。研究过程中的某一天，她在楼上的卧室里醒来时，看到窗户上有6个德鲁伊教士的脸，然后它们消失了。她对现代人创造了“幻觉的概念”感到不满，因为“当看到鬼魂成为一种心理现象时，它也变成了一种病理现象”。

另外还有史蒂夫·富勒（Steve Fuller），他在纽约出生长大，毕业于哥伦比亚大学，现在是历史学和科学社会学教授。他说，科学探究和宗教信仰并没有什么区别，前者并不优于后者。他全力支持所谓的“科学的复魅”（re-enchantment of science），也乐于让任何人决定任何事物的事实真相——这就相当于“在新教改革中发生过的事，你亲手拿起《圣经》，自己去解读它”。他说，智慧设计论背后的伪科学神创论者“并不是反科学的，他们只是反体制”。这是一种毫无意义的区分，是用一件大家都不喜欢的事物（**体制**）去替代一件学者理应认可的事物（**科学**）。在2005年宾夕法尼亚州的一次著名的联邦审判中，富勒作为学校董事会的专家证人出庭做证。在该案中，支持科学的家长们提出诉讼，要求将智慧设计的内容从孩子们的高中生物课程中移除。富勒的证词可谓极端墙头草艺术的集大成者。他做证说，智慧设计论并不是经过伪装的神创论或“具有内在的宗教性质”，而其“对超自然主义的信奉并不会使它变得不科学”。此外，他还站在左右派的共同立场上，指出“科学总是有被某类——让我直言不讳地说吧——自我延续的精英统治的……趋势”。*

---

* 法官是一名由乔治·W. 布什任命的共和党人兼委身的路德宗信徒，他不吃这一套。他判定，智慧设计论“不是科学”，而学校董事会的行为带有欺骗性和“惊人的愚蠢”——且有违宪法。一些英勇的守门人仍在坚守阵地。

伪科学和超自然现象的快乐幻想？一切都好。

这场反体制运动的其中一名领军人物是加里·施瓦茨（Gary Schwartz）。他获得了哈佛大学心理学博士学位，在耶鲁大学做过10年的心理学和精神病学教授。在中年时期，他确认灵魂真实存在，活人可以与死者交流，并试图证明这一点。他从耶鲁大学搬到亚利桑那大学，深入梦幻之地。虽然他不是医学博士，也没有自然科学学位，他现在却成了一名神经学、医学和外科领域的教授，也是大学里的“意识与健康发展实验室”（Laboratory for Advances in Consciousness and Health）主任，主要研究项目包括“死后意识的存留”（Survival of Consciousness After Death）和“异世界或高级灵性意识”（Other Worldly/Higher Spiritual Consciousness）。在他的数百篇学术论文中，有两篇发表于2014年和2015年，题目均为《上帝、同步性和后物质主义心理学》（God, Synchronicity, and Postmaterialist Psychology）。其中，他描述了11次他认为“一次比一次不可能”的巧合，认为上帝一定是在向他发送信号；接下来在为期两周的时间段里，他碰巧遇到了“长颈鹿”和“巴黎”这两个词共计15次。对施瓦茨来说，这表明“‘灵体’（例如，‘死去’之人的灵魂）……与神圣力量合作……一同编织着错综复杂、富创造性并且具有个人意义的同步性”。

2014年，他在图森（Tucson）组织了首届“后物质主义科学、灵性与社会国际峰会”（International Summit on Post-Materialist Science, Spirituality and Society）。会议在峡谷牧场（Canyon Ranch）举行，这是一个每晚价格1 500美元的度假胜地。施瓦茨也是这里的“能量理疗发展”（Development of Energy Healing）项目的公司董

事。与他共同组织会议的是一个在哥伦比亚大学负责临床心理学项目和“灵性与身心学院”（Spirituality and Mind-Body Institute）的人。她还是《临床实践中的灵性》（*Spirituality in Clinical Practice*）的编辑，这是美国心理学会（American Psychological Association，简称APA）新出的同行评议学术期刊，施瓦茨那些有关长颈鹿和巴黎的超自然巧合的论文就是在这份刊物上发表的。

他们的峰会发布了一篇《后物质主义科学宣言》（Manifesto for a Post-Materialist Science）。宣言中清楚地表明，签署者所谓的“后物质主义”（post-materialist）指的实际上是“后科学”（postscientific）。他们反对“心灵不过是大脑的生理活动”这种理念，因为**显而易见**，“我们可以通过精神力量——远程地——影响物理设备和生命有机体（包括其他人类）”，我们也可以“与身体死亡的人进行心灵层面的交流”。

杰弗里·克里帕尔（Jeffrey Kripal）是学术界魔幻思维阵营中最敏锐的思想家之一，他是莱斯大学的教授，曾任该校宗教研究专业的主任。他是《伊莎兰：美国与没有宗教的宗教》（*Esalen: America and the Religion of No Religion*）一书的作者，该书记述了伊莎兰的发展史。克里帕尔想要“把‘不可能之事’重新放到台面上来”。他**信**这些。他也完全可以将这本书写成“比扎罗世界”（Bizarro World）式的超人漫画版。* 他很乐意看到虚实界限的消除、科学与宗教的融合以及两者与幻想娱乐的结合。在最近的一次采访中，克

* 克里帕尔最近的新书《超自然：未解之谜的新视野》（*Super Natural: A New Vision of the Unexplained*）（2016）是与惠特利·斯特里伯（Whitley Strieber）合著的，斯特里伯就是我在第38章中提到的被外星人绑架的人。

里帕尔说，当“超自然现象遭到体制内科学精英的拒绝……它就会去往它所能去的地方——进入电影、科幻小说和漫画书……超自然现象成为如此受欢迎的话题，**正是因为它是真实的**，也就是说，因为人们实际上一直都有这样的经历”（着重部分由本人后加）。比如说，克里帕尔看完《X 战警》（*X-Men*）之后刚走出影院，就在停车场发现了一颗 X 形的珠宝，这肯定不只是一个很酷的巧合，而是一个启示性的迹象，表明“超自然力量是我们不断进化的超自然界的萌芽，以及 X 战警是真实存在的”。

事实上，有些学者甚至认为，用虚构和谎言冒充事实和真理也是**完全可行的**，只要这个过程是自下而上发起的，一切都没问题。

乔迪·迪安（Jodi Dean）是一名政治学家，她是普林斯顿大学的本科毕业生，20 世纪 90 年代于哥伦比亚大学获得研究生学位，当时的后现代主义已经达到了可以被她称为霸权的地位。她现在是纽约州北部一所优秀的文理学院——霍巴特和威廉史密斯学院（Hobart and William Smith Colleges）——的终身讲席正教授。在她的著作《外星人在美国：从外太空到网络空间的阴谋论文化》（*Aliens in America: Conspiracy Cultures from Outerspace to Cyberspace*）中，她表示自己从原则上乐于“捍卫那些（UFO）目击者和被外星人绑架者的诚信”。

然而，她对谎言的热情和对理智的蔑视比这更为深刻和广泛。她的看法从墙头草常用的标准出发点开始。“世界上有无数不同视角的观点，每个观点都有自己对真理的正当主张，”她说，“我深信许多当代的政治问题是根本无法判定的”。她使用学院派的行话来描述“真理的难以捉摸”（the fugitivity of truth），但走得比这更远——“‘信仰’和‘真实’的含义并不清晰”——而且还在越走越远。假如有一个“梦幻之地大学”（University of Fantasyland）的话，她将是教务长职位的强有力的候选人。

迪安几乎颂扬了每一种让我感到惊骇的态度和方法。她拒绝设想“存在一群‘公众’所共同认可的一种现实观念，一个理性概念，或一套评判理性主张和合理行为的标准”。事实上，她的看法是，就“公共领域的理性”而言，“它存在之可能性的瓦解”是件再好不过的事。她很自然地使用了20世纪60年代后期的“公认现实”（consensus reality）这个术语来抨击理性。“公共理性的常态，”她写道，“就是压迫性和排他性。”由于主流社会中的“反民主人士”试图“用他们的边界、科学、传统和真理来控制我们其他人”，因此对科学的怀疑是“合乎情理的”，而且“可能是民主的。它可以阻止科学在原本不过是政治辩论的场合被当作有最终解释权的王牌”。

互联网、电台谈话节目和有线电视新闻助长的另类现实对她来说也很不错。她写道：“现在，‘非理性’的人们终于可以发布他们的信息了。他们可以找到无数个被科学抛弃的局外人，并彼此建立联系。他们可以联网，并提供官方部署或理性的替代品。”比如想象的各种阴谋：“在一个虚拟时代，民主政治需要依靠阴谋论的帮助来寻找关联……而且，显而易见，坚持追问这些信息的‘真相’就是忽略了重点。”**显而易见**。在她看来，某个女权主义学者就“流行性癔症”发出警告并将事实真相与“耸人听闻的新闻报道和谣言”加以区分的做法是愚蠢的——“就好像我们能知道其中的区别一样。”迪安说，实际上，“最有可能增进自由的政治行动方式助长了偏执的产生”。虽然她很特别，但绝非独一无二。

在获得终身教职后，迪安宣布自己是共产主义者，并表示苏联不像人们所描绘的那么糟——因为她是《动物庄园》(*Animal Farm*) 那种意义上的奥威尔主义者，认为所有动物一律平等，但是有些动物比其他动物更平等。她表示，虽然每个观点都有对真理的正当主张，但我们必须认为“被压迫者的信仰在认识论上更优越”。

在我浸淫于后现代主义学术文献中的过去那几年里，我总是反复想起一个年轻博士、小说家、剧作家写于1924年的日记。“我相信《犹太人贤士议定书》是伪造的，”他写道，“我相信其中的内在真相，但不信其中的事实真相。”说这句话的是约瑟夫·戈培尔，约10年后，他成了纳粹德国的宣传部部长。

***

媒体和信息产业一直都是生意，但至少在20世纪的大部分时间里只是表面如此。许多公司，尤其是那些拥有重要新闻媒体和出版商的家族，并没有追求利润的最大化。为大众利益服务的信念确实让他们在发表和广播的内容中尊重理性、保持节制。当然，在拥有寡头垄断和地方垄断的有利条件时，广播电视公司和报纸更容易坚持坦率地呈现事实真相。

但是，保护它们免受市场全部压力的经济、文化和政治盾牌开始瓦解。美国在20世纪80年代决定，自由市场就是自由市场，没有人可以例外。在新闻和出版行业，赚钱不再是生存所迫的庸俗，而是变成了重点。犬儒派们纷纷“出柜”。任何能卖钱的东西，包括基于幻想的“非虚构作品”，他们都开始出售了。

NBC 推出了《未解之谜》(*Unsolved Mysteries*)系列片，以纪实般的风格讲述超自然现象和伪历史。那时，人们还比较尊重事实，所以电视台觉得有必要在每一集节目开始前预先提醒观众“这**不是**NBC 新闻节目”或“你即将看到的**不是**新闻播报”。20 世纪 80 年代，电视变成了有线电视的天下，美国的电视服务从一种共享的公共资源变成了一款私人购买的商品，其内容也从坚守真实性或准确性的规则中解放出来。有线电视的巨型马戏团变成了梦幻之地里一座重要的新型基础设施，与互联网和电台谈话节目一起推波助澜。

我本可以从 20 世纪 90 年代以来的时期里举出连篇累牍的例子，但是一个小小的样本就足够了。《与约翰·爱德华一同穿越》(*Crossing Over with John Edward*)是一个声称可以让人们与死者交流的节目，它曾是美国有线广播网(USA Network)出品的大热门。那时，TLC 频道还叫“学习频道”(The Learning Channel)，在它推出的“阴谋论特别周”(Conspiracy Week)期间，有个节目的标题句是：“他们真的抓住了俄克拉何马市爆炸案的幕后主使吗？还是背后有个阴谋？”

在这个世纪，特别是在过去的十年里，电视确实选择了投降，将幻想当成现实恣意贩卖。* ABC 新闻为它的招牌节目制作了品牌衍生品：《20/20：第六感特辑》(*20/20: The Sixth Sense*)和系列短剧《晚间报道黄金时间：超越信仰》(*Nightline Primetime: Beyond Belief*)，剧集包括《与魔鬼战斗》(Battle with the Devil)和《奇迹

* 具有讽刺意味的是，在非虚构类电视节目开始自由地融入虚构元素之后，一家仍然试图坚守事实真相的大型机构的首脑却因为自己吹牛而遭到了贬抑。原来，直到 2015 年，在布赖恩·威廉斯(Brian Williams)所处的那个立足现实的区域，明目张胆地公开说谎仍然是会遭到禁止和惩罚的。

之谜》（The Miracle Mysteries）。在时代华纳（Time-Warner）把“法制频道”（Court TV）更名为“真相频道”（truTV）之后，它的重磅节目之一是《阴谋论》（*Conspiracy Theory with Jesse Ventura*）。在这个节目中，杰西·文图拉（Jesse Ventura）这位前州长和职业摔角选手宣扬着“9·11”事件实为内部人员作案的理论、美国联邦应急管理署（FEMA）的集中营、2012 年玛雅末日预言的倒计时，以及政府以电子形式对持不同政见者实施的精神控制。

此外还有斯克里普斯公司（Scripps）的《灵异纪录片》（*Ghost Adventures*）和历史频道（History Channel）的《神秘生物：沼泽兽》（*Cryptid: The Swamp Beast*），探索传播（Discovery Communications）的各大非虚构类有线电视频道上播出的纪录片《真实美人鱼：新的证据》（*Mermaids: The New Evidence*）和《僵尸启示录》（*Zombie Apocalypse*），系列短片《我们身边的天使》（*Angels Among Us*）、《阿米什惊魂记》（*Amish Haunting*），以及有关地球上的狼人和外星爬虫人的《怪兽档案》（*Lost Tapes*）。国家地理频道（National Geographic Channel）播出了一部名为《解码启示录》（*Secrets of Revelation*）的黄金时段纪录片，以现实主义风格的数码技术演绎了《圣经》中所预言的耶稣与敌基督的末日决战。历史频道也紧随其后，播出了《启示录：末日的到来》（*Revelation: The End of Days*）。

换句话说，在一代人的时间里，美国电视已经成功地训练了美国人的思维，使他们习惯于将虚构视为非虚构作品。

不仅仅是电视。《时代》周刊从创刊到 1947 年之间这四分之一世纪里，耶稣在杂志封面上出现过三次，文章都是有关宗教艺术的。在接下来的 47 年里，耶稣上过两次封面，文章都是 20 世纪 60 年代和70年代早期基督教复兴的真实新闻报道。快进到21世纪初，在不到十年的时间里，耶稣就登上封面5次——此外还有两期是有关《创世记》和圣母马利亚的。

大型出版商们从20世纪90年代开始发行关于天使和超自然事件的非虚构类重磅书，而到了近些日子，记述来世生活的畅销书几乎年年都有——《天堂90分钟》(*90 Minutes in Heaven*)、《真的有天堂》(*Heaven Is for Real*)、《从天堂归来的男孩》(*The Boy Who Came Back from Heaven*)、《天堂的证据》(*Proof of Heaven*)。最后一本书的作者是一位神经外科医生，他说自己在天堂里游荡时“坐在一只美丽蝴蝶的翅膀上，还有成千上万的蝴蝶环绕着我们……在盛开的花朵和枝头的花簇之间穿梭，当我们飞过时，它们纷纷绽放……大瀑布、小水潭、难以描述的色彩，上空有金色和银色的弧光，美妙的赞美诗从那里传来。赞美诗的华丽无法形容”。他是两集《奥兹医生秀》的特邀嘉宾，ABC新闻的《早安美国》(*Good Morning America*)、《今晚世界新闻》(*World News Tonight*)、《20/20》和《晚间报道》(*Nightline*)也播出了关于他的专题节目。他的书卖出了200万册。然而，这一类型的书在2015年遭遇了坎坷，那个6岁时从天堂归来的男孩在年满16岁时宣布，自己与父亲合著的那本书里全是谎言。*

鲁珀特·默多克的新闻集团（News Corp.）是第一家大举进军基督教图书市场的纽约大型媒体公司，它在20世纪80年代实际上已经垄断了这个市场，美国有一半的忠实信徒读物是他们销售的。五

---

* 该书作者的姓——我发誓没骗你——是马拉基（Malarkey，这个词在英语中的意思是“胡说八道”）。

大出版巨头中的四家现在都有了自己的基督教图书品牌。时代华纳旗下的品牌叫“华纳信仰”（Warner Faith）——一家福音派基督教出版商，品牌名称来自创立了这座好莱坞梦工厂的犹太兄弟。

***

在家教育也是政府中的墙头草向真信徒投降的一种方式。在20世纪80年代法院对此批准放行之后，在家教育便迅猛发展。就像一些替代保健医疗一样，它也能起作用；我的一个侄子在上高中之前一直接受在家教育，而他是我所认识的最聪明、知识面最广、交际能力最强的人之一。但作为一种普遍现象，在家教育是当权派大开绿灯，默许人们将信仰作为事实、将想象作为真相的又一个例子。在助长另类现实的新型基础设施中，在家教育是功不可没的组成部分。

美国现在大约有200万名孩子只在家里接受教育，这个数字在20世纪增加了不止一倍。三分之二以上实施在家教育的家长表示，他们这样做是为了“提供宗教指导”，其中的绝大多数都是福音派和基要派信徒——他们试图保护孩子不受与他们的神学（以及社会和政治）立场相悖的科学（以及历史、哲学和文学）的毒害。* 例如，在家教育法律辩护协会（Home School Legal Defense Association）的一名发言人表示：“大多数在家教育的实践者在他们的在家教育课程中肯定会纳入一些神创论的内容。”再比如，由鲍勃琼斯大学

---

* 资料来自2012年全国家庭教育调查项目（National Household Education Surveys Program）。

出版社（Bob Jones University Press）出版的《生物学》教科书告诉我们，无限量的二氧化碳排放是没问题的，艾滋病可能是上帝惩罚“不洁性行为”的手段。换句话说，基督教在家教育运动制造了上百万个自助型迷你宗教学校。这是一个自由的国家。但是，对于这些为自己的孩子营造认识论幻象的父母，州政府中的墙头草（和真信徒）们也未能为之设定标准。有一半的州不要求接受在家教育的孩子们参加标准化考试或其他评测措施，只有十几个州会要求家庭教师必须有高中毕业以上的文凭。提出这些要求，就是精英主义的表现。

用你的神创论生物教科书在家教导孩子的父母们，大胆行动吧。然而，神创论如今也在公立学校中被教给了成千上万的孩子——在政府资助的特许公立学校（charter schools）里。例如，一家名为“响应教育”（Responsive Ed）的公司是得克萨斯州最大的特许学校办学方，在该州有几十所学校。“响应教育”的自然科学教科书上说：“起初，上帝创造天地。”他们还说，进化生物学充斥着“武断的教条”和“未经证实的理论”。

公立学校教科书的这种诡秘的退化，是由一些人组成的事实联盟共同催生的——出版业的犬儒派（和一些墙头草）以及州政府和地方政府中的真信徒（和一些犬儒派）。如果你在教科书行业工作，而你三分之一的目标读者的父母相信生物进化从未发生（或气候变化没有发生），那么想要销售尊重事实的教科书就有些麻烦了。为了安抚你的大部分市场，你需要采取保护措施。得克萨斯州的问题在于它（与加州）不仅是教科书的最大买家，而且神创论者已经控制了州教育局和许多下辖地区的教育委员会。2009 年的州教育局主席是一名牙医，他说“进化论是胡言乱语”，还说他可以“根据书本如何论述基督教来评估历史教科书”。

我们其余人理应放松一些，因为得克萨斯州对全国教科书市场的影响不像从前那么大了，而且大型出版商们已经开始专为某些有特殊需求的公立学校量身定制不科学的科学教科书和基督教化的历史教科书了。例如，关于全球变暖，六年级课本《世界文化与地理》（*World Cultures & Geography*）的教师版中说，科学家们“在地球气候变化的原因上看法并不一致”。课本的出版商是麦格劳-希尔教育（McGraw-Hill Education），三家最大的教育出版商之一，也是面对反科学力量的主要投降者。它曾是美国老牌图书和杂志出版商，但现在由一家私募股权公司运营，该公司还拥有《美国偶像》（*American Idol*）节目、猫王故居“雅园”（Graceland）和查克芝士餐厅——虽然还不算很迪士尼化，但具备梦幻之地的跨领域企业协同性质。

第 36 章

一切皆可——唯财产与身体不可侵犯

身为《全球目录》读者心神不宁、全副武装的近亲，“生存主义者”（survivalists）自 20 世纪 70 年代兴起后数量稳步增加。他们把赌注押在美国经济和政府的彻底崩溃上，这时他们就可以像想象中的几个世纪前的美国人一样，在与世隔绝的乡村地带生存下来。他们过的是一种为反乌托邦时刻准备着的生活方式，一种形式生动的幻想，并且深受 1979 至 1985 年间上映的三部《疯狂的麦克斯》（*Mad Max*）系列电影的影响。“千年虫”（Y2K）恐慌就是一个很好的卖点——20 世纪 90 年代，人们担心一旦 1999 年变成 2000 年，我们所有的新型数字系统将陷入混乱，而依赖数字系统的新世界就会崩溃。当然，这并没有发生。后来的“9·11”恐怖袭击和新的病毒性传染病（“非典”、禽流感）又给了生存主义新的动力。只要你**真的相信**，那么你就总能找到新的证据来支持你的信仰。

现在，数以百万计的美国人相信一场非超自然的末日将会到来。20 世纪 80 年代，当“**末日准备族**”（preppers）这个词流行起来时，他们找到了自己的归宿。这个名目囊括了各色人等——从硬核生存主义者到模仿者和围观者，从带着 AR-15 步枪进餐馆、酷似炸弹客泰德·卡钦斯基（Ted Kaczynski）的可疑男子，到隔壁街区在家中地下室里堆满乳清粉和抗生素的恩爱夫妻。末日准备族之于生存主义者，恰似福音派之于基要派。

当然，末日准备和生存主义的预设并不一定纯属妄想。的确有可能突然发生某种灾难性的系统崩溃，还可能会持续数月甚至是数年。但是我们中的任何人也都有赢得百万大博彩的可能性，我们却不会根据这种假设来安排我们的生活。当人们以莫名其妙的一厢情愿对世界末日确信无疑的时候，审慎就演变成了幻想。

生存主义者可以成为有趣的个案研究对象，因为他们是梦幻之地诸多元素的集大成者。他们将大家公认是幻想并且作为业余爱好的角色扮演——假想战争、模拟古代生活——变为了**现实生活**，这是一个全职幻想游戏，一场永不停息的 LARP。

这场运动有很强的宗教色彩。它最著名的领袖之一、前陆军情报队长詹姆斯·韦斯利，罗尔斯（James Wesley, Rawles——他坚持要在名字里加上这个奇怪的逗号）邀请生存主义者前往西北部的山间，他所谓的“美国堡垒”（American Redoubt）。这场大迁离“类似清教徒逃离欧洲的历史。他们与身边的环境合不来，于是就说：‘我们要搬去全新的处女地，重新开始。’我欢迎**所有种族**的基督徒来做我的邻居”。

就像自清教徒以来的美国幻想家一样，末日准备族高度关注他们所设想的场景的**合理性**。他们痴迷于每一次暴乱、战争、流行病和每一个出错的数据点，把这些当作大限将至的证据，每一个新闻事件都预示着我们那不可避免的人人自危的近未来。他们的政治立场倾向于右翼反政府，所以政府崩溃和无政府混乱对他们来说既是美梦，又是噩梦。

美国人是**务实**的人，生存主义者们也热衷于操作细节。以前这只是带有幻想色彩的生活方式选择，现在则成了生死攸关的要务——你将依靠所有这些枪支弹药存活，替代医学也将是不可替代的唯一选择。事实上，生存主义者将幻想注入了各种普通的爱好——园艺、烘焙、罐头制作、手工、木工、野营——并赋予它们**关乎人类存亡的意义**。这是开到最大挡的美国拓荒者怀旧情结，是迪士尼的“边疆乐园”遇上《行尸走肉》（*The Walking Dead*）连续剧。就像新一代的专利药品生意，专为生存主义者特别供应的冷冻干燥食品行业是犹他州摩门教徒的一项垄断业务——在过去一个世纪里，后期圣徒教会一直在为末日的到来囤积物资。（其中一家公司承诺：“当你的邻居为了寻找食物而苦苦挣扎时，你却在享受意大利千层面、俄式炒牛柳和其他各种美味佳肴。”）

这让我想起了 12 岁时的自己。当时，我带着心爱的 BB 枪和在睿侠电子产品店（RadioShack）买的“大耳朵”（Big Ear）牌监视设备，独自在野外露营，随身还装着几包冷冻干粮和写有联系人信息的秘密卡片簿，就像要争取童子军荣誉勋章那样认真。末日准备族和生存主义者钟爱他们的黑话和首字母缩略词，这让他们的爱好或生活方式有了一种军事化的严肃色彩。在最后的 SHTF［重大麻烦（shit hits the fan）］事件发生后，还没有进入“要塞”的生存主义者们需要“撤退”并应对 TEOTWAWKI［我们所知道的世界末日（the end of the world as we know it）］，在这个时候，生活会处于 WROL［without rule of law（没有法纪）］的模式。每一个 MAG［互助小组（mutual assistance group）］都亟须提前起草和批准一部宪法。

这绝对是又一个典型的美国现象。根据《卫报》(*The Guardian*)报道，在整个英国，只有一家地处米尔顿凯恩斯（Milton Keynes）东部偏僻小地方的商店专门向生存主义者和末日准备族出售防毒面具、十字弓、大砍刀、战术指铐等商品。在美国则有许多专门的实体店，甚至还有像“美国堡垒物业”(American Redoubt Realty)这样的服务业，“在美国堡垒地区或全美各地的诸多微型堡垒式避难所”向生存主义者出售房产。这家公司并不是**真的**在美国堡垒，而是位于北加利福尼亚的一个滑雪小镇诺登（Norden）。只需步行很短的距离就可以到达一处历史遗迹，在那里，美国历史上最著名的一群追求自由、敢于冒险、自力更生的驾马车拓荒者在一个被大雪封住的山口度过了整个冬天，那就是“唐纳大队”(Donner Party)，其中40多人幸存，部分幸存者通过食用其他30多个同伴的尸体才得以存活下来。

***

生存主义者和末日准备族都很古怪、很可悲。但是：我做我的事，他们做他们的事，如果我们偶然遇见彼此，这很美好。他们真诚相信并苦心经营的幻想并没有真正影响你我的生活。

这是我会详细讨论的最后一批无关痛痒的幻想。从某种重要意义上来说，它们还不至于像我们的自由至上主义国父托马斯·杰斐逊所说的那样，“掏我的腰包，或是断我的腿”。

美国革命期间，一伙穿着长筒军靴和制服的英国暴徒闯入了杰斐逊在弗吉尼亚山顶的一座自给自足（但依靠奴隶）的要塞——蒙蒂塞洛（Monticello）。他在最后一刻及时逃脱，退到 130 千米以外的第二个堡垒。他藏身于此，完成了一本伟大的著作《弗吉尼亚日记》（*Notes on the State of Virginia*）。

在关于宗教的章节中，杰斐逊提醒他的读者，美国殖民地中一些政府认可的官方教会曾迫害甚至处死异端信徒。因此，他宣称，新政府既不能禁止宗教，也不能将任何特定的宗教作为国教。应该让人们去选择他们想要的信仰，因为“假如我的邻居说有二十个神或者没有上帝，这对我来说并没有什么损害。他既没有掏我的腰包，也没有断我的腿”。

我同意。我也倾向于同意杰斐逊在同一段落中所阐释的主张，即“理性和自由的探究是对抗错误的唯一有效工具”，以及他在其他地方做出的结论：“我们所特有的迷信”——也就是基督教——中的大部分都是“由错乱的疯狂想象拼凑而成的”。

在我看来，太多的美国人现在几乎完全不关心理性，他们在错乱的疯狂想象中陷得太深，相信太多不真实和不可能的事情，并且正在丧失辨别真假的能力和意愿。当然，他们也并非没有**权利**这么做。

所以，带上每罐够吃 20 顿、足够食用 10 年的照烧牛肉饭，住进你的地堡。假装你住在大草原上的小房子里，每周在附近的仿真罗马孔多蒂街（Via Condotti）购物一次。如果你不是在管理你的虚拟 NFL 全明星球队，那么也可以想象一下你在冷港战役（Battle of Cold Harbor）中担任康涅狄格第二重型炮兵团的军官。为耶稣的再临做好准备。扮演《英雄联盟》（*League of Legends*）中狂人蒙多医生（Dr. Mundo）的召唤师、Instagram（照片墙）上的贵族唯美主义者或 Twitter（推特）上吐露真言的网络“喷子”。幻想你生来就拥有完美的人造乳房。说方言。阅读并相信那些声称自己死过并去过天堂的人所写的书。穿上巫师或者封建贵族的服饰。相信只要你相信自己能够变得富有，便会真的变得富有，相信燃烧鼠尾草可以清除你房屋内的邪灵，相信人类前天刚刚被超自然力量于一瞬间创造出来，相信是外星人教我们制造了电脑芯片。尽情去发疯吧。

这些权利你都有。我也有权利自鸣得意地待在自己温暖舒适的“都市美国堡垒”里，对我的一些美国同胞表示不赞成——他们认为理性和经验主义只是认识世界的众多方式中的一种，并不比其他任何方式更好，每个人都有资格决定她或他**自己的**真理。《纽约时报》自由派专栏作家纪思道（Nicholas Kristof）批评文人们“对保守基督教本身使用讥讽的语气”，但我有自由这么做，尽管“嘲弄宗教信仰是不可原谅的”——我也可以反过来讥讽他对某些出于信仰要求而反对婚姻平权的基督徒的嘲弄。他、他们或随便什么人都可以不赞同我。因为我们是美国人嘛！太棒了。

18 世纪美国宗教激情与美国启蒙运动之间的大妥协，使得任何可能产生的教派都可以萌芽和开花。很好。但这一原则现在已经不那么奏效了。那些空想的、宗教的和神秘的部分已经熟透并且爆裂，还把它们的汁液洒入启蒙与理性的部分，坏了整锅的粥。对于任何事物持有任何意见的人，特别是当这些意见被归为**信仰**时，就必然不用去面对任何挑战了。

大多数的个人幻想，无论是来自基督教、新纪元还是由梦幻工业中心提供的产品，就如杰斐逊所说的那样，并不会掏空你我的腰包或是打断你我的腿——除非你选择大宗购买。谁不喜欢阿米什人？他们特有的宗教信仰和生活方式很古怪，但也是迷人而别致的，而且不打扰别人。如今无处不在的色情产品和真人秀电视繁衍出了业余色情这一杂交亚种——非演员之间或假装不是演员的演员之间的性爱视频。* 真是恶心又扫兴……但反正也没人逼我看。色情成瘾显然已经让数百万（男性）色情爱好者愈加冷淡、失望并且令性伴侣失望，不过这不是我的问题。那么，如果很多美国人都在以各种不同方式搞怪呢？如果他们在自己疯狂又疯狂的梦境中自作自受呢？无视他们，不管他们，顺其自然。对吧？呃，问题来了。

在现实世界中是有真实后果的。

妄想观念和魔幻思维从私人领域涌入了公共空间，变得如此无所不在、根深蒂固，变得无比**正常**，影响到了每一个人。一些美国幻想已经变成了名副其实的武器。换句话说，我们的腰包**的确**正在被掏空，我们的腿**的确**正在被打断。

让我以过去 70 年来我们的郊区化狂潮背后那看似温和无害的幻想为例。除了美学追求和田园生活的假象以外，这些幻想最终造成了国家对汽车和石油严重依赖，通勤时间过长，很多好工作远离劳动者的居住地，并导致了人们不必要的肥胖，以及社会发展不必要的昂贵开支。随着替代医学的奇特理念被主流化，数以百万计的人们上当受骗，这可能还不至于打断你我的腿；但是，当他们病入膏肓，进入由保险和政府支付费用的现实医疗保健系统时，这就会

---

* 此外还有演员和非演员之间的业余色情“亚亚种”，比如八卦网站“掴客网”（*Gawker*）公布的 WWE 明星胡克・霍根［Hulk Hogan，此为擂台名，真名为 Terry Bollea（特里・博莱亚）］与朋友妻子的性爱视频。他起诉掴客网时所提供的法庭证词是梦幻之地法学界的里程碑，因为他划分虚实界限的方式很有代表性。他曾对媒体兴致勃勃地谈论该视频和自己的阴茎，当他在法庭上被问及此事时，他回答说：“我们当时谈的是**胡克・霍根**的长度……特里・博莱亚的阴茎没有 25 厘米长。”但是，他表示：“即使是……胡克・霍根也为视频感到难堪。”

掏我们的腰包了。儿童接种疫苗会引发自闭症的说法也是一种幻想，但这种幻想足以直接导致与未接种和受感染的儿童偶然接触的人群患病和死亡（见第 41 章）。随着对科学的不信任感日益增加，我们整个社会可能不会更加繁荣，而是更加脆弱。宗教信仰正驱使政府加大对合法节育措施和堕胎的限制力度，我们其余的人将在未来的几年里以各种各样的方式被掏腰包。

我们身边许多邻舍现在的许多胡言乱语**正在**给我们带来伤害。梦幻之地已经开始有越来越多的方式来掏我们的腰包，断我们的腿。

第六部分

梦幻之地的问题：从 20 世纪 80 年代到今日及以后

在我们所说的基于现实的社会中……人们相信对可辨现实的审慎研究就能解决问题，但是现在的世界已脱离了这种模式。我们创造我们自己的现实。

——卡尔·罗夫（Karl Rove），

乔治·W. 布什总统高级顾问（2004）

你是在说这是谎言。而他们提供的其实是……我们的新闻秘书提供的是另类事实。

——凯利安妮·康威（Kellyanne Conway），

唐纳德·特朗普总统顾问（2017）

第 37 章

疯人院病人治院，看谁都像魔鬼

能忆起那场狂乱的人恐怕都上年纪了。但即使你依稀有些印象，你可能仍然没有意识到当年发生的事有多么极端。在 20 世纪八九十年代，美国人突然幻想每年都有儿童——成千上万的儿童——被诱拐、绑架、折磨和杀害。

这些恐慌的好几种形式彼此交叠、相互强化。其中有过度反应的因素，那是一种将真实而罕见的罪行想象得十分猖獗的集体癔症。在一种新型美式主观主义的影响下，个人被鼓励去相信自己是受害者，并抹除想象和记忆之间的界限——他们的说法继而被人相信，只因为**当事人自己**坚定地相信。基督教对撒旦的关注正在复苏。美国人对阴谋论的信仰也重新觉醒——作恶者的诡计，政府和精英阶层试图掩盖的邪恶秘密——也为之提供了肥沃的土壤。各大权威机构中的知名人士——新闻媒体、心理治疗行业、执法机关、教会——也纷纷以梦幻之地全面崛起之前所不曾有过的方式加重人们的癔症。

这是一场祸不单行的风暴，让我将各个方面的各个元素逐一道来。

20世纪80年代初，在纽约市的埃坦·帕茨（Etan Patz）、南佛罗里达的亚当·沃尔什（Adam Walsh）和亚特兰大的二十几个孩子相继失踪和遇害之后，一场全国性的失踪儿童恐慌爆发了。国会通过了一项联邦失踪儿童法案（Missing Children's Act），牛奶盒上贴满了失踪儿童的照片。新闻媒体认定每年被绑架儿童的人数在2万到5万之间，而各种民间推测中最高的人数估计达到数十万。

那时的我刚成为《时代》周刊国内时政版块的作者，有一天，我做了关于失踪儿童问题的简单算术。如果保守估计的下限数字属实，如果每年真的有两万名美国儿童被陌生人绑架，这意味着单单在纽约市，每周就会有十几个孩子失踪。我觉得这是不可能的。我给全国6个城市的警察局打了电话，询问他们在过去的一年中有多少起儿童被陌生人带走的案件。一个说有一起，一个说没有，还有个地方有好几起。通过推断，全国范围的准确数字可能是几百，肯定不会过千，更不用说上万了，这似乎显而易见。然而，我的《时代》周刊编辑却拒绝让我推出这样一个持强烈质疑态度的报道。几年后，几位《丹佛邮报》（*Denver Post*）的记者证实，绝大多数儿童失踪事件实际上是离家出走或者与父母监护权纠纷有关，而标准的统计数据确实被夸大了好几个数量级。他们获得了普利策奖。事实上，10年后联邦调查局估计，真正的绑架受害者数量每年不超过300个，其中大多数没有被杀害。每年失踪5万人这个上限数字是亚当·沃尔什的父亲捏造的，后来他承认这只是他的“猜测”。失踪儿童恐慌的顶峰过去了，但这个神话却为一种焦虑、恐惧、过度保护的美国育儿新模式奠定了永久性的基础。

***

与此同时，人们也意识到，儿童遭受身边成年人性侵犯的情况比任何人想象得都要普遍——这一现象被严重低估，很少被报道和追究。受害者、执法人员和媒体对性侵犯及其普遍程度的曝光，都是重要且英勇的行为。然而，也存在惶恐过激的全国性过度反应，媒体报道与正当披露的批量轰炸引发了一场名副其实的猎巫运动。20 世纪八九十年代的人揭露的并不是罗马天主教神父中广泛存在的儿童性侵行为——这直到 21 世纪才引起关注——他们所关注的是由属魔鬼的反基督教人士制造的一场骇人听闻却纯属想象的罪恶狂欢。

精神病学和临床心理学专业是关键的促成因素。在近一个世纪的时间里，心理治疗被西格蒙德·弗洛伊德和他的思想主导。一开始，弗洛伊德认为很多心理问题都可以归因于童年时期遭受性侵犯的经历，尤其是病人遭受父亲虐待的经历——这就是他所谓的“诱奸理论”（seduction theory）。但他很快就发现，在他的病人对儿童时期性接触的记忆中，“幻想所占的比例远比我当初以为的要大得多”。修正后的观点，也就是孩子们容易产生有关父母的性幻想，成了精神病理学界的公理。另一方面，严肃的精神病学和心理学摒弃了弗洛伊德学说附带的一个重要理念——人们通常会不自觉地“压抑”有关性侵犯和其他创伤的记忆。

到 20 世纪 80 年代，弗洛伊德派的心理疗法已被其他形式的治疗取代，如伊莎兰学院所开发的疗法和治疗精神病的处方药。但弗洛伊德毕竟还是弗洛伊德。由于 20 世纪六七十年代发生的 3 次重大文化变革——性话题得到公开讨论、女性要求平等、幻想被认真对待——弗洛伊德的理论现在随时可以被选择性地修改和复兴。新观点认为弗洛伊德一开始就是正确的：父亲对女儿的性侵犯**的确**时有发生，受害者也**的确**压抑了对虐待的记忆——而且这种记忆可以被治疗师唤醒。

这一理念最受推崇的倡导者之一是杰弗里·马森（Jeffrey Masson），他是精神分析史学家，当时很年轻，如萨米·格利克（Sammy Glick）般能说会道，曾在国会图书馆（Library of Congress）为弗洛伊德档案馆工作。在20世纪80年代早期，他的著作《对真理的攻击》（*The Assault on Truth*）宣称，当患者描述性侵犯经历时，"没有人对弗洛伊德撒过谎"；其实，最初的那位治疗师只是拒绝相信他的病人。这些谎言是"弗洛伊德和整个精神分析运动"捏造的，是他们隐瞒了丑陋的社会现实。换句话说，身为精英阶层一员的马森，揭露了一个被精英阶层掩盖长达一个世纪的阴谋。后来他被同行疏远，但在那些相信他的人的眼中，这自然使他看起来更像是一个诚实的勇者。

精神科学家们早就抛弃了被压抑记忆的概念，外行却十分乐意相信。20世纪六七十年代教会了他们沉迷于性话题，认可阴谋论，并相信任何**感觉**自己是受害者的人**都是**受害者。电影也训练我们去相信被压抑的记忆：哈佛大学医学院的一位精神病学教授指出，"所有童年创伤在一瞬间被回想起来的闪回镜头（flashback）"是一种虚构的情节设计，它让被压抑记忆的虚构理念看起来很真实。20世纪80年代，被压抑记忆的概念在大众想象中重新流行起来，随之而来的还有"**复原的记忆**"（recovered memories）这一新说法。我们都应该有能力揭开关于我们过去的隐秘真相，而隐藏的钥匙现在出现了。一个庞大的护理性专业应运而生并不断增长，以响应不快乐的人群和精神病患者的需求。临床心理学家、临床社工、咨询师纷纷出现，他们中许多人只受过很少的培训，对科学也并无专长。美国临床心理学家的数量在20世纪七八十年代期间增加了不止两倍——许多人成了压抑记忆治疗师、复原记忆治疗师和创伤搜索治疗师。他们不仅致力于相信和认可任何病人告诉他们的任何精彩故事，有时还会帮助病人凭空编造并相信虚构的记忆。

关于记忆复原的最具影响力的书初版于20世纪80年代，作者是一名诗人，她的一个学生曾是儿童性侵的受害者。这本名叫《医治的勇气》(*The Courage to Heal*)的书所传达的信息是，如果你对自己和自己的生活感觉不好，却不知道是为什么，那很可能是因为你曾被猥亵或强奸，并压抑了那些残缺的记忆。书中含有一份清单，列举了被遗忘的性侵犯导致的74个可能的症状，包括“你内心深处总感觉自己有问题；你认为如果人们真的了解你，他们就会离你而去”，“你对自己的兴趣、才华或目标没有任何概念”，以及“你很难感觉到鼓舞你的动力”。即使病人对于被唤起的可能的遗忘记忆“有时心存怀疑”，作者仍然建议咨询师和治疗师，“必须相信你的客户遭受过虐待……坚定地相信她被虐待了”。因为他们相信的总是真的。这本书卖了100万册。

催眠成了发掘被压抑的事件记忆的主要工具。这类记忆不仅限于可能真实发生过的性侵犯，还包括外星人绑架、“前世”以及其他虚构事物。就像针灸疗法一样，科学并没有搞清楚为什么催眠有助于缓解诸如慢性疼痛、烟瘾和恐惧症等问题，但它有时的确起了作用。很好。然而，催眠术日益增长的声誉成了问题：治疗师说服自己和病人，被压抑的童年记忆可以通过诱发一种恍惚状态得以恢复——“回溯催眠”（regression hypnosis）——几乎可以肯定，这不是真实的东西。但那又怎样！一位备受推崇的心理学教授在《专业催眠手册》(*Handbook of Hypnosis for Professionals*)（1981）中宣称：“在治疗中的催眠性年龄回溯（hypnotic age regression）状态下被恢复的记忆，可能对治疗过程非常有帮助，**即使它是被扭曲的、不准确的，甚至是彻底的幻想而非真实的记忆。**”（着重部分由本人后加）从这里起我们便陷入了滑坡，开始相信幻想也可以是真实事件的记忆。

事实上，催眠状态是幻想状态的神经学同胞兄弟。几乎所有能被轻易催眠的人都有心理学专业所说的“易幻想人格”（fantasy-prone personality）——例如，那些自认为拥有超自然能力的人，或者那些倾向于完全相信自己拥有假想朋友的（孤单的）儿童。所以，假设你是一个倾向于幻想的成年人，开始想象一些幻想是真实的；在催眠状态下，你被要求提供细节；心理医生和你也就会由此确信这些都是真的。从20世纪90年代起，哈佛大学进行了一系列实验，测试了那些自认为能够忆起“前世”或者被外星人绑架的经历的人，以探究他们的头脑在**没有涉及**那些“记忆”的日常生活中如何运作。不出意料，“被绑架者”始终“表现出明显的错误记忆效应”，而有“前世”的人们不但有“明显更高的错误回忆率”，而且“在奇幻思维能力方面得分更高”。换句话说，他们天生就是幻想家。

所以，催眠并不是使人们忆起他们所遗忘的事件的可靠工具。但这背后的理念——我们全都有被压抑的记忆，它们若被复原，就可以向我们解释我们自身——在大众文化中实在是深入人心，哪怕科学界的共识强烈反对。乌尔里克·奈塞尔（Ulric Neisser）是认知心理学的创始人之一。“错误记忆和虚构症一点也不罕见，”他在20世纪90年代时如此说，当时虚构记忆大行其道，“当记忆可以被塑造和重塑，以满足治疗过程中强烈的人际需求时……这就更有可能发生。一旦记忆被如此重新设定，就非常难以改变了。”神经生物学家詹姆斯·麦高夫（James McGaugh）是这一领域的另一位先驱，在他半个世纪的研究生涯中，没有见过“哪怕一个记忆完全被压抑又再次出现的例子”。他说：“绝对没有证据能证明这会发生。一个都没有。我所有的研究都表明，强烈的情感体验会让人产生强烈的情感记忆。被性侵肯定可以被算作这种情形。”理查德·麦克纳利（Richard McNally）是在哈佛大学拥有自己的研究实验室的心理学家。他说，这些流行的说法是“有史以来对心理学和精神病学影响最为恶劣的民间传说，它为‘复原记忆疗法’提供了理论依据——而这是自脑叶切除术的时代以来降临在心理健康领域的最大灾难”。事实上，他的实验室发现了完全相反的事实：“最痛苦的幸存者并不拥有更强的遗忘与创伤相关事物的能力，他们在试图将这些事物从意识中驱逐出去时表现得十分困难。”

但是，科学被诅咒了；迫切渴望如此相信的临床医生、病人和其他人已经形成了一场运动，他们从没有停止相信。事实上，像以往一样，来自理性主义精英的驳斥只会强化这种信仰，并使之更加愤怒、更加正义。

***

1984年，帕特·罗伯逊在上《时代》周刊封面并参加总统竞选之前不久，出版了一本名为《200个最发人深省的人生问题之答案》（*Answers to 200 of Life's Most Probing Questions*）的书。其中有几个问题是关于撒旦和他的堕落天使们假扮成人类的现象的。“这是有可能的，”罗伯逊写道，“一个恶魔王子掌管着纽约、底特律、圣路易斯或任何其他城市。”* 哦，美国！我试图找到某种方式去享受你精神错乱的自由所散落的灰烬，与沃尔特·惠特曼神交，让自己包容万物，因某位挥汗如雨的传道人的热切言语而心得安慰，为一场野营集会而深深感动，陶醉于我们这个异常奇特的国度里那斑驳而迷乱的喧嚣之中。但从20世纪80年代开始，来自恐慌的基督徒那异口同声且愈演愈烈的疯言呓语不再只是散发着与1692年塞勒姆小镇的相似**气息**，而是更像它真实可怕的影响。

对儿童性侵犯的合理担忧衍生出了一种几乎纯属虚构的全新亚型。据说，撒旦教团体系统性、经常性地将美国儿童禁锢于噩梦般的虐待，而且是成千上万甚至是几十万名儿童，而这一理念差不多是由西雅图普吉特海湾（Puget Sound）的一名年轻女性杜撰出来的。米歇尔·普罗比（Michelle Proby）20多岁的时候，生活一团糟，精神病学家劳伦斯·帕兹德（Lawrence Pazder）对她进行了治疗。通过催眠，他帮助她“忆起”她已故的母亲是一个撒旦教团体的成员，并强迫5岁的米歇尔参加他们的仪式：撒旦教徒把她和蛇一起关在笼子里，在她面前杀死小猫，并连续好几个月在肉体上虐待她。从理论上讲，所有这些都可能发生——但不太可能是她回忆的那样：撒旦“炙热的尾巴缠绕着她的脖颈”，耶稣和圣母马利亚亲自抹去

---

* **或其他任何城市**，但有眼力的恶魔猎手们会注意到，他所列举的前两个城市恰好是犹太人和黑人比例最高的美国大城市。

她身上因虐待而留下的伤痕。

米歇尔和帕兹德博士各自与配偶离婚，然后两人结婚，并共同撰写了她的回忆录《米歇尔的回忆》(*Michelle Remembers*)，在1980年隆重推出。这本书的编辑刚刚出版了《大白鲨》(*Jaws*)，他表示，这“可能是我出版过的最伟大的非虚构类图书”——“一个被父母交给撒旦教会的小女孩的真实故事”。《人物》杂志和其他国家级媒体都刊登了不加批判的报道。它成了畅销书。纽约的编辑、出版商和新闻人真的如此相信吗？P. T. 巴纳姆真的相信他的纯虚构之作或正经工艺品所附加的那些胡编乱造的故事吗？

当米歇尔·帕兹德许多所谓的记忆被逐一揭穿时，一名记者问她的丈夫，在他看来事实真相是否无关紧要。“是的，无关紧要，”帕兹德博士回答说，“这是一次真实的**经历**。如果你今天问米歇尔，她会说：‘这就是我记得的。’我们仍可以对这个问题保持开放。但是**对她来说**，这是非常真实的。”其他人“都渴望证实或反驳所发生过的事，但最终这并不重要”。真真假假，随便什么——至少这件事给人的感觉是真实的。

《米歇尔的回忆》面世之后，美国人纷纷“忆起”他们自己被迫卷入可怕的撒旦教仪式的情景。他们的故事细节——毒品、使用工具的性侵、酷刑、动物肢解、人祭、食人等——往往与帕兹德博士及其夫人所建立的样板惊人相似。《米歇尔的回忆》不只是个一次性产品，它成了一类体裁和更多图书的原型，启发了更多捏造故事的模仿者，他们都在接受催眠的状态下宣称自己是强奸儿童、培育并杀害婴儿的撒旦教的受害者。

一场全国性的恐慌开始了。

它立即获得了一种专属的精神病学诊断，而这使撒旦教看起来更加可信，并助长了恐慌。当时，一些一流的美国精神病学家正在推广多重人格障碍（multiple personality disorder）的诊断。其基本理论是，极端的童年创伤会导致人们通过发展“替代人格”（alters）来压抑痛苦的记忆，他们在成年后的生活中会扮演这些人格。这种情况总是极其罕见。但是在1980年，精神病学领域的圣经《精神疾病诊断与统计手册》（*Diagnostic and Statistical Manual of Mental Disorders*，简称DSM）第一次将多重人格障碍作为一种正式的诊断结果。

为什么整个行业对这种罕见且有争议的诊断产生了突如其来的兴趣？因为这是又一种流行文化，是梦幻工业中心的又一款极具影响力的产品。1973年，《心魔劫》（*Sybil*）出版，书中讲述了一名女子的个人经历，她说自己小时候曾被虐待，并且拥有16个不同的人格。该书在美国卖出了600万册后，又被改编成一部长达4小时的电影，在NBC特别档《大事件》（*Big Event*）中上映并获得艾美奖，是当年收视率最高的节目之一。在前几个世纪里，全世界范围内有记载的多重人格障碍大约有200例；而在20世纪70年代，《心魔劫》出版的那个年代，就出现了大约400例，患者大部分是美国女性，尤其是极易被催眠的女性。20年后，推广这种诊断的精神病学家估计至少有20万名美国人患有多重人格障碍，甚至可能超过100万。

在经过全面修订的下一版DSM手册中，美国精神病学界将这种现象正式重新命名为“分离性身份障碍”（dissociative identity disorder）。尽管这个名字听起来更科学，但许多心理学和精神病学专家仍然认为它是个冒牌货。考虑到多重人格通常只会出现在治疗过程中，这是不是意味着治疗师可能是在帮助病人凭空想象“替代人格”呢？如果是童年创伤引发了这种紊乱，那么为什么多重人格的案例在儿童中几乎不存在？这是又一场现代美国式完美共融：从可疑的案例研究到戏剧化影视改编，再到专家变身为社会活动家并用伪科学手段帮助不快乐的人们“忆起”创伤，最后到权威媒体一致确认这是令人担忧、泛滥成灾的现实状况。*

自从帕兹德博士在美国心理学会的一次会议上谈到“仪式虐待”（ritual abuse）之后，这便成了描述撒旦教徒行为的标准术语。在推广多重人格流行病的精神病学家和心理学家中，一个很有影响力的派别突然有了重大发现：他们认定，在四分之一的案例中，他们已经得知多重人格障碍的根源，那就是**撒旦教仪式虐待**。这下因果彻底颠倒了。并不是他们的一些精神病患者产生了关于撒旦教徒的妄想，而是这些患者受到了真实撒旦教团体的真实伤害，所以才有了成千上万的多重人格障碍症。

精神病学家贝内特·布朗博士（Dr. Bennett “Buddy” Braun）是这个新领域的领军人物之一，他绝对是业界精英。到 20 世纪 80 年代中期，他已经发表了 20 篇关于多重人格障碍的论文，是芝加哥极负盛名的医院——拉什大学长老会圣路加医学研究中心（Rush-Presbyterian-St. Luke’s Medical Center）——的在职人员，他在那里设立了一个专门治疗“多重患者”的科室。由他参与创建的国际多重人格与解离研究协会（International Society for the Study of Multiple

* 记者黛比·内森（Debbie Nathan）在她于 2011 年出版的《曝光心魔劫》（*Sybil Exposed*）一书中披露了一封信，是匿名的“西比尔”（Sybil）在治疗过程中写给她的精神病医生的：“我其实根本没有多重人格。我甚至没有‘双重人格’……我一直在假扮他们。”

Personality and Dissociation）的年会里设有关于撒旦教的专题讨论。用布朗博士的话来说，撒旦教是“一个全国性、国际化的组织，其结构与共产主义的组织结构有些类似”，其隐藏信息也被秘密嵌入美国文化中的各个领域。越来越多来自著名大学和医疗机构的博士前来参与研讨，而后他们又组织了更多的会议。

1986 年，布朗博士接手了新病人，一个名叫帕特里夏·布尔格斯（Patricia Burgus）的 29 岁抑郁症患者。一位艾奥瓦州的精神病科社工对她进行过几年的治疗。这位社工使用角色扮演疗法，指导布尔格斯用孩童的声音说话，并给她的每一种情绪取一个名字，比如“超级慢动作”或是“宗教一号”。社工还给她看了一篇关于多重人格障碍的文章。“这是我第一次在白纸黑字上读到关于多重人格障碍的描述，”多年后，布尔格斯告诉《芝加哥》（*Chicago*）杂志记者，“这篇文章就是上帝的旨意。”当她被美国国家心理健康研究所（National Institute of Mental Health）推荐到布朗博士那里时，她相信自己有 20 个不同的人格；在接受了 6 年的强化治疗后——其中有两年时间，她作为患者被关在布朗博士的医院，常常每天被催眠长达数小时，并经常服用强力催眠药物——她相信自己有 300 个人格。

布尔格斯读了《米歇尔的回忆》，开始“忆起”，她的父母曾带她加入一个有几个世纪历史的撒旦教团体，她曾被黑豹、老虎和大猩猩强奸，孩提时代的她与肯尼迪总统发生过性关系，她还教过自己的两个年幼的儿子做人祭，并相信她曾性侵这两个孩子。布尔格斯还告诉《芝加哥》杂志的记者，在治疗过程中的某一天，布朗博士“问我是否吃过人肉。我说‘是的’。他弹了一下门框，说‘中了’”。她觉得自己回忆起来了，作为一名撒旦教“高级女祭司”，她曾“趁着自己丈夫工作的时候，每年折磨、强奸、谋杀并吃掉2 000名儿童”。她的孩子们也连续3年在布朗博士的精神病科室就诊。

这些生命都被如此摧毁了。与此同时，在很多涉及所谓的撒旦教罪行的审判中，布朗博士都作为专家证人出庭做证。《奥普拉脱口秀》也曾特别邀请米歇尔·帕兹德和《撒旦的地下世界》(*Satan*'s *Underground*)的五旬节派基督徒作者，此书包含了《米歇尔的回忆》中的所有主要元素——群交、强奸、专为献祭而孕育的婴儿、撒旦教仪式谋杀，以及最终被耶稣拯救的情节。*

帕兹德博士也有了一项新事业，在这场全国性的撒旦教虐待阴谋论中，他成了复原记忆问题的当红专家。1985年，他在ABC新闻节目《20/20》的一次离奇报道中曾以面部特写出镜发言——这是所有美国黄金时段新闻中观众人数最多的节目。“今晚，”主持人严肃地说，“《20/20》的调查结果令人震惊、发人深省。撒旦教和魔鬼崇拜横行于全国各地……其行径堕落、丑恶到不可思议的程度。自杀、谋杀、对儿童进行仪式化屠杀……然而到目前为止，警方还是束手无策。毫无疑问，其中必然有问题。”随后，曾担任ABC新闻驻白宫通讯员的记者说：“同类相食。难以置信，但在我们调查的每一个案例中，孩子们都描述了这样的经历。”**不可思议**而又**难以置信**：没错，但在这半小时内的大部分时间里，ABC新闻都在教导美

* 作者是福音派，以劳伦·斯特拉特福德(Lauren Stratford)的笔名出版了《撒旦的地下世界》。此书出版以后，一份基督教杂志的记者们揭穿了她的虚假故事。10年后，同一批记者们再次揭穿了她：这次她取了另一个名字，开创了一项新事业，虚构了又一段少女时代的梦魇经历，与之前截然不同——这一次她成了约瑟夫·门格勒(Josef Mengele)在奥斯威辛集中营的医学实验的幸存者。

国人相信。“这太可怕了。”节目的另一位主持人芭芭拉·沃尔特斯（Barbara Walters）在最后说，并且问记者为什么警察没有把所有的撒旦教徒都抓起来。掩盖事实真相，他回答。“警方非常不情愿将这类罪行作为撒旦教罪行来调查，芭芭拉，因为社区……不想让自己的名声被玷污，不想被称为魔鬼之家”——**魔鬼之家**，说得就好像魔鬼真的存在一样。即使在10年前，ABC新闻都不会如此恬不知耻。事实上，就在3年前，ABC新闻著名资深记者埃夫·韦斯廷（Av Westin）还发表了一篇高尚的评论，批评了他所在的行业由于追求利润而走向了堕落，还就“坚持公平……和准确的责任”这一点责备了电视网的新闻主管们。然而，当《20/20》播出“魔鬼崇拜者”（Devil Worshippers）这一集新闻调查时，韦斯廷就是节目的执行制片人。

其他电视台也群情激昂、歇斯底里地加了进来。杰拉尔多·里韦拉（Geraldo Rivera）连续两年主持有关撒旦教猖獗罪行的全国特别节目。这些节目成了更加耸人听闻的夸大之词和连篇谎话的黄金时段狂欢节。“据估计，在这个国家有超过100万名撒旦教徒，”里韦拉在第一期节目中说，“他们中的大多数人都是在一个极有组织、非常隐秘的网络中相互联络的。”而且，这一网络坚定不移地进行“撒旦教仪式虐童、儿童色情和恐怖的撒旦教谋杀。很可能这就在你所居住的城镇里发生着”。他的下一个节目在NBC播出。里韦拉在一开始时说：“撒旦是否存在，这是一个信仰问题。”而这话却与他接下来要呈现的所谓事实自相矛盾：“魔鬼名义下的邪恶行为……的确存在，而且正在蔓延……这是一个遍布全国的撒旦教罪犯网络”，其中有些人“出生在撒旦教团体中”，他们可能“渴望逃脱，却害怕怪诞死亡的刑罚”。节目播出当晚有三分之一的美国人观看，创造了 NBC 两小时纪录片的最高收视率。

精神失常的人的确做出过自以为是撒旦要求他们去实施的犯罪行为，而孩子们有时也会被施虐狂和疯子们以恐怖剧的方式残害。但是这种撒旦教犯罪狂欢和秘密死亡邪教的盛行**并不存在**。这是一种集体妄想。为什么会在那个时候发生呢？暴力犯罪从 20 世纪 60 年代开始急剧上升，还没有达到顶峰。临床心理学家们竭尽全力寻找客户们不快乐的秘密根源，此类护理人员的数量从 20 世纪 70 年代中期到 1990 年增加了两倍。全国梦幻工业中心给人们提供了他们想要的变态口味，电视新闻节目前所未有地散播恐惧，还出现了“克鲁小丑乐团”（Mötley Crüe）之类撒旦主题的乐队，很多人现在更是公开以巫术崇拜者（Wiccans）和魔鬼崇拜者自居。

而且，很大一部分美国人相信魔鬼真实存在，所有那些女巫、术士、撒旦教徒和华纳音乐集团的艺人可能都听命于他。对于美国基督教世界中本来就对撒旦和超自然经历津津乐道的许多人来说，一个撒旦教巨型组织的存在正是《启示录》中预言正确性的有力证据。洛杉矶县一间热衷于撒旦话题的加略山教会将仪式虐待作为他们全国性特别争战的对象。《消失的伟大地球》的作者对这种恐慌给予热情支持，并称赞《撒旦的地下世界》“绝对不可思议、绝对真实可信”。

人们煞有介事地谈论由诡诈的曼森式邪教团体组成的所谓全国网络，以及撒旦教罪行的泛滥猖獗，并且瘾症还在蔓延。这是梦幻之地层层协同效应作用下的一段非凡时期。

美国执法部门被指责无视这些罪恶滔天的侵害者的有组织团

伙——警方束手无策，警方不情愿调查这些罪行——他们自然回应了外界的压力。联邦调查局学院（FBI Academy）的儿童性虐待问题专家在恐慌肆虐期间撰写了一份报告：

> 人们所呈现的信息是事实、理论、观点、幻想和妄想的混合体。由于其中一些信息可以被检验或证实（摇滚专辑封面上的符号、墙壁上的涂鸦、亵渎墓地和肆意破坏的行为等），对大众来说就意味着这一切都是真实的、有记录的。宗教组织制作的材料……和通俗小报式电视节目的录像带也被用作培训的补充，它们都成了这一问题的存在及其本质的“证据”。

这位特别探员就像《萨勒姆的女巫》中的那位好牧师，他来到塞勒姆寻找魔鬼，后来却意识到这场恐慌其实是个骗局，并试图纠正他自己也难脱干系的可怕错误。在联邦调查局学院，他组织了第一次全国撒旦教虐待研讨会，之后又办了许多次。培训课程警告大家对诸如“蜡烛”和“珠宝”之类的邪教虐待符号多加留意。一个女权主义占星师的机构成了怀疑的对象。如果一个幼童对尿液和粪便表现出极大的兴趣，他或她可能已经被仪式施虐者的魔咒控制——这话出自一份列有几十条“撒旦教仪式虐待特有症状”的标准清单，清单由圣费尔南多谷一位与布朗博士共事的临床心理学家创建，被分发给美国警察和社工。其他“症状”还包括“对放屁的过分关注”、“对鬼魂和怪物的恐惧”以及“将电视人物当成真人”。

由加略山教会组织的全国属灵争战事工是许多会议的幕后力

量。但是大部分会议都拥有来自非宗教界人士的支持，例如在北佛罗里达大学警察技术与管理研究所（Institute of Police Technology and Management）举办的一场有关C/S/DM的专题会议——C/S/DM就是“邪教、教派与偏常运动”（Cults, Sects and Deviant Movements）。在一场举办于拉斯维加斯的凶杀调查研讨会上，犹他州监狱的首席临床心理学家告诉警方，每年在美国发生的仪式凶杀案有4万至6万起。事实上，当时美国全年**所有**杀人案的**总数**大约是2万起。

但是，警察又有什么资格反驳经过认证的专家，尤其是那些在一线治疗痛苦的受害者的治疗师呢？当美国心理学会对会员进行调查时，**93%的被调查者**表示他们相信那些声称经历过撒旦教仪式虐待的人所说的是真话。如果心理健康专家、记者和警察都确信这是真实的，那么检察官也不可避免地会这样认为。当时有两项全国性研究，其中一项由美国律师协会（American Bar Association）进行，另一项由加州大学戴维斯分校的一组研究人员进行。接受调查的检察官中有四分之一表示，他们处理过仪式虐待的案件。从20世纪80年代初到90年代初，在美国数十个州中，大约有200名美国人被以撒旦教仪式施虐者的罪名控告和起诉。超过80人被判有罪，其中一些人因想象中的罪行被判处长期徒刑。

第一次大爆发是在贝克斯菲尔德（Bakersfield）周边，这是一个以极端基督教和政治文化保守主义闻名的地方。1983年，一名强硬派县检察官当选，他迅速组建了一个仪式虐待调查小组。县里的社工参加了执法机构组织的一场有关撒旦教犯罪的研讨会，《米歇尔的回忆》是教学材料之一。孩子们被从自己家中带走，一位社工被指派对这些疑似受虐的儿童进行盘问——很快，孩子们就在重复那个熟悉的故事了：吸血、食人、被穿着长袍诵经的人强奸、为献祭而孕育的婴儿。当地执法部门猜测，有30名婴儿为献祭而被杀害。当时没有婴儿失踪，也没有尸体被发现，指控所有罪行的所有控方证人均是儿童——其中有一个一直否认他的父母曾对他施行性虐待，直到第35次被调查询问时才改口；另一个则是在被警方看管的两个月期间受到催眠后才提出指控。数十人被控告，其中28人入狱，一些人被监禁20多年。还有十几人在辩诉交易中放弃了他们的孩子。

与此同时，最臭名昭著的撒旦教恐慌事件发生在此处以南两小时车程的一个富裕的洛杉矶县海滨小镇。在麦克马丁幼儿园（McMartin Preschool）上学的一个男童的母亲认为，孩子的男老师——也是幼儿园创办者的外孙—— 一直在鸡奸她的儿子。她告诉警方并写信给地方检察官，声称幼儿园创办者带男孩去了一个军械库，那里有“仪式般的气氛”以及一个“山羊人”，还带他去了一间教堂，在该处“使用武力训练孩子”，而她的强奸犯外孙“在空中飞行”。两年后，这名原告母亲被诊断患有急性偏执型精神分裂症（一年后死于酒精中毒）。但那时，这股风潮已经一发不可收拾了。ABC旗下洛杉矶台的一名记者在1984年的一个收视率调查月将这个故事继续推进。地方检察官从洛杉矶一流的非营利性儿童虐待干预机构聘请了一群治疗师，采访了数百名曾就读于该园的儿童（帕兹德博士也参与了这次猎巫行动）。

对麦克马丁幼儿园学童的质询方式成了名副其实的反面教材。一个孩子从来没有提到过裸体或是照片，但询问者问道：“你还记得裸体照片吗？”不。“不记得那部分吗？”回答仍是否定的。“你再好好想一想，可以吗？你的记忆可能会回来的。”当另一个孩子说老师没有做什么不得体的事情时，询问者说：“你是想继续愚蠢下去，还是想聪明一点，帮帮我们？”

孩子们被说服了，承认他们乘坐飞机到其他城市后被实施性侵，并亲眼看见马匹被用球棒殴打致死，婴儿在教堂里被斩首，老师们装扮成巫师的模样。长达3年的深入调查没有发现任何物证。控方告诉公众的理论是，这所学校曾是一个儿童色情产品制作中心，但是由联邦调查局和国际刑警组织进行的全球搜索没有发现有麦克马丁学童出现的影像或图片。证据只有18名儿童提供的可疑证词，8名成年人被指控对48名儿童性侵，这个数字后来降到了13名。但就连洛杉矶县地方检察官也承认，他手上的大部分证据都“极其无力”，并最终撤销了对所有人的指控，除了最初的犯罪嫌疑人和他的外祖母。这次审判历时3年，是美国历史上最长的刑事审判，两名被告在狱中度过了7年后，被判无罪。

尽管洛杉矶已经公布了无罪判决，但无论是在当地还是全国，众口铄金的狂热情绪仍在蔓延：主流新闻仍在夸大恐慌的可信度，警方仍在逮捕犯罪嫌疑人，检察官仍在起诉新案件，心理学家和精神病学家（以及他们的客户）仍在坚信或诱导，而且这些都有政府的批准。

猜忌四起，控告几乎无处不在，数十宗诉讼在发生。在北卡罗来纳州泰德沃特特区（Tidewater）的一个小镇上，孩子们做证说，一个经营日托中心的撒旦教团体对他们实施了仪式虐待——还把他们塞进热气球送上了外太空，带他们坐船进了大西洋，新生婴儿在那里被喂给鲨鱼。一些人被判处长期监禁，服刑多年后，他们的判决才被推翻，指控才被撤销。

在奥斯汀（Austin），管理一家日托中心的一对夫妇被孩子们以标准的恐怖虐待情节指控（包括儿童被空运到其他地方强奸，被老虎和大猩猩虐待，婴儿被喂给鲨鱼），但是他们的问题比往常更多。他们因强奸一名女孩的罪名而受审。当检察官询问证人席上的受害者，被告是否曾经“以你不喜欢的方式触摸你”，她反复回答“不”和“不，这没有发生”。唯一的物证是一名急诊室医生的证词，他对那个女孩做过身体检查，看到她的处女膜有撕裂。“我可能是错的，”在这对夫妇被判有罪并开始48年的服刑期之后，这位医生告诉记者，“就我如今所知……知道如何正确地进行身体检查，我想如果我现在遇到这个案件，我可能会……拒绝出庭做证。”

撒旦教恐慌从未在美国之外的地方真正发生过。挪威的一位历史学家发现，在1988年里韦拉的NBC特别节目被挪威媒体报道之前，没有民众提到过撒旦教仪式虐待。根据一位专门研究创伤和精神疾病的美国社会心理学家出版于2004年的著作《日托所仪式虐待道德恐慌》（*The Day Care Ritual Abuse Moral Panic*），20世纪八九十年代的那几次美国之外的诉讼通常“在短短几个月内结案”，这“使得那些在美国日托所案件阴影下趁机造势的即兴新闻最终只能不了了之”。她还谈到在英国的案件中，“没有诵经、群交的撒旦教徒……只有鬼魂，有些是粉色、独眼的灵体；没有人吃死婴的肉，也没有人喝他们的血”，事实上，“没有虐待……没有任何强奸、鸡奸和酷刑这类使美国版叙事特别有吸引力的情节”。当然，在其他任何一个发达国家，都没有如此多的公民是福音派或基要派基督徒。只有美国与众不同。

***

20 世纪 90 年代，这场全国性闹剧终于结束了。经过十几年的时间，在那些因撒旦教虐待而被定罪的人们被监禁了共计数百年的时间之后，司法机构和主流舆论恢复了一些理智，当年的儿童证人长大并撤销了控诉，定罪被推翻。“当我摆脱药物和催眠之后，”拥有 300 个人格的芝加哥撒旦教女祭司帕特里夏·布尔格斯说，“我做了一点算术。我每年都要吃掉 2 000 个人。如果我连续这样干了 30 年，那所有这些人都是从哪儿来的？”

那些助长恐慌的专业人士也表现出了一点负责任的态度。美国精神医学会（American Psychiatric Association）在 1993 年警告说，“反复的询问”可能会导致人们说出有关从未发生过的事件的“记忆”。美国心理学会成立了一个“虐童记忆调查工作组”（Working Group on Investigation of Memories of Child Abuse），但多年以后，其模棱两可的研究结果仍坚持认为“那些被遗忘了很久的受虐记忆有可能被重新唤起”。

许多对当时不公正行为的纠正和认错的表示，直到 21 世纪才出现。罗丝安妮·巴尔（Roseanne Barr）曾在《人物》杂志上声称，她回想起了自己在 30 年前被父母猥亵的被压抑的记忆。但 20 年后她承认，呃，不好意思，那不是真的。她将此事归咎于《医治的勇气》（“书中说，‘如果你感觉这事曾发生在你身上，这意味着它确实曾发生在你身上’”）和精神药物（“医生给我开了很多抗精神病药物”），这些因素导致她“完全与现实脱节”，并且“不知道真相是什么”。

贝克斯菲尔德的20多个有罪判决几乎全部被推翻，仅有一人除外。一名男子在2004年被释放时已服刑19年；指证他的4个孩子都已长大成人，他们终于撤销了指控。在麦克马丁案中做证的一名儿童在30岁时承认，那些被告“从未对我做过任何事，我也从来没有看到他们做任何事，我说了很多没有发生过的事情。我撒谎了”。因强奸一名儿童的罪名而被判刑的奥斯汀夫妇在该判决被推翻之时，已在狱中度过了21年。

历史不会重复，但是会押韵。在1692年的塞勒姆，和20世纪八九十年代的美国一样，孩子们讲述的故事推动了诉讼，许多被告被迫认罪以求轻判。然而在某些方面，我们在20世纪晚期的撒旦教恐慌比17世纪晚期的那场恐慌还要严重。这一次没有人被处决，但至少在当时的塞勒姆，控告和惩罚自己邻舍的所有官员们都有理由相信魔鬼的巫术。塞勒姆猎巫事件是短暂、局部的，仅仅几个月后，马萨诸塞湾殖民地的领袖们就后悔了，并终止了控告和惩罚。相比之下，由于大众传媒和梦幻工业中心的助力，我们不久前的撒旦教癔症席卷了整个国家，并持续了10多年。在17世纪90年代的新英格兰，公众的痛苦和内疚立刻表现出来，发生在塞勒姆的可怕过激行为成了一个关于疯狂信仰击败理性的经典警示故事——300年后，我们却仍在复述这个熟悉的故事。但是，如果你向今天的美国人问起仅仅发生在一代人之前的撒旦教恐慌，你将会看到一个巨大的记忆空洞：年轻人对此一无所知，几乎没有人了解它的规模、持续时间和引发的破坏。

应该对此负责的人没有付出什么代价，在多数情况下，连句道歉都没有。“无辜的人有时候也可能被指控。”贝克斯菲尔德的地方检察官几年前承认说，这时他已经是第六次当选。当然，他承认："如果这些案件出现在今天，我们将会以不同的方式处理它们。但是针对我们当时的情况，我认为我们已经尽力了。"在伊利诺伊州，拉什大学长老会圣路加医学研究中心关闭了他们那痴迷于撒旦教的多重人格科室，其负责人的医疗执照也被州政府吊销，此后，他搬到了蒙大拿州，在那里成了一名具备资格认证的执业精神病医生。

现在仍有定期举办的撒旦教仪式虐待研讨会。分离性身份（旧称多重人格）障碍仍然列于 DSM 中，其心理学和精神病学的推动者仍然声称，有数百万名未被诊断的美国人患有这种疾病。比较忠于数据和科学的心理学家们形成了他们自己的全国组织，但是业界的主要学术群体——美国心理学会——人数足有它的 5 倍。美国心理学会的一位会长还抱怨说，那些追求精确性的心理学家"对科学的狂热接近非理性的边缘"。

在塞勒姆的灾难之后，基督徒们大多不再讨论女巫和魔鬼了。然而，最近的事件并没有缓和美国基督徒的"撒旦狂热"——一些人恰如几百年前在新英格兰一样，坚持认为最近的群体癔症也是撒旦的行为，他使用超自然力量**欺骗了**原告和当局，让他们惩罚那些不幸的无辜之人。

在美国，即使是那些个人生活被这场幻想流行病所毁坏的人，也继续坚持魔幻思维。帕特里夏·布尔格斯得到了 1 060 万美元的赔偿，因为她的精神科医生说服她相信，自己是一名实施了大规模谋杀并强奸过自己孩子的食人撒旦教徒。在这个时候，她把孩子们和丈夫带到了梵蒂冈。"我们要感谢上帝带领我们走出了这场磨难，"她解释说，"我们会将自己的生命重新奉献给他。"

第 38 章

现实是一场阴谋：美国版 X 档案

在《第三类接触》（1977）和《E. T. 外星人》（*E.T. the Extra-Terrestrial*）（1982）上映后的十年里，越来越多的美国人声称他们曾被外星人访问、调查和暂时带走——也就是绑架。许多资历过人的美国人也开始相信他们。其中最为显赫、最具权威的，当属著名的哈佛教授约翰·麦克（John Mack）。

麦克曾经是纽约市一所私立学校的预科生，曾就读于哈佛大学医学院，毕业后留校成为一名富有才华并受人爱戴的精神科医生和精神病学教授。除了治疗师和教师的工作，他于 1976 年出版的 T. E. 劳伦斯（T. E. Lawrence）的传记还让他获得了普利策奖。书中那位风度翩翩的英国体制内人物，后来成了“阿拉伯的劳伦斯”，他如堂吉诃德般激励并领导了一支不起眼的非正规军队，反抗当权者的压迫。麦克表示，传记的主题是“劳伦斯成为英雄的需求”，这种需求产生于“童年时代关于英雄历史的幻想”。在我看来，麦克显然是一位风度翩翩的美国体制内人物，他最终也满足了自己成为英雄的需求，如堂吉诃德般激励并领导了一支不起眼的非正规军队，反抗当权者的压迫——以跳进梦幻世界的方式。

1987 年，在他 50 多岁时，麦克参加了一个在伊莎兰学院举办的小型会议，与会者均为“替代类”医生和科学家。在那里，他遇到了“全息呼吸法”（Holotropic Breathwork™）的创始人，这是一种通过过度换气来诱发超自然意识状态的技术。根据这位发明者的说法，当麦克尝试这种技术时，他“忆起”了自己在俄罗斯生活的前世。后来，在索诺马县（Sonoma County）海岸边的一次高级培训课上，这位“全息先生”告诉麦克：“UFO 劫持经历是灵性危机的导火索。”

与此同时，美国精英阶层的另一名成员——前广告经理和成功的恐怖小说作者惠特利·斯特里伯出版了《交流：一个真实的故事》（*Communion: A True Story*）。书中描述了他在 1985 年圣诞节后的那一天与“非人类”接触的过程，它们有深色的眼窝和圆形的嘴巴，还在他的肛门里插入了一个 30 厘米长的探测装置。《交流》占据《纽约时报》畅销书排行榜榜首，销量达 200 万册。它鼓励了更多的美国人宣称自己也曾被外星人访问和检测过。

不久后，依然身在哈佛的麦克成了一场外星人绑架阴谋信徒运动的领军人物。1992 年，他和一位来自麻省理工学院的很有影响力的物理学家共同组织了一场“劫持事件研究会议”（Abduction Study Conference）。这次为期 5 天的会议有个预设前提：“被绑架者”说的是真话，来自外太空（或平行宇宙）的生物的确曾经访问、检查并以不同方式利用过他们。《纽约客》作者 C. D. B. 布赖恩（C. D. B. Bryan）也参加了会议并出版了一本持友好立场的书，书中描述了这群真信徒的聚会，名为《第四类接触》（*Close Encounters of the Fourth Kind*）。该书为这场运动进一步做了宣传，使故事正当化。

现在，既然这些权威人物全都在认真对待讲述这些故事的人——麦克的新研究机构“超常经验研究项目”（Program for Extraordinary Experience Research）还得到了劳伦斯·洛克菲勒（Laurance Rockefeller）的资助——那么，那些所谓的被绑架者和各路 UFO 专家怎么会不更认真地对待自己的信仰？数百万人又怎么会不跟着相信呢？麻省理工学院的会议是一个分水岭，它不仅为身处这一特殊领域的幻想家们大幅增加了可信度，而且给任何一群狂热信徒都带来了深远的影响。

麦克在 1994 年出版了《劫持事件：人类与外星人的相遇》（*Abduction: Human Encounters with Aliens*），书中的故事来源是几十个所谓的被绑架者，他们都是他做精神科医生时治疗的患者——也就是说，他相信并鼓励了他们的幻觉。那些想象自己遇到过外星人的人没有被他称为病人，而是被叫作“体验者”（experiencers）。为了帮助他们忆起并充实他们精彩的故事，他使用了催眠术和“快速深呼吸……容易勾起回忆的音乐、一种健身活动，以及曼陀罗绘画”。许多人认为自己与这些生物发生过性关系。

在《交流》一书中，斯特里伯称，任何针对被外星人绑架者的怀疑论调“都像嘲笑强奸受害者的行为一样丑陋”——麦克一直对此深信不疑。他**从一开始**就认为他们的主观体验是真实的，然后摸索着创造出一些与精神病理学无关的客观解释：“有好几位被绑架者告诉我，他们感到自己的至少部分经历并不是发生在我们所理解的宇宙的物理空间 / 时间维度内。外星人绑架现象……我猜测，虽然它显现在我们的物理空间 / 时间世界中，但并不真正**属于**这个世界。”这种闪烁其词的说法，就像一个措辞微妙的基督教神学家在向怀疑者解释圣灵如何超自然地显现。这还让人想起新纪元教母简·罗伯茨对她的假想朋友塞思的伪科学解释——塞恩可能是“我自己的意识在另一个维度的产物，而那个维度并不关注我们这个现实”。但是麦克自己绝对相信地球上存在异世界的生物，那些爱管闲事的家伙“侵入了我们的物理现实，并且影响着成千上万甚至可能是数以百万计的生命”。

《波士顿先驱报》(*Boston Herald*)称《劫持事件》是“一部具有里程碑意义的卓越作品”,《纽约时报书评》(*The New York Times Book Review*)称麦克“做出了宝贵而无畏的贡献”。PBS 的科学系列片《新星》(*Nova*)专门为麦克拍摄了一期节目。

与学者、知识分子及反传统文化人自 20 世纪 60 年代起的一贯做法一样，他把我们看不到人世真实本质的原因归咎于现代性和理性。只有思维狭隘的人才坚持“现代科学的本体论框架”和“接受物理学定律和生物学原理”，理性制造了“精神世界和物质世界之间的屏障，这在西方已经根深蒂固……正是这种错误的对立，使得我们与那些不遵守这一分界的生物发生的碰撞如此令人震惊”。麦克是混合式滚雪球的完美范例。他从相信自己忆起前世，到相信别人的外星人绑架故事，直至最终陷入一大堆一厢情愿的神秘理论之中。“绑架现象使我（我现在会说，不可避免地）看到,”他在《劫持事件》中写道,“我们身处充满了智慧生命的宇宙(或多个宇宙)，我们自己切断了与它们的联系，失去了可以用于认识它们的感官。”造成这一切的原因正是“流行的唯物主义 / 二元论世界观”。而这些感官在“濒死体验、使用迷幻药物、萨满通灵”等经历中可以恢复。

他进入梦幻之地并定居下来，就像很多传统宗教的真信徒一样——基督徒聚居在一边，麦克和他的新纪元部落大多在另一边，但他们都或多或少地憎恶这个世界，这导致他们放弃了理性和基于证据的标准，转而拥抱关于宇宙终极意义和超自然救世主的神奇故事。根据麦克的说法，正因为我们把事情搞得一团糟，那些神秘的超生命体，星际间或异次元的天使，要来到我们这里拨乱反正。

> 在我关于UFO劫持事件的研究工作中，没有哪个发现比这个让我更为惊讶：地球上正在发生的一切，在宇宙中的其他地方并没有被忽视……
>
> 外星人绑架现象代表了某种矫正性质的行动……我的总体印象是，绑架过程并不是邪恶的，那些忙碌的智慧生命并不希望我们遭遇不幸。更确切地说，我有一种感觉，或者可以说是信念：绑架现象的核心意义是，在地球生命受到重大威胁的时候保护地球上的生命。

***

大众对外星人在此居住的这份确信，似乎和那些蓬勃生长于20世纪60年代之后的幻想一样，用不着我们为之担心太多。这是一种民间信仰，有一些妄想型的狂热信徒，但它并不会真的掏空我们的腰包或是打断我们的腿，对吗？

事实上，这是一种复杂、间接的协同作用的实例——表面无害的虚构之事通过文化融合、增长和传播，在结合特定的宗教和政治思维倾向后变得危险，并在现实世界中造成影响。有一条线索从飞碟爱好者延伸到“9·11”事件的阴谋信徒，再继续延伸到今时今日。

随着美国飞碟学（UFOlogy）温室的扩张，这些奇异的理念还催生了新的类型和亚型，许多最热心的信徒并不是像约翰·麦克那样，对“第四类接触”和E. T.式的外星来客满怀快乐的憧憬。相反，他们把外星人想象成一个代表着权力与控制的邪恶秘密机构的一部分，将这一既刺激又恐怖的新太空科幻与他们有关“新世界秩序”（New World Order）的说法绑定在一起——这是由彼此串通的精英压迫者所缔造的一个国家化、全球化的无边阴谋。

1991年，就在麻省理工学院的那次会议召开之前，梦幻之地中的UFO忠实信徒专区和阴谋论者阵地之间架起了第一座重要桥梁。建桥者是标准的南加州中产阶级人士，有个很普通的名字——比尔·库珀（Bill Cooper）。库珀曾于20世纪60年代在海军服役，他声称在那里通过内部渠道获知了一个美国政府精心筹划的阴谋，与外星人有关。20世纪80年代，他开始使用网上布告栏传播他的虚假信息之后，声称联邦特工曾两度将他的汽车撞离公路，企图暗杀他，但都没能成功。他们一直尾随着他，直到他向一名探员亮出手枪，威胁说他“会毫不犹豫地开枪”。

他将这一切都写入了1991年出版的《看，一匹灰色的马》（*Behold a Pale Horse*），他那非同寻常的拼贴作品里汇集了个人回忆录、相互关联的阴谋论、国会会议文字稿、信件、报纸文章、地图和照片。“我们一直被灌输谎言，”他写道，“现实不是我们所认为的那样。”这个出色的书名来自《启示录》，但这本书并没有花太多时间在基督教解经上；麦克将外星生命视为灵魂拯救者的新纪元式异象显得远比他更为虔诚。与麦克不同，库珀是个无名小卒——退伍后的他从事管理职业学校的行当，而不是在哈佛大学教书——但在草根基层，《看，一匹灰色的马》是极其有影响力的。

他说，在太平洋服役期间的某一天，他看到"一艘航空母舰大小的飞碟从海洋中飞出，直入云霄"。他告诉了他的船长，此后一名海军情报部门的指挥官上了船，命令他对自己所看到的一切保持沉默。因为库珀严格遵守了这一命令，所以他进入了阴谋集团并获得了最高机密的安全许可。然后，他开始接触到那些让人难以置信的真相。

1947 年，一艘外星飞碟在新墨西哥州的罗斯威尔（Roswell）坠毁以后——库珀透露说，随后几年，在美国其他地方又出现了更多的飞碟——一整个宇宙飞船舰队在 1953 年到达，占据了"赤道一带极高处的对地同步轨道"。与此同时，两组不同的外星人降落在两个不同的空军基地，一个在南佛罗里达州，另一个在南加州。每一组外星人都与艾森豪威尔政府进行了谈判。降落在佛罗里达的那些外星人警告说，正在绕轨道对地同步飞行的那些外星人是坏家伙，如果美国同意"拆除并摧毁自己的核武器"，那么他们"愿意在灵性发展方面为我们提供帮助"。我们拒绝了。然而，艾克亲自会见了降落在加州的外星人，与他们达成了协议，并签署了一项条约。

为了给美国和外星人在西方各地联合建造地下军事基地的计划提供资金，中央情报局接管了国际非法毒品交易；这一行动早期的一名关键操作人员，就是年轻孤僻的公民、未来的中央情报局局长乔治 · H. W. 布什——当《看，一匹灰色的马》出版时，他已经当上了总统。（根据库珀的说法，惠特利 · 斯特里伯也是中央情报局的人。）一些美国人已经到访过外星人的星球，还有一些 UFO 专家在 20 世纪 80 年代揭露了一个秘密行政分支机构的存在，它监视着我们和地外伙伴之间的关系。这个阴谋也是国际化的——1961 年，在阿波罗号宇航员登陆月球之前的好几年，“一个由外星人、美国和苏联共同建立的基地（已经）存在于月球上”。肯尼迪总统对这一行动中毒品走私的部分感到震惊，他告诉同谋者，除非政府从毒品交易中撤出，否则他将“在下一年就向美国人民揭露外星人的存在”。这直接导致了他被刺杀——凶手就是他那服务于情报部门的司机。

顺便说一下，库珀所有这些惊人秘密的来源并不是只有海军：在《看，一匹灰色的马》中，他还转载了一份所谓的秘密联邦文档，他说这是他的一个线人在“一次清仓销售中买到的一台 IBM 复印机里”碰巧发现的。这份所谓的政府备忘录泄露了阴谋中的秘密，像《王牌大贱谍》中的邪恶博士（Dr. Evil）那样用了很多大写字母，描述了一个“**无情而又公正**的方案，**不会因宗教、道德和文化价值观问题左右为难**”，因为其“宏大**目标**在于**控制社会**和**毁灭人类生命**，即通过**奴隶制**和**种族灭绝**”。

麦克的进化演变是从伊莎兰学院的呼吸法到前世生活，再到外星人绑架，最后到宇宙天命。库珀从一个幻想到另一个幻想的心路历程也显示了类似的滚雪球效应：一开始时是相信《启示录》，然后是相信外星人在地球上的存在，再后来则是相信一个结合了这两者的巨大阴谋。他认为“外星人”构成了“兽的本质。这是唯一能够结合所有不同元素的设想”。

根据他的说法，真正的幕后主使是光明会这个 200 年前吓坏了美国阴谋论爱好者的18世纪欧洲知识分子秘密社团。光明会在20世纪60年代重获关注，成为极右人士挥之不去的妄想，并在八九十年代带来前所未有的影响。“早在1917年就已经制订”的总体规划，就是利用“来自外太空的威胁，将全人类置于一个单一世界政府的管辖之下”。**所有人**都与之有千丝万缕的联系，“耶稣会、共济会……纳粹党、共产党……美国外交关系协会（Council on Foreign Relations）……三边委员会（Trilateral Commission）、彼尔德伯格俱乐部（Bilderberg Group）……梵蒂冈……骷髅会（Skull & Bones）……都是一丘之貉，都在为同样的终极目标努力，即一个‘新世界秩序’”，它“已经近在咫尺”。另外还要加上洛克菲勒家族、兰德公司、联邦储备系统、中央情报局和联合国。库珀指出，事实上，他们正在撕下面具——布什总统已经开始**公开谈论**这个计划，要实现光明会的“新世界秩序梦想”。

***

“新世界秩序”。在那一刻，对于那些相信有个险恶阴谋正在统治世界的人来说，它成了一个无所不包的**万能**热词，无论是被库珀点名的那些精英实体，还是银行、新闻媒体、娱乐业等麦卡锡主义者和约翰·伯奇协会早在几十年前就已经认定的问题部门，都可以被包括在内。现在，美国人对全球主义阴谋的信念正变得越来越宽泛，他们乘着外星人阴谋论的潮流随波而下，从一个捕风捉影的怀疑滑向另一个。政治学家迈克尔·巴肯在《阴谋论文化》中指出，新世界秩序的信仰“局限于两种亚文化，主要是持激进反政府立场的右翼，其次是基要派基督徒，他们关注着在末日时刻兴起的敌基督；他们的信仰并不会轻易传播给外界，极右翼是一个边缘群体，他们的观点被系统性地排除在大众传媒和传播渠道之外”。一旦哈佛教授和主流记者使得相信外星访客成了“近乎体面的事，就赋予了它一种准合法性”，而这反过来又“推进了阴谋论在文化上被净化的过程”。由于大量美国人都认为美国政府掩盖了外星人在地球上的存在，因此“飞碟学就成了新世界秩序论进入从前难以企及的大众视野的直通车”。

在20世纪的大部分时间里，共产主义是美国阴谋论者的主要关注点。然而，苏联解体之后，他们没有冷静下来，也没有放弃。他们转而开始臆想一个不一定是共产主义的更大阴谋——就像约翰·伯奇协会在20世纪60年代率先主张的说法——并拓宽了他们恐惧的焦点。这些恐惧需要一种热切的“反信仰”（antifaith）去认定**某种**规模宏大的邪恶计划的存在。库珀在《看，一匹灰色的马》中称，布什总统“唯独效忠于美国的毁灭和新世界秩序的建立”，这证明“共产主义者也不会比我们更乐意看到新世界秩序”。这种对一个包罗万象的总体阴谋的绝对确信自有其癫狂的美感：自相矛盾的新事实不仅不会破坏或推翻对这个计划的想象，反而被用于证实更大的确凿真相。不要被苏联的崩溃迷惑了，全能的霸主只是在重新洗牌和改名换姓而已。

那些痴迷于《启示录》的基督徒也做好了迎接后共产主义时代的准备。他们用了一代人的时间，将全球阴谋论的原料混入末日预言的面糊里，20世纪80年代末和90年代初，他们的蛋糕烤好了。1988年，基要派传道人兼媒体大亨帕特·罗伯逊争取共和党党内提名时，赢得了4个州的支持。他的政治理念就是他的神学，反之亦然。他在1991年出版的畅销书《新世界秩序》(*The New World Order*)比起《看，一匹灰色的马》来，只是多了一些基督教，少了一些外星人而已。根据罗伯逊的说法，那个从光明会一路通到美联储的众人皆知的阴谋，要在末日来临前建立一个代表撒旦权势的单一世界政府，这是《启示录》中早已预言的。与此同时，新纪元术士们也在制造属撒旦的基督教替代品。与库珀相似，罗伯逊指出，光明会处心积虑地打造了俄国共产主义，使之在75年后自行崩溃，并转而依赖由光明会控制的全球金融体系——他还在此添加了一段巧妙的剧情转折：冷战也是由光明会精心策划的，目的是让美国破产，从而坐收渔利，接管这个国家。

相信美国即将屈从于新世界秩序暴政的人，已经不再只是爱国运动和民兵运动中的几个无能的怪胎了。不受管制的电台谈话节目使用全部时段教唆大量的选民，受人尊敬的政治家们则备受激励并更进一步地去激励那些忠实信徒。20世纪90年代，各处的人都生怕联合国军队接管美国，结果印第安纳州运输部不得不放弃他们用来追踪高速公路标志设立时间的内部系统。印第安纳州的居民已经确信，这些标志背面的彩色圆点是联合国的外来武装部队入侵时将要采用的导航指示暗号。

惶惶不可终日的公民们认为联邦政府意欲屠杀拥有枪支的基督徒，只因他们是基督徒并拥有枪支。你应该还记得，基督复临安息日会早在人们对世界末日和基督再临的关注成为常规的一个世纪以前，就已经开始倒计时了。从20世纪80年代开始，他们在得克萨斯州的一个衍生教派——基督复临安息日会大卫教派（Branch

Davidian Seventh-day Adventists）——有了自己的先知和领袖：一个名叫弗农·豪厄尔（Vernon Howell）的年轻长发民谣摇滚吉他手。他的路线类似约瑟夫·史密斯，是个外表迷人、天赋异禀的社会混混大哥，藏身在炎热荒凉的西部，拥有一群信众，还和几个妻子生下了十几个孩子。不过，弗农·豪厄尔这个名字听起来并不具备强大的救世主品牌效应，所以他借用了《圣经》中两位君王的名字——大卫（David）和考雷什（Koresh）*。大卫·考雷什预言自己将会殉道。像耶稣一样，他在 33 岁时死于帝国党羽的手中。而与耶稣不同的是，他带着 4 名政府特工和 75 个门徒与他一同赴死，所有人都在一场枪战和火灾中丧命，起因是一组联邦工作人员前来检查他们藏有半自动步枪的军火库。

有等待着超自然世界末日的基督徒，也有被武装公民反抗暴政的梦想驱动的热爱枪支的美国人——我并不是在说，考雷什及其追随者们是这两类人。但是大卫教派的神学与大部分美国人的神学并没有太大的差别。我们把考雷什称为“邪教领袖”，这让我们可以心安理得地把他当作一个绝无仅有的疯子，就像查尔斯·曼森或者吉姆·琼斯（Jim Jones）。但是我们需要认识到，他的教会是一个有着 150 年历史的新教宗派中存在已久的分支——基督复临安息日会是美国 20 个基督教最大宗派之一，在全美有 6 000 个分会。**

1993 年发生在韦科（Waco）附近的对峙持续了 7 周才以惨烈的悲剧告终，在那段时间，一个嘉年华式的营地很自然地出现了，数

---

* 此即波斯王居鲁士（Cyrus）的希伯来语名，《圣经》和合本旧译“古列”。——译者注

** 会众包括现任美国住房和城市发展部部长。“我说，**基督复临安息日会**，”特朗普在 2016 年总统候选人提名阶段谈到竞争对手本·卡森（Ben Carson）的宗教信仰时曾满腹狐疑地说，“我不了解，我真是不知道。”

百名记者、看客、抗议者和纪念品商贩聚集于此。其中有一名仇恨政府的小贩是个 24 岁的退伍军人，他嗜赌成癖，常跟随全国枪支巡展四处流动。他前来韦科朝圣，一边见证历史，一边怒火中烧。他在自己的汽车顶上贩卖保险杠贴纸，比如“禁枪：让街道更安全，好让政府接管”，还有“有枪的人是公民，没枪的人是臣民”。

“政府害怕人民手中的枪，”他告诉一个在场采访他的达拉斯记者，“因为他们必须能够随时控制人民。我认为我们正在慢慢转变为一个社会主义政府。政府变得越来越大，越来越有权力，人民需要做好准备，保卫自己不受政府控制。”这个家伙也强烈反对税收，蔑视联合国——换句话说，他的观点代表了标准的右翼。

对于那些把自己想象成**真正**美国人的数百万忧心忡忡的人来说，无论是被围困的爱国者，是被逼迫的基督徒，还是结合了两种身份的人，韦科的围攻及其最终结局以令人毛骨悚然的方式确认了他们的每一种恐惧。一年之后，在韦科以北几小时车程的地方，俄克拉何马州的立法机关通过了一项法案，要求国会“停止对建立‘新世界秩序’的计划提供任何支持……无论是联合国，还是以任何形式的全球政府存在的世界团体”，因为“那将意味着对我们的《宪法》的损毁，以及对我们现有生活的破坏”。当时通过了这种决议的州不止俄克拉何马一个。

一年之后，就在俄克拉何马市，距离州立法机关宣布反对压制自由的新世界秩序的地方只有几公里，当初去过韦科的那个销售保险杠贴纸的年轻小贩引爆了一枚卡车炸弹，摧毁了这座城市的联邦办公大楼主楼，168 人丧生。有人把蒂莫西·麦克维（Timothy McVeigh）视为英雄，认为他是新时代的约翰·布朗（John Brown），而在他的同伴中更普遍的观点则是将他假想为政府的替罪羊——一定是政府策划了这次爆炸，以证明镇压爱国者的行为是正当的。*

***

火力全开、解释一切的阴谋论正在成为美国主流。罗斯·佩罗（Ross Perot）是第一个参加总统竞选而又稍有胜算的亿万富豪，但他相信极不靠谱的阴谋。在1992年与布什总统和比尔·克林顿的一次辩论中，主持人礼貌地对他的稳定性表示质疑，因为他曾气呼呼地离开通用汽车公司的董事会，也曾气呼呼地暂停总统竞选。佩罗在全国电视节目上为自己完全具备总统气质所做的辩解很奇怪。"一次又一次，在复杂、困难的任务上，"他说，"我从来都是坚持到底。政府要求我去做战俘项目，不到一年，越南人就派人到加拿大来，预谋杀死我和我的家人"——他曾自主尝试空运食品和药物给身处越南的美国战俘，那是一次失败的行动。几个月前，他还告诉参议院的委员会，企图实施暗杀的是黑豹党。"我有5个年幼的孩子，但我和家人都决定要坚持到底，并学会去适应这种危险。"顺便说一下，佩罗坚信在战争结束后，越南人仍旧扣留和奴役着数百名美国战俘——在20世纪90年代，三分之二的美国人都这么认为。**"为什么中央情报局和4任总统都隐瞒了这个可怕的真相？""当你调查掩盖战俘事件的行为时，"他解释说，"你会发现，掌管毒品交易

---

* 在蒂莫西·麦克维出名前不久，他还前去内华达州窥探所谓的空军51区，UFO阴谋论者认为，政府在此处扣押了外星人及其被击落的太空船。在被执行死刑前，他还看了电影《超时空接触》（*Contact*）。

** 此处根据1991年《华尔街日报》（*Wall Street Journal*）/NBC新闻调查。

行当的政府官员摆脱不掉他们的这种习惯。”佩罗在11月的总统选举中赢得了19%的选票。

如果在过去，白宫的一名副职顾问从华盛顿特区去波托马克河对面的公园里开枪自杀，那将是一个悲惨的小故事，两天后就会风平浪静。但是如果是放在1993年呢？如果新上任的总统才刚刚入驻白宫6个月，并且已经被阴谋理论家们指控为可卡因贩子了呢？文森特·福斯特（Vincent Foster）的“自杀”**肯定是**他的老朋友克林顿夫妇策划的一场谋杀，而这是阴谋的一部分，所以必须由两名不同的特别检察官和两个独立的国会委员会进行调查，为的就是得出他因抑郁而自杀的官方说辞。

同样是在20世纪90年代，右派暗黑幻想的一个主要对象也采用了类似的思维模式。1998年，当新闻媒体首次披露希拉里·克林顿的丈夫与实习生的风流韵事后，她表示：“对于所有愿意寻找、记录并解释内情的人来说，这里有个惊天故事——那就是针对我丈夫的巨大右翼阴谋，从他宣布参与总统竞选的那一天就已经开始。”将右派的一致反对称为“阴谋”，这可不妙，反而在一定程度上促进了这种思维和此类言论的正常化。

对宏大阴谋的迷恋是一种病毒，它在右翼中间传播得更为广泛和深入，但左翼也有越来越多受感染的狂热分子。例如，中央情报局是全球毒品巨头的说法不仅在《看，一匹灰色的马》所代表的右派和佩罗一党的中间派群体里成了定论，在精英与草根左派中也是如此。1996年《圣何塞信使报》（*San Jose Mercury News*）的一系列文章赋予了这种信仰以永久的可信度。它假想了一个庞大而又周密的阴谋，说联邦政府在美国贩售可卡因，尽管其他记者迅速且令人信服地推翻了这个故事，但它还是在新兴的互联网和电台谈话节目中继续膨胀，尤其在非裔美国人中深入人心。南加州国会女议员玛克辛·沃特斯（Maxine Waters）提出了一种观点，主张贩毒是政府赚钱集资**并且**对黑人施行种族灭绝的一种方式。还有人说艾滋病是一个用于实现种族灭绝的阴谋，左翼和右翼都表示赞同。《看，一匹灰色的马》宣称，“统治阶层的精英”发明和传播了这种病毒，旨在用它杀死“黑人、西班牙裔和同性恋人群”；一年以后，斯派克·李（Spike Lee）也表示，的确如此，他坚信“艾滋病是一种由政府密谋策划的疾病”。

1996年，一架TWA（环球航空公司）747飞机由于短路导致油箱爆炸而在肯尼迪机场附近坠毁。然而，几个月后，曾担任约翰·肯尼迪的白宫新闻秘书并在ABC新闻做了几十年调查记者的皮埃尔·塞林杰（Pierre Salinger）认定，一枚海军发射的导弹击落了这架飞机，而政府正在掩盖这一事件。在为《纽约客》撰写报道的时候，我打电话给塞林杰，问他这份“独家新闻”的来源是什么。他说他收到了一份文件，来自“一名法国高级情报人员，他是我的一名出色顾问”。事实证明，该文件的主要依据是一个佛罗里达州的退休民航飞行员在网上发布的设想，内容纯属猜测。当塞林杰在网上搜索关于坠机的信息时（“你看，”他告诉我，“我是一个不太会在网上查资料的人。”），他惊喜地发现了“长达40页的材料”。于是，导弹和政府掩盖的故事在他眼里显得很逼真，所以他将其发表了。如果一位获过奖且人脉广泛的知名美国记者（及前总统顾问）都相信了他在互联网上找到的令人兴奋的虚构，我们凭什么期望普通人抱有更加谨慎和怀疑的态度呢？

谷歌那时还不存在，但网络已经在帮助人们以危险的方式混淆虚实。互联网对于阴谋论传播者来说可谓天赐良机。20世纪60年代，霍夫施塔特在《美国政治的偏执风格》中如此评述："妄想型文献令人难忘的一面，就是其空想而成的结论与近乎感人的求真外表之间的反差，无一例外。"麦卡锡96页的小册子里有313个脚注引用，约翰·伯奇协会创始人对艾森豪威尔总统的檄文也有上百页的注释。随着互联网的发展，这种"伪真实性"的追求还可以用比以往更加精致的方式表现出来。

1999年，《纽约客》记者迈克尔·凯利（Michael Kelly）创造了"**融合妄想狂**"（fusion paranoia）这一术语，用以形容阴谋论范式是如何渐渐被左翼和右翼同时接受的。之后不久，成千上万的进步人士聚集在西雅图，连续几日表达他们对全球资本主义机构的仇恨。他们并没有高喊有关枪支没收者或联合国侵略者的口号，但他们的敌人——某个鲜为人知、残酷无情、无所不能、无孔不入的国际阴谋——和长期以来让极右人士念念不忘的假想敌差不多是同一个。如果你在西雅图的抗议者中传阅一份请愿书，其中包括《看，一匹灰色的马》中的片段并且不标明出处，谁会拒绝签字？"我们一直被灌输谎言，"库珀写道，"现实不是我们所认为的那样。"对吗？西雅图的斗士们肯定会深深认同他对"黑格-基辛格中美洲人口灭绝政策"所表示的愤慨。

***

广播电视大众传媒在飞碟狂热和阴谋论之间搭建了两座更重要

的桥梁，一个是名义上的非虚构类作品，另一个是纯娱乐，两者都为梦幻之地吸纳了数百万名美国人。

一个名为《咫尺天涯 AM》（*Coast to Coast AM*）的全国新闻脱口秀节目在20世纪90年代成了大热门，在数百个电台同步播出。创始人和主持人是阿特·贝尔（Art Bell），他在拉斯维加斯和死亡谷之间的沙漠中有个离家不远的工作室，每晚都会在那里说上四五个小时。他的嘉宾里有各种各样不可信和不可能之事的阴谋论者和推动者，谈论着政治、灵异、伪科学和末日学。与电台谈话节目界的那些严格意义上的政治新星相比，贝尔显得友善而低调，近乎理智，并没有推销任何一个明确的议题，而是对几乎**任何**主张、控诉或信仰都持开放态度。《咫尺天涯 AM》成了一切令人兴奋的不实说法必去的广播现场，当明星出现时，整场疯狂盛宴就显得越发正当。根据我粗略的估算，20世纪90年代期间，在午夜到黎明之间处于清醒状态的美国人中有五分之一都在收听《咫尺天涯 AM》。

我要相信。相信而后理解。不要信任任何人。1993年开始播出的《X档案》中的很多台词简直就是梦幻之地的完美口号。没人会要求《X档案》的制作者们为自己做出解释——这就是一种名正言顺的娱乐、事先编排的虚构，剧中的联邦调查局特工、阴谋论者和外星人都是演员。但它和《咫尺天涯 AM》只是梦幻工业中心里两个临近分支所分发的不同形式的信息娱乐而已，一个在广播上，另一个在电视上，是宣传工具的双打组合，用来传播和强化人们对邪恶全能秘密政府阴谋论的信仰和魔幻思维。在20世纪的头二十年，《一个国家的诞生》美化了白人至上主义，并促成了现实生活中的三K党的重生；而在20世纪90年代，《X档案》将一种新的阴谋论范式中的重重细节以华丽的方式编纂成文。

《X档案》和《咫尺天涯AM》的共生关系在后者的一段有克里斯·卡特（Chris Carter）——前者的剧本作者——参与的半小时环节中尤为明显。[阿特·贝尔前不久还在卡特的《X档案》衍生剧《千年追凶》(*Millennium*)中出镜扮演了自己。]贝尔口中的《X档案》就像是真实事件的戏剧化改编一样。贝尔说，既然《X档案》的情节“如此贴近现实”，他问卡特是否同意“地球上确实存在外星人”。“每次我坐上民航飞机，”卡特回答说，“我都问飞行员和乘务人员是否见过飞碟……他们几乎都会说自己见到过。”当他和那些“在政府机密部门工作的人交谈时……（他们）会问我是从哪里得到这些信息的，还说：‘你不知道你已经有多接近真相了。’”当贝尔询问《X档案》是否曾被政府施压以隐瞒某些真相时，卡特回答说，就在该系列剧播出之前，联邦调查局曾经很唐突、很可疑地将他的研究人员赶走。

1997年，《时代》周刊将卡特列入“25位最具影响力的美国人”，他们说得没错。在那一年，有2 700万人观看了他的剧集。《X档案》体现了彻底的“融合妄想狂”，剧情对每一派意识形态来说都是正中下怀：片中一个角色解释说，罗斯威尔的飞碟坠毁事件“只是个烟幕弹”，为“全球缄默的密谋”效力；联邦政府（真实的）塔斯基吉梅毒实验（Tuskegee syphilis experiment）是（虚构的）总体阴谋规划的一部分；外星人、政府和大公司合谋杀害了肯尼迪和马丁·路德·金，还染指了安妮塔·希尔（Anita Hill）诉克拉伦斯·托马斯（Clarence Thomas）骚扰案。在1998年的《X档案》剧场版电影中，一个叛变的阴谋组织成员揭露了让总统宣布进入紧急状态的计划，在这之后，“所有的联邦机构都将听命于联邦应急管理署——这就是那个秘密政府”。

到了20世纪90年代末，这些都不再是只能通过自行出版的图书来传播的民间科学了。《X档案》成了新闻集团旗下福克斯电视网一个成功的黄金时段电视节目。《咫尺天涯AM》由最大的广播公司之一负责发行。互联网爆炸性增长。主流媒体和图书出版商们热情地认可和宣传那些打着非虚构旗号的外星人阴谋故事。

在《看，一匹灰色的马》出版10年之后，这场运动的教父比尔·库珀在亚利桑那州乡下的家中与警长副手枪战时身亡。他们前来逮捕他，是因为他用枪威胁邻居。那是2001年，警察本来是打算在……9月11日就逮捕他的。这个时间巧合让他在新世界秩序信徒心中的殉道英雄地位更加高大，因为他们从来不相信巧合。在那之后不久，福克斯停播了《X档案》的新剧集。反正再播也都是多余的了。这部电视剧已经成功地教会了我们“**要相信**”但又“**不要信任任何人**”，因为“**真相就在那里**”。2001年，美国人声称看到了很多不明飞行物，而到了2015年，声称目击不明飞行物的人数增长了241%。*

---

* 谢丽尔·科斯塔（Cheryl Costa）与琳达·米勒·科斯塔（Linda Miller Costa），《UFO目击事件案头参考》（*UFO Sightings Desk Reference*）（2017）。

第 39 章

挡不住的疯狂——人民的新声

2001 年夏天，在“9 · 11”恐怖袭击事件发生前 6 周，一位 27 岁的全国广播节目主持人警告他的听众赶快觉醒，并恳请和央求他们。“**请**给国会打电话，”他呼吁道，“告诉他们，我们**知道**（布什政府）正在策划恐怖主义。”他提到了世界贸易中心——以及当时尚未出名的奥萨马 · 本 · 拉登（Osama bin Laden）。“本 · 拉登是他们在这个奥威尔式的假冒系统中所需要的一个大反派。”他称乔治 · W. 布什为“两党帝国主义精英的公开代理人”。后来他还监制了一部纪录片，片中说“9 · 11”事件是美国政府内部所为。

现在他仍在我们身边，谴责着军事工业中心（“差派士兵参与非法战争并让他们送死”）、关塔那摩监狱的恐怖、彼尔德伯格俱乐部（“权力结构……的顶点”）、高盛集团、世界银行、国际货币基金组织、美国公司的总体（“麦迪逊大道让我们在消费主义中沉迷上瘾”）。他曾是爱德华 · 斯诺登（Edward Snowden）的支持者。在与极左顶尖知识分子的代表诺姆 · 乔姆斯基（Noam Chomsky）的直播对话节目中，两人都认为精英阶层强加给人民一种自愿的错觉，美国大选基本上没有什么意义，民主党和共和党（如乔姆斯基所说）实际上只是“一党中的两派”而已。在2014年密苏里州弗格森（Ferguson）的抗议活动中，他说国民警卫队“显然接到了命令，要暴力镇压新闻媒体……并威胁要铲除媒体”。他在2016年的一次对话中告诉路易斯·法拉坎（Louis Farrakhan）：“你是仅有的几个揭露权力精英……有个阴谋的杰出领袖之一。”

“我们正在行军途中，整个帝国都在战栗。”他日复一日地说着，仿佛亨利五世鼓舞将士们“向缺口冲去吧”。这个过度亢奋的左翼人士是谁呢？他极富影响力的广播节目在上百个电台同步播出，每天放送数小时的在线直播电视节目，拥有18个YouTube（优兔）频道（其中一个频道的观看次数超过**十亿**），还有一个比许多大型日报官方网站的流量还要多的个人网站。哎呀，原来这不是什么左翼人士，而是亚历克斯·琼斯（Alex Jones）。他通常被形容为“保守派”，因为他抨击枪支管制、税收政策和政府资助的医疗保健。民粹主义？另类右翼？地下虚无主义者？我们的语言根本跟不上这些新型排列组合的变化速度。

他是前沿政治话语的典范，在这里，彻头彻尾的虚构被作为非虚构内容呈现和消费。更重要的是，他不再是一个边缘化怪胎；他是一个有众多追随者的怪胎，连美国总统都会关注他所发出的声音。

1996年，福克斯新闻台将政治化的广播节目搬上电视屏幕，琼斯也开始在奥斯汀的一个电台播音，煽动着更阴暗、更荒诞的狂热梦想。很快，他的节目就在全国同步播出，并且在互联网上遍布各处。他领导了一队爱国者，在距离韦科两小时车程的地方重建了大卫教派的庄园。这一噱头使他被电台解雇，却制造了一场殉道事件，为他在全国范围的声望和影响助了一臂之力。

在成长过程中，他受到的教育来自“一些邻居，他们是约翰·伯奇协会的成员，会过来吃晚餐……约翰·伯奇协会所说的一切都是正确的”。十几岁时读到他爸爸收藏的旧书《没有人敢称之为阴谋》对这个少年来说简直就是一个顿悟的时刻。20 世纪 90 年代初，随着苏联的终结以及《看，一匹灰色的马》和《X 档案》时代的到来，他成了一名纯天然的**全方位**阴谋论者，一个原生态的融合妄想狂。

早在“布赖特巴特新闻网”（Breitbart.com）面世和特朗普进入政界之前，琼斯就已经无视标准的意识形态边界，开始打造一个妄想症联盟了。约翰·肯尼迪是“美国最后一位真正的总统”，李·哈维·奥斯瓦尔德（Lee Harvey Oswald）是个替罪羊——就像蒂莫西·麦克维。他说：“当权者想要如此……制造右翼与左翼的分野。”例如，格伦·贝克（Glenn Beck）“以一种新保守主义的方式，强化了人为控制下分化人群的左右派范式”。琼斯的确认为中间左派比中间右派更危险——他在 2016 年对法拉坎说：“民主党让自己网络中的黑人谋杀你的人，他们很喜欢这么做。”但是，每当琼斯的元阴谋理论信仰与传统的保守主义立场相悖时，他总是选择前者。他对于新世界秩序一直包含共和党捐赠者阶层这事嗤之以鼻。气候变化是一场骗局，一场为国际金融精英利益服务的骗局。当右翼讲述的故事不够有想象力时，琼斯会毫无保留地把它们继续推进：他不仅反对枪械管制，对于桑迪·胡克小学枪击案的真相也另有说法，在大屠杀发生两年之后，他坚持说这是“一起自编自演、完全虚假的伪造（事件）”。

潜伏的邪恶**无处不在**。生活就是一部恐怖电影。“接下来将要折腾你的，”他说，“就是你的智能汽车按照里程数对你征税，智能电表在你的家中把你烤熟，饮用水里被人掺入氟化物，疫苗中含有癌症病毒。接下来将要吞噬我们的，就是软杀伤形式的‘新世界秩序’。”

琼斯的各种媒体平台上的广告也展示了幻想世界不同区块的彼此重叠。推销异教徒（Infidel）专用防弹衣（“抵挡 AK-47 步枪射击的卓越保护性能”）的意义还算是显而易见。但在一款名为“远古防御草本免疫复合物”（Ancient Defense Herbal Immunity Complex）的天然药物的广告中，琼斯自己做了旁白：“屡试不爽、经久不衰的古老知识，可靠的草药与提取物，融入最新的营养保健科学。”他也敏锐地熟知另一种重叠——在他自己的虚构新闻和黄金时段的虚构节目对前者的呈现之间。妄想型中情局惊悚剧《国土安全》（*Homeland*）第六季中，有一个角色是以琼斯为原型的。他的网站“信息战”（*Infowars*）对此既抱怨——这是“当权者”的阴谋企图“诋毁”他的“宣传攻势”——又得意：它证明了“信息战正是文化思潮的一部分，不能被忽视”。2016 年的重启版迷你剧《X 档案》也有一个角色的塑造**融合了**他**和**他的对手贝克。这引发了一番典型的琼斯式慷慨陈词，他在其中努力剖析虚构和现实的层面：“格伦·贝克，他是一个以我为基础的角色——**我是**一个真实的人，**而他只是**一个以我为基础的**角色**，你看，现在都有电视剧了，那就是新版《X 档案》。”然而一年后，在一桩子女监护权案件中，他自己的律师在法庭上为之辩解说，尽管他在所有媒体上的形象都像一个可怕的疯子，但他**实际上**并不是。其实他只是“在扮演一个角色”——一个叫亚历克斯·琼斯的角色，是的，除此之外和杰克·尼科尔森在《蝙蝠侠》(*Batman*)中扮演小丑角色没有什么不同。“他是一个行为艺术家。”琼斯的律师如此描述他的当事人。

***

琼斯只是一片充满活力的浩大领域中最重要、最显眼的人物，他和其他那些激愤的阴谋论爱好者一样，在既有对手又有盟军的复杂网络中摸索。激愤的基督徒之间也有这种情况：他们在一些基本叙事的信仰上存在共识，但是福音派比基要派节制一些，而这两派则都可能对灵恩派侧目而视。在琼斯和那些知道外星人秘密统治世界的人之间，依稀有一条模糊的边界——一方面，也许有一亿美国人都抱有强烈的阴谋论倾向和思想；另一方面，有几百万人所信奉的事物已经近乎精神疾病症状，完全是天方夜谭。

但是，理智与疯狂之间那条公认的分界线早已在梦幻之地境内移动了数千里。20 年前会被视为天方夜谭的出格信仰如今已然成为主流。亚历克斯·琼斯既错乱又激动，但他也会划分界限——在不可信的阴谋和**实在**不可信的阴谋之间，比如我们正在被变形爬虫人监视的阴谋。*

他承认，他的追随者中的确有一些不幸的人，精神有些问题。在表达对他们的怜悯之情时，他还显得很有诗意。“一些精神不稳定的人也被启蒙的明亮火焰所吸引，这启蒙就是所谓的‘阴谋论文

* 根据 2013 年公共政策民调基金会的一项调查，10% 以上自称“非常保守”或“非常自由”的美国人相信爬虫人阴谋论。这个说法实际上起源于一篇通俗小说，原本是《诡丽幻谭》(*Weird Tales*)杂志上的一个短篇故事，并被奇幻作家 H. P. 洛夫克拉夫特改编，此后逐渐被重塑为非虚构内容，并成为一种当代阴谋论的基础。

化’，”他在 2011 年时说，“有些树木会在这样的暴风雨中被连根拔起。但我们不能因为恐惧说出真相的后果，就停止发声。”

因此，对于他的听众和观众甚至他自己而言，他似乎显得更为理智。他也使得越来越多与之观点**部分**相同的中间派阴谋论者——关于被暗中操控的系统、精英幕后主使、共识现实等方面——自认为更加通情达理，因为不像琼斯，**他们**才不会在公众面前尖叫或啜泣，也不会相信新世界秩序蓄谋通过家用电表烤焦他们的大脑。他的影响力和知名度也因此进一步得到了提升。

在梦幻之地，每个人得到的都是基于正态分布的相对评分。

***

不过脑子、五花八门的阴谋论在美国越发猖獗，也显得越来越正常，成了人们现在思考和交流的方式，使奥卡姆剃刀式以简御繁的解释黯然失色。在这一点上，琼斯既是症状，又是病因。让我再次声明：**我并不是说大规模的秘密阴谋在过去和现在都不存在**。几十年来，美国政府人员，特别是那些工作涉及高风险机密的人，做了很多导致美国人开始想象阴谋无处不在的事情。沃伦委员会（Warren Commission）对肯尼迪遇刺案的调查拙劣不堪，它成了阴谋论者培养皿中的生长介质，滋生了无穷无尽的细菌理论——尽管调查的基本结论几乎肯定是正确的。多年来，政府也确实在 UFO 目击事件方面撒了谎——以掩盖空军的侦察机实验。水门事件的非法行动及其后续掩盖都是阴谋——并且也被迅速曝光、调查和处罚。在最近几年的重大阴谋事件中，罗马天主教的高层和精英对其神职人员性侵犯行为的掩盖也最终暴露——而在此之前，我们却浪费了大量资源，摧毁了数百人的生活，揭露和控诉一个事实上不存在的撒旦教性虐待阴谋。

事实上，正是始于20世纪70年代的对真实阴谋突然而又惊悚的**曝光**，使得美国人矫枉过正，认为**任何**坏事都是某种阴谋蓄意策划的结果。具有讽刺意味的是，这可能会使得揭露和拆毁那些罕有的真实阴谋越发困难。阴谋论已经以空前的规模阻塞了我们的新闻和网络媒体话语。偶然的信号正被幻想的噪音掩盖。举个例子，我此刻想到的是俄罗斯政府对上次美国总统大选的干预，人们在事发的当时对它的关注太少了。在2016年的百忙之中，这件事听起来不过是又一个轻率的猜测。

唐纳德·特朗普还是总统候选人时，上过亚历克斯·琼斯的节目，而在大选刚刚结束时，据琼斯称，他给琼斯打了电话。“他说：‘听着，亚历克斯，我刚和这世界上众多的国王和女王交谈过，世界领袖，随便你怎么说，但是……我还是想和**你**通话……我们从一开始，就知道你在整个竞选期间为此所做的一切。’”

“这表明，他并不是精英阶层中的普通一员。”与当选总统的谈话让琼斯倍感兴奋。他表示：

> 这些自命不凡的庸人相信他们掌控着世界，他们以为大家全是白痴……这些人否认你有任何权利和自由……他们在11月8日偷走了5个州，但最终还是败下阵来。而这整个跨国犯罪企业……现在正在垮台……此刻在华盛顿，我们终于有了……不轻信大型主流公司宣传攻势的人，他们曾试图将媒体变成武

器，对头脑简单的国人洗脑。一旦我们恢复曾经的事实，那就是美国男人完全可以有男人的样子，并且击败这个福特基金会的大项目……人们就将再次成为人，并将获得自由……（特朗普赢了，）因为很多爱国者、五角大楼人士还有你能想到的人，都是推动这次胜利的研究计划的一部分——他们终于发出了令人惊骇的呐喊："不，我们不会对这些人做这样的事情，我们不会把他们变成软弱无用的胆小鬼。"

你们的骗局对我们没用！

第 40 章

失控的共和党

在我 13 岁的时候，我与父亲一同观看过威廉 · F. 巴克利的时事节目《火线》(*Firing Line*)，参加过少年共和党夏令营，在 1968 年内布拉斯加州初选中，我应奥马哈的一位尼克松助选人员的要求，偷偷地把洛克菲勒和里根的宣传品撕了下来。3 年后，我在麦戈文(George McGovern)的竞选中做了志愿者，但我仍然欣赏巴克利，还看他在 PBS 上的节目。今天，虽然我在政治问题上与一些亲友意见相左，但我们在现实中还是能大体达成一致的。我从来没有真正厌恶过任何一位总统（直到不久前），多年来，我也曾为一些共和党人在州和地方办公室的公职投过票。

左翼人群并非全都审慎和理性——许多人沉迷于可疑和不实之事。但梦幻之地的政治是高度不对称的。也就是说，从 20 世纪 90 年代开始，美国精神错乱的右翼变得比精神错乱的左翼规模更大也更有影响力。此外，它现在拥有前所未有的权力——2016 年时，它已有效地控制了美国政府的大部分机构。

为什么左翼的成年人和指定驾车人能或多或少地把控他们的追随者，而立足现实的右翼却不再能控制那些喜欢幻想的忠实信徒？

我相信其中一个原因就是宗教。共和党现在已经相当明确地成为基督教政党，这是美国第一次有了这样的主要政党。它是美国白人基督徒的**大联盟**，他们掩盖了教义和阶级的分化——古怪的是，他们现在由当今最不虔信宗教的总统之一来领导。如果越来越多的政党成员拥有越来越多离奇的超自然信仰，那么这个党派在自身的政治和政策中对虚幻持越来越开放的态度，这不是理所当然的吗？美南浸信会牧师和教授罗杰·奥尔森对于基要派占领了福音派深感惋惜，他最近表示，这“与共和党内发生的情况有类似之处”，也就是说，温和派被边缘化了。但这不仅仅是个**类比**：基督教的转变和政治右翼的转变同时发生并互相效力。

我不太相信共和党精英们有意策划了他们这个当代联盟中经济和宗教派别之间的协同效应。但这种协同的确存在。中产阶级和工薪阶层的收入停滞不前，共和党人对日益加剧的经济不平等和不安全感不以为意；经济上的不安全感的确与更强烈的宗教信仰正相关；而对美国白人来说，更强烈的宗教信仰也的确与投票支持共和党正相关。对于共和党政客和他们越来越富有的捐赠者来说，这是一种良性循环，而不是恶性循环。

幻想家占领共和党的另一种主要方式是借助阴谋论的繁荣，对此我已在前两章有所描述。“9·11”事件之后，相比起共和党人，更多的民主党人认为小布什政府默许或安排了此次袭击。2 000 万名美国人在影院观看了迈克尔·摩尔（Michael Moore）的《华氏 911》（*Fahrenheit 9/11*），这部纪录片促使许多自由派相信一场不真实的阴谋，但主流左翼人士并没有推动这种幻想。对特定阴谋论信仰的调查结果一次又一次证实，美国的右翼人群中确实有更多的狂热阴谋论者。

理查德·霍夫施塔特在20世纪60年代曾说，右派天生就是这种妄想症的温床，后来许多其他人也持相同观点。也许吧。不管怎样，在过去60年里，只有美国右翼有一个庞大、有组织、基于妄想型阴谋论的派系。作为先驱的约翰·伯奇协会在闪亮登场后退出舞台，但它奇幻的范式和好战的风格得以延续，并以其他形式、用其他品牌名称自我复制。当巴里·戈德华特在1964年作为右翼共和党候选人竞选总统时，他必须淡化约翰·伯奇分子的疯狂色彩。但在1979年的回忆录《不必抱歉》(*With No Apologies*)中，他终于可以畅所欲言，大谈特谈全球主义阴谋"对新世界秩序的追求"和即将到来的"奴隶制时期"、美国外交关系协会推进"单一世界统治"的秘密议程，以及三边委员会"夺取对美国政府控制权"的计划。右翼中有三代人沉溺于此。它那令人兴奋的禁忌气息越来越多地飘进了保守主义的主舱内，人们渐渐习惯，也不觉得它奇怪了。你是否相信，"一个怀有全球主义计划的神秘权力精英阶层正在密谋通过一个独裁制世界政府统治世界"？在2012年投票给共和党的人中，有34%表示认同。*

看看约翰·伯奇协会现在的网站吧：它的议题和导向都是平平常常的共和党说辞——废除美联储，退出联合国，终止《州共同核心课程标准》(Common Core)，给近期因不能容忍某项政府规章制度而牺牲的右翼违法者提供道义支持。伍德罗·威尔逊（Woodrow Wilson）就任总统时，约翰·伯奇协会的创始人刚刚成年，从此他

* 资料来自2013年公共政策民调基金会的调查。

就一直妖魔化威尔逊——“他前无古人、后无来者地带领这个国家走上了通往极权主义的道路。”这曾经的奇谈怪论如今却不足为奇了，格伦·贝克之类的右翼人士最近又恢复了对这位一个世纪前的总统的古怪仇恨。

威尔逊曾经推动成立国际联盟（League of Nations），即联合国失败的前身，而在20世纪50年代的极右翼和90年代以来的主流右翼眼中，联合国就是全球主义暴政的总部。事实上，联合国当然是个有缺陷的机构，但它有时也不可或缺，而右翼关于它致力于统治世界的邪恶总计划的臆想是不可理喻的。1996年，共和党的纲领开始把联合国描绘成一个超级大反派；2004年的纲领要求“美国军队永远不可在联合国的指挥下行动”，但是这份文件中仍然多次提到联合国的功用和重要性——这是保留这一立场的最后一个版本。（2016年共和党纲领要求修宪，以保护在家教育“免受各州政府、联邦政府或……联合国的干涉”。）

这不仅仅是象征性的意淫。它在现实世界中产生了影响。以《21世纪议程》（Agenda 21）为例。1992年，联合国在里约热内卢举行了地球峰会（Earth Summit），让所有人关注环境保护和可持续发展的新观念，特别是关于二氧化碳排放的问题。它采用了一份名为《21世纪议程》的自愿行动蓝图。当时除了环保公益领域之外，没有人注意到这份文件。从1994年到2006年，《纽约时报》仅有一次提到过《21世纪议程》。

但是后来，极右势力发现了它——揭露了它！——并将《21世纪议程》包装成全球主义阴谋的秘密关键点。[阴谋论者很喜欢去了解那些鲜为人知的政府项目的名字，特别是包含了数字的名字——美国空军 51 区（Area 51），中央情报局 40 号行动（Operation 40），名叫“翡翠头盔 15”（Jade 15）的 2015 年美国特种部队军事演习——然后重复它们，直到它们（铛铛**铛！**）成了神秘邪恶势力的代名词。］2012 年，美国右翼人士开始害怕——**非常害怕**——这一已有 20 年历史且内容含混的国际环境保护计划。他们说，《21 世纪议程》和可持续发展只是换了名字的极权主义和共产主义。当奥巴马政府设立“白宫农村委员会”（White House Rural Council）以促进阿巴拉契亚等地区的经济发展时，一位福克斯新闻主播向公众发出警告，称它“与联合国的一份名为《21 世纪议程》的计划出奇地相似，一个中央集权的规划机构将负责监督我们生活的各个领域，建立一种单一世界秩序”。当纽特·金里奇（Newt Gingrich）成为 2012 年共和党总统候选人提名的领跑者，并在辩论中提到这一点时，掌声打断了他的发言。当时，贝克刚刚出版了他的反乌托邦小说《21 世纪议程》（*Agenda 21*），而在他的电视节目中，一名《21 世纪议程》癔症的患者有一句话可以让我们一睹阴谋论者头脑的全貌：“如今你已经无法找到与《21 世纪议程》无关的东西了……人们认识到许多事是错误的，但他们没有意识到，它们全都是彼此联系的。”

到了这个时候，全国各地的保守派社会活动分子都将“21 世纪议程”当作一个吓人的标语，用来对抗普通的郡县和城市土地使用计划、碳排放信息计划、高速列车计划、交通疏导、自行车道和家用电表。共和党全国委员会称之为“实现全球政治控制……的全面计划”，包括了“社会主义 / 共产主义式的财富再分配”。最新的两份共和党纲领都有反对《21 世纪议程》的条款，十几个州的立法机构通过了谴责该议程的决议。

***

在20世纪60年代末和70年代初，极左幻想派曾孤注一掷，但没有留下多少活性细胞。与此同时，立足现实的左派或多或少获得了胜利：从越南撤军，通过民权和环境保护法，提高妇女在法律和文化上的平等地位，使堕胎合法化。右翼的两位领军人物米尔顿·弗里德曼（Milton Friedman）和理查德·尼克松（Richard Nixon）当时说过一句名言："我们现在都是凯恩斯主义者。"——是的，这意味着政府确实需要使用税收和支出来管理经济。

但是右派想要轮流坐庄：它或多或少地接受了法律上的种族和性别平等，并学会了适应社会福利、官方监管以及更大的政府，但它坚持要把一切的脚步都放慢下来。政治中心向右倾斜了——但在20世纪七八十年代还不算过分。大多数美国人认为我们现在都是自由市场拥护者，做生意不一定是坏事，政府也不能解决所有的问题。这看起来仍然像是美国政治的正常周期性拉锯战。在20世纪90年代，右翼还实现了它的两个最为疯狂的毕生梦想：苏联垮台；随着犯罪率下降一半，法律与秩序也得到恢复。

但也是从20世纪90年代开始，右翼中更加偏右的那一半——大约四分之一的美国人——不能也不肯调整他们的观点，好与他们的胜利和发生了戏剧性改观的新现实步调一致。他们把里根看得像神一样，但他们没有考虑到或者没有注意到他的务实和理性。里根并不完全相信自己说的反政府屁话。在里根之后，他的那些兴奋不己的忠实支持者开始要求彻底的胜利。当然，在一个民主国家，任何派系的彻底胜利都只是幻想而已。

帕特·布坎南（Pat Buchanan）曾在连续三届共和党政府内担任高级官员，将自己傲慢的民族主义和反共倾向做成了一番事业。在20世纪50年代的青少年时期，他的英雄是约瑟夫·麦卡锡。1992年，他为共和党总统候选人提名开始第一次竞选，那之前不久，苏联解体了，于是他干脆在发言要点中用“新世界秩序”和“达沃斯”替代了“共产主义”和“莫斯科”。他还赞扬了他的主要竞选对手——前三K党“皇家巫师”戴维·杜克（David Duke），因为他没有“因为受到威吓而回避主要的社会问题”，例如“对白人的歧视”。布坎南在全国共和党初选中赢得了23%的选票，超过了当时在任的共和党总统；在接下来一个周期的竞选活动中，他赢得了4个州的支持。他将与布什竞选，两人中的胜者再去与克林顿竞选。布坎南简直是早出现20年的特朗普。

过火的自由至上主义也让共和党显得怪怪的。我也有一些自由至上主义倾向，但是大多数男孩随着年龄的增长，都会逐渐摒弃这种意识形态最高纯度的模式。然而，20世纪80年代以来的美国右派并非如此。自由至上主义也曾经有强大的左翼群体。左右两派都不喜欢政府，都被一种不切实际的怀旧信念所驱动，相信一个拥有3亿人口的国家能够而且应该在21世纪初时恢复到它19世纪时的样子。两派对**黄金**也都有一种常见的美国魔幻思维式迷恋——他们认为，黄金应该重新成为美国货币的基础，因为只有**黄金**才是**货真价实**的。

然而，后里根时代的共和党母舰保持着极端的反政府热情并开始加速，它在21世纪初达到逃逸速度，并在2010年以后飞离了地球轨道，由此，自由至上主义成了一场右翼运动。（极端的经济自由至上主义者包括了像科赫兄弟这样极其富有的人，他们可以为其传播提供资金支持，这也起了助推作用。）大多数共和党人是很有选择性的自由至上主义者：要让企业随心所欲，但不可以用政府的施舍惯坏穷人；要让个人拥有枪支武器，但是不可以堕胎、使用消遣性毒品或与任何自己想要的人结婚；不能提到安·兰德的无神论。

这场政治运动中读者群最广和影响力最大的文本都是**虚构作品**。“我从小就在读安·兰德的书，”众议院议长保罗·瑞安（Paul Ryan）说，“这些书教会了我很多，包括我是谁，以及我的价值体系和信念都是什么。”正是这些虚构作品让他和其他高智商的美国人把当代美国视为一个反乌托邦，在这里，自私是正义的，他们自己就是最后的英雄。瑞安在2009年说：“我想很多人会发现，我们现在就生活在安·兰德的小说中。”我想他指的是《阿特拉斯耸耸肩》（*Atlas Shrugged*），特朗普的国务卿［埃克森美孚（ExxonMobil）的前CEO］曾说，这是他最喜欢的书。这是一个由精英实业家组成的英雄集团的故事，他们让美国的社会主义政府崩溃，然后他们亲自接管，重新开始，把一切都扳回正轨。

在一段时间里，现实主义的共和党领导人有效地鼓励和利用了他们幻想派盟友的思维倾向。卡尔·罗夫的那种冷冰冰的犬儒主义正是如此——在帮助乔治·布什第二次赢得总统选举之前，他曾像个奥兹国巫师的邪恶分身一样从幕后走出来，坦率地向大家解释，“对可辨现实的审慎研究”已经过时了。他们都是理性的人，但他们明白，大部分美国人在投票时都懒得去考虑理性，许多选民**厌恶**

“对可辨现实的审慎研究”。只有让选民持续感到愤怒和恐惧，才能让他们赢得选举。

但在上一代人中，他们所激起的乌合之众大多都相信了所有的谎言。“问题在于，共和党人已经有意地撤除了那些事实核查机构，”2016年之前一直是共和党人的政治记者乔希·巴罗（Josh Barro）说，“他们说服选民媒体是不可信的，他们让选民习惯于无视政策方面那些令人不快的事实，他们废除了话语的标准。”右翼的意识形态重心朝着比罗夫和所有布什家族成员都更偏右的方向倾斜，最后终于把他们这一类人都撇在一边。曾经的幻想派边缘群体现在成了共和党的中心。回想起来，20世纪70年代后期的枪支游说团体从多少能够变通到彻底歇斯底里的这种突变，是一代人之后整个右翼转变的预兆。合理的共和主义被绝对主义的立场取代：**禁止**设置新的税收，**撤销**几乎所有的监管，**废除**美国环保局（EPA）、美国国税局（IRS）和美联储。

就像我说过的，也有左翼人士相信子虚乌有的阴谋和其他幻想，但他们数量没有那么多，影响力也没有那么大。在2016年的民主党初选中，伯尼·桑德斯（Bernie Sanders）在选举日一些出口民调中的表现优于他实际的投票结果，随后他的一些支持者确信，一场阴谋篡改了投票结果。（事实上，出口民调总是倾向于对年轻选民过度采样。）虽然你可能认为桑德斯的激进左翼主义不切实际，或者他的竞选辞藻（“华尔街的商业模式就是欺诈”）有些夸张，但他的竞选活动并非完全基于幻想。也许你不想要民主社会主义，但丹麦是一个真实存在的国家。

***

尽管形形色色的政客都会大肆宣传对政治有利的幻觉，但共和党人在几个重要领域里将这个习惯发扬光大。在21世纪初，环境科学界不幸地承认并开始宣传全球变暖，这时正值完全版梦幻之地的开端。起初，共和党人在这个问题上的官方立场还是理性的。直到2008年，他们的政党纲领还提到“气候变化”13次，指出它是由“人类经济活动”造成的，他们也承诺“减少对石油的长期需求”以“应对挑战”。4年后，他们转向了否认主义，下一份纲领中仅有一次提到“气候变化”，前后还加上了引号，以表示对这个议题的蔑视。2012年的纲领认为,20年前联合国的全球变暖使命宣言《21世纪议程》比全球变暖问题本身更可怕。

共和党现在的立场甚至反对**研究**气候变化，以及任何减少碳排放的提案。理性的人可能不认同各国政府为减少或应对全球变暖的影响所采取的具体措施。你有权坚持自己的看法。但拒绝接受全球变暖的现实是一种不可接受的新姿态。你无权创造自己的事实。

在这个问题上，有些共和党人是犬儒派，有些是真信徒，而许多人都是两者兼而有之。纯粹的犬儒派在化石燃料行业进行招投标，这成功地引发了人们对有关全球变暖成因的明确科学共识的质疑。在这方面，他们重走了烟草行业自20世纪60年代开辟的道路，当时医学科学刚刚证实吸烟会导致癌症。布朗和威廉森（Brown & Williamson）烟草公司1969年的一份内部备忘录中公然宣称：“疑惑就是我们的产品。疑惑是与大众头脑中的‘事实集合’相竞争的最佳手段。它也是制造争议的手段。”

参议院环境委员会主席詹姆斯·因霍夫（James Inhofe）来自俄克拉何马州，这里盛产石油，因此他有合理的政治理由去蔑视气候变化这个议题。但是在他的《最大骗局：全球变暖阴谋如何威胁你的未来》（*The Greatest Hoax: How the Global Warming Conspiracy Threatens Your Future*）一书中，他认为这只是上帝将地球的恒温器调高了一点点，并谴责了“那些以为我们人类能改变上帝对气候的作为的自大狂”，说他们“令人无法容忍”。2014 年，在参议院和众议院的 278 名共和党人的记录中，新闻机构“政治真相网”（PolitiFact）发现只有 8 人公开承认全球变暖是真实的，并且是由人类造成的。当然，我们并不知道余下的人中有多少是真信徒，有多少是犬儒派。好消息是只有 17% 自称不是共和党人的美国人认为全球变暖是一个神话。*

***

共和党不仅变成了一个明确的基督教政党，如今也是一个美国白人政党，带有前所未有的身份自觉。自 20 世纪 60 年代以来的南方战略国家化卓有成效，部分原因是它顺应了人口构成的变化。在 1960 年，90% 的美国人都是非西班牙裔白人，只有少数几个州的白人人口不到 70%——具体来说，是密西西比州、南卡罗来纳州、路易斯安那州和亚拉巴马州。如今，占多数的白人在**整个国家**的人口比例下降到了 60% 左右；换句话说，美国现在的种族构成比 20 世

* 数据来自 2008—2015 年气候变化传播项目半年度调查、2013 年公共政策民调基金会调查。

纪 60 年代的南方腹地还要“南方”。

有一段时间，共和党领导人小心翼翼地抹除他们身上那明显的种族主义印记。对暴力犯罪从 20 世纪 60 年代到 80 年代的攀升予以关注是合理的，不是吗？我们不希望社会福利项目助长贫穷的文化和依赖的思维，不是吗？尽管人们暗中对不利于或看似不利于白人的新政策所怀的厌恶情绪越发明显，但共和党领导人依然公开坚持并非完全不合理的观点：平权法案是一个不完美的解决方案，太纵容多元文化主义可能会使美国分崩离析，我们不应该让移民混乱无序地涌入美国。但在 21 世纪，更多的共和党领导人开始巴结那些最丑陋的幻想家，那些心安理得的种族主义者。当国会议员罗恩·保罗（Ron Paul）竞选 2008 年共和党总统候选人提名时，他多次出现在新纳粹分子理查德·斯潘塞（Richard Spencer）身旁，后者刚刚为自己发起的运动打造了“另类右翼”（alt-right）一词。参议员兰德·保罗（Rand Paul）聘用了一个南方联盟（League of the South）的前领导人做他的助手，还与他合写了一本书——该组织致力于在 21 世纪分裂合众国、重建联盟国。

我们选出一位黑人总统以后，更多露骨的论调加入了从前的圈内隐语。即便是一贯深思熟虑的《纽约时报》保守派专栏作家罗斯·多塞特（Ross Douthat）也承认，自己对“老南方”的幻想感到难以抗拒。查尔斯顿的 9 名黑人被一名白人至上主义者枪杀后，在有关政府展示南方邦联标志的辩论中，他谈到了“将美利坚联盟国视为一切……迷人南方特色……的政治历史捍卫者的诱惑……即使是一个像我这样讨厌分裂的北方佬，在某些时刻也能感受到那种理念的吸引，那种幻想的魅力”。

与此同时，共和党当权派正在说服绝大多数共和党人相信一场彻头彻尾的欺诈性幻想，尽管他们明知这是谎言——选民舞弊现象猖獗，有必要通过新的身份法案，以防止（黑皮肤、棕皮肤和年轻的）人们非法投票。此外，在各个方面，共和党比其他任何一个美国机构都更善于让白人相信他人隐藏了非同寻常的谎言。由哈佛商学院和塔夫茨大学教授们进行的一项新研究显示，如今在几乎一代人的时间里，普通美国白人都认同了这种幻想，即美国的反白人偏见比反黑人偏见更为严重。

***

接着又出现了一群新的非白种人需要我们去担忧。2001 年 9 月 20 日，小布什总统表态说，我们的敌人“不是我们众多的穆斯林朋友……或我们众多的阿拉伯朋友”。但在此之后，许多共和党人开始明确地鼓动和夸大对穆斯林的恐惧，尤其是在我们选举出一位中间名为“侯赛因”的非白人总统之后。为什么有一半的共和党人——以及特朗普的三分之二的初选选民——始终相信奥巴马是穆斯林呢？*因为当选的共和党官员和其他保守派领导人已经助推十多年了。这种对穆斯林的歇斯底里的恐惧也结合了好几种司空见惯、由来已久、由幻想驱动的美国式憎恨：对身居高位的密谋者的憎恨、白人对非白人的憎恨、新教徒对非新教徒的憎恨、基督徒对非基督徒的憎恨，以及每个人对可怕的外国佬的憎恨。

* 资料来自 2015 年和 2016 年公共政策民调基金会和 CNN/ 舆论研究公司的调查。

伊斯兰教法使用伊斯兰教的圣书作为道德行为的基础，正如犹太人使用《塔木德》或基督徒使用《圣经》的方式一样，在伊斯兰国家，它明确地使用《古兰经》作为法律条文的基础。就在我们选出第44位非穆斯林总统之前，右翼人士开始幻想美国的穆斯林正在密谋用伊斯兰法律体系取代美国的法律体系。其权威文本是2010年的一本名为《伊斯兰教法：对美国的威胁》(*Shariah: The Threat to America*)的书，它的19名作者包括正经的强硬右翼保守派人士和国家安全问题研究专家。该书称，我们已经被“一个公开决定用伊斯兰教法取代美国《宪法》的内部敌人渗透并深刻影响”。这场运动开始了，伊斯兰教法的幽灵很快成了一个右翼流行语，其中涵盖了对美国社会领域中几乎**任何**伊斯兰教相关事项的质疑。这种说法也使“伊斯兰恐惧症”(Islamophobia)有了一丝合法性。这是一种十分具体的幻想——既不是我恨穆斯林，也不是我恨阿拉伯人，而是我不想生活在塔利班法律之下，因此它可以被视为反**暴政**而不是种族主义。这也是一个充满异国情调的崭新词语，在美国除了少数知识分子之外，没人知道。

幻想的发明人之一——《伊斯兰教法：对美国的威胁》一书的头目和代言人——是弗兰克·加夫尼(Frank Gaffney)，他在80年代曾是五角大楼的一名官员。“9·11”事件后，他声称萨达姆·侯赛因(Saddam Hussein)政权是这次袭击的幕后黑手——而且正是他招募了蒂莫西·麦克维制造俄克拉何马市联邦大楼爆炸案。加夫尼沉迷于他的幻想，坚信保守派反税收说客格罗弗·诺尔奎斯特(Grover Norquist)是穆斯林兄弟会的秘密特工。不意外的是，奥巴马刚刚当选总统，加夫尼就指出：“越来越多的证据表明，总统不仅认同穆斯林，而且实际上很可能自己就是穆斯林。”他说的这些话并没有导致他被右翼开除。

反伊斯兰教法运动人士游说各州通过法令和宪法修正案，禁止在法庭和法律系统中使用伊斯兰教法，这是一个针对想象中的问题的虚拟解决方案，几乎就像政府制订计划防止僵尸入侵一样。从2010年开始，9个州通过了这样的措施。当作为总统候选人的特朗普首次宣布禁止穆斯林移民的提议时——因为伊斯兰教法“准许诸如谋杀……斩首之类的残忍暴行”——他的论据全部来自弗兰克·加夫尼的虚假民调。

***

在我的成长过程中，我的共和党父母讨厌肯尼迪家族的所有人，不信任工会，抱怨高达91%的联邦所得税税率是“没收性的”。但是对他们来说，保守主义也意味着对自然环境的保护，也意味着允许人们做出自己的选择，包括堕胎。他们非常**理性**，不会去相信共产主义/华盛顿/精英阶层毁灭美国的秘密阴谋，当看到极右翼的熟人时会翻翻白眼摇摇头——比如我们那个反对在奥马哈的饮用水中加氟并怀疑尼克松左倾的邻居。* 我的家人从不属于任何教会。他们是不信神的中西部共和党人，生来如此——这在40年前看起来一点也不奇怪。直到1980年前后，“基督教右派”（the Christian

* 邻居们是兰普一家（Lamps），他们最小的女儿弗吉尼娅（Ginni）曾与我在同一所全白人公立高中就读并紧随我之后毕业，后来嫁给了一位立场非常保守的律师克拉伦斯·托马斯（Clarence Thomas）。

right）才成了美国政治中的一个固定短语。2000 年，我那 78 岁的寡居母亲在连续 14 次为共和党总统候选人投票之后，果断地退出了这个对她来说已经变得过于宗教化的政党。

基督教对共和党的占领是逐渐发生的，但接近完成时发展得很快，就像从液态到气态的相变。2008 年，四分之三的共和党总统初选候选人表示他们相信进化论，但在 2012 年，这一数字下降到了三分之一，而到了 2016 年就只剩下一个人了。剩下的这个人——杰布·布什（Jeb Bush）——曾小心翼翼地说，进化生物学只是他个人相信的真理，“它并不是一定要体现在公立学校的课程中”，如果被纳入课程的话，也应与神创论一同教授给学生。

如今，大多数支持这一白人泛基督教党派的人都没有对美国抱有强烈的世俗愿景。占三分之二多数的共和党人说他们“支持将基督教设立为国教”。（大多数美国人都认为“《宪法》已经将美国设立为一个基督教国家”。）* 我很确定我们永远不会成为一个基督教版本的沙特阿拉伯或是伊朗，但我们难道不是已经很接近土耳其那样，在官方意义上是世俗国家，却由明确的宗教性政党掌管吗？在 2015 年的一次初选辩论中，梅根·凯利（Megyn Kelly）问共和党候选人是否“上帝已经告诉他们应当做什么事，以及应当先解决什么问题”，这听起来有些奇怪，但她只是承认了共和党的新常态而已。

事实上，有数以百万计的美国基督徒试图实现他们对于一个完全政教合一国家的幻想。他们的运动被称为“第三波”（Third Wave）或“基督教国教主义”（dominionism），这一术语由“属灵

---

* 资料来自 1997—2007 年第一修正案中心（First Amendment Center）调查、2013 年公共政策民调基金会调查。

争战”教父彼得·瓦格纳创造。该运动是一个松散的教会联盟，其中大部分是灵恩派和五旬节派，也有些是纯粹的基要派。他们正努力获得政治和文化方面的权力，以对抗和击败魔鬼，并让基要派基督徒掌权。

换句话说，他们就像右翼人士想象中的穆斯林兄弟会，希望能在美国拥有长期的影响力。在2012年大选期间，这一运动与全国共和党人的联系使之成了新闻题材，随后，瓦格纳在《灵恩新闻》（*Charisma News*）上针对人们批评他的团队“过度关注撒旦和邪灵”一事发表了一篇文章：“这纯粹是一种主观判断，可能仅仅意味着我们赶走的污鬼比他们更多。那又怎样？”至于神权政治，瓦格纳说：“我认识的人当中没有一个——也许是有一些边缘人群——会鼓吹神权政治。”**边缘人群**——瓦格纳自己的“先知长老议会”（Council of Prophetic Elders）的一名成员可不是如此，根据《灵恩新闻》的说法，他“得知一名女巫在（阿拉斯加的）监狱系统申请了牧师的工作。‘当我们通过祷告去破除这种邪术的灵时，她的香坛着火了，她的汽车发动机爆炸了，她的左眼失明了，她还被诊断出了癌症。’”哈利路亚。事实上，阿拉斯加州的前共和党州长萨拉·佩林（Sarah Palin）在竞选州公职之前一直是正式的五旬节派信徒，她参与过由当地的瓦格纳派带领人兼驱巫人领导的祷告团队——而现在的佩林显然已经是掌控着这个国家的共和党的重要成员了。

梦幻之地是我们民族性格中的一面超越了另一面的结果，而共和党政治新兴的宗教性是一个很好的例子——它永远存在于血液之中，但处于节制之下。虽然《宪法》规定美国不能有任何国教，但**信仰**一直是一个接近强制性的要素。托克维尔在《宪法》生效42

年后写道：“在美国，我们会遇到不信教的人。但是说实话，这里没有无宗教信仰的公共机关。”只有4位总统不隶属于任何基督教宗派，最近的一位还是在19世纪80年代。今天，三分之二的共和党人承认，他们不太可能把票投给一位不相信上帝的总统候选人。*

事实上，《宪法》的关键条款——“任何宗教测试都不可作为担任公职或拥有公信度的资格要求”——也只是一种理论上的自由。我们不仅从未有过一位公开声称自己不信教的总统，而且在上届国会的535位成员中，只有一位把她的宗教信仰列为“无”。在7 383名州议员中，似乎只有一个无神论者。** 50个州中有8个在州法中正式禁止无神论者担任公职，其中，宾夕法尼亚州和田纳西州还特别要求公务人员相信天堂和地狱，在阿肯色州，无神论者则根本没有资格从事任何政府工作或在法庭上做证。

如此多的基督教严肃信徒担任公职或通过其他方式行使权力，在现实世界中会产生后果，哪怕我们不把堕胎法律考虑在内。在华盛顿特区，他们将自己对《圣经》的理解作为制定国家安全政策的指南。十分之七的福音派和基要派基督徒相信“现代以色列国的建立是《圣经》预言的结果”，并且“在以色列发生的时事是《启示录》预言的一部分”。*** 换句话说，在末日决战具备发生条件之前，尽可能多的犹太人需要处于哈米吉多顿战场一带。创立于2006年的“基督徒支持以色列联盟”（Christians United for Israel）是美国基督教犹太复国主义（Christian Zionism）运动的主要推动力量，现有

* 资料来自2015年皮尤调查。

** 内布拉斯加州参议员厄尼·钱伯斯（Ernie Chambers）确实说过《圣经》里面都是“童话”。

*** 资料来自2015年美南浸信会“生命之路”基督教资源机构（LifeWay Christian Resources）的调查。

300 万名会员。该组织的五旬节派牧师创始人鼓吹说，上帝派遣希特勒到地上作为灭绝犹太人的“猎人”，是为了将幸存者聚集和圈定在巴勒斯坦，“好让他们**回归**那地”。基督教犹太复国主义者的整个政治焦点，就是游说美国支持以色列最强硬的路线，以便让现实与《圣经》中的末世预言相一致，正如他们眼中所见。

这些信念是共和党对以色列政策，也就是美国对以色列政策的重要基础，这让我深感不安。这是不是不太公平？在《纽约时报》一篇反对与伊朗签署核协议的专栏文章中，右派作家戴维·布鲁克斯（David Brooks）基于末世宗教信仰的具体原因，认为美国不应信任伊朗政权——因为毫无疑问，“伊朗领导人深受末世预言的驱使……正如他们的声明所暗示的那样”。

我又想起了门肯在 1925 年的“斯科普斯猴子审判”期间所发的一份新闻报道。他写道：“‘开化’的田纳西人多年来一直都知道山区里发生了些什么。他们知道乡村牧师们在宣讲些什么，知道哪些低级的胡话被统统塞进了乡巴佬的脑壳里。然而在骗局尚未完全形成的时候，他们却不敢站出来反对它。”事实上，当代共和党所做的更糟，因为这一切是蓄意而为的，是举国规模的，也有更为深远的后果。

第 41 章

背弃科学的自由派

并非只有共和党和福音派基督徒才会热切地相信给人带来不幸影响的看似事实的谎言。

20 世纪 90 年代，大多数美国人开始食用转基因食品，几乎所有的禽畜肉类（以及豆腐和加工食品）都来自转基因生物（GMO）。我理解为什么这个概念会令人们感到不安。科学怪食（Frankenfoods）！由农业产业联盟合伙打造！同等多数的自由派、温和派和保守派都认为，食用含有转基因成分的食物是不安全的——他们占所有美国人的 57%。* 但他们几乎肯定错了。

经过 30 多年来的数百项研究之后，科学界的普遍共识是：食用转基因食品是安全的。美国国家学院（The National Academies of Sciences, Engineering, and Medicine）委托科学家进行了一项全面的科学研究，该研究 2016 年的报告称，转基因食品**既**可安全使用，**又**对环境无害。美国科学促进协会的科学家中，有 88% 相信食用转基因食品是安全的。这几乎与那些认为气候变化是真实、人为的科学

* 数据来自 2014 年皮尤调查。

家的比例完全相同，而这是一个经常被用来显示右翼反科学之疯狂程度的数据点。* 换句话说，左翼人士偶尔也会因为对重要科学结论和证据感到不安，而选择无视和怀疑这些共识。

但是，煽动对转基因食品的狂乱恐惧并不会掏空你的腰包或打断你的腿——不过，正是通过种植和食用转基因食品，第三世界数百万人的生活得到改善、生命得到拯救，他们可能会对此表示恕不赞同。** 然而，引发疫苗恐惧的另一波运动无疑危及了美国人的公共卫生。

当我很小的时候，每年都有上千名美国儿童死于脊髓灰质炎，还有数千名儿童永久瘫痪。在我 3 岁那年，一场流感在美国造成了 7 万人死亡，我因为轮状病毒引起的无休止腹泻而住院两周，差点死掉。当时，每年有多达上千个美国孩子死于白喉、破伤风和百日咳。每年有数百名美国人死于麻疹，而这种疾病同时又会使数百名幸存患者失聪或者——按我们那时的说法——变成智障。但是就在 20 世纪 50 年代和 60 年代初，可以阻止所有这些死亡发生的疫苗问世了，每个孩子都可以接种疫苗。成千上万不必要的死亡和残疾得以避免。当时并没有反疫苗运动。

认为疫苗会导致自闭症和其他可怕疾病的错误信念，来自一些我们熟悉的源头——对过去的盲目怀旧，对专家的过度不信任，坚信一切坏事背后都有某种恶毒阴谋的思维，以及没有信息把关机制的互联网。

引发这场癔症的研究出现在 1998 年，当时，自闭症确诊人数正在不断增加。一名医生研究了 10 名儿童，他们都在接种麻疹、腮腺

---

* 数据来自 2014 年皮尤调查。

** 大曝光：让我和几乎所有 1 型“青少年”糖尿病患者存活下来的胰岛素，正是源自转基因细菌。

炎和风疹疫苗后表现出自闭症患者的行为。他在医学期刊上发表了他的研究，并立即成为一场新运动的指路明灯。

其他医生和科学家无法复现他的研究结果。为该运动提供基本信条的另一篇论文声称，含汞的疫苗防腐剂是自闭症的诱因，这一结论也同样无法证实。事实上，自那以后的一次又一次重要研究都发现了强有力的证据，表明疫苗不会导致自闭症。直到最初的那篇论文发表十几年之后——该医生的行医执照已被吊销，人们发现他“缺乏诚信、不负责任”——《柳叶刀》（*The Lancet*）才终于撤销了他的研究，称之为“完全错误”。另一家重量级英国医学期刊也称其为一场“精心策划的骗局”。

然而，对于那些**相信**这一说法的美国人来说，这些事实核查并不重要。在最初的研究发表一年后，他们要求美国卫生当局和美国儿科学会（American Academy of Pediatrics）建议将防腐剂从疫苗中去除——只是为了安全起见——制造商们也确实这么做了。看吧，信徒们说，我们一定是对的——疫苗肯定还是有危险！当时刚刚创建的谷歌也助长了恐慌的蔓延。当女演员珍妮·麦卡锡（Jenny McCarthy）在21世纪头十年成为反疫苗运动的代言人时，她上了《奥普拉脱口秀》，并对自己的文凭进行了完美的辩护：“我是从‘谷歌大学’毕业的！”

小罗伯特·F. 肯尼迪（Robert F. Kennedy, Jr.）也成了这场运动的明星。他重复着自己一贯的台词，说美国政府科学家“参与大规模欺诈”。他写过一篇关于这一话题的雄文，但刊登的两家杂志最终都撤回了该文。腐败的掩盖行为！在硫柳汞从疫苗中被移除之后出生的儿童中，自闭症谱系确诊数量仍在继续上升。谎言，虚假信息和谎言！又有更多的研究结果表明疫苗是安全的。如果不是汞，那就还有其他毒素！如果不是自闭症，那就是哮喘或青少年糖尿病！他们的信念就像宗教信仰一样，是不可能被事实证伪的。

媒体也发挥了作用。2002年，《纽约时报杂志》刊登了一篇题为《不太异想天开的自闭症原理》（The Not-So-Crackpot Autism Theory）的长文。肯尼迪作为自由派明星家族的一名自由派明星，在电视上获得了各方认可，包括当他在《每日秀》（*The Daily Show*）上露面的时候。奥普拉·温弗里的立场也让人毫不意外。但让人意想不到的是，美国大名鼎鼎的怀疑论者，一个拍摄纪录长片嘲弄宗教的人，也会拥抱和鼓励已被证明不实的幻想。根据比尔·马厄（Bill Maher）的说法，“流感疫苗是瞎扯”——事实上，接种“流感疫苗是你能做的最糟糕的事情”。他在CNN上说：“如果你连续5年都注射流感疫苗，那么你患阿尔茨海默病的可能性就会增加9倍。”在他出生的前一年，美国的脊髓灰质炎发病人数是每年3万人，当他上小学时，这个数字减少到了几十人，但这不是脊髓灰质炎疫苗的功劳——这只是因为我们从20世纪50年代末以后有了更好的卫生条件。“我不喜欢西医。”马厄这样说，他也的确这样认为——他甚至否认了传染病医学的基础：“病因不是入侵的细菌……不是蚊子，而是它们繁殖的沼泽。”19世纪早期的科学家们也是这样认为的。

数百万美国父母都不再让他们的孩子接种疫苗了。* 各州一直

* 英国和爱尔兰的父母们也一样——最初的那篇欺骗性的研究论文正是在一家英国医学期刊上发表的，作者也是一名英国医生。法国、丹麦和意大利的麻疹疫苗接种率也下降了。美国是梦幻之地的母国，但梦幻之地的领土已超越了我们的国界。

对在神学上持反对意见的人群予以豁免，例如基督教科学会和耶和华见证人信徒。在21世纪头十年里，基于各种**任意**新理由的疫苗豁免纷纷出现。在不到十年时间里，俄亥俄州的豁免数量增至从前的3倍，而在加利福尼亚州，从未接种疫苗的幼儿园教师数量翻倍增长。未接种疫苗的比例在红州（爱达荷州、阿肯色州）、蓝州（佛蒙特州、俄勒冈州）、摇摆州（科罗拉多州、威斯康星州）、宗教飞地（布鲁克林的正统犹太教徒、俄亥俄州的阿米什人、明尼苏达州的穆斯林、各地的山达基教信徒）和国际化的俗世之城都达到了令人不安的高度。

在我看来，那些受过良好教育、经济条件富裕的父母们的狂热反疫苗情绪尤其令人难堪。一个人群中只要有6%的人放弃免疫，该人群的群体免疫力（herd immunity）就会开始崩溃，流行性传染病就有条件爆发。在纽约市的几十所私立中小学里，放弃免疫的比例已上升到30%以上。在洛杉矶最富有的地段——从马里布到圣莫尼卡，进入玛丽安德尔湾（Marina del Rey），穿过贝弗利山庄到布伦特伍德（Brentwood）再到西好莱坞——基于个人信仰原因获得疫苗豁免的学龄前儿童比例超过了9%，是洛杉矶县平均值的4倍。在许多西洛杉矶的私立中小学，尤其是“进步派”（progressive）的学校，**大多数**家长已停止为孩子接种疫苗。

这个自然实验证实了科学：已经被我们消灭的疾病卷土重来了。如果你心心念念渴望重返旧日的美国，你现在如愿以偿了。在21世纪初，美国百日咳病例数量一度降到大约8 000例的最低点；而到了2012年却暴增至4.8万例——这是1955年的水平。加利福尼亚州（以及华盛顿州）发生了自20世纪40年代以来最严重的一次疫情——数百人住院治疗，10 人在一年内死亡。2012 年，有 20 名美国人死于百日咳，其中大多数是新生儿。麻疹病例数量在几年内增长了 10 倍。

疫苗恐惧症遍及整个意识形态光谱，但最近它似乎在向右倾斜——在这一侧，反专家和反政府的精神错乱更为强烈一些。总之，几乎三分之一的美国人认为“接种疫苗可能导致自闭症”，而且学校不应该要求孩子们接种。* 忠实信徒们继续如此相信，有些比以往更加疯狂。根据《发现》（*Discover*）杂志的报道，肯尼迪在 2013 年的一次主题演讲中对在场的众多反疫苗活动人士说：“这就像纳粹的死亡集中营……我会付出更多努力，早日把保罗·奥菲特（Paul Offit）和所有这些老好人都送进监狱。”奥菲特是杰出的儿科医生、教授和轮状病毒疫苗的发明者，还是《你相信魔法吗？有意义和无意义的替代医学》（*Do You Believe in Magic? The Sense and Nonsense of Alternative Medicine*）一书的作者。“他们应该被关进监狱，这是夸大其词吗？”肯尼迪问听众。不。“他们应该进监狱，门钥匙也应该被扔掉。”

---

* 资料来自 2014 年皮尤和哈里斯调查。

第 42 章

枪疯

比起任何其他的幻想，有一种幻想能给现实世界带来更多即刻、可怕、确凿的影响：将拥有枪支的权利重塑为最重要的权利之一，并打造成美国式自由和个人主义的象征。从我出生的年代到现在，对枪支的热爱已变成一种恋物癖。这种嗜好不仅在掏空我们的腰包，也的确在打断我们的腿。

孩提时代的我就始终随身携带武器，一开始是玩具手枪，后来升级到 BB 枪，再后来在 YMCA 夏令营和一个伯祖父的农场里用上了 0.22 英寸（5.59 毫米）口径步枪。我最怀念的童年记忆之一，是爸爸和我把一根内径 80 毫米的旧钢管即兴改装成了一个樱桃炸弹迫击炮，朝着在 50 米开外吃草的奶牛发射网球。我哥哥最怀念的童年记忆之一，是命令我跑步穿过后院，这样他就能从 30 米远的地方用一支 BB 枪向我射击并看着我倒地痛苦挣扎，他当时兴奋地说这“**就像电影**一样”。在我成年以后，我喜欢猎火鸡和射飞碟，总感觉自己有点像丹尼尔·布恩或格兰瑟姆勋爵（Lord Grantham）。我的妻子去中国的时候，在一家射击场玩上了乌兹冲锋枪，我非常嫉妒。

枪给我带来了乐趣，射击也使我得以体验各种幻想的乐趣。

但是，呃，但是——不久前，当我读到诗人格雷戈里·奥尔（Gregory Orr）的一篇文章时，我又一次忆起了我的BB枪历险记。之前，在拉斯维加斯郊外的一个射击场，一个9岁女孩手中的全自动乌兹枪失控，打死了她的教练。奥尔与我哥哥同龄。奥尔12岁的时候——也就是我哥哥故意用BB枪打我的年纪——在打猎时意外射杀了他的弟弟。奥尔写道："打猎、开枪，就是让你的想象力和权力幻想纠缠在一起。一次致命事故就能暴露出这些幻想多么荒诞。"

不过，打猎并不是纯粹的幻想：你射杀一只野鸡或一头鹿以后，还可以吃了它。但在过去的几十年里，美国人已经对打猎失去了兴趣。现在只有15%的人说自己会去打猎，还不到20世纪70年代时的一半。在任何一年中，这些自称狩猎者的人中只有三分之一，也就是5%的美国人，会真的端着步枪和猎枪在田野和森林中跋涉。

事实上，现在出于各种理由拥有各类枪支的人越来越少了——尽管枪支的数量在激增。20世纪70年代时大约一半的美国人有枪，而且几乎每个持枪者平均只拥有**一支**枪。如今，只有四分之一的美国人有枪——但平均每个人拥有三到四支。美国3%的成年人，也就是不到800万的人口，却拥有大约一半的枪支。极少数超级爱好者平均每人拥有17支枪。*

让我把话说得更清楚一些。在美国，被用来打猎的枪支其实

---

* 这两个段落的数据来源于全国舆论研究中心（National Opinion Research Center）2015年的综合社会调查、美国鱼类及野生动物管理局（U.S. Fish and Wildlife Service）2011年的调查、美国国会研究处（Congressional Research Service）、美国联邦储备系统、佛罗里达州立大学犯罪学家加里·克莱克（Gary Kleck）的研究，以及一项由哈佛大学和东北大学的研究人员于2015年进行的调查。

很少很少。今天拥有枪支的美国人以一种与40年前的人们截然不同的方式，建造着自己的私人军火库。在我看来，这明显是因为他们——不一定是所有人，但确实是许多人——已经沉溺于幻想。

这些人会像我在孩提时代以及长大后偶尔为之的射击游戏中才会做的那样，想象自己是民兵、拓荒者、西部牛仔、士兵，是他们看了一辈子的电影电视中的角色：克林特·伊斯特伍德、梅尔·吉布森（Mel Gibson）、巨石强森（The Rock）扮演的英雄或反英雄，比如大卫·克洛科特（Davy Crockett）、智多星布奇（Butch）、太阳舞小子（Sundance）、兰博（Rambo）或是尼奥（Neo）——也可以是埃伦·里普利（Ellen Ripley）或萨拉·康纳（Sarah Connor）。他们就像舞弄着《星球大战》光剑玩具的小孩子，不同之处仅仅在于，他们相信自己要准备对抗现实生活中的（来自中东或来自墨西哥的）外来入侵者和突击队，并且他们手中的先进武器确实可以杀伤和致命。为什么匪徒和匪徒效仿者纷纷开始与地面平行地侧身持枪和射击，尽管这样做会有碍于精准度和控制力呢？因为这看起来很酷，而这看起来很酷，是在电影工作者要求演员们这样做以后——这种动作始于20世纪60年代，到了90年代变得十分流行。* 为什么美国人购买的AR-15半自动及类似步枪比其他任何款式都要多，多达每年150万支？因为握持这种枪和用它们射击会让他们自我感觉更酷，更像盟军敢死队队员。出于同样的原因，现在有一半的州不对人们在公共场所公开携带枪支要求任何证件。也正是出于同样的原因，在美国出售的汽车中，有三分之一是皮卡和四轮驱动

* 这样做更容易把枪和演员的脸拍入同一个定焦镜头画面。

的“白日梦想家”车型，即使四分之三的四驱越野车永远不会真的去越野。这甚至也是牛仔裤在 20 世纪 60 年代以后成为美国制服的原因。我们是一群全天候入戏、全年无休的活人画（tableau vivant）演员，一群扮演着英勇硬汉角色的草包。

大规模枪击事件在美国比在其他任何地方发生得都频繁，这不仅仅是因为我们制造了如此容易买到的适合制造大屠杀的武器。这些杀手还参与了角色扮演，并被我们对于一夜成名的那种根深蒂固的国民梦想所激励。专家们说，大多数大规模枪击事件的杀手并非备受临床幻觉困扰的精神病或妄想型精神分裂症患者；其实，他们不过是梦幻之地的公民，他们将自己的不快乐怪罪于他人、体制、精英阶层乃至全世界。他们将这些怨恨化作了准军事性复仇的浩大幻想，他们也知道，把这些幻想付诸行动会引起巨大轰动，并迫使其他人第一次对他们予以关注。

***

在美国人既守法又爱枪的心态之下，潜藏着一些自由漂浮的美国神话——荒野边疆、了不起的个人主义、动作大片。除此之外，还有一些具体的恐怖设想支配着人们对枪支管制的顽固抵抗。

最不具备幻想色彩的思路就是，如果明天有罪犯威胁你或袭击你，你需要随身有把枪来干掉他。随时准备与坏人对战是枪支持有者的主要拥枪原因，自 20 世纪 90 年代以来的调查结果显示，如此回答的人数已经翻了一番。而在同一时期，一个美国人实际上会有这种遭遇的概率减少了一半。纽约市是全美对拥有和携带枪支的限制最严格的城市之一，但被谋杀的概率比 1990 年时减少了 82%。*

持有手枪以便自卫可能有些愚蠢，但也并非不理性。尽管暴力犯罪率已急剧下降，但在一个每 4 人就有 1 支枪的国家里，渴望武装的心态是可以理解的。我们每个人都用不同的方式来计算生死攸关的成本和效益。根据司法部大规模的犯罪受害者调查（Crime Victimization Surveys），每年大约只有六千分之一的美国人会在抢劫或袭击事件发生时拔枪或开枪自卫。然而，几十条新颁布的各州法律几乎是在对这种公民英雄对决场面摩拳擦掌——“隐匿持枪法”（Concealed Carry）、“不退让法”（Stand Your Ground）——这更多是由幻想和瘾症驱动的，而不是理性和审慎。

但是，除了保护自己免受随机攻击的期望之外——顺便说一下，在历时 10 年的犯罪受害者调查中，超过 100 万名受访美国人里只有一名性侵犯受害者用枪自卫——一些稀奇古怪的假设和彻头彻尾的幻想推动了枪支管制的政治。一种新的幻想场景是，面对圣战恐怖分子的袭击，武装的平民挽救了大局。另一种幻想场景是，爱国者将被迫**变成**反体制的恐怖分子，就像美国人在 1776 年和 1861 年所做的那样，不过这一次是为了捍卫自由和抵抗美国政府——在它暴露自己作为一个专制的法西斯主义、社会主义、全球主义政权的真面目，并试图没收所有私人枪支之前。

这种日渐兴起的设想发源于 20 世纪 60 年代，当时只在美国政治的最边缘处激起了人们的兴趣。现在它已经深入主流，这在很大程度上要归功于全国步枪协会的努力及与之相关联的疯狂。这是怎

---

* 资料来自 1999 年《华盛顿邮报》/ABC 新闻调查和 2013 年皮尤调查、联邦调查局统一犯罪报告（Uniform Crime Reports）、纽约市警察局计算机统计信息比照系统（CompStat）2016 年数据。

么发生的呢？

当开国元勋们起草《宪法》时，他们设想的是一个规模非常小的永久性国家军队。如果美国人需要打仗，各州就会召集各自的民兵。因此，《第二修正案》说："纪律优良的民兵部队对自由州的安全是必要的，因此，人民持有并携带武器的权利不可受侵害。"两个多世纪以来，最高法院一直回避针对《第二修正案》的意义做出任何笼统的决议。也确实很难发展出什么新内容。它似乎越来越像是另一个时代的产物。

法院同意禁止某些种类的枪械，如霰弹枪。1980年，一项决议附带指出，《第二修正案》保障个人拥有枪支的权利，前提是这一权利"与一个纪律优良的民兵组织的维护或效力存有某种合理的关系"。但《宪法》的皮球这下被踢得更远了。那些希望限制枪支所有权的州和城市的确会颁布一些温和的管制规定，国会也会偶尔如此。与此同时，热爱拥有枪支的美国人可以比世界上其他任何地方的人都更自由、更充分地沉溺于自己的嗜好。

但在全国步枪协会中的易怒幻想派在20世纪70年代末掌权以后，该组织开始致力于将拥枪权发挥到极致并坚持如此，它成为一场强大的新政治运动的中心，反对所有、任何的枪械管制——无论是关于人们可购买的枪支、配件和弹药的类型与数量，还是关于谁可以购买、购买的难易程度及相关登记与许可，甚至是使用安全锁的要求。尽管如此，国会在20世纪90年代颁布了两项法律——一项要求大多数枪支购买者通过联邦调查局的背景调查，以筛除罪犯；另一项禁止厂家制造某些半自动枪支和超过10发子弹的弹匣。

作为回应，全国步枪协会向成员们发出了一封歇斯底里的筹款信，长达 2 600 词。“克林顿总统的反枪械政府机构继续恐吓和骚扰守法公民，”就像“发生在韦科的大卫教派事件”一样。今天，他们对我们隐藏的武器横加干涉，明天，他们就会剥夺所有人的“言论自由、宗教自由和《权利法案》中的所有其他自由”。新的攻击性武器禁令“赋予了铁蹄政府暴徒更多的权力来剥夺我们的宪法权利、闯入我们的家门、夺取我们的枪支、毁坏我们的财产，甚至伤害和杀死我们……联邦特工身着纳粹党突击队式的头盔和黑色制服攻击守法公民，这在不久以前还是不可想象的”。

这封信是由全国步枪协会的 CEO 韦恩·拉皮埃尔（Wayne LaPierre）签署的。拉皮埃尔从小就不是一个喜爱户外运动的年轻人，而是一个书呆子，还是个沉迷政治的书呆子，而且连保守派都算不上。22 岁时，他作为志愿者参加过乔治·麦戈文的总统竞选活动，然后去了弗吉尼亚州的州议会，为一位民主党人工作。1978 年，就在全国步枪协会中的极端派掌权之后，他借助州议会的平台得到了一份该协会的低级别游说工作。后来在 1991 年，也就是《看，一匹灰色的马》出版的那年，他成了 CEO。

全国步枪协会在 1995 年发出的那封声讨“铁蹄政府暴徒”的信件，是该组织毫无争议地入驻梦幻之地最深处的时刻。甚至对共和党人来说，这似乎都太疯狂了，他们中有几十人在国会投票赞成对攻击性武器的禁令。前总统乔治·H. W. 布什从全国步枪协会退出，以示抗议。就在这封信发出几天后，反对枪支管制的活动家蒂莫西·麦克维炸毁了俄克拉何马市联邦大楼。

然而，拉皮埃尔和拥枪权狂热分子们既没有三思，也没有退让。尽管他们可以主导有关枪支管制的政治进程，但这还不够。他们寻求彻底的胜利，斩钉截铁，毫不含糊。他们需要说服最高法院的大多数人一劳永逸地批准他们对《第二修正案》的新诠释，其中主张每一个人都是自由职业民兵。在20世纪90年代，这似乎不太可能。即使是被尼克松任命的保守派首席大法官沃伦·伯格（Warren Burger）在退休后也抱怨说，《第二修正案》“是我有生之年亲见的一场最大欺诈的主题——我再说一遍，**欺诈**——一场由特殊利益集团制造并针对美国公众的欺诈”。

时代潮流却跟着枪支游说者的步伐。针对半自动武器的禁令在2004年到期后没有延长。更令人惊讶的是，在20世纪90年代被首席大法官伯格谴责的欺诈，在21世纪却成了高尚的审判规程。在2008年和2010年的案例中，最高法院终于同意确定《第二修正案》的基本含义。有4名大法官仍以旧有的方式解读。例如，在2010年的案例中，大法官斯蒂芬·布雷耶（Stephen Breyer）在他的意见中指出，1791年时，“制宪者制定《第二修正案》不是为了保护武装自卫的私人权利。无论是在过去还是现今，都不存在认为这种权利是‘基本’权利的共识”。

但是在这两个案例中，5位大法官都接受了新的解读。现在《宪法》确实保证了每个人拥有枪支的权利。我们大可以讨论18世纪90年代的枪械与现在有多大的差异——那时人们1分钟内只能击发3次——或是当今世界上枪支数量和枪案死亡人数之间的关系，或是澳大利亚1996年实施的全面控枪计划效果如何。然而，这些讨论只是学术性的。在目前这种情况下，《宪法》显然**就是**一个自杀协议，而且这并不只是个比喻。

这就是我们走到如今这一步的过程。全国步枪协会赢了。然而，他们和同伴们的偏执和愤怒似乎并没有得到缓解，他们仍然坚信暴政就在眼前，联邦探员正要前来夺取他们的枪支。在美国，大规模没收枪支的谣言从来都没有被正经传播过。整个20世纪80年代，就连大多数保守派都认为对没收枪械的恐惧是一种怪异的妄想，仅限于一些类似《看，一匹灰色的马》的私印小传单，传单假想了一个由政府收集的“爱国者数据库”，“内含美国爱国者的相关个人信息，即那些面对新世界秩序的淫威、《宪法》的破坏和极权警察国家的形成时最有可能奋起反抗的男男女女”。现在，多亏了全国步枪协会，连共和党领导人都**不鼓励**有关没收枪械的幻想了。

拉皮埃尔说，联邦调查局的背景调查只是“漫长计划的第一步，目的是摧毁《第二修正案》赋予我们的权利”。于是，全国步枪协会成功地促使现行联邦法律规定，所有通过背景调查的枪支购买者的记录都会被销毁。尽管如此，拉皮埃尔的一名说客仍然指出，如果政府**确实**拥有“一个将正在行使宪法权利的美国人记录在案的登记册或数据库”，那“就像是他们……拥有一个将所有卫理公会信徒、所有浸信会信徒、所有不同宗教或民族背景的人全部记录在案的数据库”。美国人对枪支的极度热爱，实在很像美国人的宗教信仰。

于是，一个不太可能发生的可能性，即联邦登记，引发了另一个极其难以置信的幻想，即没收枪支。这又引发了一个更为荒诞的故事——当警察国家消灭了所有的自由，也就是最糟糕的噩梦成真以后，全副武装的美国人民将被迫起义，反抗美国政府。

这一连串的幻想及类似的假设越发一本正经。在21世纪初，又一起里程碑事件发生了，全国步枪协会的主席——一个因扮演 19 世纪美国士兵而出名的电影演员，演过的角色还包括野牛比尔——在结束一次演讲的时候，敦促会员们“击败那些剥夺自由的分裂势力”，然后举起了一把美国独立战争时期步枪的复制品，咆哮着“让我的声音所及之处的各位都要驻足倾听的战斗宣言……‘从我冰冷、僵死的手中拿去吧！’”换句话说，查尔顿·赫斯顿（Charlton Heston）的意思是：不杀死我的话，休想夺走我的枪。

从那以后，武装起义的可能性变得更加明确。拥枪权利运动的成员不再像以往那样选择性地无视或回避《第二修正案》的前半句，而索性开始**提倡**平民需要枪支以达到准军事目的的观点。最高法院终于同意了。其中的决定性意见之一来自大法官斯卡利亚，他写道，《第二修正案》允许每个人都拥有枪支，这样他们就可以在必要的时候自发组成民兵组织——也就是说，让“体格健全的国人……能够更好地抵抗暴政”，能够加入武装组织“去抵御……一个专制政府的劫掠”，能够射杀他们不喜欢的美国“常备军”成员。斯卡利亚甚至承认，这种应急计划是荒谬的，因为在当今时代，“一个民兵组织需要拥有精密复杂的武器才能像 18 世纪的民兵一样有效”，更何况“任何数量的小型武器都不能对抗现代的轰炸机和坦克”。但是，让一切顺其自然吧：《宪法》赋予了每个美国人这种权利，让他们积聚自己的军火库以准备实施一个注定要失败的幻想。*

拥枪狂热分子是不是像追赶汽车的狗，即便追上了也不想停止

---

* 有关没收枪械的幻想的无休止传播为两件事铺平了道路：对《第二修正案》的全新理解，以及我们 3 亿的枪支储备。这两件事都使得真正意义上的枪支管制在美国变得无法实现：在这个时候，如果既不修改《宪法》，也不回购枪支——也就是像澳大利亚那样，以公平的方式没收枪支——还有什么其他的办法呢？然而，如今这样的做法当然只能是彻底的政治幻想了。

吠叫和咆哮？或是像一个扬言说自己会憋气憋到死的孩子？尽管他们取得了实质上的全面胜利，但他们还在提出更多的要求：在无须重新上膛的情况下连续发射几十发子弹的自由，像警察或士兵一样在任何地方携带枪支的自由，为感到威胁而拔枪射击的人开**更多**的绿灯。他们必须费尽心机寻找那些仍然能使他们愤慨的事情，比如阻止“明显智力低下或患有精神疾病”的退伍军人通过联邦调查局背景调查购买枪支的官僚程序，或是联合国在2013年通过的旨在监控国际军火交易并防止武器流向恐怖分子的《武器贸易条约》(Arms Trade Treaty)。“联合国的暴君和独裁者们会不惜一切代价，”拉皮埃尔说，“只为登记、禁止乃至最终没收遵纪守法的美国人所拥有的枪支。”美国参议院拒绝批准该条约。

***

2012年，位于康涅狄格州纽敦（Newtown）的桑迪·胡克小学（Sandy Hook Elementary School）发生枪击案，20名一年级学生和6名成年人丧生。在此之后，理性的人们希望这场狂热会逐渐消退。据凶手舅妈的说法，凶手的母亲曾对儿子施行在家教育，她“信奉生存主义哲学，这是她囤积枪支的原因”。她的武器储备中共有7支枪，其中包括她的儿子杀害她时所用的步枪。杀死孩子和教师时，凶手使用了母亲的半自动“现代运动步枪”——这是全国枪支行业协会更喜欢使用的术语，该协会的总部恰好位于纽敦。* 凶手当时随

* 作者此处指的是美国全国射击运动基金会（National Shooting Sports Foundation，简称NSSF）。——译者注

身携带了 22 个大容量 30 发弹匣到学校。

所有的枪都是他的母亲合法购买的。根据康涅狄格州的一份报告，她“似乎没有意识到让儿子不受限制地接触枪支会产生潜在的有害影响”，甚至在悲剧临近的时候也是如此，尽管那时“（她）注意到他不愿意离开家，并且看起来很消沉”。但她的嫂子仍在这一点上为她辩护：“她并不是否认现实的人。假如她觉察到儿子需要帮助，她肯定会为他寻求精神病诊疗。”

她并不是否认现实的人。就在大屠杀发生之后，阴谋论者用幻想为当时发生的事件创造了另类现实。也许这牵涉到国际银行丑闻，也许以色列情报部门也卷入其中，但不管怎样，谋杀和掩盖显然都是政府和媒体为了加强对枪支管制的支持而进行的。有些人（比如亚历克斯·琼斯）认为这件事压根儿就没发生过，那完全就是……一部事先编排好的幻想剧，电视画面上悲痛欲绝的父母都是演员扮演的。或者，枪手也可能是一名受雇的杀手，一个被利用的走卒，一位“满洲候选人”式的傀儡或李·哈维·奥斯瓦尔德。有一个被杀孩子的父亲一直致力于驳斥桑迪·胡克小学枪击案阴谋论。2016 年，一名支持拥枪的幻想家因为威胁要杀死他而在佛罗里达州被起诉。

两个月后，就在特朗普总统在右翼的年度保守派政治行动大会（Conservative Political Action Conference）上讲话的同一天，韦恩·拉皮埃尔也发表了演讲。他们获得全胜。那么，他该怎样让疯狂继续下去呢？通过呈现一个加倍疯狂的新幻想——武装爱国者的自卫。拉皮埃尔告诉他们：“此时此刻，我们面对的是一群希望使用暴力来对付我们的势力……其中有某些最为激进的政治成分。无政府主义者、马克思主义者、共产主义者，以及左翼社会主义大部队的所有其余阵营。”他究竟是否**知道**这很疯狂呢？在全国步枪协会中度过 39 年之后，他是真心渴望看到一场真正的内战，还是他这些预告片式的恐怖幻象其实只是为了做生意？“毫无疑问，如果暴力的左派将他们的恐怖带到了……我们的家中，他们将会遭遇……美国自由的全部力量。这力量就在我们美国人民的手中，我们必胜。”

第 43 章

梦幻工业中心最终版

如果你只看官方常规划分的 10 个或 20 个美国经济部门，那么你看到的只是梦幻工业中心的一部分，并不是它无序扩张的全部领土。

艺术、娱乐和休闲只是一个小行业，和**采矿业**和**公用事业**差不多。当然，它包括好莱坞——在 20 世纪 90 年代之前，好莱坞还没有真人秀，也没有上映《黑客帝国》(*The Matrix*)和《楚门的世界》(*The Truman Show*)。这些耗资巨大的电影都基于一个假设，即现实世界并不是真实的，而是由一个全能的梦幻工业中心所制造的酷似现实的产品，用于一场欺骗我们的阴谋。* 数以千万计的美国人可以瞬间深刻地理解和热爱这些电影，但在那个时代到来之前，它们恐怕还会令人困惑。

但是，梦幻工业中心远远不止电影、电视、戏剧、广告、出版、主题公园和赌博。它还包括大部分信息媒体，其领域遍及互联网、电视、广播和印刷品，而且不只是那些痴迷于名人及其产品的

---

* 顺便说一下，《黑客帝国》的导演和影星也说，他们受到了鲍德里亚 1981 年的著作《拟像与仿真》的影响。

部分。它也不再只有电子游戏，还有大面积的互联网。它容纳了在公共场合装扮成士兵、动漫人物、超级英雄和圣诞老人的成年人，以及假装自己拥有职业运动队的人或者在网上与陌生人一同幻想滔天罪行的人。它涵盖了大量的军火工业和越来越多的政治产业。它包括了房地产行业的一大部分——主题住宅区、主题餐馆、主题购物中心。美国零售业供过于求，这驱使商家在出售大同小异的商品时贩卖“零售娱乐”（retailtainment）或“娱乐式零售”（entertailing）的概念。它也吸收了医疗保健行业的一些项目——整容手术、精神病药物——另外，如果能侥幸钻点什么空子的话，它也可以延伸到金融行业。它的范围从大型工业到匠人手艺。这是人心所在的行业。它的影响力超出了自己的经济权重，主宰着美国人的生活。

通过以更强大的力量在更大范围内怂恿人们搁置怀疑，梦幻工业中心发展起来：开始是电影，稍后是广播，然后是电视，再然后是迪士尼的主题公园以及所有的业余衍生品——文艺复兴节、战争重演、动漫真人秀——再后来还有电子游戏。每一波新的娱乐性虚构浪潮都比之前的更让人沉醉，并且看起来更逼真。当这些产品的输出渗透继而涌入日常生活，人们从主动地保持怀疑逐渐变成无意识地搁置怀疑，接受这一切我们倾向于忘记其不真实性的不真实。我这里所指的非现实可以无所不包，从位于威奇托（Wichita）的全新地中海别墅或位于斯科茨代尔（Scottsdale）的有 18 个房间的小木屋——它们全都配有一块草坪，旨在唤起对柯里尔与艾夫斯或《唐顿庄园》（*Downton Abbey*）的回忆——到仿制美国小镇大街和未来世界主题公园这些仿制品的购物中心，再到通过手术虚构化的面容和身体。

现在，50 个州中有 40 个建有赌场（其他各州也基本上都有了合法的赌博形式），人们在这些地方坐上数小时甚至数天的时间，魔幻式地梦想着他们距暴富仅有一步之遥。我们已经把美国变成了一个横贯大陆的巨型赌场，在这全国大赌局的迷宫中，千余个赌场就像其中的一个个房间，数百万名美国人在其中来来往往，拉斯维加斯只是它最为宏伟的中心，是我们这个跨越东西海岸的奥兹国的翡翠城。

在梦幻之地，人们很难知道究竟该在何时何地去划分边界或施加限制。一切都是相对的。每个人都有自己的真理。将我们的真理强加给他人是武断的、不民主的、精英主义的。“整形外科技术让我们可以做一些扭曲现实的事情，”圣莫尼卡整形外科医生阿瑟·詹森告诉我，“或者否认现实，如今这些方式已经变得……是否太离谱了呢？到底什么**才是**现实呢？什么是幻想？对于植入假体的女孩来说，这就是**她自己**的新**现实**啊。”

数字革命让更多的人沉浸在虚幻之中。其中有一些明显的恶性成分，例如新出现的虚构新闻行当。虚实界限模糊的情况普遍存在。当我们看到用 Instagram 滤镜修饰过或用 Photoshop 软件处理过的图片时，不再会觉得它们是不真实的。谷歌相册（Google Photos）可以**自动**将不同的图像组合起来，生成改进版的新图片——也就是说，这是一种实时修正主义，能够将你生活中的瞬间记录成与现实经历不同的模样。我们可以与幻影骑士、超级纳粹党和外星机器人战士互动，而当我们与这些软件生成的产物——或者真人，他们和自己的网上形象或许并不相同，就像我们一样——互动时，自己也可以假装成虚构的角色。如今，大多数的人际互动都以数字化并且可能匿名的方式进行，我们也因此可以随时进行不可告人的角色扮演。我们甚至需要新词，比如“鲇鱼”（catfish）和“马甲”（sock puppet），来分别描述那些在网上伪装成浪漫情侣的人和假装成自己粉丝的人。

我们在社交媒体上阅读信息，观看名人生活的私密细节。为数 1 500 万、5 000 万或 8 600 万的人与美国最知名的人有着完全同等、无须中介的联系，包括美国总统在内。这让我们觉得名人是我们的朋友，而这是《人物》杂志和随后大量涌现的名人媒体所无法实现的。与此同时，美国人对**出名**的幻想看起来也不像从前那么异想天开了。真人秀节目已经将数百个愚人［还有卡戴珊一家（Kardashians）］变成了名人。现在的电视真人秀节目几乎和 2000 年所有电视节目的总量一样多。YouTube 也是一扇通往成名之路的大门，而且没有看门人。

梦幻工业中心的一端包含了我们已经明知是娱乐制品的商品、服务和体验，另一端则是一些我们根本不认为属于幻想的事物。介于两者之间的是大片的虚构区域，我们或许能意识到它们是想象，但有时——当我们迷失方向、沉浸其中、感到困惑之时——我们几乎、稍微、有点确实相信它们是真的。

纽约市警察吉尔伯托·瓦尔（Gilberto Valle）在 2012 年被捕的时候，**真的**准备绑架、谋杀和煮食他认识的女性吗？还是他与网友兴致盎然的周密策划，也就是他对自己在网上看过的虚构“变态虐杀”（snuffplay）故事和图片的复述过于真实了？我猜那令人不安的真相是介于两者之间。联邦陪审团判定他有罪，但在上诉中，瓦尔的律师主张“（爱幻想的人）有权幻想他们喜欢的任何事物或任何人”，法官同意了，推翻了判决。他宣布：“更有可能的情况是，瓦尔所有关于绑架的网上交流都是幻想角色扮演。”这和一半美国人假装自己是游戏《侠盗猎车手》(*Grand Theft Auto*)或《光晕》中的杀手没什么两样，因为“他没有在现实世界中、互联网以外做出任何企图绑架他人的举动”。但瓦尔用来追踪这些女性的难道不是联邦调查局全国犯罪情报中心(National Crime Information Center)的数据库吗？现在互联网的绝大部分不已经是现实世界了吗？

“食人警察”的案例很极端，但它是一个警世故事。我们越清楚地意识到自己在消费某种特定的幻想，问题就会越少。我不接受生物学家和专业无神论者理查德·道金斯(Richard Dawkins)的强硬路线，在此问题上他其实是个“毛派”。他甚至认为，给孩子们读童话故事也很危险，会“灌输一种包含超自然主义的世界观”。

我认为另一位牛津大学学者——J. R. R. 托尔金——在他出版《霍比特人》之后不久的一次演讲中的说法是正确的。1939 年，在谈到幻想虚构文学时，他说：“幻想是一种天然人类活动。它当然不会毁坏或损害理性。它既不会削弱我们对科学真理的兴趣，也不会掩盖我们对科学真理的认识。恰恰相反，理性越敏锐、越清晰，它所能创造的幻想就会越好。”

然而……看看最近文化产业的发展吧。我认为奇幻虚构作品的激增与我们整体上的质变不无关系。过去十年里最为火爆的电视节目讲述的是龙与魔法在一片古老大陆上回归的故事[《权力的游戏》(*Game of Thrones*)]，以及吸血鬼[《真爱如血》(*True Blood*)]和僵尸(《行尸走肉》)占领当代美国的故事。这并非巧合。再比如 2013 年播出的关于耶稣的迷你剧《圣经故事》(*The Bible*)，是由一位电视真人秀的创造者制作的[代表作有《幸存者》(*Survivor*)

和《飞黄腾达》(*The Apprentice*)]。该剧在历史频道播出，有一亿美国人收看。马克·伯内特（Mark Burnett）将他在NBC上映的续集《公元：后圣经故事》(*A.D.: The Bible Continues*)称为"**《纸牌屋》(House of Cards)遇上《权力的游戏》**"，并且非常激动地看到"日落大道上的广告牌，俯视着整个山谷……（上面）写着'十字架的受难只是个开始'。你仿佛回到了十年前……公共电视网（竟会有个节目）全是关于基督的复活，这样的概率有多大？这太奇妙了！上帝在行动"。这太奇妙了。

20世纪70年代，每年票房最高的电影中最多只有几部是奇幻类的，而现在只有一两部不是。直到21世纪，即托尔金的书出现半个世纪之后，好莱坞才终于把它们变成了一系列鸿篇巨制。在过去10年里，美国成年人阅读最多的小说是《五十度灰》(*Fifty Shades of Grey*)，而这部作品起源于《暮光之城》(*Twilight*)系列的色情化同人小说。这也并非巧合。在过去的半个世纪里，除了《圣经》和《毛主席语录》之外，最流行的书是《暮光之城》和"哈利·波特"系列，还有《炼金术士》(*The Alchemist*)、《达·芬奇密码》(*The Da Vinci Code*)和《魔戒》(*The Lord of the Rings*)。

托尔金在1939年的那次演讲中还说："如果人们进入了不想认识或无法感知真理（事实或证据）的状态，幻想就会凋萎，直到他们被治愈。如果他们永远停留在那个状态（这并非完全不可能），幻想就会消亡。"结果证明他说对了一半。许多美国人现在**的确**处于一种不想认识或无法感知事实真相的状态。然而，有精灵、兽人、超级英雄、僵尸和天使们出场的奇幻故事却毫无消亡的迹象。

***

电子游戏这种全新的媒体诞生于20世纪六七十年代，崛起于90年代，如今已是出奇地逼近现实，令人身临其境，并且无处不在了。无论你有多么沉浸于一本小说或一部电影之中，这些故事里都不会有一个明确的个人版的**你**，你不能影响叙事的进展，陪伴你的人物角色和故事中的风景地貌不会对你的言行做出回应。而且，游戏正是奇幻类虚构的天下。这与更大的文化变迁有关吗？还是仅仅因为数字技术太擅长伪装和转化现实？这些不过是同一个问题的不同问法。

从21世纪初开始，宽带互联网使大规模多人在线虚拟世界成为可能，这些世界里有无数其他以奇幻形态存在的真人，他们都是来自现实生活的流亡者。对于游戏制造商来说，更新潮、更终极的梦幻之地商业模式意味着让商业交易本身也成为幻想的一部分。你在Facebook（脸谱）上免费加入了“开心农场”（Farmville），因为你厌倦了生活和真实的人，包括你自己，所以你假扮成一个农民，通过饲养牲畜和种植庄稼来消磨时间。但是，假羊和假大头菜的标准生长周期太慢——这太现实、太乏味了。所以，为了让你的假想农业实现超自然的发展速度，你花掉了真钱。

这种“社交游戏”往往是对我们消费经济的幻想根基的惊人戏仿：无关紧要的欲望被凭空制造出来——这种完全虚构的欲望可谓史无前例——并被转变成有利可图的需求。此外还出现了对全球血汗工厂经济的模仿：美国玩家开始向中国的低薪工人支付真实工资，让他们为自己在线“打钱”（gold farming），这是游戏世界里的一项可以赚取虚拟货币的枯燥工作。

如今，**大多数**美国成年人都要花一些时间逗留在电子游戏的世界里，而其中有四分之一的人格外认真投入，他们每周都会用5小时以上的时间去玩史上最棒的积木［《我的世界》（*Minecraft*）］，或是在某个超自然的阴间世界［《真人快打》（*Mortal Kombat*）、《最终幻想》（*Final Fantasy*）］、地球上的某段逼真而又暴虐的历史［《刺客信条》（*Assassin's Creed*）］、逼真而又怪诞的现今（《侠盗猎车手》）、逼真而又恐怖的未来［《光晕》、《辐射》（*Fallout*）、《使命召唤》（*Call of Duty*）］当中直面生死存亡。

虚拟现实（virtual reality）终于真正登场了。装备的价格比一部智能手机或游戏机还要便宜。我尝试了一个最先进的版本，有位置跟踪传感器贴在我身上，这样我就可以在虚拟现实中四处移动。这个体验是非同寻常的。我在虚拟现实中度过的半小时——在一条窄窄的独木桥上走过可怕的深坑，像超人一样在高耸的城市高楼间飞行——就像第一次服用迷幻药一样。与迷幻药之旅不同的是，我在全过程中丝毫没有觉得自己拥有魔力或是在面对死亡，但是对我的大脑中更为原始和无意识的部分而言，这些经历是绝对真实的。

下一步就是增强现实（augmented reality）。它已经存在并且可行，不久将会对所有人开放。谷歌、华纳兄弟（Warner Bros.）和硅谷的蓝筹股风险投资家们已经将**14亿美元**的资金投入了创业公司Magic Leap，该公司有近千名员工，没有产品，没有收入。它的增强现实技术不需要将你的眼睛封闭在一个迷你影院式的眼罩里。当你环顾四周的现实世界时，小小的投影仪会将图像直接投射到你的眼睛里，到你的视网膜上。现实和虚拟现实将会天衣无缝地融合在一起。所有你能看见的虚拟事物——无论是僵尸还是瑞安·戈斯林（Ryan Gosling），无论是悬停的“千年隼号”（Millennium Falcon）飞船还是耶稣基督——仿佛就在你客厅的一角、在你家的后院、在现实生活中、在你的身边。微软（Microsoft）自己也有一种名为 HoloLens 的技术，为开发者提供的版本已经发布。

我等不及了。但它也让我浑身战栗。谁知道这些技术的后果会是什么？它们会是荒谬的、壮丽的、奇妙的还是可怕的？这是又一种令人惊叹的沉浸式新型虚构媒体，还是……某种更古怪、更深刻、更具根本革命性的事物？以上全是我的猜测。

***

与此同时，许多人仍然异常执着地致力于将幻想付诸实践，他们希望与其他血肉之躯面对面，肉体和精神都沉浸于无法通过点击一下按钮就逃离的境界。

他们的原型和灵感全都出现在我所讨论过的从 20 世纪 50 年代中期到 70 年代中期的“大爆炸”期间——迪士尼乐园、活历史、文艺复兴节、内战重演、LARP、各种各样的复古癖好、皮绳愉虐（BDSM）俱乐部、成人万圣节装扮。数百万名美国人如今会穿上戏服、带上道具、走上街头，连续几小时、几天甚至一周都假装自己不完全是或完全不是自己，假装自己是更有趣的人，过着更精彩的生活，生活在更刺激的地方或时代，假装自己是士兵、漫画或电影角色、贵族、侦探、杀人犯、巫师或独一无二的存在。规模大小不同，从一群扮成虚构人物随便逛逛的朋友，到成千上万陌生人的大型集会；制作成本不同，从地下室过家家的低幼级别，到《等待古夫曼》（*Waiting for Guffman*），再到场面奢华的大秀；游戏规则也不同，从稍加扭曲的现实生活到极端的“方法派演技”（method acting）。每年都有2.5万人的精英部队投入“火人节”，但还有为数30多万的男男女女参加圣迭戈和纽约市的两个最大的年度漫展，其中许多人装扮成幻想中的英雄、恶棍和奇异生物。

始于20世纪60年代的洛杉矶文艺复兴欢乐嘉年华（Renaissance Pleasure Faire）现在每次持续6周，吸引20万名访客。它的发起人运营着三个官方衍生版活动。事实上，这个国家各地共有300种一年一度的展会（Faires）、市集（Fayres）、节庆（Festivals）、盛宴（Feasts）、聚会（Gatherings）、战争（Wars）和大混乱（Mayhems），每年参加的美国人加起来有500万名。创造性复古协会的势力仍在不断扩张，现在在全美已有16个王国，数千人穿着坎肩、长袍和盔甲，在一起打铁、吃烤孔雀、骑马、击剑、射箭、投掷长矛和斧头。

内战重演者是这个领域中最早的黑帮，是“LARP”和“cosplay”这些术语出现之前的LARP和cosplay玩家，但是现在他们看起来奇怪地——呃，那个词是什么？——对，**过时**了。互联网使得所有的历史重演者——以及动漫真人秀、LARP、“火人节”和所有其他户外幻想玩家——都能远比从前更轻易地找到服饰、装备和志同道合的玩伴。现在，美国人正在重演发生在**所有**时间和地点的战争。人们装扮成维京人、与凯尔特人作战的罗马军团、三十年战争（Thirty Years’ War）中的天主教徒和新教徒、在1782年和1812年与美国作战的英国士兵、在1847年与墨西哥人作战的美国人、旧西部的枪手，尤其流行的是抗击纳粹的美国大兵（GI）。尽管“纳粹党卫军不可有任何胡须”，但二战历史重演协会（WWII Historical Re-enactment Society）确实允许纳粹山地部队成员有“不超过2厘米”的胡须，但如果这样的话，分队里的**每个人**“都必须留胡须，以便统一”。越南战争也重新上演。他们称其为“搞越战”（doing the Nam），播放着20世纪60年代的美军广播电台（Armed Forces Radio Service）录音，部署着休伊（Huey）武装直升机。一些人把他们的假越南战俘称为“亚洲佬”（gooks）和“菜鸟”（dinks），并执行模拟处决。

我理解扮演军人的吸引力，毕竟我也曾经9岁。我喜欢在夏令营中玩夺旗游戏（Capture The Flag）、挖散兵坑、带着玩具机关枪冲锋。最近，我还花了一个下午的时间穿着迷彩服，带着攻击性武器，潜行穿过康涅狄格州的树林，在一次假想的任务中搜寻和打击朋友家人，用的是彩弹枪。彩弹是20世纪80年代的美国发明，现在已经落伍了，只适合我这种不严肃的外行使用。对于那些执迷于如实体现当代战斗幻想的人来说，软气枪才是王道。软弹步枪在外观上与美国军方使用的M4步枪和MP7冲锋枪一模一样，也与外国坏蛋使用的AK-47毫无二致。最酷的一种软气枪是气动的，它的后坐力感觉就像真枪一样，还可以被设为全自动模式，每秒可以击发出数枚口径6毫米的塑料子弹。枪管末端有荧光橙色的标贴，意味着这把枪不是致命武器，但是几乎所有热衷想象的士兵都丢弃了这个标贴。*

---

* 美国警察每年都会杀死一些持有未贴荧光标记的软气枪的人。2014年，12岁的塔米尔·赖斯（Tamir Rice）被一名克利夫兰警官用真正的格洛克（Glock）9毫米口径手枪击中身亡。他携带着一支半自动柯尔特（Colt）.45的完美软气枪复制品。

与生存主义者相似的是，使用软气枪的战士们也喜欢使用真真假假的五角大楼式缩略词。他们不会像小孩一样称之为“假扮军队”（playing army），而是用一个非常时髦的自创新词“MilSim”（模拟军事，全称 military simulation）来形容他们所做的事。他们会制订 MOUT（在城市地形上的军事行动）和 CQB（近距离作战）计划。成千上万身穿制服、荷枪实弹的玩家为每一个大事件“入伍”，这些事件持续多日，包含多个“关卡”（scenarios）。一些人带着他们自己的装甲车、道具坦克和装甲运兵车。他们戴着头盔和耳机，这样在他们假装杀人的时候就可以说“敌人被击毙！”一个主要的 MilSim 经营机构雇了“VIP 指挥官”，比如经历过索马里“黑鹰坠落”事件的陆军游骑兵部队中校，和曾经参与占领阿富汗的前苏联陆军中士。

但几乎没有大型的 MilSim 活动是真实事件的**重演**。实际上，战斗是即兴的，是在**今时今日**发生的，虽然是虚构的，但是具备看起来完全可信的叙利亚及其他中东地区的细节特征。战争的场地一般是在归私人所有的警察和军事训练设施，或废弃的工厂、矿山和游乐场——以及政府为满足他们的幻想而允许使用的军队和国民警卫队基地。因为，当然了，美国军方也有自己的战斗主题公园，士兵们可以先在那里训练，然后再被部署到有真刀真枪的地方。印第安纳州国民警卫队有一个全尺寸的假城镇，可供平民模拟军事玩家使用，这里有“州长官邸”、“文化特色农场”、“倒塌的建筑物”和“人工制作的瓦砾堆”。驱车向南几个小时，在诺克斯堡（Fort Knox）也有一个可以进行 MilSim 战斗的仿真小镇。那里有可以“按指令焚毁”的建筑和汽车、地铁入口、摇摇欲坠的电话线杆、正在爆炸的加油站，还有模拟的肉体腐烂气味。在诺克斯堡创造各种特效的那个人正式访问过知名品牌的公共主题公园，也咨询过它们的设计师，但是“在现实主义这部分，”他说，“我们完胜环球影城和迪士尼。”

最当真的 MilSim 爱好者们组成了自己的分队，发明了自己的装置，并穿梭于整个国家，从一个想象的冲突转战到另一个想象的冲突。最著名的应该是纽约州的一支队伍——“绿山游骑兵”（Green Mountain Rangers），他们认为自己是有时候有点无赖的精英突击队。用他们自己的话来说，他们的幻想“是一种生活方式，而非业余爱好或运动”，并不是“普通的软气枪‘游戏’”。这个组织的官方历史介绍模拟了展示军事自豪感的语言风格，我敢肯定这对他们来说是绝对诚挚真实的。十几年前，在“许多创始成员无法保持这种生活方式所要求的投入程度”之后，少数几名留下来的好男儿“本着前沿的新式训练原则，艰苦锻造了一支队伍”，并开展了“持续数月的每周训练，将他们的忠诚度和荣誉感提升到了新的水平”。他们的伪战事听起来像真正的战争故事，比如：“最后总攻达到最高潮：我方负重行军 10 千米，在被察觉前深入敌方领土，于黎明破晓时分对俄罗斯基地兵营实施了空袭并发动了直接攻击。”

这里能听到很多充满男性气概的咆哮声。MilSim 大型运营商“狮爪”（Lion Claws）将扮演敌方战士的人蔑称为“哈吉”（hajis），这个伊斯兰宗教术语相当于当代版的“亚洲佬”。他们的剧本创作者会忍不住滑向带有倾向性的伪现实，例如在 2013 年的“狮爪 12 号行动”中，“我们有一个总司令”——这里没有点名——“反对动用美军驻外地面部队（boots on the ground）”。

一家总部设在俄克拉何马州的名为“美国模拟军事”（American Milsim）的公司并没有设定海外战争的剧情。它将超现实主义的软气枪战斗与LARP玩家所称的“战役”（campaigns）相结合，上演一个延续多年、不断发展的故事。每隔几个月，他们就会在南部和西南部组织一次周末战斗。故事的设定是，由于基础设施的崩溃导致联邦税收上涨、政府监管加重，2012年在美国爆发了一场武装叛乱。得克萨斯州、路易斯安那州和阿拉斯加州脱离合众国，组成了联盟国。“美国模拟军事”的玩家们其实是在**预演**一场当代美国内战。

在他们的战斗中，实体“直升机执行连续起飞行动”，军用货运卡车和装甲运兵车隆隆作响；有夜视镜、激光器、机器人、无人驾驶飞机、火箭、自杀式炸弹背心、能够真正爆炸的手榴弹。当玩家对某些幻想太过狂热时，“工作人员可能会在记录你的‘战争罪’时问及你的名字，但是这些信息不会被公开”。每个周末的战斗胜负会导致华府政权或南方邦联［“主权领土联盟”（Coalition of Sovereign Territories）］赢得或失去某个具体的州。在线“新闻服务”的报道还会为叙事插入新的虚构转折，例如一支独立武装力量（“爱国者军团”）出现，军人和退伍军人“担忧美国公民的宪法权利受到侵害”，或是西部各州由于“加重的（联邦）税收负担”而出现分裂。

所有这些人都知道自己在**扮演**军队。然而，在梦幻之地，艺术模仿生活，生活也模仿艺术，两者的边界变得模糊了。

让我们以埃里克·弗赖恩（Eric Frein）为例。他是个在几乎整个成年生活中都极度热衷于MilSim的战争重演玩家，生活在宾夕法尼亚州东部的乡村地区。虽然他有时也会假扮成纳粹，但他**真正**痴迷的是 20 世纪 90 年代的南斯拉夫内战，当时他还是个孩子。他的特长是假装成一名塞尔维亚士兵，一名参与屠杀数千名波斯尼亚平民的现实部队成员。

所有玩 MilSim 的哥们儿都憎恨政府并且怀有生存主义幻想吗？并非如此，但弗赖恩是。所以在 2014 年，住在父母家地下室里的 31 岁的弗赖恩决定将他的幻想带入更高的境界。他没有使用自己的 AK-47 软气枪复制品，而是拿起了一把真枪，做起了一名真正的狙击手。他伏击了两名宾夕法尼亚州的州警察，其中一人死亡。*好棒啊*，当他们倒下的时候，他一定这么觉得。他匆匆离去，潜入密林，点燃他的特制塞尔维亚香烟，在那里靠山吃山，并且在长达 7 周的时间里，智胜全副武装的数百警力。* *实在好棒啊*。负责此次行动的州警官说："我差不多认为这对他来说就是一场游戏，一场战争游戏，如果你愿意这么理解的话。"弗赖恩最伟大的游戏结束了，当他被指控谋杀时，一个市民对他大喊："你不是一个**真正的**战士！"但那只是这位市民的理解而已，是他个人的观点和真理。**

"狮爪"公司的口号不就是"打造新一代爱国者"吗？与美国陆军征兵司令部（U.S. Army Recruiting Command）合作，让应征者相信打仗很酷的不也是他们吗？一些美国 MilSim 玩家肯定已经明

* 美国警察的军事化也深受模拟军事幻想的启发。洛杉矶警察局在 20 世纪 60 年代末建立了第一个 SWAT（特种武器与战术）小组，训练就在环球影城的露天片场进行。鉴于全美国的警察都在军事化，《纽约时报》在 1975 年报道："一些警察局采用 SWAT 战略，是因为受到每周电视节目《反恐特警组》（*S.W.A.T.*）的激发，该剧中的 SWAT 小组几乎参与了警方行动的每一个阶段，这样的描述是与现实有出入的。"不久之后，各地的 SWAT 小组都**确实**开始参与警方行动的每一个阶段了。

** 在 2017 年，弗赖恩被定罪并被判处死刑。

白，他们的游戏是在为一个他们不认为是幻想的幻想而训练——当华盛顿的暴君最终下令没收民众的枪支并启动联邦应急管理署的集中营之后，国内就有可能会爆发地区分裂、爱国叛乱和内战。

让我再一次引用托尔金的一次讲座，在那之后几个月，沉迷于幻想的纳粹就发动了“二战”。托尔金说：“幻想当然可能会被过度发挥。它可以被用来作恶。它甚至可能欺骗创造它们的头脑。”

第 44 章

每个人的“内在孩童”：他们都去了迪士尼世界！

大多数美国成年人不愿意扮演士兵、恶棍或食尸鬼，而是想去扮演美丽、性感、迷人、有趣、可爱、安全、快乐的角色。但就像那些玩得过火的恶棍和食尸鬼一样，人们往往会忘记幻想其实是幻想。他们并不是在真实和幻想之间来回切换，而是永久地按下了“停止怀疑”的按钮。

从 19 世纪 50 年代美国梦幻工业中心的早期开始，傲慢的批评家们就开始用“**巴纳姆化**”（Barnumized）这个词来表达轻视——1854 年，《纽约时报》称一位著名指挥家的一场有 4.5 万名纽约人欣赏的古典音乐会是一个“巴纳姆化”的景象；1922 年，有人说一位电影导演将经典文学作品“巴纳姆化”了。几十年前，我们创造了一个新的同义词来接替它：“**迪士尼化**”（Disneyfication）——以表示美国城市开始模仿主题公园的倾向。从 20 世纪 60 年代末和 70 年代开始，部分城市被装扮得整洁漂亮，变成了它们自身被重新构想之后的复制品——曼哈顿的 SoHo 商业区、西雅图的先锋广场（Pioneer Square）、奥马哈的老市场（Old Market），以及遍布各地的时报广场（Times Square）和山寨版 SoHo［包括特里贝克地区

(Tribeca),就在正版 SoHo 的正南方],每个都配有自己的星巴克。"迪士尼化"与"巴纳姆化"是不同的。这个新名词指的是一个进行中的过程和永久性的状态,而不是一次性的创作;它描述的是常规,不是例外。现在几乎每个大城市都有自己的"美国小镇大街"或"新奥尔良广场",人们在历史虚构和准虚构作品中度日。

这不完全是一件坏事。如果没有以迪士尼乐园和迪士尼世界为原型的剧场,现代美国可能永远不会开始保存古旧建筑或是重新发现城市生活的魅力。我很高兴自己能住在布鲁克林的一个看起来跟一百年前差不多的街区里。一位老人时常把他的老式小卡车停在路边,按响车喇叭,然后我们会拿出刀具,让他为我们磨刀,20 世纪 20 年代住在这里的人应该也是如此,这是我所钟爱的生活气息。这一带我最喜欢的酒吧从前是一个不知名的意大利社交俱乐部,那里画风老旧、灯光昏暗,几乎没有重新装修过。这一带我最喜欢的一家餐厅模拟的是 19 世纪的牛排生蚝餐馆,那里的大多数服务员都是蓄着八字须和连鬓胡子的年轻男性。迪士尼化果真有其不可抗拒的一面。

沃尔特·迪士尼预见了美国的下一个世纪,即 21 世纪,并为之建造了原型。我们并不是生活在气候可控的塑料穹顶之下,而是在沃尔特的未来世界(EPCOT)最初构思的梦幻仿制品之中。周围不再有肮脏的工厂,有的只是适宜行走的仿 19 世纪街区,还有高塔和从你身边漫步经过的风笛手。这些已成为美国人趋之若骛的标准生活模式。比方说,到处摆拍、不断自拍和拍周围的环境,过去人们难道不是只在迪士尼乐园这样的地方才这么干吗?尽管我们在街上遇见别人时,还没有开始说"祝你度过神奇的一天",但是无论我们在假装什么，乔装或虚拟的突击队员、“火人节”或漫展上的奇异生物、住在丹佛市区内一个价值百万美元的阁楼里的艺术家、住在佛罗里达州一座价值百万美元的崭新仿古别墅里的作家兼垂钓爱好者，无论我们服装的品牌是不是“人类学”（Anthropologie），家具的品牌是不是“旧复新家居”（Restoration Hardware），我们身在美国，都是客人和演职人员（迪士尼如此称呼其雇员）。

***

3 年前，我们为我的广播节目《360 演播室》（*Studio 360*）制作了一期关于迪士尼乐园的长达一小时的纪实节目。我们在加州迪士尼乐园里采访了一个名叫安娜贝尔（Anabelle）的女孩。她解释了自己喜欢这里的原因，而她的话简直可以作为这本书的卷首语。她说：“嗯，在我这个年纪，你已经知道这些东西不是真的。但这整个经历让它**看起来**是那么真实，你就随之沉浸其中、任人摆布了。你脑中属于学校、科学、数学的那部分会说：‘不，那不是真的，你必须有自己的主见，那不是真的。’但你的另一个部分，我猜是造梦和幻想的那部分……实际上是在对你说：‘哦，但它**看起来是那么真实**。’这就像生活在一本奇幻小说里。”这些话从一个 9 岁的孩子口中说出来，是如此机智和迷人。

但如今，主题公园里至少有三分之一的人是没有孩子的成年人。如今，每年都有成千上万的情侣在迪士尼主题公园举行婚礼——女性把自己的婚礼想象成《灰姑娘》的最后一幕，或把自己想象成爱丽儿公主（Ariel）、贝儿公主（Belle）或茉莉公主

（Jasmine），身穿在迪士尼的“童话婚礼”部门购买的人物定制礼服，宾客都是装扮成皇室仆人的陌生人。

为了制作这个纪实节目，我们还去了迪士尼世界——以及佛罗里达的欢庆城（Celebration），我去过那里。欢庆城是迪士尼于20世纪90年代在迪士尼世界的南端建造的实体城镇。从20世纪80年代开始，建筑师和规划师们认为“二战”以后的城市和城郊的发展都受到了灾难性的误导，于是发起了名为“新城市主义”（New Urbanism）的运动，欢庆城就是它的一个范例。美国人放弃了几个世纪以来所积累的智慧，街道建得太宽，房屋间距太远，车道和车库太占主导地位，住所距离工作地点和购物场所太远，过于依赖汽车，过于无序扩张。美国人所造的房子在建筑学方面不上档次，不是因为他们模仿旧式风格，而是因为它们的**伪**怀旧情结。大多数新城市主义者希望新造的房屋和社区能够更准确地重现过去的房屋和社区。在运营迪士尼的人自称新城市主义者之前，新城市主义者就已经在做高档的迪士尼化产品了。

欢庆城是一个有意而为的复制品，复制对象是1945年左右某个理想化的虚构美国城镇，总人口7 500，处处连贯协调，风格浑然一体，适合步行和骑自行车，十分迷人。它不是封闭式的，也不只是一堆围绕着高尔夫球场的豪宅。它看起来像一个真正的社区——尽管是一个从俄亥俄州或康涅狄格州移植到热带的社区。它真是一场幻觉。但如果我要搬到佛罗里达中部的话，我可能会选择住在欢庆城。

西格尔（Siegels）一家住在欢庆城。当吉姆·西格尔（Jim Siegel）从福特公司高管的位子上提前退下来的时候，他和妻子玛丽塔（Marita）想要搬到一个比密歇根暖和一些的地方。“我妻子对我说：‘好吧，我不知道你想住在哪里，但我想住在迪士尼世界里。’其实就是在说欢庆城，”他心存疑虑，“有些人认为这是一个属于梦幻的地方。这里好像是电影制片厂的后院一样。我的一些朋友到这里来以后的第一反应是：‘哇，你住在欢乐谷（Pleasantville）啊。’”

玛丽塔和他们的小女儿朱莉（Julie）以二对一说服了他。朱莉刚刚从大学毕业，她说她要搬去欢庆城和他们一起住。朱莉和她的妈妈一直都是迪士尼的忠实粉丝。在他们迁入欢庆城之前的20年里，她们已经去过迪士尼世界33次了。玛丽塔每年在密歇根立起的几棵圣诞树中，总有两棵会装饰成迪士尼主题，朱莉大学期间住的宿舍和大学毕业后的公寓也是，“所有的装饰都是米老鼠，所有的都是——盘子、银器、餐垫、床单，米老鼠玩具也到处都是”。西格尔夫妇最初把他们的两只迷你贵宾犬叫作“奇奇”（Chip）和“蒂蒂”（Dale），但后来他们把名字改成了莉莉·迪士尼（Lilly Disney，沃尔特妻子的名字）和福滋熊（Fozzie Bear）。

我们在一起聊天时，朱莉33岁，未婚。她告诉我：“迪士尼对我影响非常大，它在某种程度上塑造了我。我只是记得自己一直深爱着沃尔特的梦想。我觉得这很好玩，也很神奇。非常神奇。想想叮当小仙女（Tinker Bell）晚上从城堡里飞出来——这简直就是……观看巡游时的感觉也是如此——我现在只是说到它，都已经能感觉到浑身激动了。我很幸运，因为当我想要逃避时，始终有一个属于我自己的地方。”

当朱莉和她姐姐还是小孩子的时候，吉姆和玛丽塔曾连续两个夏天都带她们去欧洲度假。在威尼斯的圣马可广场（Piazza San Marco），夫妻俩问孩子们感受如何。“当时我11岁。我说，‘天啊，真的很漂亮——看起来**就像**迪士尼未来世界。’然后我又说，‘但我更喜欢未来世界，因为它更干净一些。’”吉姆也愉快地忆起那一刻：“她们说，‘爸爸，我们真的很高兴能有机会来欧洲，但我们更愿意去迪士尼世界。’”

在我们的谈话中，朱莉一遍又一遍地提到“逃”这个字。她在宜人的郊区中一所大房子里长大，有慈爱的父母，在学校表现良好。逃避什么？“我在逃避生活。有一天，我妈妈特意去学校接我回家，因为她察觉到我很沮丧，我觉得上学太无聊，不想去。‘来吧，我已经买好票了，收拾你的包，我们明天就去迪士尼世界。’在我的高中时代，这不是仅有的一次。如果我对上学感到沮丧，妈妈就会来接我，带我离开学校。我是我们学校史上缺席纪录最高的学生，因为我们来迪士尼的次数太多了。”

但是作为一个成年人，在迪士尼世界生活有什么**好处**呢？“我感觉到我是一个特别的人，尽管我身处茫茫人海。**我是一个特别的人**，我很重要。当我看到梦幻般的米奇和米妮时，那魔法和奇迹就直接在我体内沸腾了。”

朱莉刚搬到欢庆城，就去了迪士尼世界工作。我问她的工作是什么。“我需要去帮助各个角色，主要是米奇和米妮，但我也给其他角色帮忙，包括《灰姑娘》里的小老鼠苏西（Suzie）和佩拉（Perla），还有匹诺曹、丁满。我还帮过高飞（Goofy）的儿子麦克斯（Max）、罗宾汉、小熊维尼和小猪皮杰、木须龙（Mushu）、唐老鸭叔叔（Uncle Scrooge）、《泰山》里的猩猩托托（Terk）。

我问道：“你说的**帮助**各个角色，到底是什么意思？”

“我和他们是非常好的朋友，”她回答说，“我帮助他们做各项演出的准备——或者，如果他们在欢迎和问候客人时需要帮忙的话，我也会去。”

我还是不明白，还是搞不懂规则。虽然在我们聊这些时，朱莉离开那份工作已经9年了，但她仍然坚持遵守迪士尼公司那个假惺惺的不成文规定：在乐园里扮演角色的人永远不可以说，他们是在**扮演**白雪公主或唐老鸭。因为这样一来，虚构的人物就显得不那么真实了。

我不知道她的这份激情是否会消退，毕竟她就住在迪士尼隔壁的欢庆城，或许总有一天会受够了迪士尼。“**不**！千百遍也不会厌倦。迪士尼永远也不会让人觉得无聊。”然而，她对欢庆城的感觉比较复杂：“游客们会问：‘这里会下雨吗？’‘他们是直接把圆屋顶放上去的吗？’人们曾拦住我问：‘这个小镇是真的吗？’他们看着你的眼神，就好像你是个想象中的人物，（就好像）我脑子里有芯片，是个‘复制娇妻’（Stepford Wife）一样。他们的表现，就仿佛我也是装潢和故事的一部分。”

然而，她喜爱欢庆城里所有**刻意**仿真的东西。秋天里有一个月的每晚每小时整点，纸巾做的树叶会飘落在镇中心；12月的每晚每小时整点，雪花一样的皂片会从天空飘到街头。“有音乐”——查尔斯·狄更斯的《圣诞颂歌》官方巡游——“有圣诞老人的房子，你还可以坐在马车上。那时候，它就不仅仅是一个普通的老城区，而是变得更像迪士尼了，这会让我很开心。”尽管这些被迪士尼称为“泡泡雪”（snoap）的假雪“会变得脏兮兮的，可北方的雪也会变脏啊，所以从这个意义上讲，它是非常逼真的”。

事实上，对朱莉来说，欢庆城的问题在于它还不够迪士尼。“我不喜欢被一群火鸡挡路，不喜欢一群野火鸡站在马路中间。我不会去溜莉莉”——她的贵宾犬——“因为我永远不知道灌木丛中会不会有一条蛇蹿出来，或者会不会有一只老鹰冲下来——我看不到，因为有这么多高高的植物——或者会不会有鳄鱼从沼泽里爬上来追我们。在迪士尼的动物王国（Animal Kingdom），所有动物和人之间都有隐秘的障碍物，这样它们就不能靠近你。但在欢庆城这里，这些都是真家伙了。太讽刺了。”这里甚至还有自由放养的人类。“欢庆城这里也有坏人。我晚上不出去散步。我觉得在哪儿都不安全。这里也有犯罪。我见过一些可疑的人物。”

如果这个小镇不是迪士尼放在自家迪士尼世界隔壁的一个产品，那么它就不会成为一个**那么**令人惊叹的美国转型例证了。当初策划该项目的高管现在说：“人们有了这么一种想法，那就是如果搬到迪士尼小镇，他们的草坪上就永远不会长杂草，他们的孩子也一直都会在学校里得 A。”说得没错。但是，即使没有这种起源和邻近关系，欢庆城也是现实生活和虚拟怀旧的完美现代混合体，是始于 19 世纪 60 年代的美国郊区仿冒小镇理念所发展到的终极状态。在 2016 年的大选中，特朗普以绝对劣势失去了县区和国会选区，但是收获了欢庆城。

西格尔夫妇似乎具有象征意义，因为他们既**不是**在玩角色扮演，也**没有**痴迷于模拟军事，他们只是普通的中上阶层美国人。他们富有自我意识的聪明女儿朱莉处在“我们是孩子”综合征的谱系上——介于迈克尔·杰克逊和我们大多数人之间。她告诉我：“过去这几年我都没有买迪士尼世界的年卡，我真的要离开了——这很难。”她辞去了在乐园里的工作，不再打扮成卡通人物，只是因为

“我需要去找一份我妈所说的‘大姑娘的工作’”。

***

欢庆城没有掏空我的腰包，也没有打断我的腿。“我们是孩子”综合征还远远不是梦幻之地里最糟糕的事情，而深爱迪士尼世界的成年人也远未表现出这种综合征最令人不安的症状。*

然而，我确实认为美国成年人的**思维**从根本上越来越像孩子，这是有问题的。

愿意为自己渴望的事物而等待，这代表了成熟；要求在片刻间得到满足，是 7 岁孩子的标志性行为。互联网的强大吸引力在于它的即时性，以及它所营造的“社区”——你可以**随时**发送一条信息，可以**随时**得到任何问题的答案，可以**随时**购买你想要的东西，可以**随时**去和一个陌生人上床。网络通信满足的是一种丝毫不肯接受等待的冲动型“内在孩童”。结果，在过去的几十年里，延迟满足（delayed gratification）反而变得古怪。

最无礼的孩子会做什么？他们大喊大叫、出言不逊、夸大其词，就像新一代的政治评论员，就像网络喷子，就像现在的许多名人。他们掩耳盗铃，拒绝听到自己不喜欢的事实，并且满口荒谬可笑的谎言。他们也很自私，一旦受挫，或者别人得到了他们想要的东西，无论过程多么公正合理，他们都会尖叫说“这不公平！”

在政治以及其他领域，这种孩子气的**风格**往往与孩子气的

---

* 尽管这事也很奇怪：仅仅沃尔玛这一个商家就在 2016 年销售了价值 2 亿美元的成人涂色书。

信念——也就是幻想——存在密切的联系。最初，儿童心理学家让·皮亚杰（Jean Piaget）认为，儿童和成年人的思想有本质上的不同，儿童是以自我为中心的魔幻思想家，而成人则是理性客观的，成长就意味着从一种模式转换到另一种模式。心理学界修正了皮亚杰的伟大理念。现在，他们认为儿童和成人之间的区别产生于逐渐量变，而不是突然质变。随着梦幻之地的出现，越来越多的美国人离开了处于量变中的成人那一端。并非巧合的是，心理学界如今也将精神分裂症视为从妄想到理性的光谱上的一段。

加州大学伯克利分校的心理学家艾莉森·高普尼克（Alison Gopnik）主要研究幼儿的精神世界，她认为他们就是小天才，是创造性和创新力的典范。她说："他们无时无刻不生活在这些疯狂的虚拟世界里。他们有无数个假想朋友。"虽然在某种程度上，他们"知道想象和现实之间的区别……只是比起真实的世界，他们宁愿生活在想象的世界里。谁又能责怪他们呢？"但是，如果这一套心理习惯持续到成年以后，既不合时宜又普遍存在，那会发生些什么呢？**她**相信藏在床下的怪物是真实的；**他**相信说话的动物玩偶是真实的；而**他们**相信说方言、顺势疗法、疫苗导致自闭症，以及三边委员会的阴谋全都是真实的。

高普尼克说，儿童的心理状态与成年人在消费虚构作品时的心理状态相似。"你会失去控制，你的意识不做计划了，你的自我似乎消失了——这是沉浸于电影之中的一大乐趣……电影中的事件在你的意识中非常非常生动。"现在，由于我们花了太多的时间沉浸在梦幻工业中心的各个领域，因此我们在心理上似乎变得更像小孩子了。哈佛大学的儿童心理学家保罗·哈里斯（Paul Harris）在他的著作《耳听为实：儿童如何从他人学习》（*Trusting What You're Told: How Children Learn from Others*）中写道："并没有通往客观或启蒙的必然途径。认知发展的终点不是客观与平衡，而是自然与超自然、真理与幻想、信仰与不确定性的混合。"

我认为，在美国成年人的心理中，这种混合的比例已经变得异常失衡。这是"我们是孩子"综合征的一个更令人不安的表现。暂且将哈里斯的观点放在一边，现在的确有**某些**通往立足现实的世界观的必然途径：美国大多数的 3 岁孩子相信圣诞老人和牙仙子，而大多数的 9 岁孩子都不信了。事实上，在大约 10 岁之前，孩子们都会很自然地认为任何事物的存在或发生都有一个目的，是由某人或某物专为满足特定需求而设计和安排的——比如河马要在动物园里展示，云要变成雨，妈妈要慈爱。然后他们长大并理应得知各种各样的真相，尽管其中有些会违反直觉，有些会令人失望。

然而，如果周围的成年人仍然坚持孩童般的信仰，就像很多美国人在宗教问题上所做的那样，那么孩子们就不一定会随着年龄的增长摒弃这样的信仰。一位密歇根大学心理学家的研究发现，在 8 岁到 10 岁之间，几乎每个人对生命的产生都会有一种类似神创论的解释；生物进化对他们来说还没有意义。但她的研究发现，到了 12 岁的时候，在美国基本上只有基要派基督徒家庭中的孩子才会继续相信，动物和人是由超自然力量同时创造出来的。

在波士顿大学的一位著名儿童心理学家看来，年幼的孩子是"直觉有神论者"，他们很自然地倾向于相信，一定有某种神在冥冥之中掌管一切。本书的一个主要论点是，美国人不仅对宗教格外虔诚，而且在过去的 50 年里，我们的主流宗教也已经变得格外"动真格”，变得格外奇幻，也变得孩子气。永葆青春的幻想，即“我们是孩子”综合征，也出现在50年前，当时美国成年人的品味和思维方式开始变得比以往任何时候都更像少年儿童。这些同时出现的峰值可能是一个巧合，但它们在我看来，则是文化共生性的又一例证。

孩子气的魔幻思维的协同效应并不仅限于**基督教**以内。“你要如何让自己达到相信的程度？”深受奥普拉推崇、教导“心诚则灵大法”的新纪元导师朗达·拜恩在《秘密》一书中自问自答，“开始假装吧！像个孩子般地假装，表现得如同你已经拥有它一样。当你假装的时候，你就会开始相信你已经得到它了……你对自己已经拥有它的这种坚定的信心，正是你最大的力量。当你相信你正在得到它时，请准备好，目睹魔法的发生吧！”

第 45 章

经济的梦想时间

从 20 世纪 80 年代到 90 年代，再到 21 世纪初，金融和经济的幻想获得了十足的牵引力，到处皆大欢喜。我们用一种独特的企业家精神经营宗教，还发展出了一种不寻常的宗教情怀，用以包装企业家精神，特别是 20 世纪 60 年代以后。在安利（Amway）、玫琳凯（Mary Kay）、沃尔玛（Walmart）、福来鸡（Chick-fil-A）、苹果（Apple）、奥普拉·温弗里帝国、全盛时期的玛莎·斯图尔特（Martha Stewart）、全食超市和亚马逊（Amazon），无论是在员工中还是顾客中，这些企业都培养出了一种狂热的福音派氛围。尤其是在苹果公司，我自己的一大品牌信仰。迷幻派自大狂史蒂夫·乔布斯以散发着一种“现实扭曲场”（reality distortion field）而闻名，他想让人们相信什么，人们就去相信什么。那名从《星际迷航》中借用了这个理念和短语的苹果员工说：“当他在场时，现实是有可塑性的。”当苹果还是一个湾区初创公司时，湾区的宗教企业家吉姆·琼斯就已经出名了。另一名苹果员工通过对比两者，向乔布斯的传记作者这样描述她的老板：“即使他向人们分发的是致命的紫色‘酷甜’（Kool-Aid）饮料也无所谓，反正你会喝了它。”

企业家精神的确为我们带来了实用、创新的产品和流程。在这一点上我们要为乔布斯和这些企业家喝彩。但是，自由市场基要主义自20世纪80年代起就逐渐成为我们的管理范式，当它扩展为大规模的一厢情愿和对现实的否认，就给我们带来了不幸的后果。1996年圣诞节期间——当时的美国正值一段长时间的经济繁荣期——我们信奉自由至上主义的美联储主席艾伦·格林斯潘（Alan Greenspan）在一个保守派智库发表演讲，他在最后时段问道："我们如何才能知道非理性繁荣已经过度地提升了资产价值？"**非理性**繁荣（irrational exuberance），换句话说，我们是否处于危险之中，即将脱离现实的范畴，变得在经济上神志不清，以至于对自己的神志不清掉以轻心？

是的，事实证明的确如此。

科技股和房地产泡沫是典型的美国现象。我们经历过这些——17世纪的弗吉尼亚淘金者，19世纪过度修建的铁路，20世纪20年代早期飙升的佛罗里达房地产价格，20世纪20年代晚期在4年里翻两番的美国股市市值。然而，随着最优惠利率从1981年的20%下降到2004年的4%，信贷对许多美国人来说头一次变得如此容易。非理性繁荣，对美好时光循环往复的举国幻想，从未有过如此漫长的持续时间和如此广泛的传播范围。大萧条惩罚过人们，但那是远在20世纪30年代的事了——到了21世纪头十年，大萧条的亲历者要么年迈，要么已经过世。我们预备并渴望再次相信金融和经济的幻想。

2000年前后，在不到10年的时间里，平均房价几乎翻了一番。许多美国中产阶级突然感到自己变富了。这个国家仿佛正在拉斯维加斯取得一系列令人难以置信的连胜，或是处在一个持续多个世代还不间断的锐舞派对（rave）之中。（真正的锐舞也恰好出现在20世纪八九十年代。）我们决定，应该让如此好玩的忏悔星期二（Mardi Gras）和圣诞节成为我们全年无休的生活方式。也许有些人内心深处知道，这一切不会永远持续下去，就像有些人发现巴里·邦兹（Barry Bonds）和罗杰·克莱门斯（Roger Clemens）令人难以置信的赛场表现……确实不可相信一样。但是没有人想让大家扫兴。还是幻想更为有趣，而且在金融领域，幻想还可以自我实现。

2000年之于科技、房地产和金融行业，就像1970年之于美国人其余领域的生活：在这个分界点之后，审慎的旧规则不再适用，一切皆有可能。

在硅谷，一些聪明的幸运儿偶然发现了一罐金子，这鼓励了其他人继续相信和企求。任何一个个人创业者成为超级巨富的可能性都微乎其微，就像买彩票一样，而且科技界的头奖是无常的。在20世纪八九十年代，第一代变得**出奇**富有的数字企业家们——盖茨、乔布斯、贝佐斯（Jeff Bezos）——在中年早期就成了亿万富翁。到了21世纪，在泡沫破灭和经济崩溃的之前和之后，更加年轻的人有了这样的奇遇，他们早在30岁［谷歌的拉里·佩奇（Larry Page）］、25岁［Snapchat（色拉布）的埃文·斯皮格尔（Evan Spiegel）］或23岁（马克·扎克伯格）时就成了数字产业的亿万富翁。这只会让梦想更加空幻。那个用来描述经济上最成功的科技创业公司的专业术语是什么？是**独角兽**——只有孩子们才相信的魔幻生物。

2008年的金融危机是由过度的放松管制、太多神秘难解的华尔街创新和一些欺诈行为造成的，这么说的确没错。但这只是一种解释方式，它大快人心地把所有责任都归咎于政府和一小部分富人、权贵和骗子。更深层次的原因其实是更为普遍而无意识的，那就是我们异想天开的一厢情愿，它影响了至少相当一部分美国人，也许是大多数。

20 世纪 90 年代末，一些聪明人认为旧规则不再适用了，因为数字技术创造了一种新经济（New Economy）。没有收益的公司价值数十亿美元，普通科技股的市盈率高达 175 倍的情况看起来也并不疯狂。为什么不买更大的房子，为什么要存钱，为什么不增加负债呢？平均房价每 10 年就会翻一番。为了让叮当小仙女活下去，彼得·潘向世界上的每一个“可能还在梦想着梦幻岛的人”发出了魔法信号：“‘你相信吗？’他喊道……‘如果你相信，’他向他们呼求，‘那就拍拍你的手。’”20 年来，我们拍着手，相信了仙女。

市场的一个不可否认的优点是，它们最终会反映无情的事实。金融世界不会纵容永久性的幻想。然而，在 20 世纪 90 年代和 21 世纪初，华尔街“练就了在创造和销售金融产品时使人与现实的联系越发缥缈的艺术”,2008 年的崩盘之后不久，尼克·鲍姆加登（Nick Paumgarten）在《纽约客》上写道：“这更像是人类学家和心理学家所说的‘魔幻思维’——一种相信心诚则灵的倾向。”他表示：

> （美国人）坚信你可以在风险极小的情况下获得超额回报，有杠杆却没有反作用力。那些聪明的金融家声称他们的产品能够实现这些。同事和客户都愿意相信他们。他们都愿意相信，他们的信用违约互换可以继续为债务违约上足保险。
>
> 魔幻思维使你能看到理想的丰满，但实际上等着你的却是

现实的骨感。

金融家是犬儒派和真信徒的混合体。当他们对金融魔法的信心在 2008 年终结时，他们很快就抛弃了那些一厢情愿的念头，转身去默认了纯粹的、现实的犬儒哲学。

是什么为那个极端的金融幻术时代画上了句号？那些当权的成年人并没有挺身而出，宣布这是疯狂且注定失败的，并告诫人们要适可而止。后来，我们终于再也找不到更多更傻的傻瓜，愿意为前一批傻瓜刚刚购入的房子和其他东西支付高价了。当美国和世界上其他国家被现实的“看不见的手”教训时，我们遭遇了暴跌、崩溃和大衰退，这是梦幻之地经济学的必然结果。

在 2009 年时，我曾真诚地指出，我们的国家正在经历一场濒死体验，我们在其中目睹了经济的深渊，这可以让我们重新清醒，回归那条立足现实、更直更窄的道路——国家重置之路！这么想很好。然而，我们对幻想的那种贪婪的国民渴望在一处碰壁后，很快就会在别处寻求满足。

第 46 章

梦幻之地与美国齐头并进

金融危机发生后，尽管美国政府采取行动遏制损害，防止全面萧条——其实**正是由于**这些紧急行动——我们中的一小部分丧心病狂的人，包括那些歇斯底里的真信徒和某些仅仅是被时局惹恼了的人，反而失控了。一些人自称“茶党”（Tea Party），甚至还搞起了角色扮演，将自己装扮成 18 世纪的美国军人，出现在抗议游行和社区集会上。其中还有几十人被选入国会，把共和党搅得天翻地覆。他们讨厌现状或自以为讨厌现状，包括政府本身，所以当他们不能迫使联邦政府允许他们全面胜利时，他们乐于让政府停摆——对他们来说，政府的失灵就是目的，而不仅仅是手段。立足现实的共和党精英们一直在玩火，他们把立足幻想的团体当作自己可以随手利用的傻瓜。这些傻瓜有一天终于明白，当权者只当他们是一群傻瓜——然后他们夺过了火柴。

让我们想想来自加州中央谷地（Central Valley）的一位知名共和党国会议员的经历吧。他于 2003 年到任，时年 29 岁，是华盛顿最保守的民选官员之一。右翼立场的美国传统基金会（Heritage Foundation）现在把他列入了众议院共和党人中最倾向于“自由派”

的三分之一。他告诉《纽约客》:“过去，我会把自己 90% 的选民意见回复时间都花在那些来电、发电子邮件或写信的人身上，他们讨论的都是某个现实问题。在 21 世纪头十年里，选民意见主要关注的是“‘实际立法’。还有 10% 是关于‘飞机喷洒的化学凝结尾气毒害我’及其他各种阴谋论的。而现在这个比例基本上完全颠倒了。”他说，这是过去十几年里发生的情况。现在只有一小部分来自选民的信息是“基于还算比较真实的情况的。这大大地改变了政治和政治家，以及他们的所作所为”。在 2015 年还听起来如此通情达理的这位国会议员，是众议院情报委员会（House Intelligence Committee）主席德温·努涅斯（Devin Nunes）。到了 2017 年，他成了总统的坚定捍卫者。

在 2008 年金融和经济崩溃之前的 20 年里，右派和极右人士建立了一套规模空前的新型多媒体基础设施。现在的脱口秀广播电台数量是 20 世纪 80 年代的 10 倍。听众人数最多的几个节目除一个以外全是关于政治和政府的，由右派建立，为右派服务，它们每天的听众总数是 4 500 万。（剩下的那一个节目为福音派信徒提供“合乎《圣经》的”理财建议。排名仅次于这些节目的就是《咫尺天涯AM》，阴谋、魔法和谎言的大型夜市。）

从 1996 年到 2007 年的十年间，我们有了福克斯新闻、“德拉吉报道”（*Drudge Report*），“信息战”和“布赖特巴特”（*Breitbart*），同时，Facebook、YouTube 和 Twitter 还为它们及其所有追随者和崇拜者提供了免费的全球化平台。在福克斯新闻于 2017 年开除其最受欢迎的主播之前，它不仅拥有比其他新闻频道更多的观众人数——它在 2016 年的观众人数甚至超过了其他**任何**有线电视频道。2016

年大选前一个月在Facebook上与福克斯新闻报道进行“互动”的人数，与CNN、《纽约时报》、《华盛顿邮报》和《华尔街日报》报道的所有“互动”人数加起来一样多。

对新闻界和学术界专家的质疑精神多年来一直被右派奉为神明，它有效地训练了两代美国人，让他们不相信与自己观点不一致的事实。查利·赛克斯（Charlie Sykes）在2017年初写道：“多年来，作为一名保守派电台脱口秀节目主持人，我通过抨击主流媒体的偏见和双重标准，在这个训练过程中发挥了一定的作用。代价却远远超出我的想象。这些攻击留下的累积效应是……大部分右翼人士对虚假信息的免疫力都被摧毁了。”保守派电台谈话节目主持人约翰·齐格勒（John Ziegler）在2016年也做出了类似的忏悔：“我们已经对我们的核心听众进行了有效的洗脑。现在的确是有些过火了。因为在消费者心目中，信息守门人已经毫无信誉可言，我不知道这局面如何才能得到扭转。”

对虚假信息丧失抵抗力是个大问题。福克斯新闻的保守主义立场可以接受，但该频道把虚构信息当作新闻的倾向就不是了。例如，在2012年，一名圣迭戈公关人士自行出版了一本名为《白人女孩血流成河：美国种族暴力的回归与媒体的无视》（*"White Girl Bleed a Lot": The Return of Racial Violence to America and How the Media Ignore It*）的书。书中说年轻黑人在城市街道上随机殴打白人已成为猖獗泛滥的现象，该作者称之为“击倒游戏”（knock-out game）。在接下来的两年中，该作者为很有影响力的极右翼网站“WND”写了一百多篇帖子，汇总了有关黑人袭击事件的报道，特别是受害者为白人的报道。其中一个代表性的标题是“为什么黑人不能规矩一些？”

（Why Don’t Blacks Behave?）。2013 年，佛罗里达州一名假装的警察乔治·齐默尔曼（George Zimmerman）的案子得到宣判，他对一个手无寸铁的 17 岁黑人少年特雷沃恩·马丁（Trayvon Martin）的谋杀罪名不成立，案发前，马丁被齐默尔曼想象成了犯罪分子。此后不久，肖恩·汉尼提（Sean Hannity）听说黑人对白人的暴力活动盛行，而新闻媒体还未曾关注这一（臆想）现象。他在节目中采访了书的作者，与此同时，整个福克斯新闻网（连同电台谈话节目）都来了，讨论起“席卷全国的恐怖又致命的新趋势”。* 其他新闻媒体也不得不跟进报道这一都市传说，就好像它可能是真的一样。

这还没完。2014 年，福克斯新闻报道说，驻扎在阿富汗的美军陆军中士鲍·贝里达尔（Bowe Bergdahl）擅自离岗后，在被塔利班关押期间“改信了伊斯兰教……并自称为伊斯兰圣战士（mujahid）”。消息来源是一家私人保安公司的“机密文件”。福克斯和其他任何真正的新闻机构都没有发现支持这一说法的额外证据，但是右翼媒体已经把它作为既定事实了。圣战主义者在巴黎屠杀《查理周刊》（*Charlie Hebdo*）工作人员一周之后，福克斯新闻的主播和客座嘉宾在节目中极尽夸张之能事，将欧洲城市描绘成一幅荒诞不经的反事实虚构图景——一个在“伊斯兰国”掌管之下的跨国平行政府！在距 2016 年大选只剩几天的时候，该频道表面堂堂正正的新闻主播布雷特·拜尔（Bret Baier）称，联邦调查局特工有证据表明，5 家外国情报机构侵入了希拉里·克林顿的电子邮件服务器，

* “那些在‘击倒游戏’袭击事件里严重伤害老太太和其他人来取乐的渣滓，如果他们的脑袋瓜子被枪顶着，就不敢怎么样了！”当时的真人秀节目主持人唐纳德·特朗普在自己的 Twitter 上这样说。

并且她很快就会因克林顿基金会（Clinton Foundation）的腐败事件而被起诉。48 小时后他承认，不好意思，自己弄错了——就像福克斯在 2014 年终于承认自己的“节目中出现了与欧洲穆斯林人群有关的令人遗憾的错误”那样。2017 年，在连续一周的时间里，福克斯新闻都在宣传一个阴谋论，即民主党因为一名党内工作人员向维基解密（WikiLeaks）泄露材料而将其开除。福克斯最终也撤回了这个报道。

然而，相对于“布赖特巴特新闻网”（Breitbart News Network）和“信息战”来说，撇开肖恩·汉尼提不谈，福克斯新闻还算是公正平衡、本于现实的。我得再强调一次，梦幻之地的居民得到的都是基于正态分布的相对评分，他们呈现出的只是不同程度的恶劣。

直到不久之前，我们大多数人都没有注意到新兴的全球假新闻产业，这些作坊会故意编造和发布虚假的新闻报道，每条都经过特别的优化，使之易于获得点击、分享和广泛传播。Facebook 是这类标题党“新闻”的最主要传播平台，虽然它对真实新闻也有同等作用。这是互联网时代之前的通俗小报《世界新闻周报》（*Weekly World News*）所做的事，相当于它的数字版，当时，假新闻还只是一种猎奇的杂耍节目而已，丝毫不值得担忧——直到它们在上一次总统竞选期间突然成了问题。

2016 年底，“嗡嗡喂”网站（*BuzzFeed*）分析了当年的政治报道——《纽约时报》和《华盛顿邮报》等出版物刊出的 20 篇传播最广的文章，以及假新闻贩子发表的 20 篇传播最广的文章。在总统竞选的最后 3 个月期间，排名最高的虚构报道——《教皇方济各支持唐纳德·特朗普》《维基解密确认希拉里出售武器给“伊斯兰国”》——得到的分享和评论数量远远超过了排名最高的真实报道。互联网搜索算法的直接民主制成了格雷欣法则（Gresham's law）的一个鲜明的案例，即劣币驱逐了——或至少压制了——良币。

***

在 21 世纪的前 15 年，共和党变成了“梦幻党”，其中的现实派陷入了困境。一种极右反主流文化动员了上百万名追随者，接管了美国的右翼，就像他们的极端主义前辈在 30 年前成功接管了福音派和枪支游说者一样。

2016 年总统大选开始的时候，我已经酝酿此书好几年了。梦幻之地的总统候选人一直都是共和党提名中的领跑者［开始是唐纳德·特朗普和本·卡森（Ben Carson），后来是特朗普和特德·克鲁兹（Ted Cruz）］，这个事实令人诧异和惊骇，但我不得不承认，我个人有点窃喜，因为这说明我的理论适用于政治领域。在 2015 年共和党第二次初选辩论之后的第二天，我在里根图书馆（Reagan Library）里读到《纽约时报》上的一篇社论。当时的辩论还没有彻底沦为卡通化的场面，但文章已经充满震惊地表示：

> 出现了一大堆如此失实、如此离奇的凭空断言，它们几乎形成了超现实景象，仿佛罗纳德·里根的鬼魅身影在候选人的讲台后面若隐若现。
>
> 这一切有时让人觉得，演讲者好像不再生活在一个基于事

实的世界之中：在这个世界，行为会产生后果，项目会需要金钱，金钱也必须有个来源；在这个世界，有一些基本法则——比如物理和《宪法》——会对欲望进行约束；在这个世界，国会和公众、盟友和敌人、市场和军队不会仅仅因为你说要他们做什么，就按照你的意愿做什么。

我读完以后大声说：“欢迎来到梦幻之地。”大选结束后，《纽约时报》的另一篇社论承认，“特朗普至少比一般人都更清楚一件事”，即“建立于公认事实基础之上的共有现实的崩溃并不意味着危险，反倒是一个机会”。

我很久以前就开始关注唐纳德·特朗普了。在我于1986年与人联合创办并任编辑至1993年的《密探》(*Spy*)杂志上，我们曾花数百小时报道、研究并撰写3篇关于他的封面故事以及其他无数文章，我们当时所知道的，现在大家也都知道了。在Twitter还没有出现的时代，每当他发出威胁性的信件，并公开指责我们——他曾指着我们的杂志说“这是垃圾”——都是让人感觉奇妙而又迷幻的时刻，就好像达菲鸭(Daffy Duck)或兔子罗杰(Roger Rabbit)竟然从屏幕上的卡通世界里蹦出来回应一样。我们很幸运，在他登场的时候，我们正要创立一份杂志来记录美国那群有钱有势的家伙。如今，当我正忙于写下一段美国走下坡路的历史的时候，特朗普成了所有人关注的中心，我猜这也许是再一次的天意吧。如果他没有竞选总统，我可能根本不会提到他。但他既然上台了，就是一个了不起的头号人证。描述他的过程实际上就是在总结这本书。

对体制的不满驱动着他。他不喜欢专家，因为他们干涉他作为美国人的权利，他认为自己有权相信或是假装虚构即事实，有权去自己**感受**真相。他放眼望去看到的都是阴谋。他利用了将白种人视为种族问题受害者的神话。

他自始至终都是梦幻工业中心的产物。“他**就是** P. T. 巴纳姆。”他的妹妹（一位联邦法官）在 2005 年对他的传记作者蒂姆·奥布赖恩（Tim O’Brien）说。在 20 世纪 60 年代初的青少年时期，特朗普自己就告诉过奥布赖恩，他明白任何在美国的喧嚣都可以变成一种娱乐狂欢。“我说：‘你知道我要做什么吗？我将进军房地产行业，我要把娱乐业带入房地产市场。我会实现双赢的。’”那时，早在 1961 年，历史学家丹尼尔·布尔斯廷就看到了政治的未来，以及使特朗普成为总统的因素：“我们的国家政治已经变成了形象之争，而不是理想之争”，因为我们生活在一个“幻想比现实更真实的世界里”。“严格地说，我们没有办法撕下一个形象的假面具。就像其他一切假新闻一样，我们越努力去揭穿它，它就变得越有趣。”

尽管在候选人特朗普出现的时候，梦幻工业中心已经吞并总统政治半个多世纪了，但他的竞选和胜利实在是它的终极表现，这是我们在现实生活中从未看到过也从未想象过的。从 1967 年到 2011 年，加州被前电影明星统治的时间超过了三分之一，其中还有一人成了美国总统。但在我看来，特朗普比其他公众人物更进一步。与里根或施瓦辛格不同的是（但与巴纳姆相似，他也是在娱乐事业中途，于中年时期步入政界），特朗普既是演出经理人，又是演员，而且不仅限于他的房地产推销和他与 WWE 的交易。在梦幻之地全面崛起之前，特朗普的各项生意并不像个严肃的总统候选人的事业。一个新泽西州赌场，一个职业橄榄球联盟，一本名为自传的书，一些从未实际建造的酒店和楼房，一个肉类产品邮购业务，一场选美竞赛，一家只运营了三年的航空公司，一所“大学”，出售除臭剂、床垫、伏特加以及名为“帝国”和“成功”的香水，一款以自己名字命名的桌游，一个假装将员工炒鱿鱼的电视节目……它们之间有什么联系呢？

把它们联系在一起的，是美国人面对虚构、真实和名利欲望的混合物时来者不拒的新态度。特朗普在棕榈滩的家是一座地中海风格的梦幻城堡，建于佛罗里达州第一次房地产泡沫的顶峰时期，同时也是一个私人俱乐部，入会门槛20万美元。一位当地的亿万富翁是这个俱乐部的会员，他说：“这就像是去迪士尼乐园一样，你知道米老鼠会整天待在那儿。”特朗普一直在扮演一个名为唐纳德·特朗普的角色，就好像威廉·科迪扮演的是野牛比尔的角色一样，但特朗普比科迪更入戏，因为这舞台只有台前，没有幕后。

成年后的大部分时间里，他都扬言要进入政治演艺圈，而当他真正进入之后，他对这个角色的演绎是史无前例的，他极为特立独行。成功的总统和候选人有时不得不迎合大众，但特朗普自始至终都是这样。他以前无古人的方式利用了梦幻工业中心的各个部分。他在宣布开始竞选时，与其他候选人不同的是，他是一个令人兴奋的**明星**，所以电视节目都希望他能够尽可能多地参与——而且曾经参与制作这些节目的人告诉我，他们要小心，不能惹恼了这位候选人，否则他可能起身后就不回来了。

当他开始自己的竞选活动时，他把艾奥瓦州的一个9岁孩子带上了他的直升机，孩子问道：“你是蝙蝠侠吗？”特朗普回答说：“我是蝙蝠侠。”在投票之前，他不断地宣扬自己的民调数字——甚至都不是像电视收视率那样的支持率评分，而是猜想的票数、虚拟的票数。这场竞选从一个有关蝙蝠侠的次要情节转向了一种后现代新风格，打破了剧中世界与观众席之间的“第四面墙”。特朗普在竞选发言中即兴**谈论**竞选，**谈论**他的表演和票房，以前从来没有总统候选人这样做过。一名长期为坏脾气上司服务的公关人员接手竞选主席的工作后，也跟着学样，对特朗普的表现发表评论，就好像这些都是节目的一部分。“当他在舞台上时，”保罗·马纳福特（Paul Manafort）说，“他会投射出一个以此为目的的形象。他正在扮演的角色会渐渐进化成你现在所期待的角色，但他还没有做好准备，因为他必须先完成第一阶段。”第一幕完成后，他说，在第二幕，“这个形象将有所改变”。但是那时并没有改变，之后也没有。“我们的国家现在仿佛 WWE 的混战擂台。”本·卡森说。马纳福特在全国会众前表示，“这是终极的真人秀节目”，节目的奖项将是“美国总统的职位”。然后，就如同真人秀节目中常见的那样，马纳福特突然被要求离开部落议会区域，被砍了，被炒了。在大选和就职典礼之间的两个月时间里，争夺内阁席位的参赛者在特朗普大厦闪闪发光的粉色大厅里一个接一个走过成排的摄影机，走过以特朗普为主题的陈列商品。其中之一是 WWE 的联合创始人琳达·麦克马洪（Linda McMahon），她赢得了内阁职位。之后特朗普政府又宣布说，争夺最高法院席位的两位决赛选手将前来华盛顿参加决赛，一切完全像真人秀节目一样。

在特朗普获得提名和总统职位之前，让共和党人感到烦恼和为难的是他特立独行的风格。那时让他们真正感到震惊的是他满不在乎地宣称，自己是那些为他欢呼的标准种族主义者的同路人。严肃的共和党人也讨厌他意识形态的混乱——其实他们还不明白，他所实践的是一种全新的竞选逻辑，将精彩故事和表演技巧始终如一地放送，它们超越了意识形态。“超级碗”（Super Bowl）的中场休息和迪士尼乐园也是相当不拘一格，但它们极富**娱乐性**。

严肃的共和党人遵循一条不成文的规定，那就是候选人可以让右翼媒体艺人激烈攻击其他的新闻媒体，但不会自己去做这个工作。然而在 2016 年，特朗普将他的虚假新闻噱头直接作为竞选的戏剧性卖点，两度震惊了共和党人，第一次是因为他一直这样做，第二次是因为这的确奏效了。共和党联盟中唯一一个从未疏远过他的重要机构恰好也是其中最具狂想色彩的机构——全国步枪协会，这很能说明问题。协会和他不仅在《第二修正案》方面很合拍，而且还都把矛头指向了那些以事实为依据的敌人。全国步枪协会的韦恩·拉皮埃尔在 2014 年的保守派政治行动大会上表示，“美国最大的威胁之一就是全国性的新闻媒体”，因为媒体“对事实的有意败坏是可憎的”。

梦幻之地的医学？特朗普也谈及了这一点。在竞选期间，他时常重复疫苗会引发自闭症的言论。特朗普并没有像其他提名候选人那样，在经过正规医生的正常体检后发布新闻稿。他直接参加了《奥兹医生秀》，并递出一份他自己的医生做出的检测结果。奥兹博士亲切地说：“如果我的病人有这样的体检结果，我会高高兴兴地让他们回家去。”

他的支持者们当时知道他的话是不是可信吗？他们现在知道吗？他们知道，同时也不知道。就像 1841 年购买门票参观巴纳姆展览的人们一样，对于展览中的黑人女子到底是不是华盛顿 161 岁的前保姆，鱼和猿缝合在一起的东西到底是不是美人鱼，他们知道，同时也不知道（当然也不在意）。这个时代，正是大多数的美国人都断定政治**完全是**骗局和作秀的时代——就像路易斯·梅南在《纽约客》上所写的那样，一场“由新闻媒体、脱口秀专家、竞选策略家、政党甚至候选人自己”共同参与的阴谋“操纵了游戏”，“每个人都知道自己在政治中看到的东西是虚假的或调制的”。如果选举是一场虚伪的做戏，是被幕后操纵的，那么特朗普的聪明之处就是用最不聪明的大呼小叫戳穿了这一点，并嘲弄他的竞选对手是冒牌货、输家和骗子——因为在这个虚假的时代里，**这种**大呼小叫代表了独一无二的坦率，令人激动的真实。

演艺界有一种智慧：最重要的就是诚意，一旦你可以演出诚意，你就成功了。他**本色**展现出的“政治不正确”的诚意，与人们所讨厌的那种政治家的老派伪善正好形成鲜明对比。

如果他只是一个讲真话的聪明人，那他现在是不会成为总统的。特朗普的天才之处是利用人们对政治的极端怀疑态度——政治太过含糊其词了，民主全是装腔作势——但**同时**也迎合了美国人在国家自豪感方面的极端魔幻思维。“人们有幻想，我投其所好，”他的合著者早在30年前就已经在《交易的艺术》（*The Art of the Deal*）一书中警告美国人，“人们希望相信某些事物是最伟大、最杰出、最壮观的。我称之为诚实的夸大。这是种无伤大雅的夸张。”

当你要就任总统的时候，事情就不再那么简单了——比如说幻想一个新的医疗体系将会是“一件了不起的事，一个伟大的壮举”。“我们将会让每个人都有医疗保险，”特朗普保证，“有些圈子里流传着一种观念，如果你不付钱，你就不能得到。这是不会发生在我们身上的……我会照顾好每个人。每个人都会得到更好的照料。”新系统马上就会出现，“马上！很快！立刻就会！”

不只是医疗保健。是的，“你为你的祖国所做的一切美梦”都将成真。他不断拿上桌面的另一个版本的大型幻想就是**获胜**。在竞选刚刚开始时，他在国会大厦前说：“我们将赢得无数的胜利，赢得你都烦了。**相信**我。”台下的人群欢呼起来。“其实我知道。你永远不会对胜利感到厌倦。你们永远不会！我们永远不会！”他获得内华达州初选胜利后在金银岛酒店赌场演讲时，**获胜**已经成了口头禅：“现在我们正在胜利、胜利、胜利，正在赢得这个国家——很快这个**国家**也要开始胜利、胜利、胜利。”然后他奇迹般地**胜利**了，似乎证明了《积极思考的力量》和《秘密》是正确的。

他的幻想由众多成分构成，有些快乐愉悦，有些充满仇恨，其中许多都是对旧日时光的怀念，那时有更多的美国人是白人，更少的人操外国口音，那时白人**男性**统治一切，后梳鸭尾式油头发型还很酷——那时的美国才是伟大的。还有众多的幻想关乎一个好战的超级英雄总统如何摧毁或打败了坏家伙。有一个幻想是在“9·11”事件当天，新泽西州“成千上万阿拉伯裔人口……在大楼倒塌时欢呼雀跃”，还有一个幻想是墨西哥将为在两国边界修建的混凝土高墙买单。然而，从墨西哥入境的非法移民人数多年来一直在下降，这个事实会让造墙的理由站不住脚吗？“无论这个数字有多低，我们都会造墙，”特朗普总统在上任近 100 天时对全国步枪协会的会众说，“想都不要想，想都不要想……我们会造墙。想都不要想，想都不要想，想都不要想。”

我们可以从梦幻之地清单上划去的唯一一个重要项目就是宗

教，而且还只是在名义上如此。没有宗教信仰，是有关特朗普的许多令人震惊的事情中的一件——我们的基督教政党选择了一个最不信奉基督教的候选人，而白人福音派信徒则压倒性地支持特朗普总统。在竞选期间，他向他们抛出了一些特殊的幻想碎片，承诺他们可以再次随意地对持有各种信仰的陌生人说“圣诞快乐”。而他那毫不遮掩的风格，则更能证明他惊人的**诚实**——他并没有去迎合他们，也没有去假装虔诚和圣洁。当被问及宗教信仰时，特朗普经常说自己是“新教徒”——这个回答有点奇怪，就好像在说自己是西半球的一个智人，却不说自己是美国人。

在他生命中极有影响力的一个宗教人物是《积极思考的力量》的作者诺曼·文森特·皮尔，皮尔在书中教导人们“永远不要认为自己会失败”，并且要驱除“有关你个人能力的任何消极思想”（参见第21章）。特朗普一家曾在他的长老会教会聚会，唐纳德三次婚礼中的第一次也在那里举办，由皮尔牧师主持。现在，既然皮尔构建的自我催眠式自信已经深深嵌入了灵恩派基督教某一热门派别的核心，特朗普几乎可以成为成功神学的平信徒传道人了。当然，他对宗教的很多具体信息并不了解（比如他将《新约》中的一卷书叫作“哥林多二书”而不是“哥林多后书”），但是那又怎样呢？重生的白人基督徒和特朗普一同鄙视所谓的精英（也一同被他们鄙视）。正如我所说的，梦幻之地的各个区域之间有开放的边界：严格地讲，基督教式虚幻并非特朗普式幻想的一部分，但他们都愿意幻想，愿意脱离事实**感受**真相。**想都不要想**。

互联网首先助长并成全了完全版梦幻之地，然后在2015年和2016年，它又助长和成全了候选人特朗普。他是我们数字世界的形象代言人。“别看新闻了，”他在身为候选人时建议大家，“上网就够了。”在竞选期间，他曾错误地在Twitter上说某个抗议者“与‘伊斯兰国’有联系”，有人问他是否对发布错误信息心有悔意。“我又知道些什么？”他回答，“我知道的都是从网上看来的。”

但后来他认定，互联网是一把双刃剑。一方面，网络可以让他轻易地发现和传播观点。“互联网提供了一个论坛，让人们表达自己的观点，”一位高级仆从解释说，“当他看到一个他认为值得讨论的想法时，他可以立即发出推文。”另一方面，特朗普在互联网上（“布赖特巴特”“信息战”）也会读到，他的那些操纵了互联网的精英派敌人（谷歌）密谋散播谣言中伤他。他在大选前的一次集会上说：“谷歌的搜索引擎正在偏袒希拉里·克林顿，不展示有关她的坏消息。你知道吗？”

荒诞的阴谋论也是梦幻之地的历史上反复出现的主题——女巫、天主教徒、共济会、犹太人，以及现在的穆斯林、自由派和国际主义者的所谓诡计。2011年时，特朗普成了某 流行幻想的首席代言人，即奥巴马总统出生在肯尼亚，正是他将这个边缘说法带入主流——他可是**唐纳德·特朗普**啊！——所以这个说法可以定期由福克斯新闻和CNN的主播进行推广。十几位共和党众议员共同发起了一项联邦法案，要求总统候选人提交出生证明和其他证据，证明自己不是一个神秘的外国人；类似的法案也在州议会中引入。发布了总统出生证明复印件的夏威夷官员在一场私人飞机失事中丧生，特朗普在Twitter上写道：“多么神奇呀……其他人都活下来了。”最后，在2016年秋天，他终于勉强承认总统确实是一个土生土长的美国人——与此同时，《经济学人》（*Economist*）/舆观（YouGov）的一项调查发现，大多数共和党人仍然相信奥巴马可能或者肯定出生在肯尼亚。

据说，科学家、记者和政府的阴谋论强化了气候变化的错误观念。“全球变暖已被一次又一次地证明是谣传”，那是“神话”“不存在”“胡扯”“基于错误的科学”，是“代价昂贵的大骗局”。他发推文说：“全球变暖的概念是中国人为了自身利益而创造的，目的是使美国制造业失去竞争力。”后来他又说，这句是玩笑话。

阴谋，阴谋，更多的阴谋。“斯卡利亚，”《萨维奇国度》(*Savage Nation*)的右翼主持人在2016年的广播节目中问他，“他是被谋杀的吗……？”特朗普回答说：“他们说他们在他脸上找到了枕头，而通常我们是不会在这里找到枕头的。”*《国家探秘者》曾暗示特德·克鲁兹的父亲可能与肯尼迪遇刺案有关，而特朗普在节目《福克斯和朋友们》(*Fox and Friends*)中讨论这一说法的口气就好像它是真的一样：“在命案发生前不久，他与李·哈维·奥斯瓦尔德在一起做了什么？这太可怕了。”采访他的福克斯新闻主播既没有质疑他，也没有应声附和。1993年曾有关于克林顿的朋友文森特·福斯特的幻想，特朗普使之死灰复燃——特朗普说，他的死“非常可疑”，因为福斯特“对发生的事情了如指掌。他清楚地知道所发生的一切，而突然间他就自杀了……我会说，一直都有人不断提出质疑，因为他们认为这绝对是谋杀”。他还承诺说，他将确保“你们会发现到底是谁撞倒了世贸中心大楼”。而且这一切都行得通，因

* 事实上，枕头是在床垫上找到的，而不是在斯卡利亚头上。顺便说一下，这个节目的主持人迈克尔·萨维奇（Michael Savage）是另外一个梦幻之地开放边界的代表：作为迈克尔·韦纳（Michael Weiner）博士，他还是十几本替代医学著作的作者，比如《草药治疗法》(*Herbs That Heal*)和《顺势疗法全书》(*The Complete Book of Homeopathy*)。

为现在有足够多的美国人渴望相信几乎任何一种阴谋论，只要它与他们的观点和感受一致，而不管它有多么不合理。

并不是所有的谎言都是幻想，也并不是所有的幻想都是谎言。**相信**不实之事的人也可以通过测谎仪的测试。这个版本的非现实是由两部分拼凑而成的，一部分是明知不实的谎言，另一部分是真诚相信的幻想，而这样杀伤力就更大了。特朗普也许确实相信“我们国家现在的谋杀率是47年来最高的”——这是他在白宫办公室里对全国警长协会（National Sheriffs Association）的领导人说的。不管他信什么或不信什么，他比有史以来的所有美国领导人都更加频繁地做出各种断言。

他未受惩罚，但如果是在20世纪八九十年代，即他第一次谈到参选总统的时代，就不会是这样了，因为现在事实真相只是众多选择中的一种，是**共识**现实，美国人也有权利接受自己认定的事实。在大选获胜后，他开始经常性地把**所有**不讨他喜欢或为他带来不便的新闻都称为“假新闻”。特朗普的白宫顾问表示，在他们入驻白宫的第一个周末，参与就职典礼的大致人数至少比总统所期望的少了75%。“我们的新闻秘书，”她在节目《与媒体见面》（*Meet the Press*）中说，“在这一点上提供的是另类事实。”在上任的头个月里，当他的公众支持率下降时，特朗普无法接受这个事实。“任何负面的民意调查，都是假新闻。”某一天的黎明时分，这位总统在海湖庄园发推文如是说。

在梦幻之地，拒绝接受事实核查是件令人称道的事情。《经济学人》指出：“这反而被视为他愿意挺身而出对抗精英力量的证据。”康涅狄格大学哲学教授迈克尔·林奇（Michael Lynch）解释说：“从政治心理学的角度来看，矛盾越明显越好……如果我简单地否认了我之前断言的事，并且淡然处之，那么就只能由**你自己**来揣摩我真正的意思了……矛盾最令人不安的力量在于，如果反复使用它，就可能使我们变得麻木，使我们对真理价值的敏感度降低。”假使我们对真理价值的敏感度真的降低了，那么很可能每个人都会越来越容易接受幻想。

他是否**真的**认为，自己输掉普选，是因为一个安排了数百万非公民——“非法移民”——投票给克林顿的阴谋呢？“我是一个非常相信直觉的人，”《时代》周刊记者就这一说法向特朗普提出质疑时，他说，“而且结果证明，我的直觉是正确的。”

以特朗普的名义向记者发言的人士需要想方设法为他的各种说法打圆场。他们有时会说，其他人也肯定了某种幻想——比如说，新闻秘书曾引用福克斯新闻评论员的话，全无证据地声称英国情报人员在奥巴马的要求下对特朗普进行监视。或者，他们会要求人们对特朗普使用相对评分：因为他初入政治，不甚熟悉，所以无须对他说的话**咬文嚼字**。当有人提起“总统的那些……显然是失实的陈述”时，白宫顾问希望记者尽量记住“他所说过的许多**的确**属实的事情”。

他们对他的未核实陈述所做过的最诚实的辩护，就是把它们描述成近乎宗教信仰的问题——他深深地**相信**这些，所以……就是这样，讲完了。当谈到子虚乌有的300万到500万非法选民时，这就是新闻秘书的做法：曾有一次，他诚挚地提醒记者，特朗普“这段时间一直如此相信”，“确实如此相信”，“这是一个他长久坚持的信念”，“这个信念，他近来一直坚持”。

这也是四分之一的美国人都认同这种荒谬信仰的原因。* 在特朗普看来，**这**比对事实真相的要求更重要。

“在不出示证据的情况下谈论数百万的非法选票，你认为这对这个国家来说会不会有些危险？”《ABC 晚间世界新闻》（*ABC World News Tonight*）的主播问特朗普总统。

“不，”他回答，“一点也不！一点也不——因为很多人的感受和我一样。”

***

这本书追溯了我们这个与众不同的国家走过的路，它沿着这条路抵达了最新版本的与众不同的自我。现在我们可以看到，道路上的每一个岔口是如何引导我们走向下一个岔口，再下一个，然后再下一个的。

如果当年信奉罗马天主教的法国人或西班牙人在开拓北美时更成功一些，也许我们就不会那么喜欢流氓乌托邦主义和个人主义了。如果荷兰人的影响力延伸到纽约以外并且能超越 17 世纪，那么我们国民性格中的理智和世界主义的部分可能就更占优势了。如果那百余名激进的清教徒极端分子没有租用“五月花号”，而是停留在了大西洋的另一边呢？如果我们对奴工不那么宽容呢？如果美国独立战争失败了，或者南方邦联分裂成功了呢？ 如果加利福尼亚仍然是墨西哥的一部分，或者美国未曾在越南打仗，又会怎样呢？如果约

---

* 资料来自 2017 年《华盛顿邮报》/ABC 新闻和《政客》（*Politico*）/ 晨间顾问（Morning Consult）的调查。

瑟夫·史密斯、P. T. 巴纳姆、沃尔特·迪士尼、罗纳德·里根、奥普拉·温弗里以及其他十几个设定了美国发展趋势的高级巫师从未出现过呢？如果互联网搜索算法被设计成另一种模式，或者如果在2009年，一些华尔街高管因为过失和欺诈而被监禁了呢？前行的路上曾有无数的拐点。我们现在可能是一个更温暖的加拿大，一个超大号的荷兰，一个行动笨拙的阿根廷，也可能是不久之前的美国，那时候的美国和今天一样喜欢幻想，但那些幻想大多还是在可控状态下的。

然而，这一切都发生了。我们就是我们，光彩夺目，自成一格。

美国是幻想家的理想造物，幻想家中有些充满宗教热情，有些寻求快速致富，但全部对奇妙的事物充满了异乎寻常的欲望。除了我们对各种魔法和天命的狂热信仰之外，我们那经过了超级强化的独特的宗教基因，也是其他标志性美式思维习惯的来源，比如对货真价实的神秘事物的渴求，以及对遭遇精英阶层迫害的敏感。美国是第一个先规划后建设的新教国家，也是第一个先规划后建设的启蒙主义国家。两者互相补充——但在融为一体后，有时也会有毒。

将启蒙运动的经验主义与新教徒在**万事**中寻求目的和意义的冲动结合起来，你就会看到在一切事物之间建立联系的美国式狂热，* 看到披着理性主义外衣的非理性。你就有了颅相学、顺势疗法和智慧设计论；你就有了数据丰富的复杂方案，可以具体计算上帝创造世界和万物的日期，以及上帝或羽蛇神将来毁灭和重启这个世

* 我意识到：有了这本书以后，我也会成为谈资。

界的时间点；你就有了大量的图书，里面充斥着实据或看似实据的断言，证明这一群或是那一群无所不能的阴谋敌人——巫师！共济会！外星人！穆斯林！——已经渗透到美国来奴役或摧毁我们。

新教和启蒙主义经过我们特殊的美式合铸之后，也产生了一种自以为是的极端个人主义。我一直在寻找真相，并终于发现了真相（新教加启蒙主义）。我的直觉就等于事实（新教）。我具有深刻的质疑精神（启蒙主义），但是在我的个人信仰方面除外（新教）。我想象自己是谁，我就是谁（两者皆有），而你并不是我的老板（两者皆有）。

就像我们对待美国国父的宗教遗产那样，我们从启蒙运动的遗产中提取了一部分——怀疑主义、思想自由、可变真理——并选择性地将它们扩张到极限，同时牺牲了其他的一些启蒙主义美德，包括理智和严谨的自我怀疑。这是病理学家所说的器官肥大，即某一个器官或某一块肌肉长得太大，或者像自身免疫性疾病，即一项通常使我们保持健康的基本身体机能出现紊乱并导致我们生病。

为我们的梦幻之地奠定根基的，不仅仅是16、17世纪新宗教和17、18世纪新哲学的奇特混合物。其他的美国式特性也在其中推波助澜。创造我们这个国度的是一群冒险家、创业家，还有形形色色的骗子。广袤开阔的空间同时使建立社群和离群索居成为可能，而这反过来为更极端的个人主义者提供了空间，就是那些连续数月独处，终日沉浸在自己的思想、感情和想象中的人。尤其是在建国时期和近些年来，宽敞的空间也让美国人很容易将自己归类为成分单一、自我强化的地域聚居群，同一地域内的所有居民都抱有相同的理念。

在美国，幻想一直具有协同效应。狂野的新兴宗教帮助人们相信狂野的新生伪科学，反之亦然。如果严肃的人也认真对待麦斯默术，那么其他人就可以将顺势疗法、颅相学和万能药都视为最先进的科学，这有什么问题吗？ 如果耶鲁教授相信有长翅膀的人生活在月亮上，那么其他人也可以相信活人能与死者交流，这有什么问题吗？如果美国的大人物们都深信有一个由术士幕后操纵的隐秘政府，或是梵蒂冈密谋摧毁自由，那么就很可能有一群邪恶的天才正在制订**某种**宏大的计划，这有什么问题吗？

我们的怀旧情结也很能说明问题。美国人一直倾向于认为美国是地球上最好的地方，但**以前**远比现在更好，比现在更具开拓精神、更富魅力、更有道德、更为正宗。18 世纪时，人们想象 17 世纪的神权荒野更好；然后在 19 世纪，人们认为工厂和铁路的喧嚣与速度出现之前的 18 世纪更好；到了 20 世纪，我们想象 19 世纪比这好得多，因为那时我们仍然依靠枪支，而且无须从农场和小镇搬到嘈杂拥挤的城市里。今天，除了那些老款的怀旧之外，我们还怀念从前美国人连续多年从事安稳高薪工作的好日子。20 世纪初，很多人怀念美国人还都是新教徒的那段时光，后来又怀念美国人还都是基督徒的那段时光，而现在又怀念我们几乎全是白人的那段时光——**并且**在那个时候，男人还是男人，女人也还是女人，难以启齿的爱不会说出来。

像其他带有幻想色彩的冲动一样，美国的怀旧情结也可以用快乐或恐怖这两种风格来表达自我，既会对自己搭建的舞台布景心醉神迷，又会在别人坏了自己的好事时怒火中烧。梦幻工业中心所实现和满足的怀旧情结大多是快乐的那一种，而推动着我们的政治的怀旧情结，既可能是讨人欢心的，像罗纳德·里根那样，也可能是愤怒而又恐惧的，像最近这样。

事实上，我们的政治文化有时会**同时**以快乐**和**恐怖这两种形式示人。20世纪60年代后期，我们跨过了暴力革命的门槛，也步入了嬉笑喧闹的梦境。大部分最近**既**基本确信美国已经完蛋，**又**认为它是世上**最好**地方的美国人称自己为共和党人。我们畏惧新事物和拒绝理性的倾向既出现在左派，也出现在右派，宛若职业摔角双人组合——最开始是19世纪中期的超验主义者和乌托邦公社，后来是20世纪初期的基要派新教徒。但在最近的半个世纪里，脚步加快了。20世纪50年代有了右翼阴谋论者，紧接着在60年代就有了左翼阴谋论者，随后，60年代的嬉皮士与极端基督徒几乎同时登上历史舞台。

范围从疯狂恐惧到疯狂乐观的光谱，也同样适用于我们的精神信仰。有人相信人类的败坏已无可挽救，末日随时可能到来，大多数人注定会下地狱，良善的人会受到撒旦差役的逼迫。同时也有满怀希望的人，相信即刻的简易救赎，相信胡地（Alakazam）式的超级进化将会降临全球，相信天堂里有充裕的空间。最后还有**超级**满怀希望的人，相信天使现在就在忙于改善这个世界，相信萨满和理疗师可以聚集神秘的能量，相信有切实可行的魔法可以增加你的财富，或者在来世将你送回自己的星球，长生不老。此外还有那些对超自然的恐怖**和**极乐**同时**抱有强烈信仰的人，双相型的乐观/悲观主义者——他们可以与上帝或耶稣或上古神灵交谈，但也可能被魔鬼附身；他们相信唱经和稀释过的毒药可以赐予他们真正的超能力，但他们也相信官商勾结的邪恶阴谋正在试图用疫苗和转基因食品毒害他们。

到了 19 世纪中叶，这里的娱乐业比任何其他地方都要发达（剧院、流行音乐、超级巨星歌手、马戏团、廉价博物馆、魔术师），但新出现的问题是**其他**企业和行业也在演变成为**娱乐业**——一开始是宗教、医学和新闻领域——而现实生活中的英雄人物（丹尼尔·布恩、野牛比尔、“坐牛”）转变成了自己虚构化、演艺化的版本。真实与虚幻之间的过渡区域扩大了，并成为企业化美国的产品精髓。

由美国人发明并主导的梦幻工业中心继续以指数方式扩张，在所有想象得到的领域中都占据了一席之地——政治、房地产、零售业、餐饮住宿、生活方式，直到整个生活。我们把自己包裹在幻想和幻想式现实的拼贴画中，幻想全年滚动且无处不在。当然，当我们在迪士尼世界或 IMAX（巨幕电影）影院中时，或者在玩《真人快打》时，我们都知道自己身处虚构的世界。但是离开这些以后呢？在我们生活中的其余部分，在那些名义上真实的部分——我们的外表和衣着，我们生活和饮食的场所，信息娱乐业人士、新闻评论员和互联网上的布道者所描绘的世界——虚假和真实之间的许许多多差别都被抹去了。美国的大部分现实生活都已是虚拟的了。对于梦幻之地，我们常常不知道自己究竟是身处其中，还是置身其外。

***

3 个世纪以来，在文化、宗教以及政治、经济领域，幻想主义和现实主义的倾向处于一种大致的平衡状态中，两种趋势之间一直有着强大的动态张力。这种动态平衡就是关键。我们就像一台内燃机，一台由无休止的小爆炸所驱动的大机器，每一种独特的构想和梦幻的野心都可以在这里被点燃，但是它也有控制机关、密封圈和一个坚固的发动机缸体，这些都在保护整个装置不被炸飞。或者，如果你愿意这样理解的话，也可以说美国人的本我是被强大的自我和超我控制的。

例如，当美国政府成立的时候，开国元勋发明了谨慎的参议院，使之在有必要的时候能够否决众议院的暴徒提出的决议——华盛顿告诉杰斐逊，参议院就像一个碟子，当咖啡实在太烫的时候，可以用它来冷却一下。杰斐逊的死敌亚历山大·汉密尔顿希望选举人团（Electoral College）也能每隔 4 年做一次类似的事情，一旦人民选出了一个“拥有阴谋才能且受大众欢迎”的不成体统的骗子或蛊惑人心的政客作为总统，一个冷静、慎重的团体可以对此做出最终裁决。

离经叛道的宗教派别出现，然后又随着自身的成长和成熟逐渐冷静下来。我们对自由市场抱有信念，但是愿意接受约束条件，以使这个看起来足够公平的系统能够继续成功运转。尽情地梦想不可能的梦想，车到山前必有路，把油门深深踩到底，让你怪异的旗帜飞扬——但是要遵守规则，不能酒后驾车。作为一个美国人，你常常会因为一些摆架子的万事通而心中窝火，但真到了紧要关头的时候，那些确实知道要紧事的万事通仍然可以牢牢控制局面。大多数情况下，这样还算行得通。

然而，随着谋生变得越来越容易，宜人的环境助长了美国人心灵中松散随意的部分。一个重要转折点出现在 20 世纪 60 年代，从那以后，我们的阳面开始胜过阴面。我们抛弃了清教徒的立国道德风尚——自律、朴素、重视教育——却对清教徒的旧式魔幻、末日和乌托邦信仰加倍下注。1970 年以后，一些根深蒂固的美国习惯——个人主义、正义信念、开放思想——突然失控，就像刚刚进入热带化气候的动植物一样，茂盛生长并开花结果。

然后，经济环境再一次发生了变化。战后的繁荣为热衷幻想的美国人提供了可以沉溺于更多幻想的优越条件，而互联网让他们可以在更多的时间里栖居于更加无所不包的幻想。但在 21 世纪初，对至少一半的美国人来说，舒适的经济状况已经结束了。寒冷而绝望的黄昏与黑暗降临在感觉失望和失去力量的人们身上，但是我们作为一个国家却没有通过一同回归老扬基的美德——自我约束、现实主义、实用主义和折中精神——来应对这种现状。我们中太多的人已然习惯了各式各样的魔幻思维。随着期望经济不断上行的美国梦看起来越来越像个神话，各种纯粹的神话和幻想越来越有吸引力，也似乎更真实了。美国在 20 世纪史无前例的普遍富裕——外加自 20 世纪 60 年代以来的繁华盛宴——是梦幻之地的先决条件，但对大多数人来说，经济辉煌时代的**结束**才宣告了完全版梦幻之地的到来。

根据心理学家的说法，压力会引发错觉和妄想，而沉溺于幻想可以缓解压力和孤独感。根据社会学家的说法，在人们经常面临经济困境的社会里，宗教往往会更加繁荣。根据社会心理学家的说法，阴谋论信仰在那些自我感觉糟糕的人身上会比较盛行；他们可能无力改善自己的生活，但是知晓一切所谓的秘密阴谋，可以给他们一种近似力量感的强烈精神补偿。

当巴拉克·奥巴马第一次竞选总统时，他在竞选过程中最令人难忘的失言就是对这种动态的描述。2008年，他在旧金山对一些支持者说："你走进宾夕法尼亚州的一些小城镇，就像中西部的许多小城镇一样，当地的就业机会已经连续25年走低了，没有什么新的转机。所以，当他们感到愤愤不平时，他们会选择抓紧枪支或依靠宗教，或对与自己不同的人表示抵触，或怀有反移民情绪……作为解释他们的挫败感的一种方式，这并不奇怪。"当然，这听起来有些居高临下，但事实的确如此。撰写《美国阴谋论》(*American Conspiracy Theories*)(2014)的政治学家发现，受教育程度最低的人与受教育程度最高的人相比，前者相信阴谋论的倾向比后者高出足足一倍。

半个世纪以来，几代美国人都以一种二元视角看待世界，极权主义的坏人与自由世界相互对抗。但是在苏联解体之后，全球地缘政治的现实暴露了其所有棘手、混乱且并非黑白分明的复杂性。俄罗斯不再是共产主义国家，也算不上超级大国了，但它仍然邪恶，或者……呃，也可能不是？中国仍然自称共产主义国家，现在是与我们相匹敌的超级大国，但是……它在经济上的不平等比我们更加严重，而**同时它也是**我们不可或缺的经济伙伴？伊斯兰国家过去要么亲美，要么亲苏，但现在它们要么是世俗国家（好），要么就是原教旨主义（坏）……但是，等一下，美国和**这两类国家**的政府和叛军**在同时进行**联合和对抗？

相信某种精英阴谋集团的存在，可以让世界重新变得易于理解，并让人们将火力集中在单一敌人身上，这种理念让越来越多的美国人无法抗拒。**一定**有人在幕后操纵。相信有坏人在欺压你，这种想法既令人恐惧，又令人欣慰。其实，阴谋论者对真实世界略知一二，看到了权力的运用既是无法想象地简单，又是难以言传地复杂。他们将现实虚构化了。他们设想的情况是，现实生活并不是一个在不具备单一设计师和操作员的情况下自我运行的复杂装置，而是有一些幕后主使控制着全球的博格人（Borg），所有的电路和软件都以完美的同步性运转。这和基要派基督徒看待物质现实的方式是一样的——他们认为这是上帝精心设计的完美杰作，而不是无数个美好意外自发积累而成的杂乱却又惊人的成果。

我一直反复提到**完全版梦幻之地**，以及在它正式出现之前都不会发生的事件和现象。直到现在，我都在避免设定一个确切的日期。它是什么时候开始的呢？显然是在 20 世纪六七十年代之后，在罗纳德 · 里根之后。20 世纪 90 年代是关键的十年：那段时间里，奥普拉、《看，一匹灰色的马》、撒旦教恐慌、林博和《X 档案》席卷全国，全国步枪协会称执法部门是铁蹄政府暴徒，蓬勃发展的世界摔角联盟有一名摔跤手当选为明尼苏达州州长，迪士尼在佛罗里达州建造了一个完美的仿真城镇，俄克拉何马市的联邦大楼被炸毁，帕特 · 罗伯逊和布坎南竞选总统，克林顿总统因涉嫌谋杀自己的白宫顾问而被调查，随后又因涉嫌通奸并说谎被调查，《最终幻想》游戏发布了，国立卫生研究院的替代医学中心成立了，电视真人秀和福克斯新闻也亮相了。当然，还有互联网：从 1995 年开始，每个人都可以上网浏览网页了。所以，就让我们把这日期定在2000年吧，**大多数**美国人从这一年开始上网，这可谓是完全版梦幻之地无可争议的诞生元年。

***

我在20世纪60年代成长于一个无宗教信仰的家庭，就像我父母自己的家庭在20世纪二三十年代时那样，只是文化意义上的新教徒——我们不是天主教徒，不是犹太人，除此之外还能是什么呢？圣诞节是一件大事，而且当我们还小的时候，每个复活节的清晨都要去寻找彩蛋。我的父母几乎只会为了参加婚礼和葬礼去教堂，但没有人教导我们把信徒当成傻瓜。我们认识的人绝大部分都去教堂，这没什么问题。我们只是……不太在乎这些。当时在内布拉斯加州——在美国——宗教信仰是一件私事。

我的亲人们并不反对宗教信仰，他们反对的只是**教条主义**。他们甚至没有把自己的无信仰立场强加给我们。当我和兄弟姐妹决定尝试一下主日学的时候，我们先是去了街边的公理会教会，然后又去了神体一位论派教会（我的母亲有时在那里弹琴），没人阻止我们，也没人鼓励我们——然后我们都决定，不再独自参与这样的活动。在我大约11岁时，有一天，我试图让我妈妈亲口承认她实际上是不相信上帝的。我试探，我施压，她小心翼翼，她支支吾吾，最终她投降了。

从20世纪70年代开始，我的兄弟姐妹们经历了他们的异国东方宗教热恋期，我不知道这是不是对我们的世俗童年时代的反弹，或是对家族中超验主义气质的延续。我的父母确实试图拥有深刻的惊奇体验，或思考至高的存在奥秘。这也是他们每年夏天都带我们去北部大平原和西部山区露营的原因之一。在看到北极光的那次旅程中，我们体会到了宗教朝圣大功告成的感觉。我母亲最喜欢的作家之一是诗人约翰·奈哈特（John Neihardt），他的著作《黑麋鹿如是说》（*Black Elk Speaks*）是一位奥格拉拉–拉科塔（Oglala Lakota）萨满的传记。

我仍然在探寻那些可知和不可知的奥秘，以及令我目瞪口呆的生命奇迹。我也挺享受头脑困惑的感觉。在我们的两个女儿的成长过程中，我和妻子并没有带她们去教堂，但我们常常在晴朗的夜晚一起外出，躺在地上仰望星空，赞叹并谈论这个星球的宏伟、复杂和不可思议的幸运，以及我们人类和我们自身。我还记得最美好的那一次家庭度假。黄昏将至，我、妻子和孩子们开车穿过东非的丛林，那是10万年前最初的人类生活过的地方，我们看到了一群黑猩猩在远处行走，那一刻我热泪盈眶。

“我不是无神论者，”伟大的哈佛大学生物学家爱德华·O. 威尔逊（E. O. Wilson）在2015年说，“我是一名科学家。无神论意味着相信没有上帝，宣告没有上帝：‘来吧，我的无神论同伴们，让我们一起前进，征服那些以为真有上帝的白痴——所有其他派别。我们终将获胜。’我甚至宁可说我是不可知论者，**正因为**我是一名科学家。”

在这一点上，他呼应了20世纪最伟大的科学家的看法。阿尔伯特·爱因斯坦（Albert Einstein）曾写道：“我认为人格化的上帝是一种幼稚的观念……但是对于那些专业无神论者的激进战斗精神，我也无法苟同……当人类对自然和自身的知性理解不足时，我更偏爱一种谦卑的态度。”的确，他写道：

> 我们所能有的最美好的经验是奥秘的经验……谁要是体

> 验不到它，谁要是不再有好奇心也不再有惊讶的感觉，他就无异于行尸走肉，他的眼睛是迷糊不清的……我们认识到有某种为我们所不能洞察的东西存在，感觉到那种只能以其最原始的形式为我们感受到的最深奥的理性和最灿烂的美——正是这种认识和这种情感构成了真正的宗教感情；在这个意义上，而且也只是在这个意义上，我才是一个具有深挚的宗教感情的人。*

是的。我的生活并不奉行纯粹无染的理性主义，并非从不受任何情感或迷信的影响。超级理性主义者往往会倾向于傲慢自大，盲目崇拜市场或技术，并且不再全心追求超越科学和经济范畴的意义。幻想的微粒是日常生活中的迷人佐料。就像生命中很多事一样，这就是“金发姑娘原则”（Goldilocks Principle）的一个实例，不要太凉的，不要太烫的，而是要那个刚刚好的。但是，尽管我资质愚钝，对于存在的各种测不透的奥秘仅有最原始的理解，我仍努力不屈服于魔幻思维。

我认为上帝存在与否是不可知的，我总是乐意去了解，但从未期望被说服。** 美国的不可知论者和无神论者的数量正在迅速增长，在过去的10年里翻了一番，达到了人口中的7%。在1972年，所有无宗教信仰的美国人，即不信教者加怀疑论者加无具体信仰的人，总共只有5%，而现在占23%。（这在一定程度上是教育起到的作用。

---

* 译文引自阿尔伯特·爱因斯坦《爱因斯坦文集·第三卷》（许良英、赵中立、张宣三编译，商务印书馆，1979年），第45页。——译者注

** 根据2014年的皮尤调查，最常“对宇宙感到深深惊奇”的美国人是不可知论者。

几乎一半高中没有毕业的美国人认为《圣经》中的所有内容在字面意义上都是真实的，而大学毕业生中只有六分之一这样想）。如果这种增长率继续下去，再过 40 年，我们将会更像一个正常的富裕国家，一半美国人无宗教信仰，而其中有一半是不可知论者和无神论者。

近年来发生的美国世俗化是由年轻人主导的。三分之一的千禧一代（millennials）说他们是无神论者或不可知论者或无具体宗教信仰，而且比起他们的长辈，这一代人中坚信上帝者的数量更少了。本来只有很少一部分美国人实事求是地认为《圣经》是“一部包含了神话、传说、历史和道德准则并由人记录的古书”，但是自 1990 年起，这样的人多了很多，相信创造和进化过程中并无神迹参与的人数也大幅增加。*

但问题在这里：相信圣经是“上帝的真实话语……应当逐字逐句地按照字面意思理解”的美国人的比例并没有什么变化——1990 年是 33%，现在是 32%。除了这些硬核信徒以外，有宗教信仰的美国人表示他们现在比以往更频繁地读经和祷告，并且更多地“与他人谈论信仰话题”。越年轻的基督徒就越有可能“相信方言和医病等属灵恩赐在今天仍然真实有效”——这涵盖了大多数 35 岁以下的基督徒。**

就宗教的现状而言，美国与其说是在世俗化，不如说是在分裂成两个截然不同的社会，一个趋于世俗和基于现实，另一个则与之

---

* 本段和前一段中的数据来自 1990—2014 年的综合社会调查，以及盖洛普、哈里斯、皮尤和益普索的调查。

** 数据来自 1990—2014 年综合社会调查、2014 年皮尤调查、2010 年巴纳集团调查。

完全相反。理智和理性主义正在取得一些进展，但真信徒作为数量更大的群体，仍然坚守着自己的阵地。我们正在宗教方面两极分化，就像我们在政治方面两极分化一样。就像我说过的，这不是巧合，而是协同作用。

这使得美国以一种新奇的方式成了例外。我们没能成为清教徒所构想的明亮的山上之城，一个令世界上其他国家心驰神往的新生的模范社会。我们反而毫无保留地彰显着与世界上其他国家**别无二致**的混乱和可疑：一边是国际化的世俗人士，另一边是部落化的基要派；一边是对可能的未来心怀希望的受过教育的人群，另一边的人则终日渴望重回如梦的旧日。

***

我想起了乔治·奥威尔（George Orwell）写于1943年的一篇关于西班牙内战的文章，那是在法西斯政权取得胜利后的第四年。他写道，西班牙、意大利和德国法西斯政权的一种微妙却又深远的影响是，其宣传“常常让我觉得，客观真理的概念正在淡出这个世界。毕竟，这些谎言，或者任何与之类似的谎言，都有可能逐渐成为正史”。

和他同时代的汉娜·阿伦特（Hannah Arendt）在1933年纳粹上台时逃离了德国，那时她还年轻。她移民到美国，成为当代最重要的政治哲学家之一。1951年，她出版了自己的第一部巨著《极权主义的起源》（*The Origins of Totalitarianism*）。但是直到2016年，“选举舞弊”成为竞选活动中反复出现的主题时，我才第一次读到这本书。阿伦特在书中写道：“（在极权主义运动中，）从同路人到领袖的一切阶层所共有的基本信念是：政治是一场欺骗游戏。”当我读到下一段时，我大吃一惊。我停下来又读了一遍。它让我直起鸡皮疙瘩。

> 在暴民心态成为日常群众现象之前，其显著特点就是易受欺骗和犬儒主义的混合。在一个变化无常和难以理解的世界里，群众曾达到这样的程度：他们会同时相信一切，又什么都不相信，认为一切都是可能的，但任何事情都不真实……大众宣传机器发现它的听众随时都准备相信最坏的东西，无论它多么荒谬；他们并不特别地反对受到欺骗，因为他们认为反正每一种说法都是谎言。极权主义的群众领袖们从事宣传的基础是一种正确的心理学假设，即在此种条件下，可以使人们在今天相信最疯狂的说法，并且预见到，明天他们如果得到无可辩驳的证据，证明这些说法是假的，就会遁入犬儒寻求安慰；如果领袖对他们说谎，他们并不会背弃领袖，反而会断言，他们一直以来都知道这说法是谎言，并且同时还会佩服领袖高超而聪明的策略。*

阿伦特出版《极权主义的起源》的时候，希特勒仅去世了 6 年。我不相信美国最重要的机构行将崩溃。历史也不会重复。但是，**真该死**，历史如此押韵实在让人不寒而栗。

---

* 译文参考了汉娜·阿伦特《极权主义的起源》（林骧华译，生活·读书·新知三联书店，2014 年），第 486—487 页。——译者注

认为进步自有某种不可阻挡的势头，这一直都是典型的美国式信念。但这确实不是历史规律，而只是一个信条——在启蒙运动时期，基督徒对历史美好终局的幻想被重新配置为一套世俗幻想，关于不可逆转的进步的世俗幻想。其中一个版本就是我们欢乐无忧的信念，坚信美国自由、民主、正义和富裕的种种形式最终必将取得胜利。

这是我有生以来第一次可以想象，美国已经永久地陷入了混乱和衰退。

我想知道，是不是只有一如既往地与众不同的美国会有这样的命运，以梦幻之地的形式分崩离析。也许我们是先吃螃蟹的人，是在全球矿井里试毒的金丝雀，加拿大、丹麦、日本、中国和所有其他的国家最终都将跟随我们走下矿井。德国历史学家奥斯瓦尔德·斯宾格勒（Oswald Spengler）——《西方的没落》（*The Decline of the West*）的作者——对我们的文明完全悲观，他在 1931 年写道："只有不切实际的人才相信会有出路，乐观就是懦弱。"* 我还没到那一步，但是为什么现代文明的伟大原则——民主、自由、宽容——就一定能永久性地确保我们获得伟大成果呢？正如基督徒认为上帝赋予人类可以选择犯罪的自由意志，启蒙运动也赋予了我们再一次创造黑暗时代的自由。

"保持开放的心态是一种美德，"卡尔·萨根在他出版的最后一本书《魔鬼出没的世界》（*The Demon-Haunted World*）中写道，"但不要开放到致使你的理智瓦解的程度……我对美国有一种不祥的预

---

* "希特勒是个傻瓜。"斯宾格勒在 1932 年时这样说，然后将自己的选票投给了他。因为他认为，只有罗马皇帝那样强有力的领导人，才能把西方国家从进一步的衰落中拯救出来。

感：当我们紧握水晶球，神经质地求助于占星术时，当我们的批判能力日渐衰退，无法区分使人感觉良好的事物与真理时，我们就会在几乎毫无知觉的情况下，再度跌入迷信与黑暗。”萨根写下这些话，还是在 20 年前。

在我们的后视镜里可见的最近一个迷信与黑暗的历史时期，是文艺复兴和启蒙运动之前的欧洲中世纪。文艺复兴（Renaissance），顾名思义，意味着“重生”——在 600 年前重新发现一个**更为久远**的黄金时代：以澄明、严谨、卓越的智识为标志的古罗马和古希腊。有那么一瞬间，想到这个让我挺受鼓舞：给我们一点时间吧，我们还会再来一次复兴！

但是接下来我想到了古希腊的兴衰。长达 7 个世纪的希腊文明被分为三个时期——古风时期、古典时期和希腊化时期。在第一个时期内，荷马笔下的希腊人对存在的理解是超自然主义和非理性的默认模式。突然间，就在被我们奉为“古希腊”的那个时期里，科学、文学以及所有的超级巨星天才纷纷涌现——埃斯库罗斯、索福克勒斯、欧里庇得斯、苏格拉底、柏拉图、亚里士多德。但那个惊天动地的时代仅仅持续了不到两个世纪，雅典就又回到了处处盛行占星术、魔法治疗和炼金术的时代。故事到此结束。为什么？根据牛津古典学者埃里克·多德（Eric Dodd）在《希腊人与非理性》（*The Greeks and the Irrational*）中的分析，这是因为人们终于发现自由太可怕了，新的观念令人惊恐：他们的生活与命运竟不是由诸神来预定或管理的，他们真的需要依靠自己。也许，美国的“古典时期”也持续了两个世纪，从 1800 年到 2000 年，两端都可以加上或减少几十年的误差。

无论如何，我们面临的情况似乎并非首次出现。梦幻之地一直是人类世界运行的常规；理性科学的时代偶尔会冒出来几回，像刚过去的几个世纪一样，但是它们是特例。主流文化都有过自己的启蒙时代和黄金时代，但是后来又都会回归原始和昏暗。

***

毕竟我是一个美国人，一个生活在幸运的美国世纪里的幸运美国人，我还是比悲观主义者乐观一些。我没有放弃希望。即便我们进入了这个愚蠢而黑暗的寒冬，即便众多美国人都失去了对理智和现实的把握，这仍然是一个充满希望和光明的纪元。[*] 在过去的30年里，美国人奇迹般地将谋杀和其他暴力犯罪减少了一半以上。我们破译了人类基因组，选出了一位非裔美国总统，记录下了10亿年前两个黑洞撞击时发出的声音，我们创造了《宠儿》(*Beloved*)、《辛普森一家》(*The Simpsons*)、《好家伙》(*Goodfellas*)、《天使在美国》(*Angels in America*)、《火线》(*The Wire*)、《科尔伯特报告》、《透明家庭》(*Transparent*)、《汉密尔顿》(*Hamilton*)，在我自己的大家庭中，也有十几个可爱又健康的婴儿降生。自1980年以来，地球上生活在赤贫状态下的人口比例从40%大幅下降到了

* 查尔斯·狄更斯的《双城记》："那是最昌明的时世，那是最衰微的时世；那是睿智开化的岁月，那是混沌蒙昧的岁月；那是信仰笃诚的年代，那是疑云重重的年代；那是阳光灿烂的季节，那是长夜晦暗的季节；那是欣欣向荣的春天，那是死气沉沉的冬天；我们眼前无所不有，我们眼前一无所有；我们都径直奔向天堂，我们都径直奔向另一条路——简而言之，那个时代同现今这个时代竟然如此惟妙惟肖。"［译文引自查尔斯·狄更斯《双城记》（张玲、张扬译，上海译文出版社，2011年），第3页。——译者注］

10%。我确实对我们向非理性和魔幻思维的退行感到绝望，但并不是所有事情都变糟了。

该做些什么呢？我没有类似于“明智人士拯救美国免于疯狂的七种方式”这样的可行计划。但我觉得，我们可以让洪流变缓，修复一些堤坝，或许能够不让事情继续恶化。

如果我们正在分裂成两种不同的文化，那么我们这部分立足现实的美国人必须努力保护我们的疆土，让它足够广阔、足够稳固，并对我们自己和下一代都具备强大的吸引力。我们需要采取一个指导原则，这一原则正是基于我经常引用的丹尼尔·莫伊尼汉和托马斯·杰斐逊的格言：你有权发表自己的观点和拥有自己的幻想，但无权发明自己的事实——特别是当你的幻想事实会伤及他人的时候。

我们不能再做墙头草了。当危险的不实和虚幻事物出现时，我们应当大声疾呼。这可能听起来不切实际，但一场针对某一类墙头草文化的草根运动已经开始，并重塑了我们的国家政治，那就是对所谓“政治正确”的反对。对幻想的抵制与这有所不同，因为“政治正确”更多时候是仁者见仁、智者见智的事，从愚蠢恼人的计较到基本礼节的预期都有，而在一个像我们这样多元的文化当中，人们势必以不同的标准划分这些界限。然而，至少在宗教以外的领域，区分事实层面的真实、可疑和虚假用不着动用许多关于品味或“适当”与“不适当”的主观判断。这场斗争应该不至于那么困难重重。

但是，要想让美国回归现实，还是需要一番斗争。吾众虽少而乐，亲如兄弟姐妹——事实上，我们的力量并不是真的**那么**微弱。在你的私人生活中，你可以好好表现。如果你听到一个陌生人说，乔治·索罗斯（George Soros）和优步（Uber）正在密谋让他的大功率汽车变成非法，你完全无须与他争论。但不要给你的熟人、朋友和家人类似的免费通行证。如果你有儿孙，请你以自己区分是与非、对与错、愚蠢与明智的严肃态度，教导他们区分真假。我们也需要采用新的方案来保证信息媒体的卫生。如果公车上有陌生人给了你一锅吃剩的炖菜，你会给你的孩子吃吗？如果健身房里的某个女士给了你一些药物，你会让你的孩子服用吗？你会和刚认识的人发生无保护措施的性行为吗？还记得“viral”（火爆流行）这个词曾意味着坏事，单单指疾病的传播吗？这同样适用于你阅读、观看和相信的事物。

在公共领域中，你同样可以好好表现。当然，一项重要任务就是遏制梦幻之地中最顽劣的趋势，切断其政治经济方面的燃料供应，这样的话，大量的幻想和谎言就不会将它变成比低劣、粗俗、真人秀式的伪保守主义更糟糕的东西。进步不是必然的，但也不是无法实现的。*

文化倾向和民族性格都是真实存在的，社会也的确会走到十字路口，需要做出重要的选择。但是，尽管我们的梦幻之地大趋势从一开始就存在，但目前的状况并非**不可避免**，因为历史和进化中从来没有不可避免的必然性。现在也没有哪一种特定的未来是必然的。我们可以让这个国家恢复平衡和镇定。过去这几十年到头来可能只是一个阶段，是我们持续上演的史诗中略显奇怪的一幕，是美国实验中的一段不幸的插曲，我们最终会跨越过去并将之作为经验记入

---

* 例如，自 2016 年起，加州取消了小学生疫苗接种的个人信仰豁免，如今（2017 年），加州幼儿园的疫苗接种率已达到过去 10 年来的最高水平。

史册。许多国家和社会都曾经从远比这更可怕的巨变或灾难性的时代之中幸存并复原。换句话说，好消息是，美国现在可能正处于梦幻之地的顶峰。我们可以心存希望。

致谢

2013 年的一天，我和兰登书屋（Random House）的吉娜·森屈罗（Gina Centrello）共进早餐。我告诉她，我刚开始创作一本新的小说，完成后会去写一本非虚构类的书。我将脑海里尚不太成熟的点子告诉了她。她以赞许的态度回应了我——事实上，她提议说，既然我的构思听起来如此适时，也许我应该暂停一下小说创作，先去写这本非虚构作品。我接受了。我很感谢吉娜多年来一贯的热情和支持——现在也感谢她那不可思议的先见之明。

安迪·沃德（Andy Ward）拿到了一份冗长松垮的草稿，帮助我把它变成了这本书应有的样子。他既是刺猬，也是狐狸，有一个聪明的大创意和成千上万出色的小点子，所有这些都让此书更加清晰和严谨。我只期望能遇到一个好编辑，却额外收获了一个不可或缺的合作者。

这一回，我再次依靠了兰登书屋其他帮手的才华与共同努力，特别是雷切尔·艾克（Rachel Ake）、珍妮特·比尔（Janet Biehl）、安德烈娅·德沃德（Andrea DeWerd）、本杰明·德雷尔（Benjamin Dreyer）、格雷格·库比（Greg Kubie）、阿利森·洛德（Allyson Lord）、史蒂夫·梅西纳（Steve Messina）、保罗·佩佩（Paolo Pepe）、汤姆·佩里（Tom Perry）、蔡妮·斯基特（Chayenne Skeete）、苏珊·特纳（Susan Turner）和杰茜卡·扬（Jessica Yung）。

尽管我建议作家们不需要和经纪人做朋友，但我没有实践我所宣扬的东西：苏珊·格卢克（Suzanne Gluck）是我聪明可爱的伙伴，也是我理想的专业导师。

与许多其他朋友（和亲戚）的对话也激发了我的想法，或将我引入某条有益的思路，他们包括阿里·安德森（Ari Andersen）、布鲁斯·毕仁博耶姆（Bruce Birenboim）、阿特·詹森（Art Jensen）、梅利克·凯兰（Melik Kaylan）、罗布·库特纳（Rob Kutner）、盖伊·马丁（Guy Martin）、塞思·姆诺金（Seth Mnookin）、苏珊娜·摩尔（Susanna Moore）、苏珊·莫里森（Susan Morrison）、劳伦斯·奥唐奈（Lawrence O'Donnell）、大卫·塞缪尔斯（David Samuels）、克里斯·舒尔茨（Chris Schultz）、哈里·希勒（Harry Shearer）、阿德拉斯·桑托（Adrás Szántó）、艾米丽·索尔森（Emily Thorson）、詹姆斯·特劳布（James Traub）和基特·怀特（Kit White）。

感谢住在欢庆城的西格尔一家——吉姆、玛丽塔和朱莉——感谢他们的热情好客和开放坦诚。珍妮·劳顿（Jenny Lawton）是我在欢庆城和迪士尼世界里的重要合作伙伴，迪士尼乐园的马特·霍尔兹曼（Matt Holzman）也是如此。

我在一片理想的梦幻之地开始写作《梦幻之地》——一座15世纪的意大利城堡，我身边还环绕着十几位作家、艺术家和音乐家。谢谢你们，奇维泰拉·拉涅里基金会（Civitella Ranieri

Foundation)。

耶鲁大学的保罗·布鲁姆(Paul Bloom)教授和科尼卡·班纳吉(Konika Banerjee)教授，以及迈阿密大学的约瑟夫·乌辛斯基(Joseph Uscinski)教授的慷慨相助，让我很高兴地意识到，我是多么敬佩和喜爱立足现实的学术界。感谢皮尤研究中心的斯特凡·科尼伯特(Stefan Cornibert)的帮助，也感谢斯蒂芬·布鲁诺(Stephen Bruno)[以及亨特学院(Hunter College)的MFA项目]的帮助。我的写作始终有赖于我的姐姐克里斯蒂——克里斯蒂·安德森(Kristi Andersen)，雪城大学政治学荣誉退休教授——反反复复，自始至终。我的老朋友杰克——圣公会牧师杰克·吉尔平(Jack Gilpin)——阅读了书中那些有关基督教的章节，于我颇有助益。

我很感激凯特(Kate Andersen)和露西·安德森(Lucy Andersen)，因为她们让我确知，有些事物——比如对孩子的爱——的确超越理智和理性。还有安妮·克里默(Anne Kreamer)，我挚爱的每日工作伙伴和此书的第一位读者，她使这一切成为可能。